子どもの臨床アセスメント
1回の面接からわかること

S. I. グリーンスパン／N. Th. グリーンスパン　著

濱田　庸子　訳

岩崎学術出版社

The Clinical Interview of the Child, 3rd Edition
by Stanley I. Greenspan, M. D.
First published in the United States
by American Psychiatric Publishing, Inc.,
Washington D. C. and London, UK.
Copyright © 2003. All rights reserved.
Japanese translation rights arranged with
American Psychiatric Publishing, Inc.
c/o John Scott Co., Kimberton, Pennsylvania, U. S. A
through Tuttle-Mori Agency, Inc., Tokyo

著者紹介

スタンレー・I・グリーンスパン Stanley I. Greenspan 医学博士は，George Washington 大学医学部の精神医学，行動科学，および小児科学の臨床教授，発達および学習障害の学際的協議会議長，そして Washington D. C. の Washington 精神分析協会の児童精神分析スーパーバイザーです。彼は国立精神保健研究所の精神保健研究センター前センター長で，臨床乳幼児発達プログラムの Director です。ZERO TO THREE 国立乳幼児家族センターの創立者で前会長であるグリーンスパン博士は，児童精神医学研究における卓越した貢献によりアメリカ精神医学会の Ittelson 賞受賞，アメリカの精神保健に対する卓越した貢献によりアメリカ矯正精神医学会 American Orthopsychiatric Association の Ittelson 賞受賞をはじめ多くの国内の賞を受賞しています。彼はこの両 Ittelson 賞を個人で受賞したただ1人の研究者です。彼はまたアメリカ精神医学に対する卓越した貢献により Strecker 賞も受賞しています。彼は35冊以上の本と論文集，100以上の論文と章の著者，編集者です。

環境の問題について研究するのに加えて，以前は健康経済学者だった**ナンシー・ソーンダイク・グリーンスパン Nancy Thorndike Greenspan** は，子どもの発達について執筆し，現在はノーベル平和賞を受賞した物理学者で，量子力学の発展のパイオニアでもある Max Born の伝記を研究しています。

目　次

著者紹介　　i

第1章　概念の基礎：展望　　1
第2章　子どもの系統的な観察のための枠組み　　39
第3章　それぞれの観察カテゴリーの具体的説明　　93
第4章　子どもの面接の臨床例　　111
第5章　面接の実施法　　201
第6章　発達的アプローチに基づく定式化の組み立て　　229

付　録　アセスメントと治療のための発達的生物心理社会モデル　　287
参考文献　　325
訳者あとがき　　328
索　引　　331

第1章　概念の基礎：展望

　われわれの精神的健康と不健康についての理解は急速に発展している。近年，神経科学研究は，印象的な生物学的および現象学的基礎を増やしてきた。しかしながら，これらの生物学的および経験的な進歩は，「個人」とその人自身の深い人間的な体験（ユニークな人間性）をわれわれの理解の中心に保持するようにとわれわれに挑んでいる。精神的健康と不健康についての十分な理解には生物心理社会モデルが必要であることを強調することは，いまやますます重要である。

　生物心理社会モデルを実践することは，しかしながら，言うは易く行うは難し。どのように個人が世界を体験し，すべての断片をつなげて自己感をつくり上げ，関係性に参加し，生命のそれぞれの段階の心理社会的および知的な挑戦に出会うかを理解することは，無理な注文である。

　この挑戦が子ども以上に明らかになるところはない。われわれは子どもを理解するための発達的生物心理社会モデルをどのように概念化できるだろうか？　さまざまな年齢と発達段階において，われわれは何を観察する必要があるのだろうか？　子どもがわれわれに症状を話すことができないならば，われわれはどのように子どもの困難な問題を見つけ出すことができるだろうか？　われわれはどのように子どもの空想と子どもの現実を見つけ出すことができるだろうか？　子どもの臨床面接は，これらの疑問を探究するための入り口である。しかしながら，これらのそして他の多くの疑問によって，子どもの臨床面接は，すべての精神保健の専門家だけでなく，教育者およびその他の子どもとともに働く専門家によって熟達される必要がある，特別な挑戦になる。

　子どもの臨床面接は，ユニークな挑戦を提供することに加えて，並外れた機会を与えてくれる。その挑戦とは，子どもは複雑ではあるが，しかしひと

たび彼らのコミュニケーション様式を理解できれば，同時に素直でもある，という事実の中にある。そこで臨床面接を通して，子どもの高度に個別化した世界と，特別な体験に，ユニークに接近することが可能となり，正確なアセスメントと効果的な治療への道が開かれる。

とても驚くべきことには，専門家がもたなくてはならない主な才能の1つは，子どもが自分のペースでそして自分自身の「言葉」で，自分の体験している世界の性質と内容を明らかにするとき，子どものやり方からどのように距離をおいていられるかを知っている，ということである。同時に才能のある専門家あるいは臨床家は，子どもがますます豊かな，そして自分なりのやり方でコミュニケーションするのを，いつそしてどのように踏み込んで援助するかを知っているだろう。本来器用なので，子どもは，さまざまなコミュニケーション・チャンネルを通して，自分の傾向，考え，そして感情を，臨床家と分かち合うだろう。臨床家の使命は，これらのチャンネルのすべてに同時にダイヤルを合わせ，伝わってくる意味のニュアンスすべてに敏感になることである。

したがって，臨床家は高度に熟達した観察者にならなくてはならない。その観察者がもつ特性には，子どもが表しているすべてのデータを，見ること，聞くこと，そしてそのほかの方法により知覚することが含まれる。優れた観察者の基本的な前提条件とは，不十分な証拠で結論に飛び，それによって未熟な診断の定式化 formulation を提示してしまうという，非常に人間的な傾向に抵抗することである。臨床家は自分の観察を急いで説明すべきではない。臨床家は自分自身に質問し，自分の理解を試す仮説を使うべきである。すべての直接関係ある情報がそろったときにだけ，診断は定式化されるべきである。さもなければ，臨床家は子どものパーソナリティの重要な側面を見逃すかもしれない。

さきに示したように，優れた臨床家に基本的な必要条件は，同時にいくつかの次元を観察する能力である。子どもは，臨床家を見る――あるいは見るのを避ける――やり方，個人的な関係のもち方のスタイルと深さ，身ぶり，気分，表す情緒の種類とタイプ，面接状況の空間との妥協の仕方，おしゃべりや遊びの中に子どもが発展させるテーマ，その他にも多くのやり方を通し

て，コミュニケーションする。子どもの感情やテーマのまとまり方，深さ，年齢相当の適切さ，そしてシークエンス，すべては子どもの体験の構造，性質，および内容を共有するための媒体である。したがって，優れた観察者は，子どもが一緒にいる時間中ずっと使い続けているあらゆるコミュニケーション・チャンネル――言語的なものも非言語的なものも――を，継続的にモニターしなくてはならない。

以下の章で，私は系統的な観察の原則と方法を詳細に論じるだろう。それから私は，これらの観察から臨床的判断につながる道すじを考察するだろう。しかしながら，これらの実用的な問題に向かう前に，人間の行動についてのいくつかの一般的概念について展望することが有益であろう。

複数の発達ライン

パーソナリティが複数のラインに沿って発達するということは，精神保健の専門家の間では例外なしに承認されている。全般的な身体的，神経学的，認知的，そして知的領域の発達，ならびに人間関係の発達，対処戦略の発達，そして思考，願望，および感情をまとめ上げ分化させる一般的なスタイルの発達，そしてその他の分野の発達は，人がその人のユニークな人生経験をまとめ上げ，そして創造するやり方に寄与している。最も目立つ6の分野は，簡単に合意されるだろう。その後にさまざまな特別な準拠枠――たとえば社会適応，家族パターン――によって，さまざまな臨床家のために別個にリストが増やされるだろう。発達ラインの複数性についての一般的な合意の中に起こる唯一の論争は，提示されたどの概念化が人間の機能をよりよく理解する助けになるか，ということに関してである。外的環境，家族そしてその他の社会構造との個人の関係性を強調する臨床家もいるだろう。個人の精神内界，体験世界を強調する人もいるだろう。認知的，知的過程が第1だと擁護する人もいるし，一方情緒的過程に味方する人もいるだろう。しかし，これらの分野のそれぞれが全体に関与し，そして考慮されねばならないということには，誰も反対しないだろう。特にパーソナリティ全体をアセスメントしようとしているときには。

不幸なことに，われわれが――特に研究目的だが，臨床的な目的にでも

——臨床検査を実施しようと何回も試みた中に顕著なように，複数の発達ラインを理論的に受け入れることと，臨床的にその理論を厳守することとは一致しない。そこで，非常にしばしば行動的な水準を強調しすぎて，体験的な水準が覆い隠されるままになっていたり，あるいは社会的な適応という表面的な側面に焦点を当てたために，深く体験している感情をどのように個人が扱うか，を適切に考えることが排除されるのを放置している。この点を明らかにする例をあげよう。クラスのリーダーで，主張が強く，友達や先生からとても有能であると見られている若者，そして一般的に，とても成功して巧みな社会適応と合致した行動を表している若者が，それにもかかわらず重篤な抑鬱になったり，精神病性の解体にさえなったりすることがあるだろう。詳細に調べられたこれらの思春期の若者の中には，受動的なあこがれ，依存，および親密さに関わるある種の深く感じられていた感情を扱うことに，生まれてからずっと問題をもつ人がいたことがわかった。複数の発達ラインの概念が口先だけで同意され，厳格なやり方で守られない限りは，臨床上の評価では人間の機能のこれらのとらえにくい次元が，見逃されがちであろう。

　複雑さに圧倒されるのを避けるために，臨床面接者は，臨床場面に表れる機能のさまざまな次元に面接者の注意を向けられる，概念的枠組みをもつべきである。アンナ・フロイト Anna Freud (1965) は並外れて有用な本『児童期の正常と異常』を書いた。この中で，子どもの行動と体験のさまざまな次元を概念化するのに役立つことができる，いくつかの発達ラインを，彼女は詳しく述べた。同様に，エリク・エリクソン Erik Erikson (1950) の心理社会的段階を詳しく記述した仕事，マーガレット・マーラー Margaret Mahler とその同僚 (1975) の自己の発達と個体化および早期の対象関係の役割についての仕事，そしてジャン・ピアジェ Jean Piaget (1969) の認知の発達段階についての仕事は，パーソナリティ機能のさまざまな分野における発達の進行特性を詳しく記述する，注目すべき貢献である。より最近では，乳児と幼児の臨床的な研究により，早期の発達段階をよりいっそう詳細に定式化すること，およびどのように体質的／成熟的要因が体験的要因と相互作用しているかを観察することが可能になった (Greenspan 1989)。

　この本を紹介する中で私が強調したい点は，子どものパーソナリティは，

成人のパーソナリティに劣らず，多くの相互に関係した発達ラインからできているということである。これらのラインは，概念上の目的のために恣意的に分けられているかもしれないが，子どもの機能的な体験の中では，これらすべてが相互に関係しているということもまた，覚えておかねばならない。

複数の行動決定因

　これらの紹介的なコメントの中で，もう1つ注意を向ける価値のある原則は，それぞれの個別の行動は複合的に決定されている，ということである。換言すれば，人間の機能を見るときに，観察されたことと，現実のあるいは仮説的な原因となる要因との間に，1対1の関係を仮定することは，行きすぎた単純化あるいは誤りである。

　たとえば，子どもがある日，友達が大好きなゲームをとってしまったために，怒っているかもしれない。別の日には，女の子が彼とふざけて，彼が性的に興奮させられたために，怒っているかもしれない。別のときには，彼は先生の算数の指導がわからないために，怒っているかもしれない。さらに別の日には，遊びにきていた祖父母がもう帰ってしまったために，怒っているかもしれない。そしてまたさらに別の日には，彼は一度にこれらすべての理由で怒っているかもしれない。この子どもは，これらそれぞれの場合に，自分の怒りをチョークを黒板に投げつけることによって表現しているかもしれない。そして彼がチョークを投げるのが，観察される唯一の行動かもしれない。しかし，このたった1つの怒りの行動が，いくつかの異なる原因の1つと，あるいはそのときによって，それらのいくつかの原因の組み合わせと関係しているだろう。

　同様に，子どもは同じ感情あるいは同じ内的な状態を，異なる行動で表すかもしれない。父親が彼をけなして，からかったことに反応して怒りを感じている子どもは，挑発的に行動するかもしれない。別のときには，この同じ種類の恥辱に対する彼の反応は，柔順と受動性という形をとるかもしれない。さらに別のときには，競争的に，あるいはまとまらないやり方で行動するかもしれない。このように，内的な感情である恥辱と怒りは，コンテクストの状況，あるいは子どもが体験している別の関連した内的な状態に依存して，

4つか5つの異なるやり方で表れるかもしれない。

まとめとして，この複数の決定因という原則は，臨床家が観察することと，子どもが自分の体験している世界をまとめるやり方との間には，複数の関係性があるということを，示唆している。

発達構造論的アプローチ：要約

複数の行動決定因と複数の発達ラインを考えるとき，これらの概念に固有の複雑さに敏感でもあり，かつ子どもの体験を直接観察するという臨床家の課題に有用でもある，発達を見るモデルあるいは方法をもつ必要性が増大してくる。発達構造論的アプローチは，個人がそれぞれの発達段階で，体験をどのようにまとめ上げるかに焦点を当てる。体験とは，無生物あるいは非人間的世界との体験ばかりでなく，情緒的な体験も含む，広い意味で定義される。個人の体験のまとまり方 organization というのは，行動に影響を与え，そしてそれぞれの特異的発達ラインに関して研究されることのできる複数の決定因（たとえば環境的，生物学的）にとっての，最終的な共通経路である。発達構造論的アプローチについては，ここではほんの簡単に議論されるだけである。それは以下の文献に詳しく述べられる。論文 "Developmental Structuralist Approach to the Classification of Adaptive and Pathologic Personality Organizations: Infancy and Early Childhood" (Greenspan and Lourie 1981); 論文集 *Intelligence and Adaptation: An Integration of Psychoanalytic and Piagetian Developmental Psychology* (Greenspan 1979); および単行本 *The Development of the Ego: Implications for Personality Theory, Psychopathology, and the Psychotherapeutic Process* (Greenspan 1989), *Developmentally Based Psychotherapy* (Greenspan 1997a), *The Growth of the Mind and the Endangered Origins of Intelligence* (Greenspan 1997b), そして *The Evolution of Intelligence: How Language, Consciousness, and Social Groups Come About* (Greenspan and Shanker 2003).

このアプローチを述べる前に，理論に興味のない読者は，この部分を飛び越して第2章から再び読み進んでもまったく問題ないことを，強調すべきだ

ろう。このアプローチには2つの仮定が関係している。1つは，個人のまとめ上げる潜在能力 organizational capacity は，子どもが成熟するにつれて，より高い水準に発展するということである。このコンテクストでの「より高い水準」とは，安定したパターンで，ますます幅広く複雑になる一連の体験をまとめ上げる能力，を意味する。年齢相当の体験と中枢神経系の成熟との間の相互作用が，それぞれの段階におけるこのまとめ上げる潜在能力の特性を，最終的に決定する。第2の仮定は，発達のそれぞれの段階には，特徴的なまとまり方の水準に加えて，まとまりの構造の内部で，いわば「それ自体展開する play themselves out」ある種の特徴ある体験のタイプ（たとえば，興味あるいは傾向）もある，ということである。段階特異的な体験あるいは傾向は，段階特異的なタイプの願望，恐れ，興味，そして傾向――しばしば欲動，心理社会的課題，等々といわれるもの[原注1]――に明らかである。段階特異的な体験はまた，生物学的な成熟過程と進行中の環境との体験の間の相互作用にも，関係している。

　そこでわれわれは，個人の体験世界の**2つの構成要素**に焦点を当てる。1つの構成要素は，体験のまとまり方の水準である。たとえば，8歳の女の子は，空想から現実を区別でき，衝動を調節でき，気分を制御でき，注意を集中でき，思考と感情を統合でき，――まだわかりにくいやり方ではあるが――自分の自己感と他者感を詳しく述べることができ，そして自尊心を維持することができるのに十分なほど，彼女の体験をまとめ上げることを，われわれは期待するだろう。上記の能力は，8歳の子どもの適応的な体験のまとまり方を特徴づける，年齢相当のまとまり方の特性である。それに比べ，不適応的なまとまりは，脆弱な現実検討あるいは衝動制御を伴う，まとまりの解体 disorganization へと向かう傾向によって特徴づけられるだろう。

　個人の体験世界の第2の構成要素は，まとめ上げられる体験の**タイプ**に関係する。ここでは，特別な思考，関心，傾向，願望，恐れ，等々を見る。体験のタイプは，ある意味では，子どもが体験しているドラマである。一方ま

原注1）ここで述べられているモデルは，生物学的な適応モデルである。このモデルでは，適応している個人は，成熟の進展と段階特異的な傾向が作動し環境がそれに反応するという相互作用から，その個人にユニークな体験のまとまりと「内容」を発達させる。

とまり方の水準は，比喩的には，このドラマが演じられている舞台かもしれない。この比喩をもう一歩進めるためには，大きくて安定していて，したがって複雑で激しいドラマを支えることもできる舞台を想像することができる。それに比べ，別の舞台は狭くあるいは小さく，そのためとても制限されたドラマしか乗せられない。さらに別の舞台は，激しく，豊かで，変化のあるドラマの圧力のもとでは，裂け目ができたり，あるいは簡単に崩れたりしてしまうかもしれない。

　発達構造論的アプローチによると，それぞれの発達段階で，一定の特徴が体験をまとめ上げる潜在能力（すなわち，舞台の安定性と輪郭）を定義づける。同時に，その複雑さ，豊かさ，深さ，そして内容によって特徴づけられる，一定の年齢相当のドラマあるいはテーマがある。そこで，このアプローチは，それぞれの年齢あるいは発達段階ごとに，一揃いの予測と臨床的な指標となる行動あるいは潜在能力を提供する。このアプローチは予測される適応的潜在能力だけでなく，限界と葛藤にも焦点づける。

発達のまとまり方の4つの水準

　4つの機能的－情緒的発達のまとまり方の水準を考えてみよう（p. 32～38掲載の表1-1，1-2；付録も参照のこと）。これらの4つの水準は別のところで詳しく提示し議論した自我発達の6つの段階からもたらされる（Greenspan 1989; Greenspan and Lourie 1981）。自我発達の6つの段階は，障害のない，そして障害のある乳幼児とその家族についての観察と臨床的な仕事を通して定式化された。一連の特定の発達上困難な問題との関係で，体験は適応的あるいは不適応的な次元に沿ってまとめ上げられることが，観察された。これらの6つの発達上の課題は，4つの中核的な過程，あるいは水準に濃縮することができる。それらは子どもがどのように1）寄り添い関係をつくるか attends and engages，2）身ぶりや行動でコミュニケーションするか，3）内的心的イメージ（着想 idea）を創造し，それを他者と共有するか（すなわち，象徴，心的表象），そして4）これらの意味をカテゴリー化しそれらの間に結びつきをつくるか，に関わっている。

調節，世界への興味，そして関係をつくること

最初の水準は，調節と世界への興味，および関係性の形成という2つの段階から成っていて，2つの構成要素――**調節と共有された注意**および**関係をつくること**――に関わっている。臨床家はしばしば「チャンネルを合わせず」注意を向けていない子どもを，最初単に注意を向けさせるだけでなく，むしろしゃべらせようと試みる。注意はそれぞれの感覚様式を通して情報を取り入れる能力に，一部は依存している。過剰反応性，低反応性，あるいはいずれかの感覚経路における処理 processing の障害は，注意に影響を与えるだろう。筋緊張，運動協調，そして運動企画 motor planning も，注意に影響を与えるだろう。

関係をつくること，あるいは関係しているという感覚には，両当事者がお互いに結びついていると感じることが必要である。これは自明であるように聞こえる。しかし，しばしば臨床家は，関係をつくることの質を無視し，そのために，無関心，陰性の感情，あるいは非人間的なまたは超然としたパターンが必要以上に長く続く。

目的をもったコミュニケーションと複雑な自己感

第2のまとまり方の水準は，目的をもったコミュニケーションと，まとまりをもった複雑な自己感という2つの段階からもたらされる。それは，まとまりのある行動のパターンと，**意図的な，非言語的なコミュニケーション**（すなわち**身ぶり**）に関わっている。これらの身ぶりには，顔の表情，声，姿勢，腕と足の動き，などが含まれる。生まれた最初の年の半ば過ぎから，個人はいつもコミュニケーションに身ぶりを使う。生命の基本的な情緒メッセージ――安全と安心対危険，受容対拒絶，承認対不承認――はすべて，顔の表情，体の姿勢，動きのパターン，および声のトーンとリズムを通して，コミュニケーションされる。言葉はこれらのより基本的なコミュニケーションを高めるが，しかし興味深いことに，われわれはすべて，見知らぬ人の危険性，安全，または拒絶，あるいはわれわれを受容するかに関して，会話が始まる前でさえも，その人の身ぶりから，即座のそしてほんの一瞬の判断をする。実際，もしある人が怪しそうに見えて，「私がまったく怪しくないの

はわかるよね」と言うとしたら，われわれは身ぶりを信じ，言葉を信じない傾向がある。

　もっと微妙な水準では，身ぶりのコミュニケーションはわれわれ自身の情緒のどの面が受容される，無視される，あるいは拒絶されるのかということもわれわれに伝える。われわれが，興味，怒りあるいは興奮についてコミュニケーションしているときの，目つきとあいづちは，その人がわれわれのメッセージについてどのように感じているかを即座に伝える。もっと重要なことに，まさにわれわれの自己のユニークさについての芽生えつつある定義は，われわれ自身の特有の傾向に対して他者がどのように前言語的な身ぶりで応答するかということに，依存している。差異化した応答は，われわれの芽生えつつある行動および自己感を洗練し，定義づける過程の一部である。われわれのいたずら好きの行動と微笑は，どのように応答されるだろうか——微笑みやニヤッという笑いで受容されるか，あるいは首を振り眉をひそめて承認されないか？　われわれの自然な傾向は，一部は，この非言語的システムの一部として受容され支持される，あるいは洗練される。長い時間をかけて，身ぶりによるコミュニケーションは，子どもがもっともっと複雑になる行動と芽生えつつある自己感をまとめ上げるのを助ける。

　子どもの言葉や知的能力のみに焦点づける臨床家は，しばしばまとまりのある身ぶりによるコミュニケーションの欠如を見逃すだろう。たとえば，自分のペースで行動し，ふらふらと部屋を出入りし，親の表情や声に自分自身の表情や声で（毎回毎回，いつも）応答せず，あるいは親の腕や手による身ぶりを自分自身の身ぶりで追いかけない子どもは，まとまりのある身ぶりによるコミュニケーションの欠如を示している。

　同様に，臨床家はしばしば単一の行動あるいは症状を変えることに焦点づけ，対人過程に必要な基礎を無視する。実際，2人の人間が互いに近くいるどの瞬間にも行われていて，そしてまとまりがあり意図的なやり方でその人たちを一緒にまとめている，まさにその相互交流過程を，子どもは見逃しているかもしれない。単一の技術ではなくむしろ，まとまりがあり相互交流的なコミュニケーションが，言語による論理的思考と情緒的適応の基礎となる。行動と情緒をまとめ上げる能力と，身ぶりと行動によって意図的にコミュニ

ケーションできる能力は，同一歩調をとり，子どもが世界を統合し理解するのを助ける。

前言語的感情信号発信と適応的な対処能力あるいは精神病理の形成

これらの相互的な感情の相互交流を通して，子どもは恐怖や激怒のような壊滅的な情緒をなだめること，そして自分の行動と気分を調整 modulate し繊細に調節 regulate することを学ぶ。

自分の気分，情緒，そして行動を調節できる子どもと，それができず，わずかな欲求不満も世界が終わりになろうとしているかのように感じたり，あるいは怒りが巨大で爆発的だったり，あるいは悲しみが永遠に続くように思えたりする子どもとの間の違いを考えてみよう。

子どもが自分の養育者と，素早く往復する相互交流と情緒の交換（感情信号発信 affect signaling）が可能なとき，子どもは，ある意味で，自分がどのように感じるかをうまく処理することができる。もし子どもがいらいらするとき，子どもはいらいらした表情をするか，声や手の動きを使うことができる。母親は，「わかったよ」や「OK，すぐに食べ物もってくるね」や「ちょっとだけ待ってくれる？」を示す身ぶりをしながら戻ってくるだろう。応答がなんであれ，それが子どもの信号に応答したものならば，子どもは自分の応答を調整できるなんらかの即座のフィードバックを得ている。母親がもし即座にそれをできないときでさえも，何かはしてくれるだろうと思うことによって，怒りは調整されるだろう。母親の声の音調だけで，母親がその哺乳瓶の用意をしていて，それが本当にまもなくやってくるだろうという子どもへの信号発信になる。もし，母親がなだめるような声を使うことができ，母子の間で往復する合図である速いペースの狂ったようなリズムにいる子どもに応じることができ，そして徐々に落ち着かせるリズムによって，子どもをゆっくりさせ落ち着かせることができれば，なおさらよい（すなわち子どもを「下方調節 downregulate」する）。われわれは，親しい関係性にある人が，いらいらしたり怒ったりしているときに，しばしば直感的にこれをする。しかし，中には他の人の怒りを個人的に受け取ることによって，神経質になって，スピードを上げて，「賭け金を上げる」人もいる。われわれは，

ゆっくりさせ落ち着かせるのではなく，むしろリズムを「上方調節 up-regulate」してしまう。もしわれわれが，情緒的な身ぶり（言葉と同様に，しかし身ぶりははるかにパワーがある）を通して，ゆっくりさせなだめさせ落ち着かせることができれば，子どもはますますうまく調節することを学ぶ。

別の例を考えてみよう。幼児が，ママを怒ってにらみながら，哺乳瓶を押しのけている。母親は子どもの哺乳瓶を片づけるように手を伸ばし，共感を伝えるようになだめるような声の調子を使い，そしてよりゆっくりしたリズムで（たとえば，下方調節しながら），接触をはかるように指を差し出す。彼はその指を握り，わずかにほっとして，そして，母親がちょっとした食べ物を，これがほしいの？　とつまみ上げるのを，期待して見ている。「ウン」を伝えるために彼は手を振る。子どもは自分の怒りが応答されていることを知る。わずかに悲しそうで，控え目で，自分の中に引きこもっている幼児を考えてみよう。ママは元気づけて（「上方調節して」），彼を楽しい相互交流に引き込む。彼は反対の方向に調節することを学ぶ。同様に，彼が大きな笑顔を見せるとママの笑顔が返ってくるとき，彼は自分の喜びが応答されていることを知る。彼は，彼が周りにいる人々から得る調節する応答を通して自分の気分と情緒を調節できるという感覚を得る。かなりのフィードバックを伴う，往復する繊細に調律された感情相互交流システムがあるとき，乳幼児は自分と養育者が互いに調節し合っているという感覚を，即座にもつことができる。

上述した情緒信号発信を調節するタイプとして，いまやわれわれは，全般的なあるいは極端なシステムというより，むしろ繊細に調律されたシステムをもっている。子どもは自分のいらだちを印象づけるために，極端なかんしゃくを起こす必要はない。子どもはほんのわずかの一瞥といらだっている表情でそれをできる。母親が子どもに同意しないとき，あるいはその食べ物を即座にもってこないときでさえ，母親はなんらかの信号を返している。その信号は，もし母親が十分に素早く応答しなければさらにもっといらいらした応答にエスカレートするかどうかを決める間，子どもに何かじっくり考えるものを与える。これは段階のあるシステムである。もし幼児が本当のかんしゃくまでエスカレートするときでさえ，子どもは0から60まで1秒で行くわけ

ではない。しかし，たいていの場合子どもの気分と行動は，この往復する相互交流の一部として，調節されるだろう。あらゆる感情が，喜びと幸福から，悲しみ，怒り，自己主張まで，繊細に調律され調節された情緒的相互交流の一部になることができる（すなわち，全か無かのパターンではなく，むしろ微妙な相互的パターンが，働き始める）。

　繊細に調律された往復する相互交流にどのように関わるかを，子どもが学んでいないときに，何が起こるかを考えてみよう。子どもの情緒表現には，なんのフィードバックもない。子どもは自分の情緒表現が周りにいる人々からの応答につながることを期待しない。したがって，子どもの気持ちの表現は，信号発信システムの一部ではない。それは単に気持ちそれ自体のその場での表現である。そのような気持ちには，何が起こるだろうか？　しばしば，調整する影響をおよぼす情緒の応答なしでは，子どもの気持ちは単により強くなるだけだろう（あるいは，子どもはあきらめて，自己の内界に気持ちを向けるようになる，または受け身的になるだろう）。子どもは，より全般的な気持ちである怒りや憤怒，恐れや回避，あるいは引きこもりや自己の内界への集中を，使うままに放置されるだろう。これらの全般的な気持ちは，生まれて最初の何ヵ月間かの非常に幼い乳児に特徴的なものである。

　臨床的にわれわれは，不安，抑うつ，そして衝動性へと向かう傾向を伴って，早期の感情信号発信の傷付きを観察してきた。たとえば，なだめ落ち着かせるような相互交流よりも，むしろ強められた感情に伴って，われわれは心配になったり怖くなったりする傾向が強まるのを見る。養育者が自分の乳幼児からの打診に，調律をはずしたり，凍りついたり，あるいはペースを落としすぎたりするとき，「喪失」の感覚が続いて起こるだろう。それは抑うつへの傾向の増強へとつながるだろう。怒りあるいは衝動的な行動が，往復する信号と交渉のパターンへと組み込まれるのではなく，その代わりにそれらを養育者が引きこもりや無視，あるいは1回の強い応答で扱うとき，われわれは攻撃性と衝動性への傾向を見るだろう。

表象と象徴の巧みな表現と分化

　第3と第4のまとまり方の水準は，表象の**巧みな表現** elaboration と，表

象の**分化** differentiation の段階に由来する。第3の水準は，意味を巧みに表現し，共有することに関わっている。単語の機能的相互交流的使用およびごっこ遊びや象徴遊びは，願望や興味，感情，そして思考を，相互交流的にコミュニケーションするために使われる。第4の水準では，共有された意味は，願望と感情を巧みに表現するため，そして意味をカテゴリー化し問題を解決するための両方で使われる。前者は，ごっこ遊びに，後者は論理的な会話に見られる。この水準では，子どもはさまざまな着想または感情の間の結びつきをつくることができ（「僕が怒ったのは，おまえが僕のおもちゃをとったからだ」），空想と現実のバランスをとることができる。

共有された意味は，単に着想をもっていることに関わるだけではなく，着想のコミュニケーションに関わる。ごっこ遊びとおしゃべりは得意だが，自分自身の考えをコミュニケーションするだけで，決して他の人の応答に基づいて創作することはしない子どももいる。彼らはしゃべり，ドラマを演じるが，誰か他の人の考えやコメントを簡単に取り入れたり使ったりしない。たとえば，サリーは幼稚園から家に帰ってくるといつも，母親にケープをもたせ，女王様の場面をつぎつぎに演じた。しかし「次に女王様は私に何をさせたいのかしら？」というような遊びについての簡単な質問，あるいは「幼稚園はどう？」や「今日誰と遊んだの？」という彼女の日常生活についての簡単な質問に，答えない，あるいは考えさえもしなかった。まったく反対に，すべての言葉を聞いて，熱心に親の指示に従うが，自分自身の物事についての理解を巧みに表現することはほとんどない子どももいる。

子どもたちは自分が通り過ぎた水準の能力しかない。18カ月には，子どもは最初の2つの水準を，そして3歳半までには4つの水準すべてをマスターしていなければならないだろう。

基礎的な機能的－情緒的発達水準を観察すること

これらの4つのまとまり方の水準は，観察するのは簡単だが，しばしばあたりまえと思われている。子どもは遊ぶ，または話をするつもりでプレールームに来る。しばしばいくらかのラポールがあったり情緒的な関係が発展したりする――したがって，関係をつくる段階がある。治療者がドアを開け，治

療者の身ぶりが示唆するように子どもがおもちゃのところに行くやいなや，あるいはおそらく彼らがわずかの表情や腕の身ぶりとともに視線を合わせるやいなや，意図的な，前言語的なコミュニケーションシステムが開始されている（もちろん，すでに前言語的なコミュニケーションシステムに，あるいはもっと早期の水準である関係をつくることにさえも，いくらかの障害がある子どももいる。しかし多くの子はこれらの最初の2つの水準を，どちらかというと容易に確立する）。子どもが，車を衝突させる，あるいは声を出して指さし「それをとって」を意味するなどのような複雑な遊びを始めるにつれて，われわれはもっと複雑な意図的なコミュニケーションをしている。子どもが感情を言葉に込め，ごっこ遊びのテーマを巧みに表現するとき，第3の水準に到達する——共有された意味（表象を巧みに表現すること）の水準である。第4の水準には，子どもがテーマを巧みに表現するだけでなく，体験の領域の間に橋をつくるとき——「私がすごく頭に来たとき，怖かった」——到達するだろう。体験をカテゴリー化できる能力は，表象の分化も示している。いまや，象徴的な「私」と象徴的な「あなた」がある。最も重要なことには，体験をカテゴリー化できる潜在能力はまた，患者が，感情を巧みに表現し，別の人のコミュニケーションに基づいて創作するのを助ける。子どもは論理的な二方向性の対話をすることができ，空想と現実の違いを言うことができる。

　プレールームに入ってきて部分的にしか関係をつくらない子どものように，これらのまとまり方の水準の達成に，明らかな欠陥をもつ子どももいるかもしれない。不安や怯えを感じたときに，この子は即座に関係を解き，よそよそしくしたり引きこもったりする。また，同時にこの子どもはまとまらなくなり目的をもって意図的に身ぶりすることさえもできない（すなわち，子どもはまとまらないやり方で身ぶりし，話す）ということを考えてみよう。子どもが表象を巧みに表現する潜在能力は，まとまらない情緒的なコミュニケーション，あるいは人間とはかかわりのないできごとのまとまりのある記述のいずれかに，限定される。子どもには主観的に巧みに表現することと，現実を正しく認めることのバランスをとる能力が，ほとんどない。それから，この子どもは，単語を断片的なやり方で使い，世界を記述するときは具体的で

人間とかかわりがなくなりがちで，まとまりがなく混沌としたやり方で身ぶりの信号を送り，そして他者と関係をつくる潜在能力があるとはいえ，簡単に関係を解きよそよそしくなる。

このアプローチを視覚化するために，これらの4つの水準，すなわち，関係をつくること，目的がありまとまりのあるコミュニケーション，共有された意味，そしてカテゴリー化された意味，を描いてみよう。それからそれぞれの水準と並んで，人間のドラマを特徴づけるさまざまな感情－テーマの領域を視覚化しよう。これらには，依存，喜び，主張，興味，怒り，自己の限界設定，共感，そしてより一貫した愛情の形態が含まれるだろう。それから，所定の水準でどのテーマがコミュニケーションされうるかを見ることができる。たとえば，ある子どもは，依存あるいは愛情をコミュニケーションするのに身ぶりを使うことはできるが，表象を使うことはできないかもしれない（すなわち，子どもは「愛してる」または「抱きしめて」と言えないし，2つの人形が抱き合っているシーンを遊びで表すために人形を使うことはできない）。しかし子どもは，身体的にお母さんに抱きつき，愛情に満ちた表情と声をつくることは，十分に可能である。

より高水準の自省と思考

着想の間に橋をつくるという第4の水準は，子どもが学校に通う年齢になるとさらに発達するようになる。これらのさらに追加される水準は，以下のように記述されることができる。

複数の原因を考えること　複数の原因を考えることとは，子どもが「なぜ」自分は外に出たいのか，あるいは「なぜ」自分は幸せとか悲しいとか感じるのか，を超えるときである。子どもはいまや複数の理由をあげることができる。子どもは間接的に考えることができる。もし，ジョニー坊やがその子と遊びたくないならば，「ジョニーは僕が嫌いだ」とただ結論づける代わりに，その子は次のように言うことができる。「ジョニーは僕と遊びたくない。たぶん今日一緒に遊びたいと思っている僕以外の誰かがいるんだろう。たぶんお母さんに，放課後家に帰ってくるように言われているんだろう」。子ども

は，複数の仮説を立てることができる。「ジョニーが僕と遊びたがらないのは，たぶん僕がいつもテレビゲームで遊んでいるからだろう。たぶん，もし僕が何か他のことをしようと持ち掛ければ，ジョニーはこっちに来たいと思うだろう」。その子どもは，いまや多くのコンテクストで複数の原因を考えるようになってきている。家では，もし母親がいらいらしていれば，子どもは父親のほうに行くだろう。たぶん，子どもは純情そうにパパと一緒にいることで，ママに焼き餅を焼かせ，そしてたぶんパパは味方してくれるだろう。学校では，子どもは南北戦争について，あるいはなぜ物語の登場人物が怒っているのかについて，いまや複数の理由を見ることができる。友達といるときには，子どもは2人の友達を比べることができる。「私はステファニーよりもサリーのほうが好き。だってサリーはすごいおもちゃを持ってるから」。複数の原因を考える，すなわち物事について複数の原因を探し，そして問題を解決するために複数の角度から見ることの結果として，子どもはより柔軟に考えられるようになる。

情緒的に分化した（灰色領域の）思考　進歩した内省思考には，もう1つの水準が含まれる。すなわち感情的に分化した，「灰色領域の」内省思考である。この能力によって，子どもは物事にはさまざまな程度があることを理解できるようになる。たとえば，子どもはいろいろな程度で，別の子を好きになったり怒ったりするかもしれないし，その逆もある。学校では，子どもは出来事に複数の原因を見るだけでなく，それらを重みづけすることもできる。「南北戦争を引き起こすうえで，人びとがどこに住んでいたか（北か南か）よりも奴隷制度のほうがはるかに重要だったということについて，私は別の意見を考える」。友達については，子どもは段階をつけて，気持ちを比較することができる。「僕はビリーよりもジョーイのほうがずっと好き。だって，僕が腹を立てているときもジョーイはとってもよくしてくれるから」。「だけど，僕はボブよりもジョーイのほうがほんのちょっとだけ好き。だってボブもだいたいいつでも僕によくしてくれるから」。この水準は集団に参加したり，集団をより深く理解したりすること（すなわち人が人の相対的な社会的役割を理解すること）につながり，社会の責任あるメンバーになるこ

とへの基礎を創り出す。

成長している，しかしまだ不安定な内的標準と自己感から考えること　思春期と青年期早期までには，進歩した思考はもう1つの水準に達する。それは，まだ幾分不安定ではあるが徐々により安定化し始めている自己感に基づく内的標準を創り出す能力である。これは体験を判断し，さらにそれらを熟慮するための基盤を提供する。子どもはいまや2つの世界を創り出す。1つは（10歳から12歳頃における）より明確な自己感に関わり，そしてその自己感は体験を判断するための内的標準を構成する。たとえば，子どもは初めて「その侮辱はそれほどひどくはなかったから，私はそんなに怒るべきではなかった」と言うことができる。同様に，子どもは何かいたずらをしている友達を見て，「それを私は正しい行動と思わないから，私はするべきではない。あの子たちにはしてもいいことなのかもしれないが」と言うことができる。子どもは遊び場でつらい状況にいるかもしれないが，それでもなお良い人間であると感じている。「どんなにみんなが私に意地悪でも，私はそれでも良い人だよ」。8歳児ならば，内的標準を適応できるかわりに，自分は悪い人間だと感じたかもしれない。　その内的標準で，子どもはいまや歴史を見て，「本当に，私はこういう理由で北軍（または南軍）に同意するよ」あるいは「第一次世界大戦で，人びとが次のような行動をとったとき，彼らは誤った判断を下したと，私は思う」と言うことができる。子どもは歴史や出来事を内的標準に基づいて判断し始めることができている。

この段階で，子どもはもっとたくさん推論することができるようになる。推論を創り出すということは，同時に1つ以上の準拠枠で考えることを意味する。それは現在ある着想から新しい着想を創り出し，それからこの新しい着想を見てそれを現在ある着想に関係づけられるということにかかわっている。2つの準拠枠を見てそして関係づけるためには，見ることと関係づけることという作業ができる「機関 agency」をもつ必要がある。その結果，豊かな体験から生まれた推論は，比較された2つの準拠枠の1つが，意味のある体験の産物であるまとまりをもった自己感に基づくことを，通常意味している。この意味のある体験には，私たちがこれまで記述してきたすべての発

達水準に，推論がつくられる知識の領域における体験をプラスしたものが関わる必要が，しばしばある。両方が必要なのは，すべての発達水準の好ましい体験が内省思考への潜在能力を創り出し，そして推論の領域の体験が，素朴な推論ではなくむしろ洗練された推論のための知識基盤を創り出すからである。換言すれば，思考の最高水準では，情緒と認知を組み合わせた潜在能力が必要である。なぜならその潜在能力は準拠枠の比較にかかわるからである。そしてその準拠枠の1つは現在進行中の情緒体験と自己感に基づかなくてはならない。

個人が青年期および成人期において，より高い思考水準に入っていくにつれて，個人は多くの原因のある思考，曖昧な灰色領域の思考，そして内的標準に基づいた思考の能力をもち，それをますます広がりつつある世界に適応する。青年期では，明らかに，生物学的変化，新しい社会的ネットワーク，新しい興味，そして未来指向型の確率論的思考がある。成人期では，結婚あるいは親密な関係，自分自身の子どもをもつこと，そして職業への挑戦が，内的標準をもつ内省思考への新たな需要を創り出す。

その結果，長い時間をかけて，増大する自己感と内的標準をもち内省する能力は，青年期，成人期，および老年期における新しい身体的，社会的，および認知的変化を含むように，成長し拡大する。これらには，自分の身体，性の認識，内分泌的および身体的変化，コミュニティ，仕事，高等教育，未来について確率論的に考える潜在能力，親との分離，親密な関係性，結婚，親となること，そして職業への挑戦への，興味の新しい水準が含まれる。また成人期，中年期および老人期の身体的心理的変化も，同様に含まれる。

特定の発達ライン

それぞれのまとまり方の水準と体験のタイプは，いくつかの異なる発達ラインとの関係において研究されるだろう。抽象的な概念は，それによって具体的な水準に引き戻されることができる。もし選んだ発達ラインが直接観察可能な臨床的対象であれば，特にそうである。たとえば，身体的なそして神経学的な発達を見るとき，それぞれの年齢での，子どもの粗大運動の潜在能力の発達，微細運動の潜在能力の発達，知覚－運動協調の潜在能力の発達，

高次中枢神経系の統合への潜在能力の発達,そして特定の文体の好みの発達について研究するだろう。たとえば,運動系が関係をつくることまたは意図性にどのように使われることができるか,あるいはその土台をこわすことができるかを,見ることができる。適応的な,そして非適応的なパターンの目印はよく知られている（そして後に第3章で記述される）。

　まとまり方の水準を見るとき,人間の関係性の発達も考慮されるだろう。乳児は,生命のない世界と人間の世界の両方への一般的な興味から,主な養育者に特異的なそして優先された興味（関係をつくること）へ,主な養育者を他の人から意図をもって区別できる潜在能力へ,抗議と主張ばかりでなく深まりつつある喜びの感覚をもって主な養育者と関係をもつ能力へと発達する。たとえば,われわれは幼児が――子どもの関係性の潜在能力が展開される一部として――接近,親密さ,そして依存への願望と,興味津々で,独立して,そして自己主張して世界を探索することへの関心を,複雑な身ぶりを通してコミュニケーションする能力を発達させるのを観察する。不安などのような感情とテーマをコミュニケーションする潜在能力についての,年齢相当のまとまり方の水準とユニークな体験パターンを詳しく述べることも可能である。

　それぞれの発達ラインに沿った特定のまとまり方の水準への子どもの潜在能力と,その子どもに特有な体験の指向性――子どものドラマの内容――との間の区別をこころにとどめておくことは重要である。たとえば,子どもが,独立,支配,そして探索への傾向を伴って,依存と親密さをバランスよく調和してまとめ上げることができるという,人間の関係性における発達水準に到達するという可能性がある。家の中の部屋を1人で楽しげに探索することができ,その後楽しく安心した相互交流（あるいはときにはあまり楽しくはないかもしれないが,それでもなお親密な相互交流）のために,母親または父親または主な養育者のもとに気持ちよく戻っていく15カ月の幼児が証明する。

　それに対し,完全に混沌とし断片化している子どももいるかもしれない。目的性はなく,あるいはしがみつく依存だけを体験でき,母親または父親の足に抱きつき,世界を探索するのを拒否する。さらに別の子どもは,母親,

父親そしてその他の人びとに影響されず，無生物の世界を，静かな，ほとんど感情のない意志をもって探索するだけに見えるかもしれない。それは，観察者がもつ，この子どもが体験している興味または喜びの水準についての疑問につながる。

　子どもが演じるために選ぶドラマについて考える前に，子どもがまとめ上げることのできる体験の範囲について決定されるべきである。最初の子どもは，自分の体験のまとまりの中に（人間の関係性に関する発達ラインの意味で）親密さとそしていくらかの相対的な独立性も統合することができ，車を走らすことに関わるドラマを選ぶ，あるいはそれをより好むことを示すだろう。もう一人の子どもは人形が椅子から落ちることに関わる，あるいはイナイイナイバーごっこに関わるドラマをより好むだろう。特定のドラマ——子どものコミュニケーションまたは遊びの内容——はとてもおもしろく，重要であるとはいえ，子どもの体験のまとまり方の水準を独立して決定することと混同すべきではない。特定の発達期を反映する傾向のある特徴的なドラマあるいはテーマが**ある**とはいえ，ドラマの内容は広く変化に富んでいることを指摘するのは重要である。なぜなら，内容は体験的（環境的）要因と生物学的要因の両者により決定されるからである。それでもなお，もしカテゴリーを十分に広くとれば，さまざまなまとまり方の水準に特徴的な一般的傾向を確かに認めがちである。エディプスのドラマの相対的普遍性が，このような傾向の例であろう。

抽出された定式化

　上記に提案されたように，子どもが取り入れている体験の特定の型ばかりでなくまとまり方の水準も，それぞれ別個の発達ラインに沿って，描写されることができる。記述的な水準では，子どもの身体的および神経学的な潜在能力と傾向，関係性，感情と情緒，テーマをコミュニケーションするパターン，等々を調べることによって，とてもよく区別された，詳しい子どもの見方が与えられる。

　同時に発達構造論的モデルはまた，それぞれの発達ラインにおける子どものまとまり方の水準と体験の指向性についてのこれらの非常に詳しい観察か

ら，全体的な発達の状態を反映するカテゴリーを抽出する役割もしている。これらの機能のカテゴリーは，不適応的なまとまり方のパターンから適応的なまとまり方のパターンまでの連続帯の上で眺められるだろう。たとえば，一方の極端には，まとまりの統合性に欠損 defects がある。「中核」となるパーソナリティあるいは自我の機能，すなわち現実検討，気分の調節，あるいは衝動の調整のような機能の年齢相当の水準が，重篤に障害されているとき，パーソナリティの欠損という決定が下されるだろう。年齢相当の水準に応じて体験をまとめ上げる能力におけるこのような欠損は，このような基本的なまとめ上げる潜在能力が発達する生後3，4年間の，欠陥のある発達との関係で，しばしば生じる。早期発達のそれぞれの時期における欠陥のある発達からもたらされる特定のタイプの欠損については，後に詳しく議論されるだろう。

不適応的な発達のもう1つの水準は，パーソナリティの柔軟性の制約 constrictions というカテゴリーの下にまとめられるだろう。このカテゴリーでは，年齢相当のまとめ上げる潜在能力には大きな欠損は存在しないが，まとめ上げることができる体験の範囲が限定されている。たとえば，5歳の子どもには現実を検討する潜在能力はあるかもしれないが，非常によそよそしい表面的な関係性のコンテクストの中だけで，そして強度の低い感情あるいは攻撃的または反抗的な分野に限定した感情を伴ってだけである。再び舞台とドラマの比喩を使えば，舞台にはそれ自体にひび割れはなく，崩れてしまう脆弱さはないが，極端に狭く，したがってとても限定されたドラマしか提供できない。

われわれは，人生早期の妥協に基づく深刻なものから，後の妥協に由来する軽いものまでにわたって分布する制約を見るだろう。たとえば，すべての人間の親密性をすっかり囲い込んで隔てることによってのみ，まとめ上げる潜在能力（現実検討への潜在能力）の統合性を維持できる人と，権威がある人には自己主張の感情を体験することに軽い制限はあるが，その他では適応的な年齢相当のやり方で機能する人との間には，違いがある。後者のタイプの子どもは，単に十分に競争できないだけだろう。それに対し，前者のタイプの子どもは，自分の人間としての可能性の影だけしか実感しない。いろい

ろなタイプの制約（たとえば，特定のタイプの気持ちまたは思考の体験を制限する，内的体験を外在化する）は，この章の後半に，そして付録に記述されるだろう。

　三番目のとてもとらえにくいタイプの制約的な損傷は，**カプセルに包まれた障害** encapsulated disorder と呼ばれ，狭く線引きされた体験の領域では，子どもに長期にわたる体験の連続性を維持する能力がないことに基づいているが，全体的なパーソナリティの年齢相当の柔軟性は最小限に妥協しているだけである（たとえば，父親に非常によく似ている，権威のある人といるときだけ自己主張を避ける）。

　子どものまとまり方の水準とタイプの欠損そして／あるいは制約がひとたび判断されれば，次に演じられているドラマのタイプをカテゴリー化できる。ドラマは，中にはとても痛々しいものもあるが，年齢相当の体験のまとまりの中でそれ自体が展開されるだろう（たとえば段階特異的な葛藤）。より痛々しさの少ないドラマは，とても制約されたあるいは欠損さえもあるまとまりの中でそれ自体が展開するだろう。

　要約すると，体験はさまざまな水準でまとめ上げられるだろう。それぞれの水準はそれ自身の文体的なユニークさをもつだろう。そしてそれぞれの人間の発達ライン（臨床的に意味のあるカテゴリーにしたがって描写される）はまとまり方の水準と体験のユニークさという意味で記述されるだろう。それぞれの発達ラインの詳しい観察は，抽出され適応的な年齢相当のパターンばかりでなく，パーソナリティの欠損と制約という意味で，パーソナリティ機能の全体的水準についての定式化になるだろう。

その他の発達モデルにおける発達構造論的アプローチ

　発達構造論的アプローチは，体験のまとまり方と内容に注意を焦点づけるものであるが，大部分の人間の行動モデルと矛盾がない。たとえば，精神分析的あるいは精神力動的アプローチでは，力動的，構造的，発生的，そして自我心理学的観点への焦点づけは，パーソナリティの成熟的および体験的特性と関係している。たとえば，力動的な観点では，個人の欲動あるいは願望と，恐れ，内在化された禁止，現実のしがらみ，そしてパーソナリティの防

衛機制との関係に，焦点づける。したがって，力動的な観点は，特定のユニークな体験を研究するための「窓」になる。発生的な観点は，力動的な傾向を歴史的に展開する方向へとわれわれを向かわせ，そしてこの章の前半で提案した生物学的適応論的アプローチと一致する。構造的および自我心理学的観点は，これもわれわれの注意を葛藤に焦点づけるが，自我のもつ媒介するという特性——個人の欲動または願望，恐れ，内在化された禁止，そして現実を考えることを総合する自我の能力——について，われわれに注意を喚起する。自我の防衛的作用と統合するそして総合する潜在能力は，この観点から研究されることができる。

　精神力動的アプローチは，対象関係論も含んでいる。対象関係論は，早期の関係性のパターンが自己および対象表象に内在化される道筋と，どのようにこれらの内在化が基本的なパーソナリティ機能の基礎を形成するかを，定式化する。対象関係論はどのようにパーソナリティの特定のまとまりへの潜在能力が達成されるかを説明する。

　この非常に短い要約が，この仕事の理論的観点は重要な精神力動的視点と矛盾がなく，そしてその視点を含むということ，したがって技術のある臨床家を子どものまとまり方の水準と体験のユニークさについての顕微鏡検査に向かわせるということを提案するために，提供された。

　もう一方の極は，行動的，および行動学習的アプローチである。これらのアプローチは，内的な体験よりもむしろ観察可能な行動に，そしてコンテクスト上のあるいは一時的な行動との関係性を通して行動に影響を与えるように見える環境的要因に焦点づけているが，これらは精神力動的観点とは正反対に見える。それとまったく反対に，それらのアプローチは，相補的な方向性を提供する。その相補的な方向性の理論的根拠は私が他のところで記述した（Greenspan 1975）。

　行動的アプローチを考慮するうえで，それは環境的影響に高度に焦点づけられているのだが，それぞれの発達段階における成長しつつある子どもの行動のレパートリー，およびある特定の出来事が強化因子として体験される確からしさの，両方を理解するために，発達モデルが必要とされていることは強調すべきである。子どもは，単に今この瞬間に体験していること——ある

いは，さらに言えば，過去の体験——の産物ではなく，むしろ特定の水準での体験を**まとめ上げる**潜在能力の産物である。ここで提示されているモデルは，発達のそれぞれの水準で子どもが体験をまとめ上げる特別のやり方を詳しく述べようと試みているが，ある意味では年齢相当の行動のレパートリーと，強化する出来事の可能性のあるカテゴリー——あるいはもっと広くとれば，体験のレパートリー——という図式を用意する。

行動学習論の用語では，これらの体験のレパートリーを，それらのまとまり方の水準と「内容」のユニークさという観点から見ることができる。たとえば，子どもに行動学習論的アプローチを使うとき，どの行動カテゴリーを変化させるかについて最初に決定する必要がある。その受動的な子どもに現実的に行動するうえでより基礎的な障害があるとき，その子どもをもっと自己主張するように援助しようとは望まない。言い換えれば，もし子どもの現実検討についてのまとまり方の水準に欠損があれば——それは非現実的に行動しがちな傾向を通して行動の水準に出現するが——その問題に最初に注意を向ける必要がある。もし臨床家が，臨床的に関連した行動カテゴリーを見つけるための概念的枠組みに欠けているために，「現実的に行動する」うえでの子どもの基礎的な障害を見逃すとしたら，定式化される治療的アプローチは，子どもの一次的な障害を，救うよりも，むしろ悪化させるだろう。たとえば，子どもがより自己主張的に行動するにつれて，子どもはより断片化し非現実的になるかもしれない。したがって発達構造論的アプローチは行動のアプローチと一致するばかりでなく，最も臨床的に関連した「体験の」カテゴリーを詳しく記述するのを助けるだろう。

発達構造論的アプローチの経験主義的側面

発達構造論的アプローチは，凝集性のある理論とかなりの研究基盤に結びついてはいるが（Greenspan 1979, 1989, 1997a, 1997b; Greenspan and Lourie 1981 参照），理論的，経験主義的な方法でも使われることができる。ある意味では，それぞれの発達水準で，子どもが体験をまとめ上げるやり方と段階特異的な文体上のユニークさの同定は，特定の理論にこだわらずに記録されるだろう。第2章で述べられる観察カテゴリーは，臨床評価，治療計

画および治療の追跡のための有用性に関して，それ自身の利点から判断されることができる。「酸性度テスト（のような厳しい検査）」となるのは，いろいろな研究のコンテクストにおけるそれらの有用性であろう。すなわち，段階特異的な行動を記述し将来の行動について予測すること，ある特定のタイプの問題や個人に効果があると思われる治療的アプローチを予測すること，などである。言い換えれば，このアプローチの妥当性は，いろいろな臨床的ならびに研究的コンテクストで応用されることによって，体験に基づいてアセスメントされることができるだろう。

発達構造論的モデルと，発達的で，個人差と，関係性に基づいたアプローチ

発達構造論的モデルは，アセスメントと治療のための発達的で，個人差と，関係性に基づいた（developmental, individual-difference, relationship-based: DIR）アプローチを「産み出し」た。DIRモデルは，発達的生物心理社会的アプローチであるが，子どもの最も重要な機能的発達への潜在能力を同定し体系化することによって，子どもと家族の理解を促進しようと試みる。これらには，子どもの1）機能的−情緒的発達水準；2）感覚反応性，処理および運動企画における個人差；そして3）養育者，家族メンバーおよびその他の人びととの関係性と相互交流が含まれる。

機能的−情緒的発達水準

子どもの機能的−情緒的発達水準は，情緒的に意味のある目標を達成するためにどのように子どもがすべての自分の潜在能力（運動，認知，言語，空間，知覚）を統合するかを検討する。先に示したように，これらの潜在能力には以下の能力が含まれる。

- 多感覚 multisensory の感情体験に注意を向けること，そして同時に落ち着いて調節された状態にまとめ上げること（たとえば，養育者を見る，養育者の声を聞く，そして養育者の動きを追う）。
- 養育者（達）と関わりをもち，養育者（達）に感情的な優先傾向と喜びを表

すこと（たとえば，安定した養育者といるときのうれしそうな微笑みと愛情）。
- 双方向性の前象徴的な身ぶりによるコミュニケーションを開始し，応答すること（たとえば微笑みと声を養育者との間で往復して使うこと）。
- 双方向性の社会的問題解決のためのコミュニケーションの連鎖をまとめ上げ（連続して多くのコミュニケーションの輪を開いたりつなげたりすること），空間を超えてコミュニケーションを維持し，感情の両極を統合し，出現しつつある自己と他者という前表象的なまとまりを合成すること（たとえば，棚のうえのおもちゃをとるために，手を引いて父親を連れてくる）。
- 創造的，あるいは空想的な思考の基盤として，着想を創造し機能的に使い，象徴に意味を与えること（たとえば，ごっこ遊び，「ジュース！」のように欲求に合った言葉を使うこと）
- 論理，現実検討，思考，および判断の基盤として，着想の間に橋を架けること（たとえば，討論，意見指向的会話，および／あるいは手の込んだ，計画された，ごっこドラマに関わること）。

知覚の調節，処理，および運動企画における個人差

生物学的に基礎づけられた個人差は，遺伝的な，出産前の，周産期の，そして成熟上の変異と欠損の結果であり，以下のように特徴づけることができる。

- 知覚の調節 sensory modulation は，触覚，聴覚，嗅覚，視覚，および空間での運動知覚を含むそれぞれの知覚様式での，低反応性と過剰反応性を含んでいる。
- 聴覚処理と言語，および視覚－空間処理を含む，それぞれの知覚様式における知覚処理。処理には，記録し，解読し，シークエンスを理解し，パターンを抽出する潜在能力が含まれる。
- それぞれの様式における知覚－感情処理（たとえば，感情を処理し反応する能力，それには「意図」または感情を，運動企画 motor planning と配列 sequencing，言語，および象徴に結びつける潜在能力を含む）。この

処理への潜在能力は特に自閉症スペクトラム障害に関連しているだろう (Greenspan and Wieder 1997, 1998)。
・運動企画と配列化には，動作，行動および象徴を配列化する能力を含む。象徴には思考，言葉，視覚的イメージ，および空間的概念という形の象徴が含まれる。

関係性と相互交流

関係性と感情的相互交流のパターンには，発達的に適切な，あるいは不適切な，養育者，親，および家族との相互交流的関係性が含まれる。子どもと養育者および家族メンバーとの間の相互交流パターンは，子どもの生物学的素因をより大きな発達的連鎖に持ち込み，子どもの機能的発達的潜在能力にうまく折りあいをつけるのに役立つ。発達的に適切な相互交流は，子どもの意図と感情を動員し，子どもがそれぞれの発達水準で体験の幅を広げること，そして1つの機能的発達水準から次の発達水準に進むことを可能にする。対照的に，子どもの機能的発達水準あるいは個人差を扱わない相互交流は，進歩を台無しにしかねない。たとえば，よそよそしい養育者は，反応性が過小で自己の内界に気持ちを向けている乳児と関わることができないかもしれない。

DIRモデルは，子どものユニークな生物学的に基礎づけられた処理手順のプロフィールおよび子どもの家族の関係性と相互交流パターンというコンテクストで，子どもの発達への潜在能力を診査する。機能的アプローチとして，DIRモデルは生物学的素因と体験の間の複雑な相互作用を，行動を理解するために用いる。すべての関連する機能的領域の適切なアセスメントを遂行するには，子どもと家族の何回かの面接が必要である。これらの面接は話し合いと観察から始めなくてはならない。適応がある場合には，さらに特定の機能領域を理解するために，その後で構造化されたテストが実施されるべきである。アセスメントのためのこのアプローチの詳細は，別のところで記述される（Greenspan 1992; Greenspan and Wieder 1998 参照）。発達生物心理社会モデル（DIRモデル）のアセスメントと精神療法的介入についての十分な議論は，付録を参照のこと。

発達構造論的アプローチと伝統的な診断カテゴリーとの関係

　この章の後の部分と付録で提案されるように，発達構造論的アプローチは既存の標準的な診断カテゴリーと一緒に使うことができる。既存の診断カテゴリーの枠組みであるアメリカ精神医学会のDSM-Ⅳ-TR（アメリカ精神医学会 2000）は，複数の発達ラインを包含する首尾一貫した発達に焦点づけようとは試みない。DSM-Ⅳ-TRは，ある種の子どもの症候群を考慮に入れるが，これらの症候群を，症状の集まり，パーソナリティ傾向，あるいは病因となる要素の同定のいずれかに，基礎づける傾向がある。たとえば，Ⅰ軸とⅡ軸は，症候群とパーソナリティタイプに焦点づけているのだが，多くの臨床的に関係のあるラインに沿ってそれぞれの発達水準での適応と不適応について考慮するという，人間の発達についての首尾一貫した理論に結びついてはいない。

　ここで提案される発達的なアプローチは，潜在的に有用となる可能性のあるやり方を追加する——それぞれの子どもを，それぞれの機能の領域についての子どもの発達の傾向という観点から理解するやり方である。

　ここで提案されるアプローチを伝統的な診断カテゴリーを補うものとして使う人がいるかもしれない。後に述べられるように，3つの柱のアプローチを考えることができるだろう。このアプローチでは症状の集まりとパーソナリティ傾向指向的診断ラベル（Ⅰ軸とⅡ軸）が1つの柱に表される。もう1つの柱には，病因的要素に基づく診断が表されるだろう（このような診断は稀ではあるが，知られているときにはリストに入れておくことが重要である——これらは普通Ⅰ軸に入れられている）。さらに第3の柱には，子どもがどのように彼らの体験している世界をまとめ上げ，詳しく記述するかに基づく，発達的診断がリストに入れられるだろう。発達的診断は，診断の目的ばかりでなく，臨床評価と治療計画のためにも，病因的要素を理解するためと同様に，意味があると，われわれは考えている。症状，病因的要素，そしてどのように子どもは自分が体験している世界と折り合いをつけまとめ上げるかを理解することに基づく介入は，他と切り離してただ1組のあるいはもう1組の要素だけに基づくときよりも，子どもが発達において先に進むのを助

ける方法としては，より完全だろう。

一般的原則

　子どもの臨床面接におけるわれわれの課題がどのように複雑かを単に強調するために，私は複数の行動決定因と複数の発達ラインの原則から始めた——そしてこれらの原則を探索するために，われわれは発達構造論的モデルを使うことを提案した。子どもの発達上の特定の時点で何が子どもを悩ませているのかを決めることばかりでなく，子どものパーソナリティのまとまり方を理解することも，われわれは求められている。たとえば，8歳の男の子の問題は，母親と葛藤があることかもしれない。この母親というのは，彼が自己主張したい，そして自分自身でもっとたくさんのことをしたいと願っているのに，彼を依存的なままにしておこうとしている。おそらく少年は，反抗的で喧嘩腰で，学校では勉強せず，そこでアセスメントのためにやってきた。

　ここで臨床家は，来院の原因となった問題の性質ばかりでなく，関係のありそうなその他の問題も，アセスメントしなければならない。さらにもっと重要なことに，この現在の困難な問題が起こっている構造をアセスメントすることも，臨床家は求められている。この子どもはさまざまな面でどのように機能しているか，この子どもが達成したのはどんな種類の心理的あるいはパーソナリティのまとまりか，そしてこのまとまり方が年齢相当に期待されるものとどのように比べられるか？　言い換えれば，複数の発達ラインに沿ってアセスメントすることを，いわば，現在のドラマが演じ出されている劇場あるいは舞台を記述することを，臨床家は求められている。医療のたとえを使えば，感染症を治療する前に，医者は患者の基本的健康状態を知らなければならない。癌のような別の慢性の病気をもつ人の感染症を治療するのは，その他の面では健康な人の感染症を治療するのとは非常に異なっている。

　臨床的なアセスメント場面の複雑さに熟達するためには，忍耐とともに，厳密な観察と概念化が必要である。われわれの仕事をしている分野ではどんなに人生は複雑かという，まさにその感覚に対する防衛として，われわれのアプローチをとても単純化したいという誘惑を，われわれは避けなくてはならない。お手上げになって次のように言う人もいるだろう。「もし人生がそ

んなに複雑ならば，もし人類の機能がそんなに複雑ならば，そしてもし子どもの面接には多くの発達ラインと多くの行動決定因を認識している必要があるならば，私はいったいどのように結論を出すのか？」。しかし，絶望の中であきらめる結果にさせるよりも，むしろ人間の機能の複雑さは，技術のある臨床家と同様に初心者をも，難局に立ち向かうようにと鼓舞する。この挑戦には，未熟な定式化，あるいは体験のほんのわずかな次元しか含まない狭い焦点では対応できない。さらに，臨床面接のコンテクストの中では，最近の流行である人間の行動の過剰な操作化と定量化は，子どもの機能の十分な理解のために必要な過程に一致しないものと見るべきである。

　子どもの臨床面接により提示される挑戦は，複雑さを解きほぐすのに適したアプローチで対応されることができる。簡単に言うと，面接者は子どもによって使われる複数のコミュニケーション・チャンネルを監視できるように自分自身を訓練しなければならない。得られたデータは，徐々に近似させる過程を通して，すぐ目の前にある問題を明確にする仮説を生み出すだろう。続く章で，私は，臨床面接の間に人間の機能の複数の次元を同時に観察するための枠組みを概説し，そして最初にこれらの観察を第一次の臨床的な推論にどのように翻訳するかを，そして次にこれらの推論から臨床的な仮説とアセスメントをどのように引き出すかを記述する。

表 1-1 機能的発達水準と感情および社会的スキルのカテゴリー

発達水準	感情および社会的スキル
調節, 世界への興味, そして関係をつくること	見ること, 聞くこと, 触ること, 動き, そしてその他の感覚体験への感情的な興味。感情を調整する最初の体験（すなわち, 静めること）も。快の感情が関係づけを特徴づける。親密感の増大。
目的をもったコミュニケーションと複雑な自己感	意図的に伝えるために, さまざまな感情が往復する感情信号発信に使われるようになる（たとえば, 感情信号を読み取って反応すること）。感情の相互交流は, 願望と要求を表現し, 問題を解決するために, 動作または行動パターンにまとめ上げられる（単語や絵ではなく動作のパターンで, 誰かに自分がしてほしいことを示す）。 1. 断片化水準（意図的な問題解決行動の, 小さなまとまり） 2. 二極化水準（たった１つまたは２つの気持ちの状態を表出しているまとまりのある行動パターン, 統合されず問題解決のしがらみついて困っているまとまりのある行動。たとえば, まとまりのある攻撃性と衝動性, あるいはまとまりのある怖がるパターン） 3. 統合水準（さまざまな情緒パターン──依存, 自己主張, 喜びなど──が, 統合されて問題解決の情緒的相互交流にまとめられる。誘惑し, 親密さを求め, そしてそれから欲しい品物を見つけるために助けを求めるというように）。
表象と象徴の巧みな表現と分化	1. 単語と動作を一緒に使う（着想は動作へと行動化されるが, 単語も動作を意味するために使われる） 2. 肉体的なあるいは身体的な単語が気持ちの状態を伝えるために使われる（「私の筋肉は爆発する」） 3. 意図を伝えるために動作のかわりに単語を用いる（「ぶつぞ！」） 4. 信号として（「僕は頭に来た」あるいは「お腹がすいた」「抱きしめて」）よりもむしろ気持ちそのものとして（「僕は頭に来ると感じる」あるいは「お腹がすいたと感じる」「私は抱きしめてほしいと感じる」）気持ちを伝える。最初の場合では気持ちの状態を要求し行動に非常に近い。二番目の

場合、それは多くの可能な考え、そして/あるいは行動を考慮することにつながる信号以上のものである。

5. 全般的な気持ちの状態を体験する（たとえば「気分が悪い」「私は大丈夫」）
6. 二極化した気持ちの状態がある（気持ちはすべて良いかすべて悪いに特徴づけられる傾向がある）
7. 分化した気持ちを示す（徐々にますます微妙な気持ちの状態の記述がある――悲しみ、困惑、怒り、歓喜、幸福、孤独、悲しみ、困惑、怒り、歓喜、幸福、孤独、愛情、興奮、失望）
8. 分化した気持ちの間につながりを創り出す（「あなたが私に腹を立てると、私は怒りを感じる」）

複数の原因を考えること	気持ちについて複数の理由を探し、気持ちを比較し、そして気持ちの状態の中で三者関係の相互交流を理解する（「スージーが私よりジャネットのほうを好きなとき、私は仲間はずれにされているように感じる」）
情緒的に分化した（灰色領域）の思考	分化した気持ちの状態の中の影とグラデーションを記述する能力――「私ははんのの少し困った」
成長している、しかしまだ不安定な内的標準と自己感から考えること	内在化された自己感との関連で気持ちをじっくり考える（「そんなに怒りを感じるなんて私らしくない」あるいは「私はこの嫉妬を感じるべきではない」）

表1-2 思考の水準とそれぞれの水準で可能なさまざまな達成の程度の概観

	1	3	5	7
調節, 世界への興味 (0〜3ヵ月で最初に学ばれる)	注意はいくつかの間（そこでは数秒ずつ）で、そしては非常に活動的あるいは興奮して、あるいは大部分自己の内界に気持ちを向け、そして／あるいは無気力あるいは受け身的である。	非常に興味がある、あるいはやる気がある、あるいは魅了されているとき、短時間の間（たとえば30〜60秒間）注意を向け、静かにすることができる。	過剰に刺激されたときあるいは刺激が不足しているとき（たとえば、騒々しい、活発な、脆弱な状況）、退屈なときあるいは微細な運動スキルが子どもが早く書くように言われるときに働きかけられたとき（たとえば、微細な運動スキルを使うとき）、あるいは病気、不安があるとき、あるいはストレスがあるときをのぞいて、たいていストレスがあるときをもって、注意を焦点づけ、まとまりをもって、静かにしている。	大部分の時間、ストレスがあるときでさえ、注意を焦点づけ、まとまりをもって、静かにしている。
関係を作ること (2〜7ヵ月で最初に学ばれる)	超然として、引きこもっていて、そしてあるいは他者に対して無関心。	表面的で要求指向的、親密さに欠ける。	親密さと思いやりは存在するが、怒りや分離のような激しい情緒によって崩壊する（たとえば、人は引きこもるか行動化する）。	気持ちが激しいあるいはストレスがあるときでさえ、親密さ、思いやり、そして共感への深く感情的に豊かな潜在能力がある。

第1章　概念の基礎：展望　35

目的をもったコミュニケーション（3～10カ月で最初に学ばれる）			
1	3	5	7
大部分目的なく、断片化した、きっぱりしない行動と情緒表現（たとえば、目的のないさまたは微笑、あるいは温かさを求めて接触しようとする体位をとる）。	いくらかの要求指向的、目的のある行動のちらばりと情緒表現の結合したまとまりのないさまたより大きな社会的目的はない。	しばしば目的がありまとめ上げられている情緒表現のすべての範囲ではない（たとえば、適切な親密な誘惑さと温かさを求めて、姿勢、等々で他者を求めるが、非常に怒ったときには大混乱、断片化、あるいは無目的になる）。	激しい気持ちとストレスがあるときでさえ、大部分の時間、目的があるまとめ上げられた行動と広い範囲のあいまいな情緒がある。

自己感（9～18カ月で最初に学ばれる）			
1	3	5	7
他者の意図が歪曲される（たとえば、合図を読み間違え、したがって疑い深く、虐待されている、愛されていない、怒りを感じる）。	選択された関係性の中では、他者の基本的な意図（たとえば、受容あるいは拒絶）を読むことはできるが、あいまいな合図（たとえば、尊敬あるいは誇りあるいは部分的怒り）は読むことができない。	しばしば一連の情緒信号を正確に読み反応する。しかし選択された情緒、非常に強い情緒、あるいはストレス、あるいは視覚または聴覚のような感覚処理に問題があることに関わる特定の状況ではそれに関わる特定の信号により混乱させられる。	ストレスがある時でさえ、大部分の情緒を柔軟にそして正確に読み反応する（たとえば、安全対危険、承認対不承認、受容対拒絶、尊敬対侮辱等、部分的な怒りを理解する）。

表象と象徴の巧みな表現（18〜48ヵ月で最初に学ばれる）

1	3	5	7
願望はばらあるいは断片化されたやり方で体験される（たとえば、1つの語句にまったく論理的なつながりのない別の語句が続く）。	願望と気持ちを動作または身体的状態に投げ込む（おなかが痛い）。願望と気持ちを巧みに表現するために着想を使うことができない（たとえば、怒りの着想を体験する、あるいは親密さを表現することよりもむしろ殴り、必要としているときはどこでもきついたり身体的な親密さを要求する）。	行動したい願望を伝えるために、または基本的な要求を満たすために、着想を具体的なやり方で使う。気持ちを巧みに表現するために着想をそれ自体として巧みに表現することができない（たとえば、怒りの着想を親密さへの願望を表現するよりもむしろ「僕は腹が立っている」というよりもむしろ殴ったときはどこでも見殴りのなかったというのは誰かが見ていたから」）。	しばしば空想的で創造的であるように着想を表出する。しかし選択された情緒を具体的に使う。気持ちをあるいは難しい情緒を体験しているとき、あるいはストレスがあるときにそれができない（たとえば、怒りを言葉にできない、あるいはふりをするのはできない）。	すべての範囲の情緒を表出するために着想があるため、ストレスがあるときでさえ、大部分の時間、空想的で創造的である。

表象と象徴の分化

1	3	5	7
着想は二極化する；着想は全か無かのやり方で使われる（たとえば、物事はすべて善かすべて悪で、影や灰色の部分はない）。	思考は二極化する（たとえば、物事はすべて善かすべて悪で、影や灰色の部分はない）。	思考は制約されている（たとえば、怒りと競争のような特定のテーマに大部分焦点づけられる傾向がある）。しばしば思考は論理的だが、強い情緒、選択された情緒、あるいはストレスから、二極化したもの	年齢で期待される情緒と相互交流のすべての範囲にわたって、思考は論理的、抽象的、そして柔軟である。また思考は年齢相当の水準と、年齢相対の努力との関係で、相対的に内省的である（たとえば、配偶者、友達、相当の努力などの関係で、相対的に内省的である）。

	1	3	5	7
	論理的になることは不可能。着想の間の論理的な橋が失われると断片化するあるいははらばらになる傾向がある。		るいは断片化した思考につながる。	者、あるいは家族の関係性。思考は人生航路の次の段階への動きを支援する。
複数の原因を考えること		具体的なやり方でのみ論理的になることができ、そして多くの原因と年齢相当の体験の間接的な影響をじっくり考えることはできない。	多くの原因と気持ちをじっくり考えることができ、年齢相当の体験の間接的影響を考慮することができるものがあるが、気持ちが親密しすぎる場合はこのようなやり方ではじっくり考えることができない。(たとえば、親は考えることができるが、気持ちや親密さが激しすぎる場合はこのようなやり方ではじっくり考えることができない。)	年齢相当の体験の気持ちについて多くの理由を思うことじっくり考えることができる。間接的な影響を見ることができる（たとえば彼女は親に腹を立てているのは親に混乱しているのは親に対してであって、僕にではない）。年齢相当の体験には、親との、きょうだいとの、友達との、学校での体験、依存から興味、怒り、そして喪失までの幅広い気持ちが含まれるだろう。
情緒的に分化した（灰色領域の）思考	論理的になることは不可能。思考においては断片化する、あるいははらばらになる、あるいは二極化する傾向がある。	具体的なやり方でしか論理的になることができない。そして多くの原因と年齢相当の体験の間接的な影響をじっくり考えることはできない。	多くの原因と気持ちをじっくり考えることができ、出来事の間接的影響と年齢相当の体験の一部だけを、そして気持ちが非常に激しいときに考慮することができる。	広範な年齢相当の体験あるいはさまざまな気持ちの変化についてのさまざまな考えをじっくりする程度をじっくりすることができる（「パパが約束を忘れたから、私はちょっぴり怒っているけど、大

1	3	5	7
多くの原因をじっくり考えることあるいは灰色領域の思考をすることはできず、具体的な様式になる、ときに論理的になる、あるいは思考が二極化する、あるいは断片化する。	じっくり考え、そして多くの原因を考慮し、灰色領域の思考をすることはできるが、その瞬間瞬間の体験と内的な標準を同時にじっくり考えることは不可能である。	年齢相当の体験の中には、その瞬間の気持ちをじっくり考えることあるいは体験をじっくり考えることができ、そしてそれを自分自身のより長期的な視点および体験、価値、あるいは目標または理想と比べることができるものもあるが、できないものもある（たとえば、友達との体験ではできるが、親との親密感ではできない。気持ちが怒りのように激しいときにはこのようにはできない。	その瞬間の気持ちをあるいは体験をじっくり考えることができ、そして同時にそれを自分自身のより長期的な体験および視点、価値、そして/あるいは目標または理想と比べることができる。年齢相当のすべての範囲の体験にわたって、このようなやり方で、そして新しい認知的能力のコンテクストで、じっくり考えることができる（たとえば、確率論的、未来志向的思考）。

成長している、しかしまだ不安定な内的標準と自己感から考えること

ことはできない。

部分はがっかりしている」。年齢相当の体験には、親との、きょうだいとの、友達との、学校での体験、依存から興味、怒り、そして喪失までの幅広い気持ちが含まれるだろう。

第2章　子どもの系統的な観察のための枠組み

　この章では，私は，面接中の観察のためのいくつかのカテゴリーを詳しく述べる。これらのカテゴリーは，第1章で述べた全般的なまとまり方の水準の概念を，関係性，感情，そしてテーマのような異なる発達の次元との関係で，練り上げたものである。その次に，それぞれの年齢や発達水準でのそれぞれのカテゴリーについて，関係性のスタイルや特別な感情やユニークなテーマの空想などのような特別なコンテクストを考察することができる。これらのカテゴリーは10歳まで提示される。

　それぞれのカテゴリーでは，2つの水準のデータが直接関係ある。1つは記述的水準である。すなわち，観察された行動の正確な記述である。もう1つは年齢相当の水準である。すなわち，評価者は，範囲からの逸脱に気づくことができるように，それぞれのカテゴリーについて，年齢相当のあるいは発達段階相当の機能という感覚をいくらかもたなければならない。

　最初のカテゴリーには，子どもの身体的な統合に関係するものがすべて含まれる。次のカテゴリーには，アセスメント中の子どもの情緒的なトーンが含まれる。第3のカテゴリーは，面接中に子どもが人間としてのあなたにどのように関わるかに関している。第4のカテゴリーは，最初の臨床面接中に巧みに表現されるようになる，特別な感情や不安に関している。第5のカテゴリーは，子どもが待合室やプレールームの環境を使うやり方を扱っている。第6のカテゴリーは，テーマの発達を扱っている。すなわち，深さ，豊かさ，まとまり方，そして，――最も重要なことだが――シークエンスの点から見て，子どもがテーマを発達させるやり方である。最後のカテゴリーは，評価者の主観的な気持ちを扱う――評価者の子どもへの反応である。この最後のカテゴリーのデータは，子どもが評価者の中に引き起こす気持ち――面接の最後でのあなたの全般的な気持ちと，面接中にあなたが体験した特別な空想

や気持ちの両方――に，関係している。これらの第一次の観察はよいデータを生み出すに違いない。そしてよいデータは，あなたが定式化するあらゆる仮説の基本である。

さらに付け加えると，本章の以下に続く例はプレールームの設定での面接について述べているが，これらの観察のカテゴリーは，どのような設定でも使うことができる。たとえば，入院病棟や教室にいる子どもを，これらの複数の観点から観察することができる。子どもはどのように他の子と関係をもつか，どのようにあなたを使うか，どのように空間を使うか，活動水準と協調運動に関して子どもの身体的そして神経学的状態はどうか，そして観察時間中の子どもの気分と情動の変化はどうか，に，あなたは気づくことができる。系統化された観察は――プレールームでのセッションや面接の設定のように――子どもが1人だけのときには簡単であるが，どんな設定でも行うことができる。教室の中の先生が，病院の病棟の中の看護師と同じように効果的に，この観察の枠組みを使うことができる。

身体的，および神経学的発達

さて，身体的，および神経学的発達から始めて，先に述べたそれぞれのカテゴリーを詳しく議論しよう。ここでは，あなたは，神経学的あるいは心理学的なアセスメントがさらに必要かを決定するために，子どもが身体的におよび神経学的に損なわれていない水準を観察したい。あなたは待合室で子どもを迎えるときから観察を始めることができる。子どもの姿勢，歩き方，バランス，微細な協調運動，粗大な協調運動，話し方，そして声の質とトーンのようなことに，あなたは気づく。子どもの感覚システムについて可能な限りあらゆる印象を得たいと，あなたは望む（DeGangi and Greenspan 1988a, 1988b, 1989; Greenspan 1989）。子どもがあなたの声を聞くのに，あるいはあなたを見るのに，困難はないか？　さわることを通して感覚を体験することに困難はないか？

子どもが感覚（たとえば，聴覚や触覚）に過剰反応または低反応になっていないか，あるいはいずれかの様式での感覚の処理に困難はないか（たとえば，あなたの言葉を順序付けることができない）ということも，あなたは観

察したい。子どもはどんな感覚——聴覚，視覚，触覚，あるいは自分自身の動きの知覚——にも過剰反応または低反応になりえる。注意深い観察により，身体的な成熟上の個人差，あるいは情緒的な要因，あるいは両方の側面が，たとえば子どもが身体的な接近に関して用心深いことに関係あるかが明らかになるだろう。さらに，注意深い観察により，聴覚−前庭，あるいは視覚−空間処理の困難さが明らかになるだろう。たとえば，あなたの身ぶりや言葉に自分自身の身ぶりや言葉で反応しない子どもを，情緒的にこころを奪われている，あるいは全般的に気が散りやすいと決めつけるべきではない。特別な処理の困難さがあるかもしれない。

　あなたは，感覚運動，そして粗大なおよび微細な協調運動も探したいと思う。この子どもは体の動きの統合に問題があり，不器用なのか？　子どもと握手するとき，子どもがどのようにあなたの手に出会うか，そして手と目の協調運動が良好かどうかを見ることができる。歩行を見ることによって，特定の大きい筋肉群と粗大な運動機能が損なわれていないかどうか見ることができる。ひとたびプレールームや面接の設定に入れば，子どもが絵を描いたり色を塗ったりするときに，微細な協調運動を見る機会があるだろう。もし子どもがその題材を避けるとき，面接のどこかの時点で，子どもの微細な協調運動を見るために，絵を描くことを提案してもよいだろう。

　身長，体重，皮膚の張り，そして全般的な健康さの点から，子どもの全体的な身体の健全さを，あなたは検査すべきである。あなたは子どもの活動水準を，面接の始めばかりでなく，面接全体を通して観察すべきである。この子は，ある種の課題の周辺では活動水準にいくらかの変動をみせるのか——子どもは興奮したり，巻き込まれたりしたあと，落ち着いてきて集中するのか？　その子どもは面接の最初から極端に興奮して制御が効かないのか，あるいはすべての活動においてゆっくりで受動的なのか？　子どもはどのように注意を向けるだろうか？　彼女はあなたに，おもちゃに，ゲームやお絵描きに注意を焦点づけるか？　診察室での子どもの注意は，学校のような集団の中でのその子どもの行動の報告あるいは観察と比べるとどうか？　これらすべてのことをあなたは時間の始めに観察でき，最初の印象を得る。そしてそれから，その時間を通して観察を続け，あらゆる変化を記録する。このよ

うな変化は重要である。特にもしあなたが身体的に困難な問題の機能的原因をアセスメントしたいならば。たとえば，学習上の困難な問題の疑いのある子どもについて，最初の微細な協調運動と感覚運動統合は良好に見えたが，あなたが，ある不安を引き起こす分野に触れたとき，まったく突然に子どもは「ばらばらになる」ということを，あなたは見つけるかもしれない。このようなデータは，情緒的な領域がある種の身体的可能性に干渉するという問題を示唆している。

　非常に一般的な神経学的診察を，子どもに手をふれることなしに，実施することができる。身体的，および神経学的システムの機能に関して観察できることがたくさんある。たとえば，もし痙直あるいは四肢の1つまたは体の片側の異常な筋力低下を観察したら，子どもの反射を検査することなしに，ごく軽い脳性麻痺について推測することができる。自分自身で一般的な神経学的検査を実施したいと願う精神科医もいるが，その一方，自分の観察に基づいて印象をまとめ，適応があるときは適切に紹介する精神科医もいる。子どもの発達について家族に質問することは，神経学的な評価が必要かどうかを決める助けになるだろう。

　別の例では，心理学的検査が必要と決断するかもしれない。たとえば，あなたが待合室に行って8歳の女の子に自己紹介をした後に，彼女は跳びはね，スキップしてプレールームに入り，そこで彼女は袋を2回強く殴る。しかし，お絵描きになると，彼女の微細な協調運動は未熟に見える。彼女は8歳ではあるが，文字を書くことに問題がある。これらの観察から彼女には中枢神経系の未成熟，または微細機能障害があるかどうかについて疑問が持ち上がる。あなたはこの領域に焦点づけた心理学的検査を望むだろう。

　まとめとして，初回面接でさえも，神経学的な検索が必要かどうかを，そしてあなたの疑問のある領域でどのような特別な検査が行われるべきかを，あなたは決断できる。心理学的検査の結果（たとえば，ベンダー・ゲシュタルト・テストでの発達水準）が何か示すかどうかについて，かなりよい考えを抱くに違いない。そしてもしその結果で驚かされるならば，それは診断的な問題を提起するだろう。換言すれば，もしあなたが，身体的および神経学的統合性が損なわれていないように見えるが，ベンダーでの発達水準が非常

に未成熟な子どもを見るならば，あなたは，自分の臨床観察とテスト結果の間になぜ乖離があるのかを知る必要がある。

気　　分

　次のカテゴリーは，気分あるいは全般的な情緒のトーンを扱う。面接のまさにその初めから，あなたは子どもの気分に気づきたいと思う。そしてそれからそれが面接中にどのように発展するかを見たいと思う。それはあなたが面接を通してずっと見ている情動や情緒の変動とは違う。気分あるいは全般的な情緒のトーンの知覚は，子どもの会話の内容ばかりでなく子どもが見たり行動したりするやり方に基づく統合的な判断であろう。ほんの少しの間，気分を臨床的コンテクストの外側から見てみると，あなたは友達が落ち込んでいると感じるかもしれない。それはその人の行動の多くの側面の観察に基づいている。その人は楽しい出来事について話すだろうが，悲しそうに見え，のろのろと動き，人生には生きている価値があるかどうかについてときどきベールに包まれたようなはっきりしないコメントをする。全体から見て，あなたの観察からその人は落ち込んでいることが示される。

　子どもの気分を決定するときに，画面全体を構築するために，あなたのもつあらゆる行動面の参考資料を使うべきである。表情は，よい実例である。あなたは，子どもが悲しそうな顔をして，隅に座り，待合室の誰とも関わっていないかどうかを見ることができる。あるいは子どもが元気にあふれ，やや軽躁状態で，世界について楽観的かどうかを見ることができる。しばしばあなたが知覚する気分は，直感的な印象である。なぜなら，子どもは，ティーンエイジャーや大人に明らかなある種の気分（うつがその実例である）をほとんど示さないからである。

　面接の内容も，気分のアセスメントに関係がある。もしあなたが悲しく，孤独に見える5歳の少女に会い，彼女は，弱々しく握手し，受動的に歩いて部屋に入り，そして緩慢に座り，それからやっと破壊を含むテーマを表す遊びを始めたとしたら，その内容はあなたが情緒のトーンや気分について集めてきた観察を支持しているとわかるだろう。もし子どものテーマが無力感――どんなに一生懸命彼女が頑張っても，何も彼女にはうまくいかない――

に発展すると，その証拠は全体の気分と一致する。

　面接の最後でのあなた自身の主観的気持ちは，子どもの気分をアセスメントする上で，このうえなく役立つことができる。あなたを落ち込ませた気分のままにする子どももいる。そして，たとえばあなたが「ああ，疲れた。今日は１日が長かったな」あるいは「今朝早くに妻と喧嘩したな」と考えるという形で，あなたの気持ちを合理化したり無視したりしないことが重要である。あなたを元気な気分のままにする子どももいる。それもまたアセスメントの鍵である。あなたを元気づける誘惑的な子ども，あなたを消耗した気分のままにさせる悲しく，飢えた子ども，そしてあなたにその他のいろいろな感情を引き起こす子どもたち——これらの子どもは皆あなたの主観的反応という手段により，気分を解く鍵を用意する。あなたの観察とあなたの主観的反応との間のあらゆる乖離は，子どもの全体的な情緒のトーンは，そう見えるよりももっと複雑であることを，示すだろう。初回面接の後で，いくつの疑問が答えられないまま残っているかによって，もう１，２回のアセスメント面接をもちたいと，あなたは思うかもしれない。

人間との関係性の能力

　他の人と関係をもっていること relatedness，という次のカテゴリーは，子どもがどのようにあなたと関係をもつかを検討することにかかわる。あなたが子どもといる間，子どもがあなたを人間としてどのように扱うか，あなたの関係性がどのように発達するか，そしてそれがどのように分化するかを，あなたは観察しなければならない。この章のすべてのカテゴリーについてと同様に，このカテゴリーに属する観察も待合室から始まるというのは正しい。あなたが待合室に入り，患者の間でしばらくくつろぐときに，子どもと子どもを連れてきた人との間の，そして子どもと部屋の中の他の人との間の，両方の相互交流を観察したいとあなたは思う。子どもは愛情がこもっているか，あるいは引きこもりそしてよそよそしいか？　子どもは他の人と接触しているか？　彼らとどの程度の距離を保っているか？　単に30秒かそこら見ることによって，子どもが待合室で利用可能なすべての人間の関係性をどのようにうまく処理してきたかの印象を，あなたは得ることができる。

子どもがしようと選んだことを，考慮から退けたり，あるいは状況的な理由で言い訳したりしてはいけない。もしあなたが，命懸けで母親の手にしがみつき，待合室の他の大人や遊び道具を無視している子どもを見ると，この子は病院あるいは診療所に来て精神科医の診察を受けることに，死ぬほど怯えているのかもしれないと，あなたは自分自身で思うだろう。この即座の印象は常に仮説の形をとるべきである。臨床面接のとても早い時期に，説明を定式化するのは誤りである。あなたがすべてのデータを得る前に，行動を説明しようとする罠に落ちてはいけない。

　あなたが待合室にいる間に，家族に対する最初の印象に注目することも重要である。ある家族といると，ただ患者の間でくつろぎながら，われわれは母親にうなずき，しばらくの間立って観察することに気持ちよさを感じている。家族に気まずさの表れを見ない。しかし別の家族といると，彼らがわれわれを見るやいなや，われわれはすぐに彼らのところに行くように強要されると感じることに気づく。患者の間でしばらくの間くつろいだり，深呼吸したりすることができない。このような家族はわれわれの即座の注目を要求しているように体験され，われわれは応じるのに不安になる。まるでもしわれわれが応じなければ，彼らは侮辱されたと感じ怒るだろうと，嗅ぎ取っているようだ。この直感を，何が起こっているのかの，もう1つの鍵に使ってみよう——あなたがそれに応じるときでも。そうすることは，アセスメントの段階の間に家族にストレスを与えすぎないようにするためには，ときには適切である。

　子どもがどのように待合室にいる人たちと関係するか，そしてあなたが家族に対してどんな反応をもつかを観察した後，子どもがあなたと，人間対人間として，どのように関係するかに注目すべきである。子どもはどのようにあなたに挨拶するか？　子どもは目を大きく見開き，ごきげんいかがと聞き，あなたについて来たがっているか？　あるいは，あなたが入室するやいなや，子どもは部屋の反対側に走っていき，いくらかの注意と不安をもって挨拶し，けれどもついて来たいという気持ちを，すなわち母親なしでプレールームに入るのに十分な信頼を見せるか？　あるいは子どもは泣いてむずかり始め，母親の足に抱きつき，母親が自分と一緒にプレールームに入るように要求す

るか？　人間としてのあなたたち2人の間の最初の気持ちのトーンは何か？　それは子どもの目の中に見られる受容の輝きであり，しかし母親へのいくらかの不安な一瞥を伴い，したがってあなたに興味と心配の混じり合ったものを見せるか？

　ここで注目しなければならないのは，極端なものである。あなたは2，3分の間に微妙さを正しくみとめることは期待できない。しかしあなたは確かに，あなたとまったく接触しようとしない，よそよそしい，距離をもった子どもは理解することができる。このような観察は，あなたが探索したいと思うだろう領域についての鍵を，あなたに与えるだろう。たとえば，まるで私は彼女が会いたいと待ち続けていた，長らく所在不明だった大好きなおじさんであるかのように私の手をとった，1人の3歳の女の子を診察したことを，思い出す。私はよい気持ちだった，というのは，とても多くの子どもたちが，まったく違うように挨拶するからである。しかし，この子が私の手をとり，プレールームにスキップして入ったやり方から，私は圧倒的に受け入れられすぎているとも言える気持ちを抱かせられた。彼女は見知らぬ人への正常な用心深さを見せなかった。引き続いて，この行動は，この子どもは人と関係するのに情緒的には無差別であるという事実への鍵であることがわかった。この種類の全体的な情緒への飢えと人と関係するうえでの区別の欠如を，早期の剥奪の生育史をもつ子どもに，あなたは見るだろう。

　あなたが経験を積むにしたがって，――子どもであろうと大人であろうと――新しい患者から受け入れることができる最初の行動タイプという感覚を得るだろう。しばしば境界例のあるいは精神病の問題への最初の手がかりが，面接の最初の数分間に起こる。そのとき子どもはあなたがまったく同定できない何かをやっている。なぜならそれは正常な，受け入れることができる幕開けの動きの領域外だからである（もちろん「受け入れることができる」幕開けの動きというのは，そういうものとして詳しく述べられてはいないが，あなたの直感が何かが不適当だとあなたに告げている）。もう一度言うが，普通ではない感情をもつことは，なんらかの結論を示すものというより，むしろ診断的な**疑問**への鍵である。

　ひとたび面接が始まったら，子どもはあなたと個人的な水準で接触するか？

あなたは個人的な関係をもっている感覚を感じるか？　その感覚は発展するか？　そしてそれはどの時点か？　その関係をもっている感覚は，面接を通して変化するか？　いくらかの限定的な神経症的問題をもっているかもしれない正常の健康な6歳半の子どもを例としてあげよう。われわれは，子どもが注意深く，おそらく用心深く始めるだろうと予測する。なぜならあなたは子どもの生活の中で，新しい人だからである。あなたは，子どもが面接の間ゆっくりとあなたにうちとけてくると予測する。あなたは関係をもっている感覚が進展するのを感じるだろう。あなたはこの子どもがもう1人の人間だという感覚を得るだろう。あなたは機械的な性質，あるいは距離があって「まったくそこにない」性質があるとは感じないだろう。子どもがあなたをまるで鉄砲やぬいぐるみの動物のような部屋の中のもう1つの物体であるかのように，見なし，扱うような，非人間的な種類の飢えを，あなたは感じないだろう。その代わり，あなたは，あなたがこの子どもについてもっと興味をもつようになるのに気づくのにしたがって，関係性が始まるのを感じるだろう。その時間の終わりまでには，さまざまな情緒とテーマが出現し，関係性が育つ。あなたは，あなたたち2人がいくらかの情緒的な接触をつくり上げたと感じるだろう。

　この典型的な子どもは，ずっとよそよそしく，情緒的に超然としていた，決してあなたと接触しない子どもと，比較できるかもしれない。このような子どもは，あなたに背中を向け続け，そしてあなたから2メートル前後の距離を維持するだろう。子どもはいくつかの無生物的な物やゲームに興味をもつだろう。そして子どもはあなたと話す，あるいはあなたのほうを見ることさえあるだろう。しかし，あなたは決して関係をもっているどんな感覚も感じないだろう。第3のタイプは，ずっとあなたにそこにいてほしいと思う子どもである。その子どもはどのような人間の注目にも飢えていて，あらゆることにあなたを巻き込もうとする。

　それに加え，子どもが人間としてのあなたに関係する，より微妙なやり方を，あなたは観察するだろう。それは特定の性格学的な傾向を示唆するやり方である。たとえば，あなたをコントロールしたいと思う子どもを，あなたは見るだろう。面接が始まると，あなたは人間と関係をもっている感覚を得

るが，しかしそれから子どもはあなたをコントロールしようとする。子どもはあなたに命令し，あれこれとゲームをさせる。あなたはその子が絵を描くのを見たいので，提案する。子どもは「だめ，私たちは今これをするんだから」と返事して，几帳面な種類の強迫的行動を示す。他の子どもたちは，あなたと関係をもつやり方が，誘惑的で軽薄かもしれない。あなたは自分自身が興味を引かれるだけでなく，少し興奮さえしていることに気づく。あなたは自分自身がすっかり楽しんでいて，もしあなたが子どもに続けることを許したら，あなたは興味ある空想を抱くだろう。この種類の誘惑性は，通常エディプスの年齢の子どもにおいて，異性に対して生じると考えられる。少年は女性の面接者に，少女は男性の面接者に誘惑的である。しかし同じことが子どもと治療者が同性のときにも起こりうる。どのような症例でも，このような観察は，子どもの関係をもつスタイルの鍵を，あなたに与えるだろう。

多くの子どもとの経験から，あなたは感受性をもって関係性の性質を見る基礎を得るだろう。あなたにとっての一連の内的，直感的な基準が，発展するだろう。

わずかの心配を示すことから始めた男の子の例をあげよう。最初に彼はためらいがちに母親をちらっと見た。それから彼は部屋に入り，1，2分，部屋の隅に座り，何かで遊ぶことができるか尋ねる。あなたはうなずいて是認を示し，彼は部屋を探索し始める。遊びを通して，病院で手術を受ける子どもの空想が出現する。あなたは「子どもは病院に来るとき，手術されるのではないかと怖くなることがあるのはわかるよ」とコメントする。男の子は一瞬怯えた表情をし，人形を手にとって，1つの人形がもう1つの人形を手術するドラマを演じ始めた。

その後すぐに，子どもがずっと保ってきた2.5メートルの距離を半分に縮めて，あなたに近づいてきたことに，あなたは突然気づく。それ以前は1人で遊んでいたのに，彼はあなたを自分の遊びに入るように誘い始めるだろう。彼はあなたに，自分のために1つの人形を操作してほしいと思う。あなたはより気持ちよく感じ始め，心配という感覚は消える。そういうわけでこの例では，面接中に，関係をもっていることにおいていくらかの成長と発達が見られた。すなわち，ためらい，恐れ，そして用心深さから，大部分の人が新

しい人といるときに抱く心配を巧みに表現することへ，そしてそれからいくらかの温かさの感覚の始まりへ。この特定のシナリオは，かなりよく統合された子どもを示唆するだろう。

　正反対のシークエンスの例は，こんな具合に進むだろう。女の子は親密で近い関係から始め，プレールームに入り，ボーボー人形[訳注1]を叩き，それから少し絵を描いたり人形で遊んだりし始める。彼女は，母親人形と父親人形をトイレの便器につめるというような，あらゆる種類の興味深い力動的なテーマを発展し始める。あなたはあわてふためいてメモをとっている。しかし面接が進むにつれて，子どもは離れていき，そしてよそよそしくなり，おそらくより受け身的になる。面接の最後に，あなたは即座につくられた友達を失ってしまったと感じる。初回面接での出来事のシークエンスを，あなたは妨害すべきではないが，それをしっかり書きとめ，それから学んでみよう。

　関係をもっている性質を記述するのを促進するために，関係をもっている性質を，第1章で述べた4つの一般的な発達水準あるいは発達の目印の中で発展するものとして考えることも，有用であろう。あなたのこころの奥にこれらの非常に一般的な4つの水準をもつことは，子どもがどのようにあなたと関係をもつかを，さらにより詳細に観察し記述することを促進するのを助けるだろう。これらの水準は，後でこの章の「テーマの発展」のセクションでもっと詳しく扱われるだろう。

　人が考えたいと思う幅広い水準は，いったい子どもがかかわりをもつかどうか，から始まる。生まれてすぐに，子どもは養育者に寄り添うことと養育者と関わりをもつことの両方を学ぶ（しばしばこれは生後4あるいは5ヵ月までには達成される）。したがって，先に示されたように，子どもがつながりがあることと関係をもっている性質をどのように確立するのかを最初に観察したいと思う——徐々にそしてゆっくりと，素早く，あるいは間欠的に確立するのか——，そしてそれと平行して，その性質の温かさと深さの程度も観察したい。

　関係をもっている一般的な性質に付け加えられるのは，子どもはあなたと

訳注1）高さ1メートル弱のビニール製道化師人形。起きあがりこぼしになっている。攻撃性の実験で使われたことで有名。

関係をもっている感覚を，どのようにうまく処理するかである。子どもは関係をもっている感覚を意図的な方法でまとめあげるか？　子どもは，まさに単純な身ぶりを使って，あなたと関係をもっているという感覚をうまく処理するという感覚があるか？　たとえば，臨床家を無視しながら，プレールームに歩いて入ってきて真っすぐにおもちゃのほうへ行く子どもは，臨床家を見て，目の輝きや頭のうなずきによっておもちゃに興味があることを身ぶりし，そして臨床家からのキャビネットを開けても，あるいは床にあるゲームを取り上げてもいいよという相互的な身ぶりを待つ子どもとは，違う。その単純な身ぶりによる相互交流は，これは後に議論されるだろうが，コミュニケーションの側面を示唆するばかりでなく，関係をもっている感覚の意図的な，相互的な，そしてしたがってまとまりのある側面をも示唆する。この子どもは，関係をもっている感覚を，その関係性という言葉をうまく処理するための情報を子どもが提供したり取り入れたりする，両面通行の道として，知覚する。

　したがって，単純な身ぶりによる合図——視線を合わせること，単純な指さし，単純な声あるいは発声，表情，運動による身ぶり，そしてさまざまな微妙な感情表現——をあなたは探し始める。子どもがこのような身ぶりを始動するか，そして子どもが，交替に，対応するあなたの身ぶりに対して，さらに自分自身の身ぶりで応答するかを，ここで注意してみよう。単純な「ハイタッチ」では子どもがあなたに「手」を差し出し，あなたも「手」を差し出してタッチし，そして子どもが微笑むのだが，それは子どもが何らかの身ぶりで始動し，あなたが反応を返し，子どもが感情の身ぶりとともに「コミュニケーションの輪をつなぐ」例であろう（関係をもつことに関して，コミュニケーションの輪とは，次のようなものである。子どもが関係をもつある側面を始動する，たとえばあなたに微笑むようなときに，あなたが微笑みあるいは温かく見返すことで応答し，そして子どもがあなたの応答のうえにお返しに何かを築き上げる，たとえばあなたが自分と遊んでくれるかどうかを見るためにゲームをもってきたり，あなたに絵を見せたり，あるいはおもちゃを指さす，ということである。輪がつなげられるとき，子どもが始動し，そしてそれからあなたの側の関係性をうまく処理するある部分に子どもが応答

第2章 子どもの系統的な観察のための枠組み　51

したことが，意味されている）。

　子どもに，これらの関係をもっている性質の最初の2つの要素である関わること，そしてそれから関係性をうまく処理するために単純な身ぶりを使うことが，はっきりと証明されるとき，あなたは子どもが関係性をうまく処理するための複雑な身ぶりの能力があるかどうかも観察することができる。あなたが子どもに対してもつ意味，そして臨床の設定という枠組みの中で，子どもが自分自身に与える意味についての何かをうまく処理することに関して，子どもはさらに関係性の性質を定義し，洗練するために，身ぶりを使い始めることができるか？　たとえば，子どもがおもちゃのキャビネットのドアをまったく開けることができないとき，あなたのところに来てあなたのほうを向き，そしていろいろな声を出して「手伝って」を示している子どもは，複雑な意味をうまく処理している。手伝いの要求の要素は，そしておそらく依存の要素さえも，依存をめぐる複雑な意味をうまく処理するために，一連の表情，指さしの動作，姿勢の移動，そして（たとえ子どもが話していない時でさえも）ブーブー言うこと（そして多くの子どもは明らかに単語を使うだろう）を通して，うまく処理されている。面接の後半の時点で，あるいは前半のどこかの時点でさえも，あなたは，いかめしく眉をひそめた表情で町角の警官のように手を上げるという一連の身ぶりを通して，自分自身が限界について子どもとの間でうまく処理していることに気づくだろう。今にもそのボールをあなたの頭に投げようとしていることを示すいたずらっぽい笑いをあなたに向けた後，あなたの側のこの限界設定の身ぶりで行動を止める子どももいるだろう。注意をあっさり聞き流す子どももいるだろう。そして，もしあなたが幸運にも十分素早く身をかわすことができれば，ボールはあなたの目のそばを通り過ぎる。ここに，意味と関係性の言葉をうまく処理するために使われるもっと複雑な身ぶりが見られる。それは相互に尊重されるだろうか？　それは混沌として荒々しいだろうか？　それはあなたが子どもの依存欲求に援助的で支持的であることにより証明されるだろうか？　あるいはそれはあなたが子どもの依存欲求を無視することによって特徴づけられるだろうか？　この関係をもつという段階に関して，関係性の一部として，複雑な意味がうまく処理されうる程度を観察してみよう。言い換えれば，あなた

とかかわりをもつが，あなたに自分が遊ぶのを温かく見守らせていることに満足しているように見える（あなたと子どもの間に相互交流的には，関係性の条件をうまく処理することが何も起こらない）子どもと，関係をもっているが，その関係性の意味をうまく処理するために，単純な身ぶりを，そしてそれからもっと複雑な身ぶりを使う子どもとの間には，違いがある。ドラマ全体が，あなたと子どもとの間で，依存，限界設定および攻撃性，そして興味をめぐって，ただの一言の会話もなしに，発展しうる。先にあげた例では，子どもが実際に話す前に，あるいは実際には話していないときに，どれだけのものが学ばれうるのかを描くために，私はわざと子どもを言葉が使えないものとして描写している。

　しかしながら，関係をもつ性質の次の水準は，体験を表象する，あるいは象徴化する子どもの能力に確かにかかわっている。すなわち関係をもつ性質をいっそううまく処理するために，言葉とごっこ遊びを使うことである。この水準では，言葉を話す子どもには多くの選択肢がある。子どもは特定のおもちゃを求めたり，この面接中にあなたが何をしようとしているのかを知りたがったり，あなたが助けになるだろうという期待をもってあなたに心配や不安を話したり，あるいは臨床という設定で起こるだろうことについての心配をあなたと分かち合ったりするだろう。自分の恐れや不安を分かち合うとき，子どもは臨床面接で何が起こるだろうかをはっきりさせようと試みることについての，ある程度の信頼を，あるいはある程度の用心深さを示すだろう。その代わりに，台風や災害についての，あるいは注射をされる子どもについてのごっこ遊びのシークエンスを発展させる子どもは，この新しい関係性についての自分の予想を示しているかもしれない。あるいは，人形たちはごはんを食べさせてもらっていて，みんなが幸せという人形遊びをする子どもは，あなたと自分自身との間に芽生えつつある関係性について別の一組の予想を示しているかもしれない。

　この関係をもつ性質の次の水準は，興味深いことに正常の発達では18カ月から36カ月の間に起こるが，遊びと言語的コミュニケーションの両方で，子どもが表象または象徴を使うことにかかわっているのを強調することは，重要である（ときには，複雑なタワーあるいは中に通路のある家をつくるよう

第2章 子どもの系統的な観察のための枠組み　53

な，微妙な空間的コミュニケーションでも同様である）。

　関係性をうまく処理する次の水準は，子どもが言葉やごっこ遊びを自分の表象能力を伝えるために使うことばかりでなく，象徴的あるいは表象的なコミュニケーションという別々の島々の間に論理の橋を創り出すことにも関係する。この水準の子どもは，台風があったり子どもの人形があらゆる種類のいいものをもらったりするごっこ遊びのドラマを通して，単にうまく処理するだけでなく，より現実に基づく方法で，あなたとの関係性の条件をうまく処理し始めるだろう。子どもは「これやってもいい？」とか「それやってもいい？」と聞くだろう。子どもは「もし僕がこのボールを壁に向かって蹴ったらどうする？」とさらに聞くかもしれない。また，子どもはプレールームをとても楽しんだので，面接が終わった後も，自分とあなたが遊べるかを知りたがるかもしれない（そして他の人ともほんの少し余分の接触を切望するように見える）。両親をプレールームに連れてくることについてのうまい処理から，面接を早く終わることについて，面接を続けたいと思うことについて，あなた自身の子どもと家族を知りたがることについて，あなたがどこに住んでいるかの興味についてのうまい処理までのどんなことでも――言い換えれば，1つの考えともう1つの考えの間に論理の橋を伴って，論理的相互交流的やり方で，象徴あるいは言葉を使うどのような意見交換でも――このより進んだ水準の関係性のうまい処理を示唆している。

　したがって，ここでは，子どもが関係性のうまい処理に導く，複雑さとまとまり方の状態の水準の感覚を得る。子どもは関わるか？　子どもは身ぶりを，目的をもった相互的なやり方で使うか？　子どもは，関係性をうまく処理するのに，表象，象徴，あるいは観念を使うか？　子どもは観念，象徴，あるいは表象を，ごっこ遊びのそして空想に基づいた様式でばかりでなく，現実に基づいた様式でも，使うことができるか？

　これらの幅広い発達の質問をすると同時に，あなたはまた明らかに，関係性の一部として子どもが興味をもつ特定の内容とテーマを探している。子どもは，ほとんど依存性について，欲求が満たされることについてのみを心配しているように見えるか？　子どもはほとんど攻撃性と恐れ，あるいは傷と痛みについてのみを心配しているように見えるか？　子どもはほとんど喜び

と興奮についてのみを心配しているように見えるか？　限界設定は，単純な，厳格な表情によって，あるいは複雑な立法主義的な討論である「なぜ私は窓を壊しちゃいけないの？」によって，うまく処理されることができる。単純な身ぶりの使用から，もっと複雑な観念と象徴の使用まで，それぞれの発達水準で，これらのさまざまな関係性のドラマがすっかり演じられることができる。

　要するに，多くの関係をもっている性質のパターンがありうる。関係をもっている性質を決めるためには，次のようなことに注目してみよう。あなた自身の主観的な気持ち，どのように子どもが待合室で人びとと関係するか？　どのように子どもが面接中あなたを使うか？　子どもが行う言葉および視線による接触ばかりでなく，子どもが維持する空間的な距離。そして子どものあなたに対する情緒的な反応と遊戯用品への反応の対比。このような観察から，あなたは子どもがどのようにこの他のすべての関係性を形成するのかを一般化することはできないのではあるが，あなたは，明らかな極端──よそよそしく，打ち解けない，巻き込まれない子ども，あるいはめちゃくちゃに関係する緊張が強く，空腹な子ども──と，その間の微妙なグラデーションに注目することができる。

　年齢から予測されるものまた，考慮に入れられなければならない。最も好ましくは，すべての子どもは，時間が経てば，関係をつくる感覚である人間の関わりを発達させると予測されるだろうが，より幼い子どもでは，関係をもっている感覚はもっと自己中心的な性質を帯びる。4，5，あるいは6歳までには，あなたはもっと多くの相互性の潜在能力，および共感の潜在能力さえも，予測できるだろう。

感情と不安

　あなたは，臨床面接を始めるときに巧みに表現される特異的な感情と，特定の活動をめぐって続く特異的な感情のシークエンスの両方を，観察すべきである。もう一度言うが，あなたは子どもの観察を待合室から始め，そしてあなたがさよならを言い，子どもが母親と再び関係をもつまで，観察を続けるべきである。子どもが見せるさまざまな感情を，少なくともこころの中に

書きとめてみよう。どのように子どもはあなたと面接を始めるか？　子どもには，面接が序盤から中盤へと進むにつれて，何が起こるか？　そしてそれから終盤からさよならを言うまでには何が起こるか？　感情の変化を追いかけてみよう。たとえば，子どもは心配とためらいを表しながら入ってくるかもしれない。温かく愛らしくなり，そしてそれから競争的になる。きょうだいへの嫉妬とライバル感情の問題について心配を示す。それから面接の終わりに近づくとあなたから別れることについての心配を表現する。ここではいくつかの特異的な気持ちが巧みに表現されている。これに比べ，面接全体の間にたった1つか2つの感情しか示さない子どももいるだろう。

　特定の状況であなたが見たそれぞれの情緒すべてに，あなたはラベルをつけられたらと思う。そこで，あなたはそれぞれのカテゴリーの見出しのもとにメモをとりたいと願うだろう。メモをとることが子どもとの関わりの邪魔になると感じる治療者もいる。そして彼らは記憶に頼ることのほうを好む。このような場合，面接の後に系統的な見出しのもとにメモをとることが有益だとわかるだろう。怒り，競争，嫉妬，激怒，同情，共感，愛情，世話焼き，情緒的飢餓，攻撃的気持ちを表現する情緒，そして受け身的なあこがれを表現する情緒をあなたは観察するだろう。

　特異的感情の範囲と程度はとても幅広い。たとえば，攻撃性の領域では，自己主張的な行動から，競争的な行動，穏やかな攻撃的行動，そして爆発的でコントロールされていない攻撃的行動までのグラデーションが見られる。同様のことが愛情と世話焼きの領域でも言える。それは，無差別な情緒的飢餓から，穏やかな愛情，誠実な温かさの感覚，同情，そして発達的に高等な情緒である共感にいたるまで分布する。

　子どもが示す感情の範囲はさまざまである。子どもが発展させるテーマの中に幅広い範囲を示す子どももいるだろう。彼らは，温かさと愉快な関係性については率直に，そして競争と羨望については間接的に話すだろう。あなたは優勢な感情を見ることができるだろう。他には，その時間中比較的静かで，ほとんど感情を表現しない子どももいるだろう。1回限りの場面が，たとえば子どもがボーボー人形やビーン・バッグ^{訳注2)}を殴るような場面がある

訳注2）豆状の詰め物が入った袋，椅子やソファとして使う。

だろう。そこでは喪失のテーマが表現されている。

　すべての症例で，あなたは，あなたの観察が子どもの発達段階で予測されていることとどのように調和するかを見たいと思う。たとえば，3歳では，8歳の子どもが示すとてもさまざまな分化した感情の種類ほどには，多くの感情を予測はしない。あなたは，3歳の子にいくらかの頑固さと反抗を伴う所有権の主張を見ることが予測できる。あなたは，あなたと共有するといういくらかの能力を，そしておそらく興味，喜び，そして興奮を見ることが予測できるが，共感のようにより成熟した感情は予測できない。6歳か7歳までには，もしあなたが反抗と攻撃性は見るが，探索への欲望と興味，自己主張，あるいは共感の徴候を見ないとしたら，あなたはなぜ後者が見つからないのかを問わなくてはならない。

　あなたは，感情の範囲ばかりでなく，感情の豊かさと深さも観察し記述すべきである。それは表面的か？　まるで子どもが単に芝居をしているか，誰かの真似をしているように。あるいは彼らは個人的な深さの感覚を伝えるか（すなわち，あなたは子どもが感じているやり方で共感することができるか）？　もう一度言うが，年齢により予測されるものはここでも重要である。3歳児では，あなたはいくらかの表面的な模倣を予測する。6歳か7歳までには，あなたは子ども自身の個人的な感情というより大きな感覚を得ることを予測する。

　あなたはまた，感情の年齢および発達段階相当の安定性という図式も得たいと思う。子どもはあなたとの妥当な長さのコミュニケーション時間の間ずっと情緒を維持することができるか？　あるいは子どもは情緒的に不安定で，広い範囲の感情（たとえば，悲しみ，泣くこと，意気揚々，攻撃性）を2分間に見せるか？

　感情を考えるときは，関係性を考えるときとちょうど同じように，特異的な感情と感情のパターンを観察し理解するのを促進するために，あなたのこころの中に発達の準拠枠をもつことが役に立つ。たとえば，感情は，つながっている感覚と関係をもっている感覚を確立する試みの一部か？――温かさ，喜び，そして親密さと信頼の感覚などのように。もし関係をもっている感覚が感情的にコミュニケーションされれば，感情が相互交流的に，すなわち，

意図的なコミュニケーションをつくり出すために，どのように使われるかを，あなたは探し始める。特定の感情が他の感情よりも多く相互交流に使われているか？　たとえば，どの感情が，二方向性のコミュニケーションの一部になっているのか？　その子どもは，熱望するようにあなたを見て，関係をもっているという飢餓的な感覚を確立するかもしれない。しかし相互交流的な信号発信になると，子どもはほとんど競争のテーマだけを扱うかもしれない──「私のはどれ？」「あなたのはどれ？」「誰が勝つの？」そして「誰が負けるの？」。言い換えると，温かさと安全という基礎に反して，子どもは競争のテーマと，そしておそらく力のテーマさえも，相互交流うまく処理する。別の子どもは，大部分いらだち──温かいあこがれや親密な気持ちよりもむしろ挑発的な笑い──を通して，かかわりをもち，近寄ってくるだろう。この子どもは，その応答を自分が関係をもつ基準となるやり方として確立するだろうが，実際にはその挑発の問題をあまり処理したり相互交流したりしないことを選ぶだろう。言い換えれば，子どもは徐々のからかいにあなたが応答するのを望むのではなく，単にそれを一種の背景パターンとしているのだろう。うまい処理は，明らかに飢餓のテーマについて行うべきである。たとえば「私にくれるものは何？」「家にもって帰れるのは何？」。このような子どもは物をなくさないのを確かめるために，物をポケットに入れたがることさえあるだろう。

　子どもが関係をつくるやり方，どんな感情がその関係の一部なのか，そしてどんな感情が二方向性のコミュニケーションの一部なのかを見ることに加え，意味の枠組みの中で何がうまく処理されたのかという意味で，あなたは二方向性のコミュニケーションのより複雑な形を見るだろう。子どもが，幅広いテーマである依存，自己主張，攻撃性，興味，あるいは競争を，どのように扱っている，あるいは扱っていないのだろうか？

　ちょうど最初の3つの水準──子どもが関係をつくるやり方，単純な相互交流を子どもが始動すること，そして依存あるいは限界設定と攻撃性のような重要なテーマをうまく処理するためのより複雑な相互交流──をあなたが観察できるように，第4の水準，すなわち子どもがさまざまな感情をコミュニケーションするための象徴あるいは表象（言葉あるいはごっこ遊び）の使

い方も，あなたは見ることができる。たとえば，子どもは温かさと親近感をコミュニケーションするのに身ぶりを使うかもしれない——近寄ってくる，あなたを熱望して見る，あるいは1，2回誘惑するようにちらりと見ることさえあるかもしれない——，しかし親密さ，温かさ，あるいは誘惑のテーマを，人形を使った遊びや，どのような言語化によっても探究しないかもしれない。遊びの中での言語化はすべて競争と攻撃性に関係しているかもしれない。逆に，遊びのテーマは人形が抱き合ってキスをしているのに関係しているかもしれない。子どもはあなたに，自分が好きかどうか，あるいは自分は治療や遊戯療法にやってくる先生のお気に入りの子どもかどうか，と質問するかもしれない。しかし子どもがこれをあなたに質問している一方で，子どもの実際の相互交流のスタイルは，権力闘争と競争，あるいは攻撃性さえも志向しているかもしれない。

　子どもは特定の感情（たとえば「誰がボスか」）についてうまく処理するだろう。それらの感情は，したがって，相互交流的である（たとえば，身ぶりによる，あるいは表象による）。その他の感情は，関係のもち方の性質の一部だろうが，それらは，いわば，決して論議されない（たとえば，「どのようにしたらいいかを知らない」ために，抱きしめられることを期待しているが，決して「抱いて」と身ぶりしたり頼んだりしない夫）。

　最後に，論理的な言語的相互交流の中で，あるいはすべて相互に論理的なつながりをもったサブプロットのある，より巧みに表現されたごっこ遊びの中に，子どもが使うことができる感情を，あなたは見る。子どものよりまとまりをもったドラマは，嫉妬，競争，興奮，怒り，あこがれ，困窮，あるいは分離への恐怖に関係しているか？　同様に，子どものより論理的な会話——「しかし」「なぜなら」そして「そして」と「もし」がたくさん入っている弁護士同士のような会話——の中で，子どもがうまく処理しているのはどんなテーマか？　あなたは優勢な感情，子どもの生み出すものの中であまり目立たない感情，そしてまったく存在しない感情を見るべきである。またさまざまな感情をまとめあげるのに，子どもはどの発達水準を使っているかもあなたは見る。子どもは表象の形式，あるいはさらに高度に分化した表象の形式（別々の感情の間の論理的な橋——「私は怒った，というのはあなた

が今日の面接に遅刻したから」）を利用できるように見えるか，あるいはできないように見えるか？（怒りを言葉で表象できず，彼はあなたを怒りのこもった目でにらむか？）　したがって，感情の幅とタイプ，そしてその感情がまとめられている発達水準を記述することは重要である。

　あなたは，その感情が起きたコンテクストにも注意したいと思う。あなたと特定の関係のもち方で関わりつつある子どもは，特定のテーマも発展させつつある。感情はテーマとのつながりで了解されるか，あるいは不適切か？子どもはお母さん人形を切り刻みながら，喜びとうれしさを表しているか？あるいは子どもはその人形がちょうど「死んだ」ので，人形を砂に埋葬しながら，同情を表しているか？　あなたは感情がテーマとの関係で変化するかどうかを注目したいと思う。

　われわれが不安と呼ぶことができるものも感情と関係している。不安は子どもの中に直接には観察されないが，苦痛の兆候や中断から推測できる。不安のポイントへの最もよい鍵は，発展しつつあるテーマの，進行中の関係のもち方の，あるいはくせや身ぶりの突然の中断である。大部分の遊戯面接中に，もしあなたが状況を過度に構造化しすぎずに子どもに巻き込まれずにいれば，子どもが自分自身を悩ます領域に来たとき活動の中断を見るだろう。そしてパーソナリティ構造に関して，子どもにとってこの中断経路がどのようなものかを見ることもできるだろう。（成人の思路弛緩と同じように）子どもは考えがまとまらなくなり，コミュニケーションが弛緩したか？　子どもは衝動のコントロールがゆるみ，物を投げたり散らかしたりしたか，あるいはまとわりつくようになり，あなたに抱っこしてほしがったか？

　たとえば，女の子がお母さん人形とお父さん人形で遊んでいて，人形が喧嘩するテーマを発展させる。それから彼女は部屋の反対側に走っていき，まとまらないやり方でふるまい始め，物を投げたり，床を絵の具でぐちゃぐちゃにしたりする。「それはやってはいけない。物を壊してはいけないのはプレールームのお約束だから」と，あなたは女の子に言う。彼女は明らかにまとまらずコントロールを失って，それをやり続ける。最後に彼女は絵の具をあなたの新しいスーツにこぼしそうになり，あなたは彼女を制止しなくてはならない。ここにあなたは深刻なまとまりの崩壊 disorganization が起こったと

ころを見る。

　活動は変えるが，より恐ろしくない様式で同じテーマを続けることによって苦痛を扱う子どももいる。もう一度最初にお母さん人形とお父さん人形が喧嘩するテーマを発展させた子どもの例を使ってみよう。それから，彼は一連の中間段階を経て，お絵描きに移った。彼は母親と父親が喧嘩しているマンガを描き，それからあまり攻撃的ではない性質の絵を何枚か描き，より恐ろしくないものに移りたいと思っていることを示す。ここに，あなたはより恐ろしくない様式で作業し続ける能力を見る。子どもはすべてをあきらめてはいないし，まとまらなくなることもなかった。

　最初あなたには不安の性質がわからないだろう。それは身体が傷つけられる恐怖，あるいは分離の恐怖，あるいはもっと早期の全体的な不安への恐怖かもしれない。しかし，中断があったときに，あなたはわかるだろう。この時点では，あなたはただ中断が起きたことをメモしたいと思う。あなたが自分のメモを見直し，テーマと感情のシークエンスを見るとき，あなたは何が中断を引き起こしたのかについてのヒントを得るだろう。

　あなたはプレールームの面接でのシークエンスに単に注目するだけで，たくさんのことを学ぶことができる。中断に続くテーマのシークエンスは，子どもの恐れが何を中心にしたものかを，あなたに伝えるだろう（たとえば，身体の傷つき，世界の崩壊，自己感覚の喪失，他の人からの愛情の喪失，見捨てられること）。シークエンスは次のようなものかもしれない。子どもは人形で遊び，飛ぶように部屋の反対側に行って銃をとり，狂ったようにそれをダーツボードに向けて撃ち，そしてそれから人形のところに戻って人形の腕を撃ち落とす。このように，子どもは新しいテーマ——暴力のために銃を使う——を古いドラマの中で使った。あなたは憂慮と不安の光景を見る。テーマは一時的には壊れたようだが，しかしそれから子どもはそこに戻る。彼は武装したが，まだ「家族」（人形）の中に戻ってくる。シークエンスから，彼は銃が役に立つと感じるような，何らかの危険に関心をもっていたことが，示唆されるだろう。したがって，子どもは，分離やもっと全体的な喪失よりも，物理的な身体的な危害により関心をもっているという仮説をたてることができるだろう。

子どもの遊びとコミュニケーションにおける中断を発達的視点から見ると，あなたは子どもの不安への反応を観察して，子どもが，実際に，不安なのかを決めるだろう。発達的な枠組みの中では，高い水準から低い水準への変化，ある特定の水準でのより適応的なパターンからより不適応的なパターンへの変化，あるいはテーマの幅が突然狭くなることのいずれかを，あなたは探すことができる。高い水準から低い水準への変化は，いつも不安の存在を示すわけではない。たとえば，ときには遊びの興奮の中で，あるいは単にリラックスした自由な表現の中で，子どもはコミュニケーションの様式において発達水準を変化させるかもしれない。しかしこの変化が，他の不安の兆候，たとえば表情の変化，緊張感，運動による発散パターンの増加，あるいは内容の突然の変化などを伴っているとき，しばしば不安が子どもの遊びを中断させていることが示されるだろう。

　高度に分化したやり方で，遊びにテーマを表している男の子の例を考えよう。彼は，ドールハウスで，ヒーロー人形たちが自分の城で宴会をしているところを組み立てる。突然ヒーローたちは悪い怪獣とその子分に襲われる。子分はいい奴を捕まえ，拷問するために縛り上げる。拷問が始まるにつれて，子どもは，まとまりのあるごっこ遊び（あるいは表象的な様式）と原因と結果の論理（「ヒーローは見張っていなかった。だから怪獣が彼のところに忍び込めたのだ」など）から変化して，人形を部屋中に投げ，狂ったような動きで腕や足を引きちぎり，うなり声やうめき声をあげ，ほとんど一言も発しない。次第に彼は情緒的な意味で臨床家とのつながりが，どんどん少なくなるように見える。ここにわれわれは，表象的で分化した様式から前表象的な行動発散様式へ変化しているのを見る。すなわち彼は体験を表象するよりもむしろ行動している。さらに，前表象的行動的様式（意図的な前表象的コミュニケーションの段階）では彼にはまとまりがないが，幾分混沌として，少しでたらめでさえある。われわれはしたがって，より早期の発達水準への，そしてより早期の発達水準でのより不適応的なパターンへの変化を見る。

　もっと微妙なやり方で，子どもは，簡単により分化した表象的様式から，より分化の少ない表象的様式へ移るのかもしれない。たとえば，人形たちがお茶会をしていて，小さい女の子がお母さん人形にテーブルセットを頼む。

しかしお母さん人形は「今忙しいの」あるいは「今忙しいし，終わったら出かけるわ」と言う。お母さん人形が分離のテーマを持ち出すにつれて，小さい女の子は表象的様式に留まってはいるが，論理的で相互交流的な遊びのテーマのあるお茶会から，教室でのお茶会に突然移り，それからそれは動物園への訪問とごちゃまぜになり，象と虎がばかばかしい音を立てながらみんなで走り回っている場面に即座に変化する。場面は変化し続ける。遊びの断片は表象的形態である——少女は自分自身を運動の発散を通して表現するよりも，むしろごっこ遊びの中で言葉を使い，イメージを創造する——，しかしそれらは断片的な意味しかないはかないイメージである。この例では，表象的様式の範囲内で，より分化して論理的な意味の表現，高度に空想化された，あるいはごっこ遊び的な意味さえもつもの，から，まだごっこ遊び的ではあるが，より断片化されたあるいはより分化の少ない性質をもった意味への変化を，われわれは見る。これについて考えるもう1つの方法は，ごっこ遊び的な巧みな表現と言語的な巧みな表現がその二次過程の上位構造を失い，コミュニケーションの構造が，内容とともに，一次過程になるということである。言い換えれば，コミュニケーションの一次過程の側面は，コミュニケーションの構造あるいはまとまりについてばかりでなく，内容についても見ることができる。しばしば空想のテーマを発展させる子どもは，二次過程の巧みな表現を使ってそれをしている。ドラマにはまとまりがある。しかしこのような変化によって，それは失われ，内容と構造の両者に一次過程が見られるかもしれない。表象的で分化した水準からより分化の少ない表象的水準への変化が起きる。

　身ぶりあるいは表象的水準では幅広い範囲のテーマをもっているが，その後狭い範囲のテーマに変化する子どももまた，不安の兆候を示しているだろう。たとえば，身ぶりでは，温かみがあり，自己主張的で，共感的でさえもあるやり方で（遊んでもよい物，遊んではいけない物はどれかについて，面接者の要求を，彼がどのように専重するかによって），相互交流しているが，しかし非人格的様式，あるいは単に攻撃的なまたはしがみつく様式に変化する男の子は，彼が行動的様式の中に留まってはいるとしても，不安の兆候を示しているだろう。彼は広範囲の柔軟なパターンから，より狭く硬直的なパ

第 2 章　子どもの系統的な観察のための枠組み　63

ターンに変化している。もしこれが表象的水準あるいは表象的で分化した水準に起こったとしても，同じ意味が引き出されるだろう。

　したがって，不安を見分けるためには，子どものコミュニケーション——遊び，言語化，身ぶり，あるいは関わり方の性質——を系統的に検討し，高い水準から低い水準への変化，その水準での適応的様式から不適応的様式への変化，あるいは同一の水準の中でのテーマの範囲の狭まりを探すことができる。

　子どもが不安になると，面接者はしばしば子どもをただちに慰めるという傾向がある。慰めは，子どもの肩に手を回して「さあ，さあ，きっとうまくいくよ」と言うよりは，通常もっと微妙である。たとえば，急性の不安を見た後で，面接者は「これをやってみない？」とか「チェッカーをしよう」と言うことによって，すばやく行動を構造化し始めるかもしれない。もっと洗練された機転は，子どもに不安の源泉から別の分野に注意をそらすような質問をすることである。「そういえば，まだ学校について話してくれてないね。どうやって学校でほかの子たちと付き合っているか，話してくれる？」とあなたは言うかもしれない。

　確かに，もし子どもがまとまらなくなって，助けなしには再びまとまりを取り戻せなければ，子どもが自分の思考と衝動のまとまりを取り戻すのを助けるために，あなたは支持的なやり方で入っていく必要があるかもしれない。あなたは子どもの体験を理解していることを示すような，何か共感的なことを言うことができる。あなたの発言は子どもをかき乱したことに焦点づけるべきではない（たとえば，「あなたはパパとママが喧嘩しているのを見るのが好きじゃないってこと，わかるよ」）。このような喧嘩の光景を展開してきて，すでにまとまらなくなっている子どもは，その時点ではこのようなコメントを扱うことができないだろう。しかし，もしあなたが，「子どもはときどき物を投げたり撒き散らしたりしたくなることを，私は知っているよ」と言うと，あなたは子どもを怖がらせているものよりもむしろ，コントロールを失おうとする子どもの傾向について，焦点づけている。同時にあなたは中に入り，子どもと関わり，子どもと話しかけ，子どもは幾分元気づけられたと感じるだろう。このような経過は，話題を変えるよりもずっと元気づけに

なる。また，このようなコメントの後で，子どもは自分がコントロールを失った別の場面についてあなたに話すことができるかもしれない。

上記の例で注目すべき重要なポイントは，アセスメントの目的では，あなたがなんらかの行動をとる前に，子どもが対処するのに困難なことを観察する必要があるということである。プレールームでの子どもの行動がどんなものであれ，家ではもっと悪いということを，あなたは確信できる。もしあなたがもう20秒黙ったままでいても，子どもは「破壊され」はしない。そして，子どもがあなたの援助なしに自分自身を引っぱり出せる能力は，非常に重要なアセスメント上の指標であるから，子どもに多少の不快感を体験させる価値はある。あなたの治療勧告全体が，このような観察次第で決まる。特にその子どもの問題が主に性格的なものか，あるいは主に「境界」精神病理のカテゴリーに入るのかについて，あなたが確信をもてない症例ではそうである。

まとめとして，子どもの感情の特異的な範囲，豊かさ，そして深さに注目することに加え，子どもの年齢と現れてきたテーマに関して，その適切さを観察することも同じくらい重要である。困った問題の出現によって遊びが中断するときは，発達水準の変化を含む，子どもの不安への反応，そしてあなたの援助なしに子どもが再びまとまりを取り戻すことができる程度を，あなたは観察したいと思う。中断の前のテーマ，そしてその後に続くテーマのシークエンスに注目することによって，不安あるいはそれに関連した恐怖は何かがあなたに示されるだろう。

環境の使用

次のカテゴリーは，子どもが環境を使うやり方を扱う——最初は待合室，そして次にプレールームの使い方である。クリニックの空間には，人間としてのあなた，ゲームやおもちゃのような無生物の物品，そして空間それ自体が含まれる。子どもがもっているのは，あなたとコミュニケーションするための多面的な手段である。暗黙の内にあなたは言っただろう，「みてごらん，あなたにはこの部屋，これらのおもちゃがあり，そして私がいる。さあ，これらのものを使って，50分か60分の間に，私に何かを話してください」。子どもはすべて，3，4歳の小さな子どもでさえも，面接というのはあなたに

何か話す時間だと理解する。

　あなたが最初に観察するべきことの1つは，子どもが部屋全体を統合できるかどうかということである。このような能力は，子どものパーソナリティのさまざまな要素を，子どもがどの程度総合し統合することができるかの図式を与えてくれる。理想的な空間の使い方は，子どもが最初にプレールーム全体を理解し，それから動き回っていくつかの別々の部分を発展させ，最後に別々の部分を総合するというものであろう。すなわち，子どもは舞台装置全体を眺めることから始め，小さいお話をここで，小さいお話をそこで発展させ，そして最後に子どもがあなたのためにつくり上げたいくつかの小さい世界を，子どもがひとまとめに組み上げ始めるのを，あなたは見るだろう。

　たとえば，女の子が心配そうにプレールームに入ってきて，一隅に行き，状況についての不安をいくらか表し，それからプレールームを探索し始める。彼女は動き回ってすべてをチェックし，それからいくつかのお気に入りの部分を取り上げ，それらを最もぴったりに編み込み，相互に関連づける。彼女はお巡りさん人形を部屋のある場所から，お母さん人形とお父さん人形を別の場所から，そしてライオンをさらに別の場所からとり，そしてそれらを関連づけてお巡りさんがお母さんとお父さんをライオンから守るというテーマをつくる。この少女は環境との関係性を発展させるばかりでなく，そのさまざまな要素を統合しようともしている。

　対照的に，強迫的な，あるいは怖がりの子どもは，プレールームの一隅に行き面接の間中ずっとそこに留まるかもしれない。別の子どもは衝動的に部屋中すべてに行き，すべてのものと接触するが，いずれかの部分を発展させることは決してない。どのように子どもが最初に空間に近づいたか，そしてそれからどのように子どもはそれを扱ったかは，あなたが記録すべき有用なデータである。

　ここまで私が提案してきたことは，面接の中で，内容とはまったく独立に，とてもたくさんのものを観察するだろうということである。子どもの身体的，神経学的状態，あなたとの関係のもち方，全般的な気分，（中断の瞬間を含む）特異的な感情，そして空間の使用。内容について何も知らずに，もしあなたがこれらのカテゴリーすべてについて，生き生きとした記述を用意でき

たら，あなたは子どもの発達段階について，そしてどの領域が子どもの問題の原因となっているだろうかについて，かなりの量を知るだろう。

次のカテゴリー——子どものテーマのまとまりの深さ，関連，およびシークエンス，そしてあなた自身の主観的反応——を考えるにつれて，あなたは子どもについてのデータをさらに発展させるだろう。しかしながら，多くの子どもの面接が，テーマのシークエンスのみに焦点づけ，利用可能な観察データの全範囲は利用することがないというのを，強調することは重要である。

テーマの発展

テーマの発展という次のカテゴリーに含まれるデータの種類は，これまで論議してきたものよりも，いくつかの側面でよりわかりにくい。それらは，まとまり方，豊かさと深さ，年齢相当の関連，そしてシークエンスについての，子どものテーマの分析にかかわる。ここで**テーマ**という言葉は，言語的コミュニケーションの内容ばかりでなく，子どもがコミュニケーションするあらゆる方法——身ぶり，お絵描き，遊び，そしてその他の活動を通してのコミュニケーション——も意味する。テーマの発展への注目は，あなたが子どもをアセスメントしているときに子どもが体験しているだろう特異的な葛藤だけでなく，子どもの性格的な構造についても，たくさんのことをあなたに教えるだろう。

テーマの発展への注目はまた，子どものための適切な治療の道筋への鍵ももたらすだろう。多くの葛藤をもってやってくるが，しかし治療に入ると，容易に素早く進むことができるような，特定の自己への接近法が明らかになる子どもがいるかもしれない。他の子どもは明らかな問題がほとんどなしにやってくるが，彼ら自身の心理的な生活に彼らが近づくやり方に，深刻な制約を示すかもしれない。これらのラインに沿った観察は，治療の初期段階に何が起こるかについてのあなたの予測ばかりでなく，あなたの治療戦略の選択にも影響を与えるだろう。

テーマの発展について考えるとき，最初に，テーマの要素をつないでいる論理的なつながりの有無について，全体のまとまり方を見る。この過程は成人において思考のまとまり方を観察することと等価であろうが，重要な違い

がある。子どもにこのようなアプローチを使うためには，あなたは正常な発達を理解し，それぞれの年齢で何が予測されるかを知らなくてはならない。成人では，あなたは1つの標準――思考をまとめあげるための特定の最低限の能力――を扱うのに対し，子どもでは標準は年齢によって異なり，あなたはテーマのまとまり方を年齢相当の標準と比較検討しなくてはならない。

たとえば，もし成人が思考の迂遠と軽度の思路弛緩を示せば，あなたはパーソナリティ構造のいくらかの脆弱性という図式をもち始める。しかし子どもでは，このような兆候の意味は年齢による。4歳児では，論理的連関が部分的に欠如しても驚かないだろう。3歳半児ではわれわれはもっと驚かないだろう。しかし，6，7，そして8歳の子どもでは，テーマの産生物の間に論理的なつながりを形成するというより大きな能力を，われわれは予測する。

さらに，長い間子どもの仕事を経験した後でさえも，年齢相当の判断を下すことは，いつも簡単とは限らない。たとえば，早期の年代を特徴づける空想志向的な思考から進み，現実志向的な思考ができるようになり始めたちょうどその時点にいるエディプス期の子どもに，どの程度のテーマのまとまり方を予測できるかを知るのは，とても難しい。この発達上の時点は，ピアジェ Piaget が言う前操作的思考と具体的操作的思考の間の，灰色の領域にある。まだ空想の圧力の下にいる潜伏期の子どもを，あなたはしばしば見る。彼らが，自分たちが言っていることを信じているのか，あるいは彼らがコミュニケーションしているものをまとめあげる論理的なつながりがあるのか，あなたには確信がない。以下の症例は，年齢相当の，そして年齢相当ではないテーマのまとまり方の例である。

8歳の男の子がプレールームに入ってきて，十分に適切に，ビーン・バッグを殴ることから面接を始める。それから銃をとり，的を撃ち始め，怒りの感情について話す。それから突然床に倒れ，パンツを脱ぎ，あなたに性器を見せる。ここでのテーマのつながりの欠如から，あなたはこころの中にこの子どもの思考のまとまりについて疑問をもつ。あなたを驚かせるのは，内容そのものよりもむしろ，1つのテーマから別のテーマへの突然の出発である。攻撃性について話した後に，自分の体について話したくなる8歳の子どもは，通常，いくつもの段階を経て動いていくだろう。たとえば，彼は銃撃一般に

ついて，人形を撃つことについて，そしてどのように人形が傷つくかについて話すだろう。それから彼は体の絵を描くだろう。そして治療者の共感的な質問によって，彼は自分自身の体についての不安を話すだろう。

　9歳の男の子が面接室に入ってきて，評価者とよく視線を合わせ，微笑み，そして遊ぶためのゲームかおもちゃがあるかと尋ねる。評価者が，彼がどんなものを考えているのかと尋ねると，少年は「バスケットボールはある？僕はバスケットボールをするのが好きなんだ」と言う。評価者は共感的に答える──「ああ」で十分だろう──そして子どもは離れて走りだし，彼はバスケットボールをしたとか，3つのバスケットをつくったなどと話す。

　バスケットボールをすることについて話すにつれて，彼は突然悲しい情緒を表現し始める。面接者が，歓喜と高揚から悲しげな表情の始まりへのこの変化について，声に出していぶかると，少年は「ええと，僕にはバスケットボールをするほどたくさんの友達がいないんです」と言う。彼は続ける。「ここはすばらしいクリニックですね」，そして治療者には一緒にバスケットボールをする子どもがいるのか知りたがった。それからその子どもはどれくらい頻繁に自分一人でバスケットボールをしなければならないかと考える。彼の家のそばにバスケットボールコートがあるが，彼の父親も彼の兄弟も，彼とプレーしようとしないし，彼が訪ねることのできる友達もいない。彼には友達がいないことについての質問に答えて，少年は学校の友達との表面的な関係性のパターンを述べる。ここにわれわれはバスケットボールをするというコンテクストの中での，まとまりのあるコミュニケーションを見る。そのテーマは，より大きな情緒的親密感への欲求とそれを気持ちよく達成するうえでの困難である。テーマは，要素が論理的に現れてくるようにまとめられている。

　このシナリオを続けてみよう──この中に，この子どもの思考のまとまり方の統合性についての疑問を，われわれはもつだろう。バスケットボールをすることについて，そしてそのコンテクストの中で彼の孤独感，情緒的な飢餓，親密感への渇望，そして真の友人の欠如について話してきた子どもは，それから面接者が彼とバスケットボールをしてくれるか知りたがる。面接者が，これが実現したらどのようなことを想像するか尋ねると，彼は大喜びで，

自分たちが校庭に出ていき，1対1のゲームをすることについて話す。
　この発言の直後に，彼は面接者に言う。「人が心臓発作で死ぬことはありますか？」。面接者がなぜその考えが彼に浮かんだのかいぶかしがると，子どもは言う。「交通事故があって，人が手足をなくしました。泥棒が建物の中に入り込んで，物を盗むことができますか？」。彼が何を言おうとしているのかと，面接者がもっと詳しく説明してほしいと言うと，子どもは泥棒が建物の中に入り込んで物を盗むという話題にとどまる。子どもがこれについて話すにつれて，面接者は最後に少年が自分から何かが盗まれることへの心配について話しているという印象を得る。
　前述の症例では，われわれは，バスケットボール，親密感への願望，そして孤独と孤立の気持ちという，編み込まれたテーマから，心臓発作，身体的な損傷，そして品物が盗まれるというテーマへの，突然の変化を見る。テーマのまとまり方の解体は，9歳児に予測する結合させるつながりの欠如によって示される。最初の部分がテーマのまとまりの比較的良好な能力を反映しているのに対し，第2の部分では，子どもはこの能力の解体を示す。もし子どもがこの解体を体験していなければ，他のスポーツに関しての話題，スポーツで怪我をする人，そして身体的な損傷の一般的問題へと移り，最後には盗まれるという問題に到達するのを，われわれは予測しただろうに。このような代わりとなるシークエンスは，9歳児にとって適切な系列を代表している。明白な論理を通して，彼は同じ終点に達するだろう。心臓発作，自動車事故，そして切断された四肢についての，空想の素材は，「思いがけないところから」のものが少なくなり，より多くの一連のテーマのつながりあるいは橋とともに，巧みに表現されるようになるだろう。
　テーマの発展の豊かさと深さも注目に値する。テーマのまとまり方は，子どもが年齢相当の現実検討およびまとまりをもった思考やコミュニケーションの能力をもっている程度を，明らかにする。一方，テーマの産生物の豊かさと深さは子どもが利用可能な思考や感情の幅の，性格的なあるいは神経症的な制約を明らかにするだろう。豊かに深く年齢相当のテーマを発展させる能力のある子どもは，自分が豊かで深い個人の内的生活への到達手段をもっていることを，あなたに伝えている。しかし話が断片的，表面的，あるいは

常同的な子どもは，自分の個人の内的生活への自覚が制限されたままに違いないということを，あなたに伝えている。

昼のドラマやメロドラマは，浅薄なプロットと厚紙でつくったような登場人物で，豊かさと深さの感覚を伝え損なっている。対照的に，小説はその感覚をたくさん獲得すると考えられている。同様に，子どものテーマの発展は，臨床面接の中で明らかにされるように，表面的で断片なものから複雑で意味深いものまでの幅があるだろう。

早期の発達に障害があり，彼女のエディプス期は貧弱にしか処理されていない7歳の女の子がいるとしよう。たとえば怒り，主張，そして共感あるいは懸念さえも含まれるパーソナリティのいろいろな部分をめぐるたくさんの抑制という犠牲を払って，ほんの部分的なエディプス期の終結が達成されているだけであった。この子どもを観察しているとき，あなたはたくさんの関連性が散らばっているのを見るだろう。彼女は人形を求めていき，それから銃で遊びにいき，それから家の絵を描き始めるだろう。注目すべきは，あなたはどんなテーマの発展も見ないだろうということであろう。言い換えれば，お話の展開はないだろう。大人と違って，子どもは気持ちのこもったまとまりのあるお話をあなたに伝えないだろうとはいえ，もしあなたが子どもと一緒に座って，子どものしていることを妨害しなければ，1, 2種類のお話が確かに展開するだろう。

この7歳児のようにドラマの浅薄な断片しか描写できない子どもは，多くの発達上の閉塞を示しているのかもしれない。女の子はもっと怒りの気持ちを伝えたい，しかしそれは不安につながる。彼女は思いやりの気持ちをもっと伝えたい，しかしそれは不安につながる。彼女は自分が体験する（確かに間接的ではあるが）恐怖についてもっと伝えたい，そしてそのやり方はさえぎられている。したがって，あなたは，表面的な水準で，テーマの素材が散らばっているのを見るだろう。

実を言えば，この深さの欠如は診断しにくい。それは単に，子どもが部屋のたくさんのさまざまな部分を動き回る，あるいはたくさんのさまざまな材料を使うということを注目することによってでは診断されえない。面接の中で子どもが活発に，不安そうでさえあるやり方でふるまうとしても，テーマ

の発展の進行をあなたはしばしば見ることができる。あなたは自問しなくてはならない，「私が得たのはどんな種類の理解だったのか」，「この子どもが私のために描写することができたのは，素材のどのくらいの深さと豊かさなのか」と。これらの内省によって潜在的な制約の程度の図式をあなたは得るだろう。

　ここでも，テーマの発展の豊かさと深さをアセスメントするのに，年齢相当の予測をあなたは知る必要がある。たとえば，7歳半あるいは8歳の潜伏期の子どもには，潜伏期に発達する防衛の性質のために，少なくとも最初のプレールームでのアセスメント面接では，あなたはいくらかの制約のあるテーマの発展を予測すべきだろう。このような子どもたちに，あなたはしばしばエディプス期に続く抑圧が支持されるのを見るだろう。それは反動形成の使用と，そしてときには感情の隔離の初期段階の使用さえも伴っている。あなたは潜伏期の子どもたちがあなたをかわし，自分の芝生を守るのを予測するかもしれない。しかし彼らが自分の芝生を守るやり方には特定の豊かさと深さがあるかもしれない。「私はあなたが知りたいと思うことを何でもあなたに話しはしないし，この時期にあまりたくさんの個人的質問は聞かないでください」という立場をとりながら，なお彼らはあなたに彼らの柔軟性の感覚を与えているかもしれない。

　しかしながら，エディプス期の子どもは，通常空想を巧みに表現する能力がある。エディプス段階は，テーマの素材が豊富に利用できるために，人生で最も創造的なときだと考える人もいる。浅薄で狭搾のある5歳児を見たら，あなたは確かに疑問をもつだろう。5歳児と仕事をするとき，彼らが非常に多様な素材に入りこむ容易さを，あなたはたやすく見るだろう。このような容易さの欠如は発達上の阻害あるいは葛藤があるという信号だろう。

　たとえば，5歳の男の子が入ってきて，あなたを見て，意味のある視線を合わせ，座り，質問するかもしれない，「僕は何をすることになっているの？」。君の想像は，とあなたが彼に聞くとき，「ああ，僕は自分の心配や怖いことを話すことになっているんだね」と言うかもしれない。彼は部屋の隅に銃を見つけ，「あれで遊んでもいい？」と聞く。面接者が肯定的にうなずいた後，少年は銃のところに行きそれを取り上げる。それから彼はお母さん人形とお

父さん人形を撃つというゲームを始め，面接者に向けても「バン，バン」とやる。

銃撃ごっこの後，彼は何も言わずに赤ちゃん人形をとり，部屋の隅の安全な場所にそれを置く。面接者は声を出していぶかる。「おや，君は赤ちゃん人形を部屋のその隅に置いているんだね」。子どもは返事をする。「そう。僕は赤ちゃん人形をちゃんと安全にしておきたいから」。「すべての銃撃から，っていう意味？」とあなたは言う。「僕は赤ちゃん人形を傷つけたくないんだ」と少年は答える。「それはどういう具合？」と面接者が言うと，幼い少年は行ってお医者さんセットを取り出し，赤ちゃん人形の手当を始め，包帯を巻き，赤ちゃん人形が大丈夫か確認する。人形は銃撃戦の中で捕まり，脚と腕が切り取られ，鼻に怪我をしたと，彼は説明する。人形が傷つけられたことについて話すとき，彼はいくらかのうわべだけの悲しさを伝え，それから決心する。「僕はそれをした泥棒を捕まえるんだ」。

それから彼は，自分がお巡りさんになり悪党の最後の1人まで銃を撃ち尽くすというゲームをつくり上げる。これに続いて，人びとは「物を盗む」悪党をどんなに気をつけなければならないかについて，彼は話す。あなたは共感的に「ああ，物を盗むそういう悪党をコントロールすることに，どんなに関心をもつことができるか，私は理解できるよ」と言う。このとき，悪党が盗みたいと思うだろうすべての物について，少年は詳しく述べる——彼のテレビ，彼のお金，そしてもっと。最後に彼の弟である赤ちゃんにたどりつく。面接が進行するにつれて，悪党が盗み，お巡りさんと良い人たちが守る，というテーマを発展させ続ける。

それから子どもは，面接室のドアの向こう側で何が行われているかについて興味をもち始める。あなたは，君は何が行われていると思うか，と聞く。「わからない」と彼は言い，それから人形のところに行き，お母さんとお父さんが素手で殴り合いをしていてそれから一緒にお風呂に入るという，複雑な相互交流を発展させる。このシークエンスは続き，お母さんとお父さんが一緒にすることに関した，そして彼らがお風呂ですることに関した，もっとたくさんのテーマを彼は発展させる。

上述の例は，まとまりがあり，豊かで，深いドラマを発展させることので

第2章　子どもの系統的な観察のための枠組み　73

きる子どもを示す。彼のお話には暴力と防御（たとえば，泥棒とお巡りさん）が含まれ，そのお話から彼自身の願望のさまざまな側面が明らかになる。すなわち，物をとること，盗むこと，そしてこのような願望と衝動から家族を守ることである。それから彼は，盗むことと防ぐことについての彼の興味に関係したテーマ，すなわち閉じられた扉の向こう側で行われていることを，じっくり考える。彼のお話から，彼の両親についての，そしてお風呂と彼には閉ざされている別の部屋で両親がしていることについての，彼の興味がわかる。ここに，面接が進行するにつれて，より深く，より豊かになっていくテーマの発展の例がある（それはまたこの年齢の子どもにふさわしいものである）。

　対照的な例を考えてみよう。5歳の男の子が入ってきて，最初の子どもと同じやり方で，面接を始める。彼は銃のところに行き，撃つ。それから部屋の隅にボーボー人形を見つけてそれを殴り始める。少年は続く15分間，ボーボー人形を撃ち，殴る。あなたはコメントする。「おやおや，君はボーボーを殴ったりパンチしたりすることを，本当に楽しんでいるね」。少年はまるで同意してうなずくかのようにあなたを見て，撃ったり殴ったりし続ける。やっとボーボーに飽きて，子どもは歩き回っていろいろな人形や，部屋全体を撃つ。あなたはもう一度少年の撃ちたいという願望についてコメントし，子どもはもう一度同意を示すようにあなたを見て，撃ち続ける。

　少年はボールを見つけて，あなたにキャッチボールをしようと頼む。あなたはボールを投げたり取ったりし始める。あなたは何回か，子どものこころの中にあるだろうものを言語化させたり，もっと豊かなやり方で発展させたりしようと試みるが，子どもはボールを投げることと，ボーボーやその他の標的を銃で撃つことの交互の繰り返しから離れない。この間中，少年はよく視線を合わせ，ほどほどに愛想よく見える。彼は喜んで身体的にあなたの近くに来る。面接の終わり近くに，材料をもっと得ることに絶望して，あなたはお絵描きを提案し，子どもは家を撃っている銃の絵を描く。それから彼はボールを投げている子どもの絵を描く。

　ここに，攻撃性のテーマ（殴ることと撃つこと）が彼のこころの中にあるということを明らかに表しているが，そのテーマに豊かさや深さがほとんど

ない子どもの例がある。面接の最初の数分間に発展したことは，それ以上発展しない。むしろ子どものコミュニケーション，あるいはテーマの発展には，豊かさと深さがどんどん増大する初めの例と対照的に，反復的な性質がある。

　前に述べたように，5歳児に予測するのと同じタイプのテーマの深さと豊かさを，8歳半児に必ずしも予測する必要はないだろう。8，あるいは9歳児のパーソナリティは，通常多少硬直的で常同的な傾向がある。実際，有能な潜伏期の子どもは，多くの興味深い空想を防衛するのに成功している。たとえば，8歳の女の子が面接室に入ってきて，「なぜ私がここにいるのかわからないわ。話すことはあまりないし」と言うかもしれない。それから，彼女は面接者とチェッカーをすることにいくらかの興味を示すかもしれない。ゲームのルールについて，子どもが持ち出してきた議論があるかもしれない——彼女は「私たちが2人とも前もって理解している」ことを確かめたいと思う。ゲームのルールが練り上げられるにつれて，子どもは非常に細かいところに入り込み，自分たちがどちらもずるをしないことを確かめる。あなたはずるをすることとの関連で，ルールの重要性についてさらに質問する。それから少女は，さまざまなゲームをするときの，いろいろなずるの仕方を詳細にわたって巧みに述べる。学校の友達が，ときどきどのようにずるをするかを話し，「私は，注意深くて，そういう人たちにずるをさせたままにしておかない人にならなければならないの」と言う。ずるをするというテーマは，彼女の5歳の弟についても巧みに表現される。彼は，彼女が言うには，「ときどき，私につけこむのが好きなの。私の物を盗んだり，私のゲームの中に入ったりしてくるの。私は彼に用心してないといけないの」。このテーマは，それから，他の家族メンバーについて発展する。少女は次のテーマに移って言う。私のお父さんはルールにしたがってプレーする人か，しない人かよくわからない。それから即座に彼女は言った。「私のお父さんはルールを知っていて，ルールにしたがってプレーする人だって，私は知っているわ」。

　この面接は典型的な潜伏期の防衛をもって始まるが，しかし子どもは，その空想生活がコントロールの次元に沿ってより制約されていると考えられている年齢にあるにもかかわらず，テーマの豊かさと深さを発展させる。この例は，潜伏期の子どもがその下にある空想に直接接近することはより容易で

第2章 子どもの系統的な観察のための枠組み 75

はないだろうということを除いて，潜伏期の子どもはエディプス期の子どもと同じくらい，豊かで深いテーマを発展させることができるということを示している。健康な潜伏期の子どもは，コントロールと制御への願望と，同様の傾向をもたない「それらの勢力と人びと」にどのように自分が対処しなければならないかについて，豊かで深いテーマを発展させるだろう。

　上記の例を，9歳半の女の子と比較してみよう。彼女は面接室に入り，チェッカーゲームからもたらされるルールや規則について豊かで深いテーマを発展させる代わりに，チェッカーで遊び始め，それからチェスにかわり，それからモノポリーにかわり，これらのどのゲームの間でもほとんどしゃべらない。この子どもは，ルールに関心をもってはいるが，勝つことにもっと関心をもっている。彼女はルールそれ自体についてしゃべることがほとんどなく，具体的で細かいことに非常にこだわる。彼女がしていることの意味について自発的に巧みに表現することはほとんどない。彼女が自分のチェッカーを失わないように「正しく動かすこと」についての心配を表し，そしてあなたが，彼女がどのチェッカーも失わないことを誰かが確かめたいと思うのは理解できるよ，と共感的にコメントしたとき，子どもはこれから離れて喪失のテーマについて話すのではなく，チェッカーについて話し続けゲームという具体的レベルを超えて詳しく話すことは決してない。この少女は，上記の例とは対照的に，かなり表面的で，固定して，常同的な水準に留まる。

　示されてきたように，テーマの発展の範囲と深さは，子どもの内的生活の特定の構造的側面について，最初のよい図式を与えてくれる。次の下位カテゴリーであるテーマのシークエンスは，子ども特有の心配事の性質への手がかりの源である。今まで，われわれは子どもを悩ませている問題の内容について話してこなかった。われわれはパーソナリティの形式と構造——ドラマが描写される劇場——について議論してきた。ドラマを見るためには，あなたはテーマの産生物のシークエンスに注意を払わねばならない。ドラマの内容ははっきりしないし，問題は隠されているかもしれないが，しかしテーマのシークエンスを注意深く観察すれば，何が中核にあるのかがはっきりするだろう——接近あるいは分離への恐怖，自分の体へのいろいろな種類の危険への心配，幼いきょうだいとのライバル関係など。

たとえば，6歳の女の子を考えてみよう。彼女は家族人形をすべてとって，芝居がかった様子で便器の中にそれらをつめ込む。それから彼女は怖くなり，この劇の幕をおろし，したがってテーマの進展も中断する。彼女は過活動になり，ボーボー人形を狂ったように殴り始める。それに続いて，彼女は自分で落ち着きを取り戻し，彼女が父親の隣にいて母親は遠く離れているという家族の光景を描く。それから彼女は微笑む。

このようなシークエンスが何を示唆しているのか？　彼女はすべての人をトイレの中につめ込むというテーマから始める。これから，あなたは彼女がつめ込みたいという願望あるいはつめ込まれるだろうという恐怖のいずれかをもっているという仮説を立てることができるだろう。それから，不安と気違いじみた活動は，しばらくの間彼女の注意を得るのが難しくなるのに十分であり，おそらく攻撃的な光景が彼女を怖がらせることを表している。それから彼女は，おそらくそうあってほしいと思うやり方，父親の隣に自分がいるという家族の絵を静かに描くことによって，コミュニケーションの能力を再びまとめ上げることができるのを表す。このシークエンスから，家族の中が混み合いすぎていること（すなわち，便器の中），攻撃性（浴室の中で何が行われているかについてのいくらかの疑問），そして家族構造の中で父親の近くにいたいという願望についての心配事を，われわれは仮定できる。再びまとめ上げ，彼女自身の（微笑むような）願望を反映している，家族構造のテーマに戻る彼女の能力は，彼女の統合能力を表している。

潜伏期の男の子の例を考えてみよう。彼は学校について話していて，子どもたちは彼をからかい，先生は彼を公平に扱わない，あるいは守ってくれないと話す。次のテーマは家で彼よりも注目を集める兄弟や姉妹についてである。それから彼はあなたに話すのをやめ，遊ぶために鉄砲を見つけるか，ダーツを投げ始める。その後で彼はなぜ自分があなたとそこにいるかについて興味をもち始め，あなたについて何か知りたいと思う。あなたは彼にどのように言われてきたのか，あるいはどのように彼が考えるのかを聞く。彼は，あなたは子どもを助ける医者ですてきに見える，と応答する。それからあなたは，ここでは君は誰かが君につけこむのではないかと心配する必要はないとたぶん感じているだろう，とコメントする。言い換えれば，上記のテーマの

第 2 章 子どもの系統的な観察のための枠組み　77

発展のシークエンスを通して，世界は不公平なこと，そしてあなたは違ってほしいと思うが彼には確信できないことを，この子どもはあなたに伝えている。彼はあなたに自分を安心させてほしいと思う。

　別の男の子は，静かに入ってきて，座り，あなたに「それじゃ，僕を楽しませてくれ」と言っているような表情を向ける。あなたはしばらく待ってから，君はただ座ってしばらく眺めていたいように見えるとコメントし，君のこころの中には何が通り過ぎているのかなと言う。まさにその非常に受け身的な子どもは，ついに爆発と互いに衝突する車の絵を描き始めるかもしれない。彼はとても怯え過ぎていたので，おもちゃの車をぶつけ合ったり，銃をとって撃ち始めたりすることができなかったのだろう。このようなシークエンスは，爆発的な攻撃性への恐怖をもった受け身的な子どもの図式を与える。

　テーマのシークエンスは，あなたに何が中核的な問題なのかばかりでなく，それらがどのように互いに関係しているのかも，教えてくれる。たとえば，男の子は初めに銃を撃ち，それから怯えたように見える。彼は女の子の人形をとり，ドレスの下を覗き，それからその人形を投げ下ろす。子どもは「みんなの中で一番強い」と大声で知らせ，あなたは，君は他の誰よりも強いように聞こえるとコメントする。彼は「そう，弟よりも強いよ。僕は奴をたたきのめせる。僕はパパとママだってたたきのめすことができるよ」と言う。ここに，攻撃性から始まり，女の子の人形の生体構造に興味を示し，それからこの攻撃性をとりまく恐怖と不安を扱うために自分自身を強力にする（すなわち，対抗恐怖症的 counterphobic 形式）子どもを，あなたは見る。

　次のシークエンスで，あなたはこの子どもが気違いじみたようになり，部屋中を動き回り，物を投げるのを見るかもしれない。あなたは，君は素早く動いてまわりの物すべてを投げたいように見える，とコメントする。ときどきこのような子どもは，その後落ち着いて，切望と早期の依存のテーマを表現する絵を描き始める。上述の例に戻れば，一度この子どもがあなたとプレールームに慣れたあとは，彼はあなたに近づき始め，あなたを遊びに入れたいと思い始めるかもしれない。あなたは，誰かと親密な接触をしたい強い切望という主観的な気持ちを感じる。あなたは，後に，絵やその他の遊びを通して，いくらかの空虚感に気づくかもしれない。まとめとして，もしあなたが

攻撃性とそれに続く依存と切望を見るならば，あなたはこれらの3つの問題の間に意味のある関係性があるという強い証拠を得るだろう。

　前述の症例の1つ，子どもが入ってきて，銃をとり，撃ち始め，それから赤ちゃん人形を安全な場所に置き，診察をして包帯を巻き始める症例を，取り上げてみよう。彼はそれからプレールームのドアの向こうで何が行われているかに興味を示し，両親が浴室の中と閉じたドアの向こうで何をしているかについての家族ドラマを発展させる。このシークエンスは，彼の心配事の性質をよく描き出している。それは次の2つを示唆する。第1に，彼は怒りの願望を心配しているが，それは彼の保護したい，ケアしたいという願望と葛藤していること，そして第2に，閉じたドアの向こうで彼の両親が何をしているかについて彼が好奇心をもっていること。もし，両親のことを話した後で，子どもが病気になること，そして彼が先日ひいた風邪のことを彼が話し始め，それから病院に行くことを考え，自分が最後に医者に行ったことを思い出すならば，われわれは，彼の好奇心は身体の損傷への恐怖にも関係しているとわかるだろう。閉じたドアの向こうで何が行われているか，そして浴室の中で何が行われているかについての彼の興味は，何が彼にも起こりうるかについての恐怖と関係するかもしれない。この例から，どのようにテーマのシークエンスが，子どものこころの中でどのように心配事が相互に関連しているかについて，準備された明確に解釈できる図式を，われわれに与えてくれるかがわかる。

　別の症例を考えよう。7歳の女の子が部屋に入ってきて，ドールハウスに行き，そこで彼女はお母さん人形で遊び始める。彼女は人形の家族をぐるっと並べ，クレヨンを使って人形の顔に色をつける。それから彼女は人形の1つの首を離そうとする。うまくいかずに，彼女は別の人形で試してみて，首をはぎとることができる。彼女はうれしそうな，幾分不気味な表情を見せる。彼女の目は輝き，そして彼女は即座にボールをつかみ，壁に向かってそれを投げ，まとまらないやり方で跳びはね回る。彼女は部屋の反対側まで走り，キャッチボールをしたいと言う。彼女は壁に向かってボールを投げ始め，面接者の大好きな飾りのいくつかに，かろうじてあたらなくてすむ。彼女はこの行動を続け，もっとまとまらなくなり，断片化する。面接者はこの行動に

コメントするが，行動を悪化させるだけである。ついに面接者はさえぎり，私たちは行動するよりもむしろ気持ちを言葉にしようと提案する。この戦略が効果ないとき，面接者は，家具をすべて壊すといけないので，そばに行きボールを取り上げねばならない。

このシークエンスは，前に論じたものと根本的に異なる何かを示唆する。ここで，女の子は人形の首を引き離すことによって，攻撃的なテーマへの心配を表す。しかしそれから彼女はまとまらなくなり，混沌として，自分自身ではまとまりを取り戻せない。彼女はテーマの領域に戻れない。われわれは攻撃性に続く解体を見る。これはわれわれに子どもの心配事について何かを伝えるばかりでなく，彼女はこれらの心配事を扱えないこととそれらは彼女をばらばらにしがちであることも示唆する。彼女は，保護するあるいはケアする様式に移行したり，自分自身でテーマを変えたり，あるいは彼女が恐ろしい攻撃的な衝動を扱うのを助けるようなその他の策略を使ったりすることができない。彼女は全般的な解体と衝動性に身を任せることによってのみ，不安という重荷を背負った状況から逃れることができた。潜伏期の女の子の衝動性は同年齢の男の子よりも頻度が少ないとはいえ，それがあるときは，もし面接者があまりにも早期に状況を構造化しなければ，テーマのシークエンスにたやすく現れる。

あなたがシークエンスを注意深く追うことを学ぶにつれて，あなたは中核となる葛藤の発達水準を同定することもできるだろう。言い換えれば，依存あるいは怒りは多くの水準に存在できる。シークエンスを注意深く検討することによって，あなたは子どもの恐怖が年齢相当であるかについての直感を得るだろう。

たとえば，5歳児があなた個人に，年齢相当の好奇心である「洋服の下に何が隠されているか」に焦点づけた興味を表すかもしれない。あなたはこの好奇心についての葛藤を，体の一部がとれてしまう（たとえば，人形の腕や脚がとれてしまう）恐怖という形で観察するだろう。それと対照的に，この同じ5歳児が，全般的な崩壊と解体の恐怖とともに，情緒的飢餓あるいは基本的安全のテーマを中心として，あなた個人に興味を示すだろう。このようなテーマは発達的により早期の心配を代表するものである。

示されてきたように，テーマのシークエンスは子どもの心配事の性質についてのヒントを与える。面接者の目標は，子どものテーマの産生物を，介入を最小限にして，追跡することである。どのようなコメントも，子どもが選んだ方向への動きを促進させるべきである。それらが子どもに新しい方向をとらせるようなコメントをすべきではない。つぎつぎと出てくる子どもの連想は，あなたの指示へのどんな反応よりも，子どものお話をあなたによく伝えるだろう。

この章の前半で議論したように，あなたは他のカテゴリーについても出来事のシークエンスに注目すべきである（たとえば，あなたと関係をもっている性質のシークエンス，感情のシークエンス）。あなたが，内容，関係をもっている性質，そして感情のシークエンスについての観察を結合するとき，子どもの葛藤についての仮説を立てるのに必要な材料を，あなたは得る。たとえば，内容と感情のシークエンスの間の対称性を検討することから，あなたは子どものパーソナリティ構造についてのヒントを獲得し始めることができる。統合された自我構造をもった8歳児のテーマの発達から，子どもの内的生活と心配事について何か学ぶことを予測するかもしれない。それからこれらの心配事は子どもの感情と対称的で，子どもの感情に統合されているか，あなたは自問する。表れている感情は，困らせている問題のまわりの不安と緊張を指している。たとえば，あなたは，この子どもは基本的には損傷のない自我構造というコンテクストの中で，いくらかの葛藤をもっている，という仮説を立てるかもしれない。

他のカテゴリーと同様に，子どものコミュニケーションのまとまり方とその内容を，発達の視点から観察することが有用である。この発達の視点は，テーマのまとまりと発達についてのこの論議の間ずっと意味に含まれてきたとはいえ，あなたのこころの中に系統的なモデルをもつことは，特に価値がある。これは，子どものテーマのコミュニケーションのまとまり方およびその特異的な内容の両方について考えることを，より容易にする。広い意味で，あなたは最初から段階を踏んでこの素材に接近したい。最初にこう質問する。「この子は私とコミュニケーションしながら，集中して関係をもっていることができるか？」。言い換えれば，子どもはよそよそしく，自分だけで遊ん

第2章 子どもの系統的な観察のための枠組み

でいて，機械的で，冷たく，あるいは引きこもっているか？　あるいは子どもがごっこ遊びの劇を演じているとき，あるいは単に希望や願望をコミュニケーションするために身ぶりを使っているときに，温かさとつながっている感覚があるか？　関係をもっている性質に加えて，子どもはどの程度焦点づけて集中しているか？　あなたは質問する。「子どもは私に話をするとき焦点づけることができるか，あるいは子どもは部屋中をうろついて絵や窓の外を眺めたり，ガラスをいじくったり，枕で遊んだりしながら，ふわふわと断片的に私に話しかけるのか？」。

　2番目には，子どもがコミュニケーションしているとき，子どもはどの程度単純な身ぶりを意図的なやり方にまとめあげることができるのかをあなたは理解したいと思う。どのように子どもは部屋に入り臨床家に挨拶するか？視線を合わせるか，微笑むか，あるいはにやっと笑うか？　あるいは恐怖と心配の表情があるか？　あなたは身ぶりから子どもの傾向という感覚を得ることができるか，あるいは子どもは平板で，混沌として，または身ぶりの使い方がでたらめのように見えるか？　もし単純な身ぶりが子どものために役だっているとしたら，——見ること，指すこと，体の姿勢，微笑み，しかめ面，あるいは興味，好奇心，または興奮の表情——子どものより複雑な身ぶり，すなわちあなたとのもっと複雑なコミュニケーションパターンをうまく処理するのに必要な身ぶりを，子どもはどのように扱うのか？　たとえば，子どもはどのように自分の空間を定義づけるか？　子どもはあなたをとても近くに，床に降りてほとんど鼻と鼻を突き合わせるようにして自分と一緒に遊ぶように招くために，身ぶりを使うか？　あるいは，自分の体の姿勢とあなたを見る，そして声のトーンと抑揚を使うやり方で，子どもは「離れていて。僕と距離をとって。僕にたくさんの空間をちょうだい」というメッセージを送るか？　子どもは部屋の中の制限をどのように扱うか？　あなたが心配そうな表情をしたり，あるいは腕を動かしたりして「そのおもちゃはだめ」とか，「おもちゃを投げない」とか，「さあここを片づけよう。きれいにしなくちゃ」などを示すとき，子どもは制限を伴うあなたの複雑な身ぶりに応答するか？　体の姿勢，身ぶり，そして表情は，言葉とともに，これらのメッセージを伝える。子どもはどのようにこれらの信号をまとめ，そしてそれら

を扱うのか？　子どもは，相互の尊重を，あるいはさらに相互の誇りと尊敬さえも，コミュニケーションするために，どのように身ぶりを使うか？　あなたは喜びと誇りの表情を交換するか？　相互の尊重，誇り，そして喜びの領域をコミュニケーションするために，子どもは体の姿勢，腕と脚の動き，そして感情面からのヒントを使うか？　あるいは，これらの情緒的なテーマは，まとめられた身ぶりのシステムの一部ではないのか？

　どのぐらいうまく，子どもが，単純な身ぶりを挨拶，別れ，あるいは別の人を認めるときに使うか，そしてどのくらいうまく，子どもが，複雑な身ぶりを，重要な個人の間の前表象的な意味をうまく処理するために使うか，の両方を，系統的な方法で決定することは，面接者にとって非常に役立つことである（表象的な意味とはすなわち，依存，怒りとその制限，受容と誇り，尊敬，否認，拒否，不快，他の人のユニークさへの共感，などである）。先に述べたようにこれらの特性のすべてが，身ぶりと言葉によってコミュニケーションされることができる。しばしば言葉と身ぶりは同時に使われるが，あなたは子どもの言語的なコミュニケーションに限定して焦点づける前に，このシステムの身ぶりの部分についても，独立して判断しなければならない（もし子どもが言葉を話す子どもならば）。

　したがって，前表象的あるいは前言語的な水準では，あなたは，関係のもち方に関して，子どもがどのようにテーマをコミュニケーションし，まとめあげるかを見ている。すなわち，親密さの深さ，温かさ，そして性質，子どもが再び関係をつくるやり方，子どもの関心と焦点，子どもの単純な身ぶりの使い方，そして子どもの複雑な身ぶりの使い方を見ている。あなたはまた，これらの早期の水準のコミュニケーションがさまざまなテーマの周辺でどのように使われるのかも調べている。子どもは複雑な身ぶりを何のために使うことができるか？　温かさと親近感のためだけで，攻撃性や制限をうまく処理するためではないのか？　あるいは両方のために？　相互の尊重と尊敬のためだけで，親近感や制限のためではないのか？　あるいはこれら3つすべてのためか？　言い換えれば，その子どもはこの身ぶりの水準にいるのか，もしそうならば，子どもは自分が関わっているすべての年齢相当のテーマにそれを使うことができるか？

第2章 子どもの系統的な観察のための枠組み　*83*

　次の水準では，ごっこ遊びの中あるいは言葉の意図的な使い方の中に，子どもが表象やアイデアを使う能力を研究してみよう。「これはランプだ」や「それは椅子だ」のような記述的な使い方に対して，「それを私にちょうだい」「私は悲しい」や「僕はうれしい」はすべて言葉の意図的な使い方である。動物たちがお茶会をしたり，抱き合ったり，喧嘩しているというごっこ遊びは，情緒的なテーマを伝える。これらの両方が，子どもが表象的である兆候である。

　子どもが自分のテーマを遊びに表現する，またはコミュニケーションするそのやり方が表象的なのかを質問してみよう。そしてもし子どもが表象的ならば，あなたは次にどのテーマを子どもが表象的あるいは象徴的様式に持ち込むのかを質問してみよう。言い換えれば，子どもは，怒っているとき，自分の怒りを伝えるのに身ぶりや行動だけを使うのか？　たとえば怒った眼差しや実際に嚙みついたりぶったりするというように。あるいは彼は兵隊や動物が戦っている場面をつくり出せる表象的様式に，攻撃性を高めることができるのか？　あるいは子どもは言葉を使うことができ，「僕に，怒ってる？」というようなことを言うことができるのか？　怒りの前表象的なまとまりと怒りの表象的なまとまりの間には違いがある。同様に，依存についても，人形が抱きしめられているか？　子どもは「私をあなたは好き」あるいは「私をあなたは愛してる」あるいは「また戻ってきてもいい？」と言うだろうか？あるいはその子は依存を，実際抱きしめたり，しがみついたり，あるいは，持ち物を奪い取って家にもって帰りたいということさえある，というようなやり方でのみ，扱えるのか？　もう一度言うが，子どもがこれらの人生の基本的なテーマを扱うのに，行動的な様式が使われたのか，あるいは子どもは表象的な巧みな表現の段階に進歩したのか？　もし表象的な様式に到達しているなら，それが適応できるのはどのテーマなのか？　それは子どもが興味を抱くかもしれないすべてのテーマに適応するのか，あるいは，それらのテーマの中のいくつかだけなのか？　それは幅広く豊かなのか，あるいは狭くて制限されているのか？

　次に，子どもが単純な表象的様式を超えて，より分化した表象的様式へどの程度進んだかを見てみよう。子どもはごっこ遊びや意図的な言葉の中でテー

マを表象するばかりでなく，1つの表象的要素と別の要素を結ぶ論理的なつながりを創り出す。人形たちは喧嘩している，**なぜなら**お互いに怒っているから，**なぜなら**1つの人形がもう1つの人形の大好きな食べ物をとったから。ここにわれわれは異なる要素を結びつける2つの「なぜなら」を見る。子どもはあなたと議論するか？　「先週先生は今日僕とチェッカーをすると約束した。先生は忘れたんじゃない？」。あなたが自分は決して約束なんかしなかったと説明すると，子どもは「覚えている？　面接の真ん中くらいで，先生が電話をとったちょうどその後に，ところでその電話も好きじゃなかったんだけどね，先生はその埋め合わせをするために僕に約束をしたよ」と言う。あなたは罪悪感を感じながら，「ああそうだ，思い出したと思う」と言う。この論理的で現実に基づいた子どもは，言葉を高度に意図的でまとまりのある様式で使い，その日の活動についてあなたと同意できないという分化した考えを見せている。それが複雑なテーマの結合――お茶会から晩餐へ進み，ママとパパがデザートに何を食べるか口論する――でも，あるいはそれがプレールームの中の規則についての弁護士同士のような会話でも，表象的に分化した子どもは，自分のテーマを結ぶ論理的なつながりをもつだろう。

　論理的なつながりを探すのに加え，子どもがどのようにそれらの論理的なつながりを広い範囲のテーマに適用するかも，注視してみよう。子どものテーマ範囲は広いか狭いか？　子どもは依存は持ち込むが，攻撃性は持ち込まない，あるいは攻撃性だけで，依存は持ち込まないのか？　興味は持ち込むが，依存と喜びは持ち込まないのか？　どの特別なテーマがこの高度に分化した表象的な様式にさらされるのか，あるいはつながりをもつのか？

　子どもが表象的に分化したコミュニケーション様式をさえ超えて，拡大された表象システムと潜伏期の子どもたちに認められる複数の拡大された表象システムを動員する能力があるかも，注視してみよう。言い換えれば，子どもはいまや論理のうえに論理を構築できるか？　そして異なるテーマの間の相対的な関係性を，すなわち陰影部分あるいは灰色の領域を，見ることができるか？　子どもはごっこあそびあるいは空想を巧みに表現するために，あるいは現実に基づく心配事のために複雑な論理的基盤を構築できるか？　たとえば，拡大された表象システムあるいは多重に拡大された表象システムを

もつ，完全に潜伏期に入った子どもは，自分の基本的な心配事から相互に論理的に結びついたテーマを引き出すだろう。動物たちが互いに怒っているかもしれない。しかしそれから彼らは敵から身を守るという共通の目標をもっているため，互いに良い子になって平和になろうと決心する。しかしその平和条約の中で，彼らは互いに信用はしていない。ある程度は，彼らはいつも他の動物が何をしているのか見張っている。彼らが共通の敵をもっている間は，彼らは一緒に働くことをいとわない。一緒に働くにしたがって，ほんの少し前よりも互いを好きになり，ほんの少しだけ互いを信じるようになる。不信感が存在することはうすうす感じているが，信頼感が育っている。その事業の最後には，彼らの城を共同で守ることによって，彼らは戦友になる。彼らは将来のあるときには再び敵になるかもしれないとわかっているが，今はパーティーを開いて彼らの勝利を祝うだろう。その子どもは，人が誰かと競っていても，特に外部に共通の敵がいるときには，その人と友達でいることができるということを熟考することができる。灰色の陰影（協調の枠組みの中の競争と攻撃性）のあるこのタイプの高度に複雑なドラマは，4歳あるいは5歳児には無理だろう。聡明な7歳児には確かに可能かもしれない。しかしごっこ遊びのドラマにこの種の複雑で論理的な下部構造を動員するのは，9から10歳児によりふさわしい。それは表象の分化，拡大された表象システム，そして複数の拡大された表象システムの段階を示す。このタイプの遊びは子どものコミュニケーションの高い水準のまとまりを意味する。

　この枠組みを臨床的に使うために，子どもがコミュニケーションの能力においておおよそどの発達水準に達しているかを，最初に描写する。このことによってテーマのまとまり方についての何かがわかる。それから情緒生活のいろいろなテーマを描写する。これをする1つのやり方が，以下のテーマを考えることである：依存と親密さ；喜び，興奮と性衝動；自己主張，興味，競争，怒り，そして攻撃性；自己の限界設定；そして共感とより成熟した形の愛。これらのテーマは情緒的な人間のドラマの大部分を取り囲む。

　上記のテーマとともに，その裏面も考慮してみよう：依存の一部には分離不安が含まれる；攻撃性の一部には攻撃性への恐怖と心配が含まれる。情緒というパイをさまざまな方法で切ることができる。しかし，人生のさまざま

な情緒的テーマを系統的にカテゴリー化する方法をもつこと，そしてそれからこれらの情緒的なテーマを発達水準に重ね合わせることが重要である。言い換えれば，発達水準が特定のテーマをまとめ上げることができ，他のテーマをまとめ上げられない，その程度をいまや注視する。たとえば，子どもはどのように依存と親密さを扱うか？　子どもは高度に分化した拡大された表象能力を使うのか，あるいは単に身ぶりだけか？　子どもは依存のテーマを扱うとき，よそよそしくて他人行儀になり，関わりをもったり注意を払ったりさえせず，ほとんどすべてのテーマを避けるのか？　それぞれの情緒的なテーマについて，その特定の心配をコミュニケーションするために，あるいはその特定の心配をコミュニケーションしない（すなわち，子どもがそこから逃げ出したいように見えるとき）ために使われる発達水準を見ることができる。しかしながら，この枠組みでは子どもはある方法または別の方法で，必ずこれらすべての情緒的なテーマについてコミュニケーションするということは，指摘されるべきである。この枠組みでは，関わりがなくよそよそしいことさえも，コミュニケーションする方法である。

　たとえば，ごっこ遊びの中で自然な次の段階は，親密さあるいは分離についての心配についてのシークエンスであり，この時点で，子どもは超然としてよそよそしくなり，機械的なやり方で小さなおもちゃのドアを開けたり閉めたりするという反復行動を始める。このような変化は，親密さ，依存，そして分離についての子どもの特定の心配事を示す子どものやり方だろう。これらの心配事ということになると，子どもは自分が最も依存していると感じる人によそよそしくなったり，関わらなくなったりする。

　達成されたまとまり方の水準を注視することに加え，以前に示唆されたように，テーマのシークエンスも注視してみよう。先に示したように，もし子どもにいつも攻撃性に続いてかかわらなくなるあるいはばらばらになるということが起こるならば，攻撃性は葛藤的であり不安を惹起するものであるとあなたは感じ取る。もし子どもにいつも攻撃性に続いて傷つけることへの恐怖と解体が起これば，葛藤の両側面を感じる。一方，もし子どもにはいつも親密さへの欲望に続いて分離の光景や不安が起こり，そしてより低い発達水準への変化，あるいは現在ある発達水準での不適応的なパターンのいずれか

第2章 子どもの系統的な観察のための枠組み　*87*

が起こるならば，あなたは葛藤の2つの側面の別な理解を得る。葛藤的な要素，あるいは非葛藤的な要素から，もっと複雑な空想が生まれることもある。子どもの遊びの中のテーマのシークエンスは，依存に続いて，攻撃性，それから傷つけることへの不安，引きこもり，そして最後によそよそしさを示すだろう。ここでも，いくつかの要素をもつより複雑なドラマをあなたは見る。それはまるで子どもが「私は親しくなりたい。でも近寄ると，関係性の中にたくさん怒りがある」と言っているようである（子どもはこの時点では，これは自分自身の怒りなのか，誰かほかの人の怒りなのか，あるいはおそらく両者の混合でさえあるのかを明らかにはしていない）。それから子どもは怪我が心配になり，安全への用心のために関係性から引きこもる決心をする。したがって，シークエンスは子どもが自分の世界の側面をどのようなやり方で見ているかを示す。

　子どもが自分の空想をまとめるうえで持ち込むさまざまな発達水準を見ることが特に重要である。先に述べた子どもを考えてみよう：子どもは表象の水準で依存を探し求める。それから攻撃性のテーマを遊びで表現し，そして人びとが傷つけられる（これも表象の水準で）。それから人形がよそよそしくなって自分の家に帰る（表象の水準でかかわらないことを遊びで表現する）というよりも，むしろその代わり子どもは変化し，実際によそよそしく自分自身引きこもる，としよう。攻撃性と損傷のテーマが出現した後，その子どもがときどきよそよそしくなるとき，子どもは表象の水準から身ぶりとかかわり合いに関する2つの前表象的水準に変化している。子どもは，それぞれの人形を自分の家に帰らせ，そのままにしておくという形で，かかわらないことというテーマを遊びに表現する子どもとは，まったく異なる。もっと典型的な例は，人形達が喧嘩をしているところから始めて，すぐに「ごっこ遊び」の水準からあなたに向かって飛びかかったり，ボールを投げつけたりに変化する子どもである。自分自身をだまして，これはまだ「ごっこだ」と考えることは簡単だ。あなたが身をかわしているとき，その子どもは行動上の発散の水準に変化したと認識することが賢明であろう。

　表象の水準で自分のテーマを遊びとして表現する子どもは，自分の心理的生活をすべて表象水準でまとめる（すなわち，その子どもは1人になりたい

という欲望を，かかわりを保ちながら，言葉あるいはごっこ遊びを通して，表現できる)。実際によそよそしくなり，引きこもってしまう子どもとはまったく異なる。これらの2人の子どもを大人として描いてみよう：1人は，妻と口論になるとき「僕たちが喧嘩した後は，とても孤独に感じる。なんとかして親密なままでいられたらよかったんだけど」と言うことができる。もう1人は，実際に部屋を去り，1人になり，おそらく何日かは妻と話をしないだろう。したがって，発達水準とテーマの内容は一緒に観察するべきである。発達水準が年齢相当のとき，テーマのコミュニケーションの別な側面が重要である。

　この議論を通じて私が強調してきたテーマの発達の側面は，年齢相当の適切さのアセスメントである。サブカルチャー，宗教その他関連する側面に関してその子の背景についてあなたの理解を考慮すれば，子どもはあなたの予測する種類の問題を心配しているのか？　その子どもは年齢相当水準より高いあるいは低い問題を扱っているのか？　このような質問は葛藤の内容と，子どもがそれをどのように扱うかに光を投げかけるだろう。あなたが7歳の子どもから聞くと予測されることについて話す13歳の男の子は，思春期に入ることへの恐怖とその恐怖の程度を示す。潜伏期にぐずぐずしている思春期前期の子ども，そして同様に，まるでエディプス期の幼児のようにふるまっている潜伏期の子どもを，あなたはしばしば見る。たとえば6歳の男の子は，競争的な，自己主張的なそして男根的なテーマを伴う6歳児の行動を，あなたにちょっと見せる。子どもはまた反抗的な好戦性と挑戦的態度を示し，「あなたが僕にしてほしいと思うことは，何もするつもりはない」と言う。彼は部屋の真ん中に座り，その場所の王様になり，あなたにいちいち指図する。この少年は部屋の中の物に興味があり，ドアの向こうに何があるか知りたがり，いくつかの塔をつくり，しかしそれから素早く反抗的でボス的態度に戻り，物を投げて落とし，彼のためにそれを拾うようにあなたに命じる。ここでは，われわれはエディプス期のテーマと肛門期の，前エディプス期のテーマの間の動きを見る。この種の動きは，子どもが年齢相当領域で作業をしているとはいえ，彼は怖がっているに違いないということを示す。なぜなら彼は早期の防衛ポジションに退却を続けているからである。

一方，先に示した射撃を始め，それから人形を安全なところに置き，それに包帯を巻き始める5歳児の例は，典型的なエディプス年齢の子どもである。彼の心配――すなわち，きょうだいへの競争的な気持ち，攻撃的な気持ちと防御的な気持ちの葛藤，両親の浴室と寝室への興味，そして彼自身の身体の肉体的な統合性への不安――の中に，彼はいくつかの年齢相当の，そして発達段階相当のエディプス的問題を示している。

　まとめとして，ここで議論されたテーマの発達の側面には次のものが含まれる。テーマのまとまり方，これはテーマの要素がどのようにつながっているかに焦点づける；テーマの豊かさと深さ，これは話の展開を妨げるような制限や妨害物に出会う前に，子どもが話をどの程度発展できるかに関わる；テーマのシークエンス，これは子どもの心配事や中核的問題への鍵，およびその心配事に対して子どもが用いる防衛の種類への鍵を含む；そしてテーマの年齢相当の適切さ，これはその子どもの葛藤のいくつかがもたらされる年齢水準と，その子がどのようにその葛藤を扱うかの両方を信号発信する。これらのテーマの要素を観察すると，あなたはその子どもの性格的な構造と中心的な恐れや葛藤について，仮説を立てられるようになるだろう。

主観的な反応

　観察の最後のカテゴリーは，あなた自身の主観的な反応に関するものである。2つの側面が考慮されるべきである。その子どもがあなたの中に引き起こす一般的な感情と，面接の間のあなたの空想である。面接の最後にあなたが自分の反応を調べるとき，子どもがあなたにどのように感じさせるのかを知りたいと思う――消耗，興奮，怒り，欲求不満，あるいは何か？　あなたはまるで面接をうまくできなかったと感じるか？　あなた自身のふるまいについて抑うつ的に感じるか？　あるいはあなたは世界一の評価者と感じるか？

　たとえば，小さい女の子が男性の治療者に彼が知りたいと思うことをすべて話し，彼が名人のようだと感じられるようにしてくれることが，ときどきある。このような面接の後では，あなたはまるで仕事をしていたとさえ感じられないほど気分がいい。あなたがこの少女にとてもよい気持ちになるという事実は，彼女が重要なエディプスの問題を扱っているという事実への鍵か

もしれない。一方，男性の治療者が，競争的になるよりもむしろ温かい，そして治療者を気持ちよくさせる幼い男の子と一緒にいるとしたら，治療者の気持ちは，その子どもが防衛構造に影響を与えるいくらかの陰性エディプスの問題に対処しているという兆候かもしれない。

　自分自身にとても正直になってみよう。あなたが感じていることは，なんらかの意味で子どもに関係しており，あなた自身の経験の水準や適性とは別である。あなたに経験があろうとなかろうと，特定の子どもにはあなたは適性があり能力があると感じるのに対し，他の子どもには，まるであなたが始終自分自身につまずいているかのように，無能で不適切と感じる，ということにあなたは気づくだろう。あなた自身の反応のこのような違いは重要である。他の条件が同じなら，あなたに欲求不満を感じさせる子どもは，あなたを気分よくさせる子どもとまったく違うのである。

　あなたの一般的な反応を調べることに加え，アセスメント面接の経過中にあなたに起きる特異的な空想のシークエンスも見たいと思う。もし何か普通ではないもの（たとえば，非常に個人的な記憶やイメージ）が頭に浮かぶとしたら，あるいは個人的な連想に気をとられている間にほんの一瞬かそこら相手の話を聞いていないことに気づくならば，このような反応はこの子どもへのあなた特有の転移を反映しているだろう。後に，振り返る時間があるとき，あなたの特異性の何がこの一連の思考を開始させたのかを見つけてみよう。それから，なぜ面接の中のこの特定の時点にこの思考があなたに浮かんだのか，自問してみよう。何がこの思考を動機づけたのか——敵意，露出症，あるいは何であれ——にはかかわらず，なぜ子どもはあなたにこの反応が起こるように刺激したのかを理解するためにこの情報を使ってみよう。

　たとえば，非常にしばしば相手の話を聞くのをやめていることに気づくと，われわれは単に罪悪感を感じるだけにすぎない。しかし，もしあなたが飽きてきたり眠くなったりしてきていると気づいたならば，私の中にこの反応を起こすどんなことをこの子どもはやっているのだろうかと，自問すべきである。あなたがその子どもがやっていることへの洞察を求めるにつれて，即座にあなたをもっと覚醒させる効果がある。実際，子どもはあなたを不安にさせる何かをしているだろう，そしてあなたの防衛は，退屈あるいは疲労であ

る。まとめとして，あなたのつかの間の考えや主観的な反応は重要である。なぜなら，それらはある時点で特定の子どもとの相互交流的な基盤の一部だからである。

まとめ

　この章で私が議論してきたカテゴリーは，臨床的な面接であなたが子どもと会うときにあなたがする観察を系統的にし，それによって観察に潜在的に意味されていることを拡張する。初めに説明したように，複数の視点が必要である。なぜなら，行動はとても複雑であり，とてもたくさんの変数に基づいているので，それを理解する唯一のやり方は，多くの次元を同時に見る方法を学ぶことだからである。このようなアプローチにより，どんな行動も一度に多くの要因に基づくことができるという事実に，あなたは注意を向け続けるだろう。子どもの面接者への関わり方のように，特定の行動はたった1つのカテゴリーに属する，と言うことによって，早急に単純化しようとするのは誤りだと，私は考える。事実，この同じ行動がいくつかの異なる枠組みで適切に考慮されるだろう。
　たとえば，ワンサイドミラーの裏から観察した子どもの3分間という区切られた時間の非言語的な行動さえも，もしあなたがそれをたくさんの異なる角度から見れば，その子のパーソナリティおよび問題について，最初にある種の構成要素の図式をうまくつかむことができるだろう。その3分間は子どもの身体的神経学的統合性について何を明らかにするのか？　その子の運動は協調的か？　子どもは粗大運動の失調を見せるか？　子どもの微細な運動協調はどうか？　子どもはどのような種類の活動にかかわるのか，そしてその3分間の活動水準はどうか？　その子は過活動か？　もしその子が過活動だったとしても，あなたは仮説を立てる前にもっと観察したいと思うだろう。なぜならその子がいつもそのようにふるまうのか，あなたは知らないから。
　あなたは情緒的なトーンも観察できる（たとえば子どもは抑うつ的に見える，ほとんど泣きそう）。これは子どもの全体的な気分への鍵である。もし3分の間にその子は評価者にしがみつき，ほとんどなんらかの情緒的接触と注意を嘆願しているとき，その行動はあなたに，その子どもが要求している

関係をもっている性質の程度の感触を与えるだろう。子どもが表象的（言葉を使うかごっこをする）であれ，そして／あるいは表象的に分化した水準（論理的なやり方で，言葉とごっこを使う）であれ，その子が身ぶりを単純にあるいは複雑に使う程度も観察するだろう。このような時間限定の状況で，あなたは自分の観察を議論するほどは，子どものテーマの発達を見ないだろう。しかしあなたは計算に入れるべき明らかな主観的反応を体験するだろう。このように，3分という区切られた時間でさえ，観察すべきいくつかの特異的な行動の断片だけで，あなたは複数の視点に基づく仮説を発展させることができる。

第3章 それぞれの観察カテゴリーの具体的説明

　この章では，図表を使って，第2章で述べたカテゴリーの，年齢相当のそして発達段階相当の違いについて，さらに具体的に説明したい。たとえば，7，8歳児の微細なおよび粗大な協調運動は，両方とも2，3歳児のものとはまったく違うということを見るだろう。2，3歳児では，粗大な協調運動の能力はすでに発達しているのに対し，微細な協調運動の能力のいくつかはちょうど芽生えつつあるだろう（たとえば，鉛筆をもち，線を描く）。対照的に，7，8歳では微細な運動能力は十分に発達しているだろう。関係のもち方の面では，3歳児には欲求充足的なやり方で関係をもつと予測するのに対し，7，8歳児にはもっとバランスのとれたパートナーシップや分かち合いの能力を示すことをあなたは予測するだろう。しかしながら，両方の場合で，情緒的に関係をもつ能力があることを予測するだろう。

　気分については，幼い子どもたちでは，その場の外的な環境によって変動するのを見るとあなたは予測するかもしれない。1時間の間に興奮から悲しみに変化することは心配ではないだろう。8，9歳では，気分のいくらかの安定性を予測するだろう。同時に，気分の内容――うれしい，悲しい，落ち込んだ，懸念，等々――は，年齢とは関係なく，芽生えつつある子どものパーソナリティ構造によって決定されるだろう。

　感情のまとまり，深さ，種類，および（優勢な）形式については，年齢が決定的な要素であろう。2，3歳では，自己中心的な欲求や嫉妬などにかかわる感情をわれわれは見るだろう。5，6歳では，嫉妬と競争および愛情と興味のテーマにまつわる，ある程度のまとまり方と深さを反映する優勢な形式をもつ，一連の感情を予測する。8，9歳では，われわれは感情システムのさらにいっそうの発達と，早期の段階からの感情とともに，おそらく共感，悲しみ，優しさ，および同情を体験する能力の芽生えも見ることを予測する。

テーマのまとまり方，豊かさ，深さ，そしてシークエンスにも，年齢に関係した違いを，われわれは予測するだろう。たとえば，3，4歳児では，テーマのまとまり方には制限がある。子どもは論理的なつながりなしにテーマを劇的に変えるだろう。5，6歳では，われわれはもっと大きな凝集力を見始めるが，「テーマが思いがけないところから飛び出すように見えても」驚くにはあたらない。8歳では，われわれは単純な論理的つながりによって結合された，まとまりがあり巧みに表現されたテーマを見ることを予測する。

感情，情緒的テーマ，そして関係性をまとめる子どもの能力がどのように年齢相当の予測に合致するかを観察するのに加えて，これらの機能のカテゴリーそれぞれが，先に述べたより一般的な発達水準からもたらされているのを強調することは，重要である。表3-1では，最も早期の最も基本的なかかわりをもつことの側面について，関係性はどのようにまとめられることができるか，（単純なあるいは複雑な）二方向性の身ぶりによるコミュニケーションをどのように使うことができるか，そして／あるいは願望，要求そして感情を，これらが特定の年齢で相互交流の中に出現するときに，象徴化するあるいは表象する能力によって，どのように特徴づけられることができるか，を見ることができる。同様に，関係性の一部として，分化した気持ちや複雑な（灰色領域の）テーマ（「僕はまあ頭に来てるみたいなものだけど，その人をなんか好きみたいでもあるんだよ」）も，観察されうるだろう。感情も全体的な身体的状態という形で，相互交流的な身ぶりに，ごっこ遊びに，言語の機能的使用に，そして因果律的思考に表されるような分化した表象的形式に，表現されるのが観察されうるだろう。

それぞれの発達領域――身体的能力，気分，関係性，感情，不安と恐怖，テーマのまとまり方の内容とシークエンス――について，第1章に提示した全体的な発達モデルはわれわれがそれぞれの機能領域がどのように発達するのかを理解するための基礎となるだろう。表3-1は発達の多元的側面についての道路地図を提供する。この道路地図は正常で健康な発達をモニターするのに，そして不適応的なあるいは病的なパターンを発見するのに使うことができる。

この道路地図は子どもの発達の教科書に見るもっと典型的な発達の表とは

異なる。それらの表は，運動発達，言語そして/あるいは特定の選ばれた社会的スキルについての地図を提示する。私自身の道路地図には，認知と社会的スキルの概略だけでなく，系統的に解説するには間違って定義されすぎるあるいは曖昧すぎると，通常考えられている発達の側面も含んでいる。さらに，この道路地図は臨床家に最も関係する発達の側面を提示する。それらは，子どもはどのように関わりをもつか，自分の感情と気分をまとめるか，自分の考えをまとめるか，等々である。歴史的に，これらの行動，思考，および気持ちの次元は，わかりにくいままにされてきた。この系統的な提示が，臨床家が子どもの臨床面接をモニターし理解するうえで貴重であるとわかることを，私は希望する。

表3-1はそれぞれのカテゴリーの年齢相当の違いを系統的に説明する。

表3−1 子どもを観察するための発達的アプローチ
観察カテゴリー（解説）[訳注]

1. **身体的機能：神経学的、感覚、運動統合**
   その子どもの知的および心理的な機能に関わる、身体的な側面に関係する特徴的な観察を含む。中枢神経系の統合水準（たとえば、粗大あるいは微細な運動協調、知覚－運動統合、芽生えつつある認知能力）に特別の注意が向けられる。

2. **関係性のパターン**
   特徴的な関係をもったあるいは関係をもたない（たとえば、引きこもった、自閉的な）スタイル、関係をもたないパターン、二者での関係のもち方、集団での関係をもち分かち合う能力、そして自己中心的な関係をもつスタイルを含む。

3. **全般的な気分あるいは情緒のトーン**
   子どもが論じているテーマあるいはトピックに加えて、特定の情緒の直接観察に基づく。このカテゴリーの特徴的なパターンは、他のカテゴリーほどには、年齢集団ごとにはっきりとは定義されないだろう。

4. **感　情**
   以下を考慮する。
   a. 感情の範囲とバラエティー：子どもが表出する感情の数：早期の発達段階の間では範囲は限られているか、狭く、後には範囲はより広くなる。感情の典型的なタイプも含まれる：激怒、嫉妬、怒り、共感、愛。
   b. 感情表現の深さ：表出された感情の実質的な性質：浅薄かあるいは実質的か、など。
   c. 感情の適切さ：特に全般的な気分および内容との関係での適切さ。
   d. 感情を区別できる能力：どの程度まで、感情が特定の気持ちの状態を高度に区別できるか。
   e. 感情の強さの刺激との関係、あるいは感情の統制能力。

第3章 それぞれの観察カテゴリーの具体的説明

5. 不安と恐怖

直接的に子どもが言語化した恐怖の中に、あるいは間接的に遊びを通して、最もよく観察される。特に不安は、遊びあるいは会話の間に見られるテーマの中断によって、観察することができる。不安の水準は、中断の性質と中断後のテーマに示されうる(たとえば、身体的な損傷にまつわる恐怖、あるいはより全般的には、喪失への恐怖、世界の崩壊への恐怖あるいは内的な自己の断片化のような、未分化なタイプ)。

6. テーマの表現

まとまりがあり、発達的に適切で、豊かなテーマを表現する能力を含む。間接的に遊びを通して、あるいは直接的に言語的にコミュニケーションを通して、子どもはどのくらい上手に自分のパーソナリティを他者に伝達できるか。明らかに、このような能力を、いつか発達させる子どもたちもいる。なぜなら、世界への基本的信頼感、自分自身の内的なコントロールへの安心、そしてで空想生活が利用可能なことによって、子どもたちは、豊かな感情と自分自身への満足感を伝達することができるようになるからだ。それに対し、テーマの表現がまとまらない(あるいは非常に制約されている、断片的、衝動的など)子どもたちもいる。テーマの表現をさらに区分するために、テーマの表現は、まとまりのある思考に似ているか、断片化された思考に似ているか、以下の観点から考慮しよう。

a. テーマの表現のまとまり：たとえば、まとまりのある思考に似ているか、断片化された思考に似ているか。
b. テーマの発展における深さと豊かさ。
c. 年齢相当のコンテクストとの関連：テーマの内容が年齢相当の関心事にどれくらい典型的か。
d. テーマのシークエンス：これはそれぞれの年齢の子どもを描写するのに使われる。

訳注) この表は、以下に続くそれぞれの年齢ごとの表の、左欄「観察カテゴリー」について詳しく解説したものである。

誕生〜2歳

観察カテゴリー	誕生〜満1歳 (12カ月)	1歳〜満2歳 (24カ月)
1. 身体的機能:神経学的, 感覚, 運動統合	正常の発達指標, それには, 刺激のほうに向くこと, 正中線上のものをつかむ能力, お座り, 寝返り, つかまり立ち, そしてついに歩き始めること, はっきりとした発声, ひょっとしたら1つか2つの単語 (たとえば, ママ, ダダ) が含まれる。4カ月には, 内的な感覚および無生物世界との単純な手段─結果の因果関係性が生まれる。4カ月には, 内的な感覚よりもむしろ社会的な合図に反応する方向へ進歩を示す。発達が進むにつれて, 焦点づけ, 理解し, 集中できる能力が増大する。たとえば, すべての年齢相当の感覚 (たとえば, 聴覚, 視覚, 運動感覚など) に, (低活動あるいは過活動を伴わずに) 興味をもち, それぞれの感覚様式において, ますます複雑になる情報を処理できることを伴っている。	正常の発達指標, それには, ぎこちない歩きから協調された歩きへ, さらに走る, 階段を上る, などが含まれる。微細な運動能力は増大する (たとえば, 殴り書きできる)。複雑な身ぶりおよび単純な単語や語句の理解ができる能力が育つ。空間を隔てても身ぶりや単語で伝達する能力が育つ。発声はより明瞭になり, 多くの物の名前を言い, そして2語で自分の要求を相手にわかってもらう能力を伴っている。満2歳の誕生日前後には, 文章を使う。古い行動から新しい行動を発達させる能力 (オリジナリティー) と象徴活動の芽生え始めた能力 (たとえば, 自己と他者を表す言葉を使う, 人形で遊ぶ) がある。集中し自己調節の能力は変化しやすい。
2. 関係性のパターン	保護と慰めを求める全般的な欲求; 世界についての多様式性の興味が, 主な養育者との, 喜びを伴った関わり合いと相互交流的 (相互) な感情関係へ, 発達する。	主な養育者との二者関係は, 欲求充足 (基本的な依存) と, 芽生えつつある個性, 自律性, 主導権, および行動レベルでの自己をまとめる能力 (たとえば, 自分がほしい物をとるために冷蔵庫に行く幼児) との間のバランスへと発達する。反抗がある場合もある。欲求の問題と分離への関心はまだ重大事である。

第3章 それぞれの観察カテゴリーの具体的説明 99

3. 全般的な気分あるいは情緒のトーン	非常に変わりやすい。内的な状態（たとえば、空腹）と密接に関係し、社会的な合図にも関係する（両親は、お腹を空かせた乳児でさえ、微笑ませることができる）。内的に快適なときは、世界と主な養育者に対する興味と喜びの感覚（たとえば、酔っぱらった水夫のような笑顔）が優勢だろう。	変わりやすくもあるが、より長い時間の間、よりまとまりがあり安定している。安全、興味および探索の感覚、感情的飢餓、しがみつきの傾向、反抗、恐怖そして心配の気分よりも、支配的だろう。基本的な気分が芽生え始めている。
4. 感情	世界への無関心と世界との興奮の間の変動は、よりまとまりができ、社会的興奮と不快な抗議という下にくる。快感のある感情は、快と抗議および心配の初期の特異的感情とも、より分化した中間段階（たとえば、マイルドな、中程度の）へとつながり、そしてそれには、依存、喜び、自己主張、探索、怒り、恐怖および不安を交渉するための身ぶりも含まれる。感情システムは、非常に変動しやすいまでであり、コンテクストによって容易に支配される。	感情はさらに分化する。わくわくした探求、発見の喜び、発見および自己の限界設定についての、より複雑な身ぶりによる交渉がある。愛情についてのまとまりのある表現（たとえば、両親のもとへ走っていき、抱きつき、微笑み、キスをする──すべて一緒に行う）、おより抗議についてのまとまりのある表現（たとえば、そっぽを向き、ばたばた叩き、泣き、蹴っ飛ばすすべて一緒に行う）をする能力がある。まとまりながらの欲求もある。発見の喜び、主導権、および愛情についてのまとまりのある表現の方向へバランスをとるべき。家族のまとまりの慰めのおよび発達した見知らぬ人への不安のより発達するだろう。

5. 不安と恐怖	不安は通常全般的で、まとまりを乱す。その下にある関心事として仮定されているのは、絶滅、芽生えつつある自己と世界の喪失のテーマに関係している。	不安は愛している養育者の喪失に関係している——まとまりを乱す可能性あり。
6. テーマの表現	内的な合図に関係する行動は、単純な社会的行動、目的のある原因と行動の連鎖（たとえば、母親が微笑み、赤ちゃんは母親から同様の反応を引き出すために手を伸ばす）および、単純な相互的なあるいは偶発的な行動へと発展する。まとまりがあり、交互に相互交流する能力（たとえば、1歳が微笑み、母親が微笑み、赤ちゃんがもっと複雑な相互交流の連鎖になる（たとえば、母親の誕生日が近づく頃には、手を伸ばし、物をつかみ、それを母親にあげる）。社会的な相互交流は喜び、探索および抗議のテーマに関わっている。	行動を複雑な原因の連鎖にまとめ上げる能力（たとえば、母親の手をとって冷蔵庫にいき、彼女がほしい食べ物を見せる）。主導的行動が増加するだけでなく、行動レベルでの主導権とオリジナリティーもある。行動レベルで、子どもは愛情、興味、探索および、怒り、抗議、反抗や嫉妬についてのテーマすべてをまとまりのある様式で——写し出す（たとえば、1つのまとまりのあるシリーズで、父親のもとに走っていき、抱きついてキスをする、あるいは別のシリーズでそっぽを向き、おもちゃを投げ、泣きさわぐ）。満2歳の誕生日が近く頃には、愛と増しみ、能動性と受動性の二極を反映するテーマを**統合する**能力が芽生えつつある（たとえば、1つのゲームで「お人形は悪いずで叩かれた後、抱きしめられた」）。関係性と感情のテーマにおいて、表現的なあるいは象徴的な能力も芽生えつつある。

第3章 それぞれの観察カテゴリーの具体的説明

2〜4歳

観察カテゴリー	2歳〜満3歳 (36ヶ月)	3歳〜満4歳
1. 身体的機能：神経学的、感覚、運動統合	粗大な協調運動：走る、つかまらずに階段を上り下りする、など。微細な協調運動は、より分化している（たとえば、殴り書きで丸を描く、スプーンをつかむ）。語句や単純な文章をな身ぶりを理解できる。たくさんの物の名前を言い、出来事を説明するのに人称代名詞や文章を使え、欲求を相手にわからせることができる。より広い空想生活（たとえば、夢、恐怖、人やお話のごっこ遊び）に明らかなように、象徴能力が広がる。集中と自己調節の能力は、まだ変わりやすいが向上している。	粗大な協調運動は向上し続ける。子どもは走ること、跳ぶこと、ケンケンすること、正確にボールを投げることなどができる。微細な協調運動も向上する。子どもは靴ひもをなんとか結ぶことができる、丸を描ける、とても上手にスプーンを使う。2つあるいはそれ以上の関連のある概念や考えを理解する。完全文で、考えを「で」でつなげながら話すことができ、自分の要求を相手にわからせることができる。象徴能力は広がり（たとえば人形による複雑な遊び）、現実に指向する能力（空想と現実を区別する）も増大する。適切なコンテクストと支持があれば、集中と自己調節が可能。
2. 関係性のパターン	関係性は、まだ二者関係で欲求充足的ではあるが、いまや表象的あるいは象徴的レベルでまとまりを見せるようになり（すなわち、思考、記憶などの意味で、自己と他者の感覚が芽生えつつある）、空想の使用が許される。依存と自律性のバランスは、短期間前後に傾くかもしれない。権力闘争と反抗が、断続的に関係性のパターンを支配するかもしれない。主要な問題として	二者関係パターンが後退し始め、三者あるいはもっと複雑なパターン（たとえば、ライバル関係、陰謀、秘密、2対1、嫉妬、羨望）を扱う能力が芽生えるにつれて、関係性の内容（言語、象徴的モード）ばかりでなく、形式においてもより複雑になる。仲間関係をもつ能力も増大する。安定の感覚がより増大する能力および分離に耐える能力が「他者」という感覚を

	は、基本的な依存と安全への欲求、および分離の恐怖心、続いている、関係性の中での権力コントロール、攻撃性、およびさまざまなタイプの喜びについての、象徴的な相互交流が芽生えつつある。もっと内的なイメージや言語の使用が可能であるから（たとえば、複雑なゲームの中で、言葉あるいは人形が欲求を表象するのに使われる）。	内側に抱える能力は、3歳の終わりには比較的良好に確立する。怒りやその他の激しい感情は、分離に耐える安定さや能力を脅かさない。関係性において（単なる欲求充足ではない）親密さをもつ能力は、より十分に芽生える。
3. 全般的な気分あるいは情緒のトーン	最初はきわめて変化しやすくなるだろう（たとえば、安全な探求心とともに、不機嫌、騒がしい、あるいはしがみつく等（行動））。しかしその後の徐々に、安心と楽観主義という基本的な感覚へとまとめられたまとまりのある均質なパターンへと安定化していく。興奮、反抗、受動性、しがみつきの傾向などをもつ、存在するのが主要なものではない。	気分はいっそう安定し、複雑な感情をまとめ上げる。欲求不満への反応はより極端ではなくなる（たとえば、運らせなくてはならないとき）。自己と世界への基本的な態度はまとまりのある気分で伝えられる。それは最も好ましく、心理的および身体的自己への安定感および、家族、友達そして世界へのわくわくする興味の広がりを反映する。不安定さと反抗の重要性は後退する。
4. 感 情	感情はいまや徐々により多くの「意味」をもつ（表象あるいは象徴レベルで）。感情システムにおいて初期に起こるかもしれない不安（たとえば、退行的でしがみつきながらの怒りと依存）の後に、さらに大きな感情システムのまとまりが可能となる。それは、前言語的および芽生え	心理的および身体的自己の誇りと喜びがいっそう芽生える。力への興味が増大する。恥と屈辱の感情が支配的になる。嫉妬と羨望の感情が増大する。より分化した感情、被傷傾向が見られる。他者との分かち合いや思いやりの能力が芽生える。共感と優しさが増大する。感情システム

第3章 それぞれの観察カテゴリーの具体的説明 103

5. 不安と恐怖	不安は、愛していて依存していた人物の喪失だけでなく、承認と受容の喪失にも関係している。まとまりを乱す可能性はまだあるとはいえ、精神的な想像力（空想）の中での変化によって、不安をよりうまく我慢でき、対処できるかもしれない（たとえば、「お母さんはまた戻ってくる。お母さんは私を愛しているから」）。	愛している人の承認を失うことと、身体的損傷への不安。ときには破壊的なこともあるが、通常はそうではない。盗まれる、誘拐される、または傷つけられる、あるいは親が連れ去られるまたは傷つけられるという複合的な不安は珍しくないが、通常は「ただの夢」あるいは「本当じゃない」と理解される。
6. テーマの表現	行動は、1〜2歳時と同様にまとまりがあり、さらにより複雑な相互交流の連鎖が可能である。いまや、言葉や人称代名詞（私、あなたなど）の使用で明らかなように、表象あるいは空想の能力、および言葉と行動の巧みな表現（たとえば、子どもが1つの人形をもち、母親がもう1つの人形をもって遊ぶ）が芽生え、まとまりのある行動と対照的に、象徴による コミュニケーションは、最初は断片化していている（たとえば、ごっこ遊びがあるいは断片によるコミュニケーションの一見つながりがない島々）。	行動レベルでのテーマのまとまりは、より豊かで、より複雑な様式で続いている。しかし、まや象徴レベルでの複雑なテーマも、2歳代の断片化に比べると、まとまりをもちはじめる（たとえば、いまやまとまりをもって空想を言葉で巧みに表現することができる。夢の報告において、「怪獣が入ってきて、僕のいかかろうとした……」。だけど僕がそいつの鼻をパンチした……」。そして象徴遊びでは、さまざまな怪獣から人形を守るために武器を築き、「お茶会」を開き、いろいろな食べ物を料理してお客さんを料理してお客さん

体験は徐々に巧みに表現される――単純な反復的なテーマであるる「それは何？」、あるいは人形を抱きかかえっこ遊びから、権力、喜び、依存、恐怖などに関わる幅広いテーマへとつながる。これらのテーマは徐々により複雑になる（たとえば、人形は抱きついてからキスする）。テーマには、見たり聞いたりしたものを繰り返すこと、新しい象徴能力で無生物および生物の世界を探ること、そして情緒的相互交流に象徴モードを用いていること、関わっている。自己の定義づけへの試み――「コントロール」されているという感覚にしておこうとすること、権力闘争、反抗、および新しい行動と思考のうれしくてわくわくする発達（象徴レベルでの発見）を通して――と、退行し依存したいという興味（抱っこ、ぶらつきなど）との間に動揺がある。後者は、しかしながら「自分をコントロールしている」という要素ももつのだが、自己コントロールの能力および、象徴レベルで制限と構造に反応する能力が向上する。3歳に近づくと、力の強いテーマへの興味（たとえば、ロケット船、力強いヒーローたち、怪獣のふりをしたり、怪獣を怖がったり）が芽生える。

をもてなす）。これらのまとまりのある
テーマの間に、いくらか揺らぎの
と、断片化したテーマの内容は、内的生活の兆
はあるが、豊かでまとまりのある内的空想生活
候が見られる。テーマの内容は、内的空想生活
の産物である。現実志向性への能力も存在する
――「それはほんのごっこ遊びだよ。その傾
向は、短時間の間空想によって吹き飛ばされる
境界線で囲まれた領域では、長い時間空想は現
実よりも優勢だろう――たとえば、寝つくことに
まつわる恐怖では。攻撃性からもたらされたパ
ワーと喜びからもたらされたパワーの両者にま
つわるテーマ、身体への興味と恐怖は、好奇
心、新発見の感覚、誇りの気持ち、自己と他者
の尊重および恥への心配、支配的である
る、安全への心配、愛情の喪失と分離への恐怖、
権力闘争とコントロール問題も存在する。

第3章 それぞれの観察カテゴリーの具体的説明　105

4〜7歳

観察カテゴリー	4歳〜5歳	6〜7歳
1. 身体的機能：神経学的、感覚、運動統合	より正確に投げる、蹴る（たとえば、サッカー）ように、粗大な運動協調は同上。微細な運動協調も同上。たとえば、子どもは靴ひもを結ぶ、文字を書く、円や四角、三角を描く、完全文で話す、そして着想を表明する能力を見せ始める。複数の考えや物理的な現実の側面の間の、単純な相反関係や逆の関係を理解し、そして概念化し始める（たとえば、長さにしたがって形を並べる、あるいは怒りや貪欲の強さの程度を見積もる）。自己調節あるいは集中の能力が同上。しかし、まだコンテクストの支持に左右される。	子どもは、いまやほとんどの活動ができるほどに、粗大な運動協調は、いっそう向上する。走る、跳ぶ、ケンケンする、スキップする、投げる、など。筆記体でより流暢に書くことができる、上手になったお絵かき、などによって明らかなように、微細な運動協調も向上する。言語は、多くの相互に関係のある着想や概念を理解し伝達するために、もっともっと使われる。言語、望み、要求、および空想を表すばかりでなく、世界の秩序感をつくりあげるための論理的思考に関係性と相反する関係性に関しての論理の遵守、自己調節、規則の確立されて集中への能力が確立される。
2. 関係性のパターン	関係性が、陰謀、ライバル関係、同盟などの「メロドラマ」的次元を帯びるにつれて、複雑な三者関係モードが家族生活を支配する。単純な欲求充足的な二者関係パターンは、以前より支配的ではない。他者──友達、先生──と心地よく関係をもつ能力は育っている。分離に耐え、内的な安定感をもつ能力は育っている。「自己」と「他者」の感覚を内側に抱える能力は、十分	家族グループの外側の関係性（たとえば、友達）への興味と、まとまりと秩序をもって他者と関係するパターン（たとえば、ルールのあるゲーム）への能力がいくつか芽生する。しかしながら、より早期のいくつかのパターン（たとえば、権力闘争、受動的な無力感、ライバル関係、三者関係）が、まだ存在する。「親友」をもつ能力と、少しの「最も仲のよい」友達との

3. 全般的な気分あるいは情緒のトーン	感情の豊かさと好奇心によって特徴づけられる、安定してまとまりのある気分。それはしばしば、恐れ、抑制、妥協したくないこと）が、全体的なまとまりと安定性がある。感情には変動がない。感情には変動がない。	親密感をもつ能力がより十分に芽生える。自己、他者、そして世界の評価の芽生えによって特徴づけられる、安定してまとまりのある気分。それはしばしば、友達グループ、および先生やコーチのような大人の認知に基づいている。外に向かう好奇心は、より落ち着いて従順なアプローチとバランスをとっている。
4. 感情	多くの個別の感情が、比較的安定したパターンで見られる。外に気持ちを広げていくこと、興味、誇り、身体的な自己と家族パターンの発見に関係した上機嫌の興奮。それらははにかみ、引っ込み思案、嫉妬および欲望とバランスをとっている。恥と屈辱は、まだ支配的である。共感と愛情をもつ能力は発達するが、壊れやすく、競争的なあるいは嫉妬のある抗争が突発すると、容易に失われる。	承認、成功、そして達成への喜び（自尊心）が芽生える。上述した外に向かう競争的な感情と失敗および屈辱への恐怖とのバランスをとりながら作動する。特異な数の感情の変動はより少なくなったが、多くの感情が、まだ可能である。秩序を整えて正しい道のうえに自己を保つ試みが（たとえば、自責、自尊、自尊の感情）とより早期の外に向かう競争的感情の間で、不安定なときもある。ときには、より早期の感情飢餓感が、反抗、および自己中心的な感情飢餓感が、全面に広がる。他者への思いやり、共感そしてさらには心配さえも育っている。
5. 不安と恐怖	身体的な損傷と尊敬、愛情、および芽生えつつある自尊心の喪失への不安と恐怖。自尊心は極端の間で揺らぐ。罪悪感が芽生える。	不安はときには妨害機能と、通常は信号機能として働き、空想の推移あるいは意味の変更（たとえば、反動形成）を通して扱うことができる。

第3章 それぞれの観察カテゴリーの具体的説明　107

6. テーマの表現	ときに断片化することもある、豊かで、まとまりがあり、複雑な、象徴的テーマをもつ能力があることもある。空想により吹き飛ばされることもあるとはいえ、時々の恐怖などにまつわるある種の境界線で囲まれた領域を除いては、現実指向性は十分に確立している。「それは、本当じゃない」。テーマの内容は、世界の主な問題への豊かで複雑な興味を表す。性、攻撃性、力、興味、発見、芽生えつつある道徳観、愛、喜びと攻撃性の両極が存在し、複雑で豊かなテーマに統合される（たとえば、子どもが最初は愛情をもって怪獣になっていたが、後に攻撃するようになって、それから仕返しを心配するというゲーム）。初めて、テーマの表現に三者関係パターンの関係性が出現する——仲間はずれにされる、誰か他の人を仲間はずれにしたと感じる、	相対的に豊かでまとまりのあるテーマの発展。おそらく、4、5歳の時期よりわずかに豊かさと幅広さがないが、よりまとまりがあり、断片化が少ない。いまや世界、三者関係、人間の体、閉じたドアの向こうで何が行われているか、そしてさまざまな攻撃的テーマ（怪獣、攻撃など）への興味が拡大することを強調されることが減り、これらの興味を合むものがより強調される（たとえば、「私は閉まったドアの向こうで何をしているかなんて興味ないわ、興味ないことを示してあげるわ」）。両極性のテーマのほうが向かってわずかに推移するが、不安定さは、まだ存在する。「役割」への興味（僕は誰——「フットボールの選手」など）が芽生え、支配的になる。活動と自	屈辱あるいは恥、尊敬の喪失、および承認されないことへの恐怖が支配的であり（たとえば、「みんなは僕のことをサッカーが下手だと思っている」「みんなが僕を嫌っている」）、より早期の損傷への恐怖も、まだ存在している。分離、および身体的不安である愛情の喪失、および身体悪感への恐怖も、まだ存在する。罪悪感が存在する（「僕が悪い」）が、しばしばコンテクストに依存している。

観察カテゴリー	8〜9歳
	たいと願う。三者関係の「他の」人をやっかい払いするというゲームや空想などを伴うだろう。力と自分自身の身体、そしてそれが他の人と比べてどうかについての興味から、他者および他者の体への興味。そして閉じたドアの向こう側で何が行われているのかについての現実的な興味へ、わずかに推移した。承認の喪失と分離への早期の恐怖は存在するとはいえ、身体的損傷の恐怖が取って代わる。自分自身の自尊心の喪失の恐怖がいまや芽生えつつある可能性がある（たとえば、「私が悪い」「私はなんにもできない」）。 自己主張がよりうまく調節される（たとえば、自己を調節して、指示に従う）。ときには受動的な服従が存在するだろう。道徳感（何が正しく、何が間違っている）が芽生えるが、まだ不安定。規則と構造への興味が相対的に大。友達とグループへの興味が芽生えるが、家族と大人への興味がわずかに減少する。
1. 身体的機能：神経学的、感覚、運動統合	より強い筋力が、相大な運動協調を高める。複雑な活動への能力（たとえば、バスケットボール、サッカー、テニス）を伴い、すべての領域で、ゆるやかな向上が見られる。新しい学習がより確立される。より流暢な筆記（たとえば、ねじ回して）能力を伴って、微細な運動協調も向上する。言語はいまや、多くの要素の間の複雑な関係性を伴う着想を理解し、表現するために使われる（たとえば「彼がそれをやったから、私はそれをした。そして彼がそれをしたのは、彼女をそうさせたからだ」）。論理を、逆の関係性と相反する関係を理解するために、使うことができる。道徳感がより強くなる。規則と秩序への興味がより増大する。自己より複雑な感淡や物理的現実の側面、および論理的な探求が空想がより増大する。

第3章 それぞれの観察カテゴリーの具体的説明

2. 関係性のパターン	調節への能力が増大する。集中する能力は十分に確立する。友達関係を、育ち続ける。家族関係と友達関係が、役割モデル（たとえば、単純化された大人の固定観念）のまわりにまとめられるかもしれない。家族、友達、先生および他の大人との関係性を、統合して楽しめるための、ゆったりとした能力がある。役割モデルとしての同性の親との特別な関係性があり、ほんのわずかにより早期の準備の水準（たとえば、三者関係、権力闘争、受動的な操作）を伴っている。思春期的な関係スタイルへの準備が芽生え始め、同性、および異性の友達の特別な関係パターンを伴っている。家族、仲間、友達――「親友」を含む――との長期間の友達の特別な関係性をもつ能力がある。10歳に近づく頃には、日々の友達関係の動揺にはあまり反応しなくなる。
3. 全般的な気分あるいは情緒のトーン	気分の安定性、深さ、そしてまとまりは、いっそう発達する。それは、好奇心と現実的な楽観主義（それは徐々に外に気持ちを広げていくことを置き換えている）を伴う、欲求不満、複雑な対人関係などを扱う能力によって明らかにされる。反抗、受動的な無力感、およびひきこもった気分は、ほんの間欠的に出現するだけだろう（たとえば、適切なストレス環境において）。
4. 感　情	共感、愛、同情、分かち合いを感じる能力は十分に発達し、具体的なルールのコンテクストにおける悲しみと喪失しみを感じる能力が芽生えつつある。内的な自尊心は非常に重要である。罪悪感と内在化された恐れがある。拡大する渇望、飢餓感、そして嫉妬する背景は性差につまつわる新しい感情が芽生え始める（たとえば、性的なテーマの関係での興奮と引っ込み思案）。
5. 不安と恐怖	内在化された葛藤に関係した不安は、一般的には妨害的ではない。おそらく不快になる、そして／あるいは信号機能を果たし、行動の変化、出来事の解釈の変化、あるいは意味の解釈と空想のより洗練された変化（たとえば、合理化）につながる。尊敬の喪失、屈辱そして恥に関係する自尊心の喪失への恐怖は、まだ存在する。自分自身の罪悪感への恐怖はより強くなっている（「僕はそれができない。それをすると、気分が悪くなるから」）。

| 6. テーマの表現 | テーマの能力は非常によくまとめられている（たとえば、警官につかまった泥棒についてのまとまりのある話を、とても詳しく、泥棒の計画と警官が泥棒をだましたかを巧みに表現しながら、話すことができる。そこでの大人のやり方で、フットボールの試合やパーティーの話も、詳しくまとまりのあるやり方で、表現される。相互に関わりのある細部までよりいっそうまとめ上げられるので、断片化はほとんど、あるいはまったく起こらない。5、6歳児の感情の豊かさと複雑さは、コントロール、組織、おおよびより高い水準の支配―服従のテーマへのより大きな興味のために、放棄されたものもある。「役割」と「私は何になるか」そして「私はこれとそれがどれくらい上手か」あるいは「私はこれとそれがどれくらい下手か」への新しい興味と、そして男の子と女の子の違いが芽生える。友達と、そして、幾分おどおどしながら、大人と、思春期を予期しながら、性について話すこと（たとえば、くすくす笑いながら汚い冗談を言う）への興味はさきまでである。自分についてどう見るか、そしてどのように他者は自分に関心を示すかへの心配も、顕著である。内的な道徳感は、具体的な「黒か白か」の意味で相対的に十分に確立しているが、いまはまだ容易に規則を破ることを合理化する。事実、正誤への大きな関心に沿って、規則を合理化してうまくすり抜ける、より洗練された能力がある。自己コントロールと指示に従う能力は、しかしながら、とても十分に確立している。 |

110

第4章　子どもの面接の臨床例

　以下に提示される臨床的な記述——18人の幼い子どもによってつくられた面接パターン——は、私がそれぞれの面接の後でつくった簡単なプロセス・ノートから構成された。読者はこれらの具体的な実例を読み、それから第2章で概説したカテゴリーにしたがって、データをまとめてみたいと望むだろう。それからそれぞれの機能のカテゴリーが年齢相当の水準なのかそれ以下かを記述することに関して、最初の臨床的推論を試みるだろう。第6章で、私はこれらの推論を臨床的仮説へと仕上げることを議論する。たった1回の臨床面接は、きわめて重要な構成要素ではあるが、評価過程の一部分にすぎないことは、強調されるべきである。その他の構成要素には、追加の面接、発達歴、現在の機能の記述、家族パターン、学校の成績と観察、および必要に応じた医学的、神経学的、心理学的、知覚的、運動的、認知的、および言語的検査が含まれる。この本では、焦点は臨床面接だけにあてられる。

症 例 1（ダグ，8歳半）

面　接

　ダグは身なりのきちんとした、平均的な体格の8歳半の少年だった。待合室で、彼は母親の隣の椅子に座り、彼が家からもってきたメモ帳に落書きしていた。私と一緒に来ないかと私が聞いたとき、彼はうつろな表情で私を見上げ、躊躇なく私と一緒に面接室に来た。彼は幾分まじめで、おそらく悲しそうでさえある表情をしていた。しかしながら、彼は素早く視線を合わせ、うまく協調運動し、ゆったりとした歩き方で歩いた。彼はソファに座り、一言も言わずに、彼のメモ帳に殴り書きをした。彼の微細な協調運動はよさそうだった、なぜなら彼はペンを上手に扱えたから。彼は右利きだった。

　短く、少し落ち着かない間合いのあいだ、彼がコミュニケーションを始め

るかどうかを見るために私が待っていたとき，彼はほとんど沈黙で凍りついていたように見えた。彼はただそこに座っていた。彼が沈黙を破りそうもないと理解した後，君は絵を描いたり落書きしたりするのが好きだねと，私はコメントした。落書きするのはいいよ，と彼は素早く応えたが，それについてはいずれにしても彼は激しい気持ちをもたなかった。それから私は彼の隣に座り，彼が漫画の登場人物を描いているのに気づいた。横顔には四角い鼻と大きな口があり，「やあ」という言葉が出てきているところだった。その人物には胴体があったが足はなかった。ダグは漫画を描くのが好きみたいだね，と私はコメントした。すると漫画を描くのがほんとに好きなのは僕の兄弟だよ，と彼は即座に返事した。

ダグは，自分は食料品を買いに店に行くなどのお使いをすることを示した。それから，彼はどのように小さな商売を始めたかについて巧みに表現した。彼の家族はアパートに住んでいて，25セント稼ぐために，彼はその建物の他の家族のお使いをした。面接のこの時点で，彼は感情的に興奮し，情緒的にかかわり始めた。「彼らは僕にたくさんのチップをくれる。今日は女性の買い物に行って1ドル稼いだ」と彼は言った。それから彼は，先月は30ドル稼いだこと，そしてもう30ドル稼げば，銀行に560ドルもつことになるだろうし，そうすれば「十分な」お金をもつことになるだろうと，うれしそうにそして誇りをもって話した。

私はそのお金は何のためのお金か，そして「十分な」お金とは何を意味するのかに興味をもった。彼は「十分というのは将来のため，緊急事態に備えて」と言った。「たくさんのいろんな種類の緊急事態がある」と私は言った（子どもに質問しないのが最もよい——たとえば，「どんな種類の緊急事態の心配をしてるの？」。単に共感的に子どもたちの心配事についてコメントすることだけのほうが，より建設的である）。私の意見への反応として，ダグはただあらゆる種類の緊急事態があるから，いつもお金をもっているのはいいことだと言っただけだった。彼はそのテーマをもっと具体的には発展させなかったが，インフレについて，世界情勢について，そしてアラブに飛行機を売ることについてのコメントを確かに付け加えた。

彼が私と話すにつれて，ダグはもっとリラックスし私のほうをもっと頻繁

に見た。彼の声は寂しさの程度と感情範囲の狭さを反映していたとはいえ、彼が商売の興味と将来に備えてお金を稼ぐことについて語るにつれて、彼は全般的にますます興味深くなり、いくらかの喜び、そして特にいくらかの誇りを示した。彼の言語的コミュニケーションはとてもよくまとまっていた。すなわち、彼は話題を選び、迷ったり脇道にそれたりすることなしにそれを論じた。彼は話題──よいビジネスマンになることがどのように重要か──について、適切な例をあげながら説明した。

　お金のテーマは、いろいろな様式で、面接の中に浸透した。彼は私に言った。「たくさんのおもちゃを今買うのはよくないよ。どうしてかというと、後のためにお金をもっているほうがいいから」。彼はお金をすべておもちゃに使ってしまう学校の友達について話し、自分はそんなことはしないと言った。質問に答えて、彼はこれを両親から学んだこと、家族全体が「倹約」にとても関心をもっていると話した（彼の父親は並はずれて成功した作家である）。

　それから彼は「道ばたに生活し働かず、お金も眠るところもない怠け者の浮浪者」について私に話した。これはなんか寂しくて不幸に聞こえるねと私はコメントした。彼は同情できない、彼らは怠け者でお金を稼げないのは彼らの問題だと、応えた。彼は彼らの怠惰を不愉快に感じているようだった。彼はまた、これらの人たちは怠惰ばかりでなく「ばか」で、自分自身を大事にしないのだとも言った。彼は自分自身を大事にしない人あるいは将来に備えて計画しない人のテーマを続けた。君はまったくその反対に見えると私がコメントするたびに、彼はとても喜んだように見え、これらの怠け者についてさらに巧みに表現した。彼は自発的に彼が心配したことが起こるかもしれないと話した。それは緊急事態にかかわり、そして彼がなぜこれらの怠け者と似ていないのかにかかわる何かである。これらの道ばたで寝ている人びとはどんな人だと彼が考えているのかに、私は興味をもった。私は「おやおや、いろんな種類の自分を大切にしない怠け者がいるんだね」から始め、「怠け者の浮浪者」について30秒ほど自由連想を続けた。それから彼は私に「これらの『怠け者の浮浪者』の多くは『泥棒』だ」と話した。

　この時間の間、彼は比較的よく視線を合わせ、情緒的にかかわりをもって

いた。彼は，将来の緊急事態と怠け者の不良者から自身を守るという問題に焦点を当て続けながら，早口で話し，部屋を探索しなかったという意味で，普通ではなかった。

次に彼は家にやってくる泥棒について，そしてどのように彼の幼い弟（2歳半）はどうしていいかわからず傷つけられてしまうかについて話した。彼はそれから急に将来の緊急事態についての話題に戻り，緊急事態というのは何を意味しているのかを明確にし始めた。彼は人々が具合悪くなること，人びとが死ぬような癌やその他の病気になることについて話し，あなたがいつ死ぬかは決してわからないと話した。それから彼は簡単に彼の兄について，彼の兄が彼よりもうまくできることは何かについて，そして彼の弟について話し，弟はペストのように困りものだ，と言った。しかし，彼は弟に合わせることを学び，本当に追い出そうとは思わなくなったと，付け加えた。彼は身体的な病気の話題に戻り，それにこころを奪われ始めた。彼は自由奔放に異常なほど開放的な態度で，ほとんど寝椅子に横になっている人のように，連想した。彼が話していることについて警戒されている感覚はなかった。これらの打ち明け話の間の彼の感情は，軽い感情飢餓の性質をもって，ほどよく関わりをもっていた。

面接の終わり近くに，彼はにわかに心配を表した。彼は私に，私たちが話したことを彼の兄が知るのではないかと聞いた。すなわち，もし面接がテープレコーダーで記録されているとしたら，彼の兄は見つけ出せるだろうか？彼は即座にこれについての考えを変え，「いや，それはばかげている。それは可能じゃない」と言った。それから僕たちは何かを一緒にできないかなと，彼は思った。たとえばバスケットやテニスをするとか。

私が彼の家族について聞いたとき，彼はとても不安になった。彼は，野球のように，父親と一緒にやるのが好きなことについて話した（私は彼の父親が重い心臓病なのを知っていた）。父親との活動について話し合ったとき，ダグは父親の身体的な制限の問題に行き着いて，実際に不安になり，ほんのわずか凍りついて，そしてそれから非常に素早く話題を変えた。私は以下のようにコメントすることによって彼をその話題に引き戻そうと試みた。「おやおや，物事をできない人について話すのは，ときどき怖いことだね」。彼

は聞かなかったふりをして,ボールを弾ませ始めた。

　彼が私とテニスやバスケットをしたがるところで,面接は終わった。彼はテニスやバスケットをすることに非常に熱心で,ほとんど返事を強要した。彼は多くの切望と感情飢餓を示した。私はまるで彼が私を友人として家に連れ帰りたいと思っていると感じた。

コメント
　ダグの身体的神経学的機能は損なわれていないようだった。彼の気分は,8歳児に期待する幸福な自己主張と対照的に,根底にある寂しさ,切望および抑うつを伝えた。彼は全般的に関係をもっている感覚を伝えた。それは強く,情緒的飢餓の形式だった。人間関係をもつ明らかな能力があったが,われわれが通常の8歳児に期待する共有ではなく,むしろ感情－飢餓の性質がそれにはあった。感情システムはまとまっているように見えたが,深さと多様性に欠けていた。私は,将来の緊急事態を警戒することについてこころを奪われていることと,傷つけられること,盗まれることおよび病気への不安で満たされた全般的な懸念を観察した。私は幅広い感情は観察しなかった――たとえば,共感と愛情から競争的な怒りまで。むしろ,感情の幅は,恐怖に満ちた心配事と,兄弟へのいくらかの競争心の周囲に制限されていた。

　発達水準に関しては,ダグは(最初いくらか凍りついたが)二方向性の身ぶりでのコミュニケーションに参加し,関わりをもって入っていくことができ,表象や考えを構成できた。身ぶりの水準でさえも,感情の制約があるのもまた明らかだった。表象水準でも,以下に述べるように,われわれは制約と,いくつかの分化の欠如している孤立した島状の部分を見る。

　彼の父親の身体的制限についての主題を除いて,適切な年齢相当のテーマのまとまり(内容ではないが)がある。この主題は話題の突然の切り替えを引き起こした。しかし,面接の終わりに近づくと,まとまりは明らかにゆるまった。彼は話題を保ったとはいえ,精神分析を受けている大人のようにほとんど自由連想しているように見えた。彼が言っていることを彼の兄が見つけるのではないかという心配は,外見上関係のない空想が彼の現実へと突入したことを,すなわち表象分化の欠如した島状の部分を示した。この突入は,

彼の関係のもち方の飢餓を帯びた型とともに，彼のパーソナリティ構造の統合性について疑問を提起する。このパーソナリティ構造が年齢相当水準以下であるということは，検討する価値のある仮説であろう。

テーマの深さ，豊かさ，および範囲に関しては，この子どもはいくつかの彼の心配事を生き生きとコミュニケーションできるのを見たとはいえ，これらの心配事はほんのわずかだった。彼のこころにあることを彼が共有できることは重要な長所であるが，それでもなお彼は学校，達成，友人関係，あるいは他の一般的な年齢相当の心配事について何も話さなかった。そしてその代わり限られた数の非常に情緒的なテーマに関心があった。

テーマのシークエンスは，われわれに彼の葛藤を解く重要な鍵を与えてくれる。彼の物事をちゃんとすることへの心配に続く，泥棒が彼の弟をもっていく心配，将来への恐怖，そして身体的な損傷への恐怖は，彼の葛藤の多くがどんなに表面に近いかを，劇的に表現する。シークエンスから，彼はより多くの身体的な温かさと人間からの近さへのニーズを感じる，そしてどのようにこれらのニーズを満たすことができるかについて心配する，情緒的に飢えた少年であることが，示される。

ダグへの私の主観的な気持ちは，最初は陽性だった。私は彼をかなりよいコンタクトをつくることのできる，おもしろくておしゃべりな子どもと考えた。私は彼の温かさを感じた。しかしながら，まもなく，私は懸念を感じ，この子はとても要求がましくなるのではと考えた。私は彼にもっと近づきたいと思ったのかわからない。「この子は私が与えたいと思うものより多くを望む」と私は考えた。私の気持ちは高揚からわなにはまった気分まで変化した。その時間の間私には注目すべき特異的な空想はなかった。

症例 2（ハロルド，7歳半）

面　接

7歳半のハロルドは，最初に私が彼を見たとき，母親と待合室にいた。最も目立ったのは，彼が見た目には挑発的なやり方で，母親をからかうように，あちこち走り回っていたことだった。彼が何かを壊してしまうのではないかと恐れて，母親が彼に座るように強く言ったとき，彼は約30秒間そわそわと

椅子に座り，それから立ち上がり，もってきた小さいボールを投げ始めた。彼は席に戻りなさいと言い続けている母親の命令を無視した。

　私はハロルドに自己紹介し，彼は喜んでプレールームに入り，そこでもボールを投げ続けた。2回ボールが私のそばに来た。そして私の即座の主観的反応は，どの程度ハロルドがボールで私を狙っているのかということだった。彼ははっきりと，しかし少しもつれのある鼻声で話した。彼の粗大な協調運動は，彼がずっと動き続けているために十分に表出されていたが，年齢相当のようであった。後の面接中に，彼が私にどのように文字を書くかを見せてくれたときに，私は彼の微細協調運動が年齢相当以下であろうことに気づいた。彼の文字は区別しにくかった。彼はしばしば輪を閉じ損ね，輪と線のつながりをたくさん抜かした。

　ボールを投げながら，部屋中を動き回っている間に，ハロルドは私とよく視線を合わせ，楽しそうに行ったり来たりし続けたが，彼のボール投げ遊びには私を入れさせなかった。彼は部屋全体を見回し，いろいろなおもちゃを見た。彼は素早く銃を取り出し，ボールを投げ上げて，それを撃つ真似をした。彼は「これはおもしろい」とコメントしたが，また私を入れようとはしなかった。彼は数分間ボールを投げそれを銃で撃ち続けた。それから彼はレーシングカーを何台か見つけ，それをすぐにつかみ，つぎつぎに床に沿ってブーンと走らせ始めた。彼は忍耐力，あるいは車輪を回転させる能力に欠けているようだった。しかしむしろほとんど車を投げてしまいそうなほど，車を乱暴に押し出し，どの車が一番遠くまで，一番速く行くかを見ていた。ここらへんで私は次のようにコメントした。車が好きだし，走り回っていることも好きなように，君は動きやスピードに興味があるんだね。私のコメントを無視して，彼は車のレースを続けた。私が話している間，彼は私の方向を見なかったし，反応もしなかった。しかし彼は確かに車には話しかけていた。「スピード，スピード，おまえは他の車を打ち負かす」。

　彼は部屋のカーテンから下がっているロープを見つけ，それを引っ張り，クルクル回し始めた。私は，彼がそのロープを引きちぎってしまうことを心配して，止めなければならなかった。顔に軽薄な笑いを浮かべて，彼は止めないよと私をあざけり，からかった。しかし，しばらくして，私の忍耐力が

限界に近づいたのに彼は気づき，私が大きな断固とした声で，彼に止めるように言ったとき，彼はもう3回だけ見た目には楽しそうに強く打って，それからレーシングカーをブーンと走らせるのに戻った。それから彼は部屋の隅にある大きなボーボー人形のほうに行き，「僕はどんな奴でも叩きのめすぞ。僕はスーパーマンだ」と大声で知らせながら，ボーボーとボクシングを始めた。彼は幾分混沌とした様子でボーボーを打っていて，私は「スーパーマンはいろんなことができるね。君はいったいどんなことがスーパーマンのようにできるのかな？」とほのめかした。初めて，彼は私と関わることを選んだ。彼は「僕は強いんだ。僕は学校の子全部を叩きのめすことができる。兄弟も叩きのめすことができる」（兄弟は彼より年下である）と言い，ボーボーを叩き続けた。そいつらみんなを叩きのめすことができるということがうれしいようだね，と私はコメントした。この後，彼はまた銃を見つけ，ボーボーは悪者だというふりをしてボーボーを撃ち始めた。この遊びは，彼がボーボーを撃つためにビーン・バッグの陰に隠れるというように，幾分よりまとまりのある性質をもっていた。ここでもまた，彼は私をゲームに入れなかったし，私にその一部になってほしくもなかった。

　この時点で，私は彼の遊びに随時コメントをつけ始めた。1つのコメントは彼は悪者と闘っている，というものだった。彼は「ああ，僕は悪者たちを殺さなくちゃ」と言った。私は大きな声で，君の生活の中で，特別な悪者は誰だろう？　と聞いた。彼はほんのしばらく私の方を注視して，それからボールをつかみ，私の方へ投げ始めた。私は大きな声で，君は僕を悪者と思っているのかな？　ときいた。彼は目をそらし，ボールをもっと狂ったように投げ始めた。私は，悪者が恐ろしいこともときどきあるだろうとコメントした。それから彼は切り替えてレーシングカーに戻り，まだそれを狂ったようなペースで動かしていたが，私の方をもっと頻繁に見るようになった。しかし，彼は自分から私をやりとりのある遊びに入れたり，コミュニケーションをとったりしなかった。

　面接の終わりが近づいていた。そこで私は少しお絵かきを楽しんでみないかと提案した。彼は即座にクレヨン，ペンと鉛筆をとり，まるでそれらがナイフであるかのように，それらをボーボー人形に向けて投げ始めた。私の厳

格に構造化した指導で，彼は座って何か描くことに同意した。最初に彼は学校でどういうふうに書き方を習っているか見せてくれた。先に示したように，私は彼の文字を書く能力は彼の年齢に最適な水準よりも低いことに気づいた。私が彼に家族の絵を描くように提案したとき，彼はその考えに反対し，その代わり，僕は森の絵を描く，と言ったが，それは多くの色を使った，まとまりのないたくさんの円になった。彼の家族についての質問に応えて，彼は僕のお母さんは料理が上手だと言った。父親については，彼は「僕をぶつ」と言った。私が兄弟についてきいたとき，彼は沈黙で応えた。私が夢を見たことがあるか聞いたとき，彼はいいえを意味するように首を振った。私は目を閉じたときに絵を見ることだと説明したのではあるが，私が夢という言葉で何を意味していたのか，彼には理解できなかったのかもしれなかった。彼は何も特別な情緒的な反応なしに面接を終えた。しかし私が手を差し出したのに応えて握手することはできた。

コメント

　ハロルドは健康な，体格のよい7歳半の子どもだった。身体的な，そして神経学的な状態については，彼の粗大な協調運動はまったく適切なようであった。しかし彼の微細な協調運動は，特定の文字を書けないことに示されているように，年齢相当の水準よりも低いようであり，知覚運動能力に多少の疑問を呈した。さらに，彼が待合室でも，プレールームでもいつも動き続けていたことで証明されたように，彼は注意を集中させる能力に欠けているようだった。私の努力で，彼は注意を集中できるようになったが，いつも簡単に気が散った。さらに，まとまりのあるテーマを発展させる能力も，それを彼は多少は見せていたが，彼が常に動いている必要があるために，妨害されていた。プレールームの扱い方や，ゲームの発展のさせ方では，彼はほどほどに知能があるようだった。彼の知能がどの水準であるかを見る特別な機会はなかったとはいえ，それは年齢相当の標準の範囲外には見えなかった。

　ハロルドは，ちらっと私を見ることだけしか，私との人間的なつながりをもたなかった。面接が終わりに近づくにつれて，ちらっと見る回数は増えたとはいえ，関係をもっているという感覚は深まらなかった。彼はほとんど私

を彼の遊びに入れようとすることはなかったし，また直接コミュニケーションをとろうとすることもなかった。それは，まるで私は，彼が注意し用心しなくてはならない部屋の中の単なる1つの物体であるかのようであった。私と唯一情緒的に関係をもったのは，「悪い男たち」のテーマについてであった。彼が常に動いていることは，関係をもっている感覚をつくり上げるもっと潜在的な能力に不利に働いている可能性がある。彼の年齢の子どもでは，いろいろな感情やテーマのコンテクストで，温かさや，関係をもっている感覚が深まることを予測するだろう。しかしこの子どもでは，関係をもっている感覚をつくる能力は，予測される水準にはない。

彼の気分は面接中ずっと安定していて，多少心配の混じった粗野な興奮の気分と記述できた。彼が常に動き回っていたやり方には，確かに興奮した性質があった。しかし，心配の感覚もあった。特に彼が悪者たちとの銃撃ごっこに関わっていたときは。

彼が示した主な感情は，多少の恐怖の兆候とともに，競争，勝利，そしてパワーをもつことをめぐる心配であった。温かさ，共感，愛情，あるいは部屋の中で何が彼に利用可能か，あるいは私とのコミュニケーションで何が利用可能かについての真の好奇心はほとんどなかった。私が悪者かどうかと聞いたとき，彼の不安は，彼が即座に活動を変え，活動水準を上げたやり方に，反映されていた。この活動の変化は重篤な中断を示さなかった。むしろそれはすでに高まっている活動水準のペースをさらに速めることだった。しかし，彼はテーマを引き続き発展させる能力を示した。全般的に，特に彼の感情の範囲とタイプに関しては，7歳半の水準以下の感情的な心配事と格闘しているように見えた。7歳半の水準では，力，競争，勝利，敗北への心配と，そして悪者への不安が優勢であると予測されるだろう。

節度のない高水準の活動性にもかかわらず，ハロルドはまとまりのあるテーマの小さな単位をつくる能力を示すことができた。その小さな単位は，面接全体の観点から振り返ってみたとき，筋道が立っていた。すなわち，勝利，攻撃性，競争，力，そしてついには良い者と悪者のテーマがまとまりのあるやり方で提示された。しかしながら，これらのテーマは断片的に提示されているということが注目される。あるいは，こうも言うことができるかもしれ

ないが，お互いに連続性のある場面，およびもっと長くて，もっとゆったりとした，したがってもっと十分に発達した場面の両方と比べて，彼のドラマは短く，連絡のない，非常に激しい活動性をもった場面に分けられているということが注目される。ここでもまた，彼の活動水準が，彼の注意を集中する能力を妨害しているようであった。テーマの発達がいくらかあったが，7歳半の子どもに予測される豊かで深まりのある発達ではなかった。ハロルドは力，競争，攻撃性，勝利と敗北，そして良い者と悪者のテーマを，かなり具象的な，表面的な水準で維持し，これらの心配事の背後に何があるかについてはほとんど明らかにしなかった。

　発達的には，私はいくらかの達成を見るが，すべての早期の水準にいくらかの妥協も見る。注意は浮動性である。関係を結ぶことはあっても深かったり温かったりはしない。二方向性の身ぶりによるコミュニケーションは，いくらかの表情，ときどきのアイ・コンタクト，そしてたまに言葉による反応を伴って，ほんのときどき現れる。しかし，しばしば彼は私を無視し，私のコメントに彼のコメントで応えることによって，身ぶりあるいは言葉によるコミュニケーションの輪をつなぐことはなかった。しかし，ときには，彼は現実的な反応ができ，より大きなプレールームの現実と構造を扱うことができ，存在するが，高度に制約された表象能力を示唆している。

　彼のテーマのシークエンスはレース，勝利と敗北，スーパーマンになることから悪者と闘い，悪の力から自分を守ることに発展した。このシークエンスは，先に示したように，むしろ5歳から5歳半の子どもの水準の一連の心配事を表している。すなわち，力，攻撃性，大きさ，そして彼を圧倒しようとするような対立する力についての心配である。

　私の最初の主観的反応は，彼が幾分荒々しく投げているボールをぶつけられるのではないかという心配であった。最初の危機が終わったように見えた後，私はより深く豊かなコミュニケーションを発展させることを望んだ。しかしそのようなコミュニケーションが起こらなかったとき，この子どもと共感的なラポールがつくれなかったことに失望した。私は，彼が面接中に構造に反応することができたことに，そして，混沌とした狂った活動性が強くならず，むしろ彼が私をよく知るようになるにつれ，ゆっくりになったことに，

本当に安堵した。

症例 3（ジョーン，もう少しで 6 歳）

面　接

　私が待合室に入ったとき，もう少しで 6 歳になるジョーンは立っていた。彼女はいくらか恥ずかしそうに見え，話しはしなかった。私はプレールームに来ないかとほのめかし，彼女は来た。彼女はかわいく，体格がよく，粗大なおよび微細な運動行動の両方とも明らかによく協調していた。彼女は安定した自信に満ちた様子で歩いて入り，後に絵を描くことその他の微細な運動行動もうまくできることを示した。

　彼女は用心深く，最初はゆっくりと歩きながら，そして何も言わずに部屋に入った。彼女は最初にボーボー人形のところに行き，赤い鼻をつかみ，これは突き出すはずはないと言った。彼女のしゃべり方にはやや鼻にかかり舌がもつれた性質があったが，面接が進むにつれて消えた。彼女はくつろぎすぎで受け身的すぎるように見えた。彼女は会話を始める主導権をとったり，部屋の大部分を探索したりしなかった。数分後に私は沈黙を破り，あなたは何で遊んでもいいし話したいと思ったことを何でも話していいと言った。私は彼女にプレールームの約束を話した。すなわち，私たちはお互いに傷つけてはいけないし，何も壊してはいけない。彼女は即座に机に行き，絵を描き始めた。

　彼女は小さな女の子の絵を描いた。あごひげのように見えたのは少女がつけている宝石だと彼女は私に話した。それから彼女は自発的に，次のように私に話した。私はここワシントンで生まれ，幼い妹もここで生まれたと思っているけど，本当はロングアイランドで生まれたのだと。質問に答えて，彼女の 4 歳の妹のことを言っているのだと彼女は私に話した。それから彼女は，まるで私が兄についてすべて知っているかのように，兄について話し始めた。彼女が詳しく話すうちに，彼は 8 歳で算数の特別クラスにいたことがあるということを，私は発見した。彼女は算数と理科について繰り返し話した。少しの同じ考えしか使わずに繰り返し繰り返し話した。それから彼女は自分の先生のファーストネームを知っていると私に話し，まるで彼女が知るはずが

ない何かを知っているかのように微笑んだ。彼女は日曜学校が好きではない，犬のウィニーと別れなくてはならないから行きたくないと言った。彼女はクマのプーさん（ウィニー・ザ・プー）についての冗談を言って笑った。この時点で，面接の中間点近くで，彼女はくつろいで楽しく過ごしているように見えた。

彼女はいい親友がいると私に話した。ジョーンは小さな家にいる大きな女の子の絵を仕上げていた。その家はちょうど少女のまわりにぴったりだった。小さな車もあった。私は彼女に少女についてもう少し話すように頼んだが，彼女は代わりに家について話した。彼女は煙突の具合が悪いと言った。煙突はピンクでピンクのものは落ちるかもしれない。彼女はくつろいでいるように見えた。私は少女と煙突と屋根についてもっと話せないかと尋ねた。少女は赤ずきんちゃんだと彼女は応え，それから彼女はおばあさんのふりをしている狼の絵を描いた。

この時点で，おばあさんのふりをしている狼について話した直後，彼女は壁の鏡（それらは観察用のマジックミラーだった）を興味と疑いをもって調べ始めた。彼女は運動の水準では，大部分1つの場所に居続け，あまり大きな探索行動をそれまで示してこなかったのだが，今や彼女は好奇心旺盛にふるまい，部屋中を歩き回り，ものを眺め始めた。赤ずきんちゃんは狼が恐ろしくて信用できなかったにちがいない，どのようにしておばあちゃんが狼でありえるかに気付くのかは疑わしいと感じていたにちがいない，と私はコメントした。私は続けた。「たぶん部屋のこれらの鏡に，あなたもちょっと疑わしいと感じただろうね。見知らぬ場所にいて，何が起こるかわからなくて，ちょうど赤ずきんちゃんのようにね」。

彼女は私のコメントの後沈黙した。彼女は絵を描いていた紙を破り，そして彼女自身の静かなやり方で決定的に不安になったように見えた。それから彼女は黒板のところへ行き私にチョークを頼んだ。私はこの部屋にはチョークはないと言い，何を書きたいのか尋ねた。彼女は何か "yes" とか "you" とかについて書くと話した。彼女ははっきりせず，私はただ，「はい yes」は，私は正しいということ，すなわち彼女が不安を感じているということを意味しているのかと，考えた。

彼女がチョークを使えないので，私は代わりとなるものを提案した。彼女はもっと疑い深く心配になったように見えたが，この不安があってさえも，彼女は私ともっとコミュニケーションし始めた。彼女は窓の外を眺めた。それからプレールームの中の警察官人形に気づいた。彼女は人形をとり，それを窓から外に落とすという考えをもてあそんだ。彼女は私にはにかむようになり，その人形を落としてもかまわないのかを知りたがった。それから彼女は，机のうえのおもちゃを指しながら，面接者がこれをすべて私から取り上げたのだと言った。彼女は言った。「これは全部私のもの。家にもって帰るの」。

彼女はトイレで遊び始めた。それはドールハウスの一部だった。そして人形全部をトイレに突き刺し始めた。彼女は1つの人形をトイレに置き，それからその人形の頭をトイレの中に入れた。私は頭からトイレに入っていく人形についてコメントした。彼女は別の女の子人形をトイレのうえにいる人形のてっぺんに置き，それからみんなを一緒にくっつけようと試みた。これをするにしたがって，彼女はもっとくつろぎ，彼女はくすくす笑った。それから彼女は赤ちゃん人形のおむつをとろうとした。このおむつはセロハンでできているため，これは彼女には難しかった。彼女が赤ちゃん人形を隠すとき，彼女は私に目を閉じてもらいたかった。それから私はそれがどこにあるのか当てなければならなかった（面接の中のたくさんの時点で，彼女は何を描いているのか，何を考えているのか，何を言っているのか，あるいは何をしているのかを，私に当ててほしがった）。それから彼女は積み木のところへ行き，傾斜面をつくり始めた。彼女は私にそれがどう働くかを見せ，そして学校での理科のプロジェクトについて話し始めた。

面接の終わりが近づいたとき，私は彼女に夢を見たことがあるかを訊いた（このような面接では私がしばしば訊く質問である）。率直に，そしてためらいなく，彼女は私に次のドラマを話した。「私とパムとマイケルが学校から家に歩いていたの。そしたらこういう魔女がいたの。私たちが家につく前はハロウィーンだったの。それから私たちは夕食を食べていて，魔女たちがこのパンをくれたの。それには毒があって，父親がそのパンを食べ，椅子から崩れ落ちたの。それから朝になって，私は目が覚めたの」と彼女は言った。

私は「それは恐ろしい夢のようだね」と言った。何もコメントせずに彼女は積み木をとり，スカートの下の膣の近くに入れた。その直後，彼女はもう一度好奇心を示し，私のところに来て私が何をしているのか尋ねた。彼女は私のメモを指し，私が何をそこに書いているのか訊いた。物知り顔で，彼女は私が書いていると彼女が落ち着かなくなることを，そして何も紙に書き留めてほしくないことを示した。

　それから彼女は，もう水は怖くないと言った2歳の男の子について私に話した。彼女はケーキを焼くことについての興味について話し続け，それから彼女の母親がかつて彼女と妹からハヌカ[訳注1]のお小遣いを盗んだことがあると私に話した。彼女は母親に腹を立てたのを認めることができた。そしてその小遣いをいまだに取り戻していないと言った。どうやら彼女の母親は，お買い物のお金が足りなかったので実際にお小遣いをとったのだと娘に告白したらしい。この時点で面接は終わった。

コメント
　ジョーンの協調運動は6歳としては適切で損なわれていないのは明らかだった。
　彼女の情緒トーンは，基本的には恥らいのトーンではあるが，面接者との関係性を発展させる能力を含んでいた。関係性に関しては，彼女は愛着への適切な能力を示した。最初の恥じらいは，面接者への率直さと面接者と関係をもっている感覚へと発展した。関係をもっている感覚はテーマの素材をめぐって分化した。すなわち，彼女は対人関係をもっているという感覚を，彼女が展開していた表象的なテーマに統合することができた。彼女が対人関係をもっている水準で優勢なのは二者関係か三者関係かは，明らかではなかった。
　感情のスタイルと発達については，ジョーンは静かに用心深く，誘惑的で，警戒的で，疑い深く，そして心配していた。彼女のはにかみとからかいの中

訳注1）ユダヤ教の清めの祭り。8日間にわたって行われ，九本の台がある燭台に毎日1本ずつろうそくをともす。子どもたちは親からお小遣い（ハヌカ・ゲルトという）をもらい，ろうそくを点すのを手伝い，一緒に祝祷の歌を歌う。

には軽度の攻撃性の兆候があった。そしてすべての人形をトイレにつめ込んだときには、楽しい自己主張が混合された敵意を露骨に表した。共感、温かさ、あるいは愛情の表現はほとんどなかった。このことから、これらの感情への彼女の能力、あるいは利用手段についての疑問が生じる。心配、そしてその後に好奇心を示すこと（最初に鏡について、それから次に私のメモについて質問すること）によって、彼女は不安の特徴である素早い変化を見せた。面接の間に彼女は明確な不安を体験したとはいえ、この不安は混乱させるものでも、対人関係をもっている感覚、あるいは発展しているテーマのシークエンスを中断させるものでもない。興味深いことに、最初の（鏡についての質問へつながる）好奇心への突然の変化は、家あるいは少女が大きすぎるか小さすぎる、煙突、落ちるもの、そしておばあさん（面接者？）が狼の変装かどうかというテーマに続いていた。このシークエンスは、大きさ、くっつくあるいは落ちるもの、そしてお互いにだます人たちについての不安を示唆している。

ジョーンの空間の使い方については、彼女は最初とても受動的で恥ずかしがりやだった。しかし後に、彼女は打ち解けることでき、自分の物語を語るために部屋と部屋の中のものを使うことができた。彼女はルールを守った。彼女は壊したり物を投げたりしなかった。それにもかかわらず、彼女は警察官の人形で私をからかった。「私はおまわりさんを外に投げるわ。やらせてくれる？」。これは、彼女が構造を難なく内在化でき、自分自身をかなり上手に調節できることを示している。

テーマの発達のカテゴリーに目を向けると、ジョーンは持続的で関連をもったやり方で、テーマの素材をまとめるという、年齢相当の能力を示した。すなわち、彼女のテーマは面接の最初から最後まで論理的に関連していた。彼女は破壊、怒りそして落ちるものというテーマの面と、なまめかしく誘惑的なものを示す面の両面において、幾分反復的だった。面接の終わり近くに、攻撃性と死についての不安が、父親に毒を盛る魔女の夢によって非常に明確にされ、彼女が積み木を性器の隣にもっていったように、彼女の身体についての感覚との関連のヒントがあった。

彼女が自分の気持ちについて触れ合う能力に関して、彼女が提示した素材

には一定の深さと豊かさがあった。陽性の領域の気持ちには壁が巡らせてあったかもしれないが，彼女は広範囲の陰性の気持ちについて触れていた。それらを表現すると，彼女はいくらか不安になったが，この不安は彼女を圧倒せず，実際，彼女はこの不安によってよりいっそう打ち解け始めた。

　発達的には，焦点づけ関わりをもち，身ぶりと言葉を意図的に使い（コミュニケーションの輪を開いたり，つないだりし），選ばれた数の複雑で詳細なテーマを表象したり巧みに表現し，そしてある程度まで自分の表象を分化させる能力を，彼女は明らかにした。彼女の着想を関連づけたりカテゴリー化したりすることに関しては，わずかに断片化する傾向と，空想をもう少し現実と釣り合わせる（たとえば学校や友人についてもっと論じる）よりも，むしろ空想に焦点づける傾向があった。

　テーマの素材が年齢相当かについての疑問がまだ残っている。彼女のテーマはもっと幼い子どもにより適切だったか？　面接の間に抑圧はほとんど示されなかった。そして，父親に対する彼女の気持ちを暗示するものがあるとはいえ，われわれは彼女が実際激しい三者関係上の心配事という発達点に到達しているかどうかわからない。彼女は自分自身の身体的統合と心配――特に攻撃性にまつわるもの――に巻き込まれているのかもしれない。われわれは両親から病歴を聞くときにこのような年齢相当性についての疑問をこころにとどめておきたい。われわれはこれらの疑問に答えるのを助けるため，もっとプレールームでの面接を使う可能性もある。

　最後のコメントはジョーンについての私の主観的体験について注目する。面接中ずっと私は，もっと構造を与えたいという気持ちと，待って彼女が自分自身で何を展開するかを見るという気持ちの間の葛藤に気づいていた。彼女は，ほどほどに温かく幾分開けっぴろげなやり方で，私と関係をもとうという明らかな試みに，ある種の緊迫した努力を注いだ。

症例 4（キャシー，もうすぐ6歳）

面　接

　私が最初にキャシーを見たとき，彼女は立っていて，いくらか悲しげで怯えているように見え，そして恥ずかしそうな，怖がっているような態度で母

親にしがみついていた。彼女は私を見なかった。後に，彼女が面接室に入る時間になったとき，彼女は別のプレールームで根気強く食器を洗っていた。女性の助手がそこで彼女と一緒にいた。私がこの場面に入っていったとき，彼女は私と一緒にもう1つのプレールームに入る時間だと知ってはいたが，またしても彼女は私を見なかった。私は彼女に言った。「さあ，もう1つの部屋に行こう」。そして彼女は洗うのをやめ，私と一緒に来るのは十分にたやすいことだった。キャシーはもうすぐ6歳で，粗大な運動と微細な運動の両方ともを非常によくコントロールしていた。後に私は気づいたが，彼女の話し方はとても明瞭で，彼女は並はずれて言葉を知っていた

　私と一緒にプレールームに入った後，彼女の感情のトーンは著しく変わった。彼女は誘うようなやり方で無遠慮に微笑んだ。彼女はうれしそうなふざけるような表情でボーボー人形に大きなパンチを食らわした。彼女はなぜその人形が起き上がらないのかを知りたがった。それから彼女は部屋の残りの部分をどちらかというと静かでくつろいだやり方で探索し，物をつまみ上げ，チェックした。それから彼女は素早く人形のところへ行き，人形の家族と椅子とテーブルを組み立てた。トイレを見ながら「これを椅子に使える……いやこれをきれいにしなきゃ」と，彼女は言った。これについて私が質問すると，「えーと，ばい菌がいるから，きれいにしなきゃいけないの」と彼女は言った。しかし，彼女は食器を洗っていた部屋に行こうとはしなかった。

　彼女は弟（彼も私が見ていた）がここに来たことがあるかと尋ね，それから即座にボーボーをパンチしにいった。私は彼女に弟をパンチするのが好きかと尋ね，喧嘩はわくわくする，と彼女は答えた。それから彼女は「オーケー，ボーボー。おまえはもうだめだ」と言った。彼女はボーボーが彼女の背後で起き上がり彼女を乱暴に押したのだと言った。それから彼女は，自分の行動を私に説明しながら，ボーボーを蹴ったり噛んだり，ボーボーの頭を後ろに押したりし始めた。彼女は空気が抜けてしまうかもしれないという心配をいくらか表現した。あなたはボーボーをひどくは傷つけたくないように見える，と私がコメントしたとき，彼女はそのとおりと同意した。次に彼女は揺り木馬に行き「これは私には小さすぎる」と言って，彼女はいまや大きなお姉さんになったのだと示した。

それから彼女は部屋の中を歩き回り，あとどれくらい時間が残っているかを尋ねた。彼女が遊ぶ時間をほしかったのか，逆にすぐに部屋を出たかったのか，私にはわからなかった。しかしながら，彼女が非常に曖昧なので，私は後者の解釈に傾いた。この時点での私の印象は「いえ，いえ，私は楽しんでいるから，できるだけ長く遊びたいの」と彼女が言うのは，彼女が感じていることの反対だということであった。

彼女は活字体で字を書き始めた。彼女はS-O-Xと綴ってから「へましちゃった」と言って，文字のうえ全体に殴り書きをした。この行動はある程度のまとまりと自由を，しかし同時にまとまりの混乱も，表しているように見えた。彼女は，テーブルのうえに描いてもいいか，と聞いた。私がそれについて何を考えたのか尋ねたとき，彼女はそれをあきらめた。それから「お母さんは家ではテーブルのうえに殴り書きさせてくれないの。私たちの家にはたくさんはないの」と彼女は言った。私がこれについて質問すると，彼女は父親が彼女に紙をもってくると言った。「パパ」は，彼女の見解では，与え，養育する人物であることを，おそらくこのことは示していた。

それから彼女は塩の容器を見つけ，紙のうえに塩を置き始めた。彼女は塩を少し洋服につけ，「これは私の学校の制服なの。どんなにきれいか見て」と彼女は言った。それから紙をきれいにするというふりをして，塩をそこら中にまき散らし始めた。塩を容器からざーっと出して，それが紙と動物のおもちゃのうえにまき散らされるにつれて，彼女は非常に興奮するようになった。私が彼女の興奮についてコメントすると，彼女はお母さんがそんなことをするのは許してくれないと言った。それから彼女は素早く塩に戻り，「ちょっと食べようかしら」と言って，赤ちゃん人形にあげようとした。彼女は塩を哺乳びんに入れ，人形はそれを好きじゃないと示した。彼女は自分でそれを試してみて「好きじゃない」と言った。彼女はまた彼女の手にある小さな切り傷に塩がつくことを心配した。それから彼女は塩をカバのおもちゃにあげ，彼はそれが好きだというふりをした。

彼女はスプーンが必要で，もう1つのプレールームにとりにいきたいと言った。もう1つの部屋へのドアには鍵がかかっていたため，他にあなたが使えるものを探そうと，私は提案した。彼女はその目的のために小さなダンプカー

を見つけ，スプーンがないという事実に簡単に適応した。彼女はクレヨンに塩をつけ，塩で汚すことを喜んだ。彼女は塩を敷物に置いた。私はそれをすると部屋を掃除するのが大変になるので，それはすべきでないと，彼女に言った。彼女は最初にもう少し塩を敷物に置き，次に少しテーブルに置くことで，限界を試した。

私はここと家との間の違いについて，おそらく彼女はできることできないことについて心配しているのだろうと，コメントした。彼女がここで体験している自由についてどう感じているかを，私は尋ねた。彼女は「私は家では物を投げるの。お母さんに何かを投げるの」と彼女は言った。それから素早く「いや，投げない。ちょっとお話しをつくっただけ」と彼女は言った。少し後に「私はお母さんを蹴るの」と彼女は言った。それから「いや蹴らない。ちょっと話をつくっただけ」と彼女は付け加えた。「お母さんを蹴りたいと思うの？」と私は尋ねた。「ええ，でもお母さんの気持ちを傷つけたくないの」と彼女は言った。それから彼女は塩に戻り，それが水のふりをしてお母さん人形のうえに注ぎ始めた。彼女はお母さんと小さな女の子は水の中でおぼれていると言った。それからそれらを引き上げ，彼女たちは飛び出してきたと言った。次に彼女は人形を洗面所に置き，手を洗った。

彼女は時間について質問し，私はあとどのくらい時間がほしいのかを尋ねた。彼女は遊ぶ時間がたくさんほしいと言った。これはまたしても両価的な反応だと，私は考えた。

彼女は「マーク（彼女の弟）がそこ（待合室）にいるといいな」と言った。彼女がいったい不安を感じているのかどうか，私は尋ねた。彼女は不安ではないことを示したが，自分と母親が遅刻しなかったかを知りたがった。彼女は遅刻したと思ったと言った。それから彼女はもっとたくさんのおもちゃと流し台のあるもう1つの部屋へ行きたいと示した。

この時点で彼女は電話のほうへ行った。それはマークあるいは母親のいずれかへの愛着をつくる必要性を表現するように見えた。私は，電話でお話しごっこができること，彼女が話したいと思う誰とでも話せることを，提案した。「あなたはジョンね」と彼女は言った。ジョンは海軍に行っている彼女の兄だと私に話した。彼は爆弾やミサイルをつくる場所に駐屯していた。彼

は18歳だと私に話した後,「兵隊になるには若すぎるの？」と彼女は尋ねた。もう1つの質問が素早く続いた。「あなたは何歳？」。この時点での彼女の感情はとても誘惑的で，彼女は私にとても近づいてきた。私は，あなたは私に興味をもっていること，そしてたぶん私についてのお話しあるいは他の彼女がもつ考えについてのお話しを私にすることができると，コメントした。「あなたは兵隊で爆弾をつくるの。あなたはうそっこで18歳ね」と彼女は言った。「あなたのお兄さんみたいに，っていうこと？」と私は尋ねた。それから彼女は素早くボーボーのところへ行き殴り始めた。「彼は私を怒らせるの」と彼女は言った。あなたはお兄さんがいなくて寂しがっているんだねと私はコメントした。なぜならその可能性とボーボー人形をパンチすることの間にいくらかの関係性があるように見えたからである。

彼女は彼女が話したことが秘密になるかを尋ねた。これについて質問すると，彼女の母親には知られたくないと言った。彼女の言ったことの特に何が，母親に知られたくないのかと私は尋ねた。「お母さんは前にハンバーガーをパパに投げつけたの。いや，これはお話し」と彼女は言った。それはいつ？と私が質問すると，彼女は「ええ，でもパパに当たらなかったの」と言った。私が父親について尋ねると，彼女は「パパの髪の毛は黒いの。パパはどちらかというとぼーっとしているの。パパはときどきみんなをパンチするの」と言った。それから「ああ，それもお話し」。

面接の最後に，何か怖いものはないかと尋ねることで，少し構造化を行った。彼女はわずかに興奮して答えた。「医者……大きな怪獣……それは『あー』と言いながら行くの」。彼女はそこら中ジャンプし始め，うそっこで怪獣になった。たぶんときには怪獣になりたいこともあるんだね，と私はコメントした。彼女はそう，と言って，怪獣の恐ろしい夢を見ることを示した。しかしましても感情は一種のうれしそうなおおらかさであった。それから，自分は怪獣だと話しながら，私に近寄ってきて腕をパンチした。彼女は，お話しをつくるのが，特に怪獣の話をつくるのが好きだ，と話した。彼女はいくつかの引き出しの中を覗き始め，とても好奇心旺盛になった。時間が終わって，私たちはやめなくてはならないと言った。彼女はもっとたくさんお話しがあると言い，私は一番いいのを話してくれるように頼んだ。お話しはまた

しても怪獣と攻撃性を扱ったものだった。面接の終わり近くの彼女の行動は，好奇心にあふれ，誘惑的でもあった。彼女が引き出しを覗く行動にはせんさく好きの雰囲気があった——彼女はうそっこで自分のしていることは誰も知らないというふりをした。彼女はいくらかの喜びを示す私への「さよなら」と微笑みで，面接を終えた。

コメント

　キャシーは身体的には損なわれておらず，年齢に比べて並はずれて利発に見えた。許可を与えられたときは彼女は自由に退行し，豊かな空想を発展させることができる一方，指示されたときには彼女は前進し，構造に反応することもできる。彼女の言語的能力は並はずれてよかった。
　彼女の全般的な情緒トーンは喜びと好奇心のトーンである。彼女はきわめて個人的で親密なやり方で関わりをもち，絶えずしかし楽しそうに，私が彼女のおしゃべりと質問に注意を向けるように求めた。彼女の関係をもっている感覚は誘惑的な侵入の性質ばかりでなく，支配的な性質も示した。
　面接の経過を通して，彼女は幅広い年齢相当の範囲と深さの，大部分は楽しく探索的でわくわくするような感情を表した。示されたように全般的な怒りを見せたところもあったが，（ボーボー人形と）ふざけるようなやり方であり，そのために怒りは中和されているように見えた。彼女の怒りの内容が感情豊かである——しかしながら怒りの真の表出はほとんどない——ために，彼女のこの感情への許容度について疑問に思うだろう。彼女はいくらかの不安を表したが，彼女のテーマを変化させ継続することが確かに可能だった。最も好ましくは，もうほんの少しの恐れともっとたくさんの否定的感情を予測するだろうが，しかしながら彼女の母親への言及から，彼女はそのような感情を男性よりも女性により多く表すだろうと推測した。面接の最後に向けて，彼女の感情はとても誘惑的になってきた。
　キャシーはプレールーム全体を探索し始めるのにほとんど時間がかからなかった。彼女の遊びのテーマは面接を通して発展し，彼女がいくらか統制している豊かな空想生活を明らかにした。彼女はいくらかの葛藤を明らかにしたが，それは柔軟なやり方で彼女が扱えるものだった。彼女が1枚の紙のう

えに殴り書きをし，そして彼女が失敗したかどうかを知りたがったとき，彼女はうまくやることについての心配を示した。また，彼女はどのくらいまとまりがあるのを，あるいは混乱しているのを許されるのかについて心配しているように見え，私からの直接的なフィードバックを期待した。しかしこれらのためらいは，基本的に探索的で，開放的で，おもしろいことが好きな彼女の感情様式に対して，取るに足りない余談だった。

　発達的には，彼女は焦点づけ，関わりをもち，非常に意図的に身ぶりをし，表象的テーマの表現力があった。テーマを一緒に結びつける，そして着想が論理的である彼女の能力は，表象分化の確固とした能力を示唆した。

　キャシーの始まりのテーマは汚すこととせいにすることの葛藤を表したのではあるが，彼女は母親不在の機会を思い切った行動に出るために利用したようだった。彼女は女性といるよりも男性といるほうがより自由に感じるのかも知れない。彼女は母親に対して怒りと恐怖の両方の気持ちを示した。彼女の父親に対する気持ちは，彼女は父親を「ぼうっとしている」と言ったのだが，明らかではなかった。彼女は兄，ジョンについては複雑な気持ちをもっていた。彼の不在に関連した攻撃性と恐怖の気持ちに難しさを示した——兄の議論が現れたとき，彼女はギアをすばやく切り替えた。

　最初は，私はキャシーにとてもくつろぎを感じた。継続的に私を見て，私に質問を向けることによる，関わりをもつことへの彼女の要求は，面接が進むにつれて消えた。しかし私は彼女の支配への欲求にいつも気づいていた。あるときには，どのくらい私が面接を支配するのか，どのくらい彼女が面接を支配するかの間の葛藤を私は感じた。面接の後半，彼女が私が何歳かを尋ねたとき，私は落ち着かなさを感じ始めた。彼女があとどのくらい時間があるのかを尋ねたときにも，不安な気持ちが起きた。なぜなら私は彼女は帰りたいのだと考えたからだ。彼女が証明している明らかな興味と喜びにもかかわらず，彼女自身の興奮と相互交流を終えることへの不安と能力の両方への恐怖があるように見えた。全般に，彼女は支配，侵入性，そして見捨てることのような問題をめぐるさまざまな気持ちを，私に引き起こすことができた。私は面接中ずっと彼女の感情のバラエティーと持続性の両方に感銘を受けた。上記のコメントが示唆するように，彼女の全体的な機能は年齢相当であるよ

うに見えた。

症例 5 (スティーブ, 6歳半)

面　接

　6歳半の少年,スティーブを迎えるために待合室に入ったとき,彼はソファーの下を這っていて,高いピッチの上機嫌の声を出していた。彼の母親は心配そうだった。雑誌はすべて床にばらまかれていた。母親が彼をなだめようとして,背中をさすったとき,彼は身をくねらせて去り,母親は「彼はさわられるのが好きではない」と言った。彼は,わずかに熱狂的すぎるとは言わないまでも,簡単に私と一緒に面接室に入ってきた。彼は自分の足によろけ,歩幅が広くどこか不安定な歩き方で歩いた。彼が部屋の中をごつんごつんと叩き回るとき,彼の筋肉の緊張度については硬直し張りつめているように見えた。彼はややしわがれた声で話し,単語をくっつけて素早く口に出し,たくさんの音を間違って発音するので,彼の単語は区別しにくかった。それでもなお,彼は理解可能だった。彼が素早くおもちゃの戸棚に行って探し,小さな物を落としたり,より小さく細かいおもちゃを扱ったりするのが難しい時,彼の微細な協調運動は非常に不器用だった。後に,彼は円や四角,等々を書くのが難しかった。

　彼は素早い一瞥を通して,私とつかの間の,軽く非個人的な接触をし,そしてその直後おもちゃの方に向かった。彼が混乱した様子でおもちゃをすべて床に投げたとき,狂乱的な性質が素早く現れた。それから彼はそれぞれのおもちゃと,部屋中のその他の物の名前を言うようにと,私に頼み続けた。私が彼の「物の名前を知ることへの興味」をコメントしたとき,彼はまたしてもつかの間のアイ・コンタクトをし,物の名前を言うようにと頼み続けた。

　しばしば彼は私の身ぶりや身ぶりを伴った言葉,あるいは自分自身の言葉に反応しなかった。約40％の時間しか,彼は波長を合わせ応答的には見えなかった。

　彼は部屋中を動き続けた。ときには走ることもあった。興奮しているように見え,たまにつまずき,一瞬混乱したように見え,その後またもや興奮したものだった。

このパターンが約10分間続いた。彼はそれから棒を見つけ，うれしそうな表情で，繰り返し椅子を叩いた。彼はそれから私が床に落としていたクレヨンのうえに飛び乗り，そして警官人形をもって，「悪い男の子だ，悪い男の子だ」と言いながらそれを床に叩きつけ始めた。彼は一瞬「うつろ」に見え，そして床のうえに座りながら体を前後に揺すり始めた。

　それから彼は私を見て，「キャンディーもってない？」と尋ねた。私が君にキャンディーをくれたらいいなと思っているんだね，と私がコメントすると，彼は「そうだよ」といい，それから私に向かってスポンジのボールを投げ始め，私が身体的に彼を拘束するまでやめなかった。それから彼は「僕はその馬がほしい」（ゴム製の馬のおもちゃ）と言った。

　面接の終了が近づいているので，私は彼に両親，学校，夢，などをきいた。そして彼は学校に関してだけ答え，「叩く子どもたち」と「悪い子になる」ことについて話した。彼は何人かの子どもの名前をあげたが，詳しく述べることはなかった。

　彼は相変わらず非常に活動的で，つかの間の一瞥をもって面接室をあとにした。

コメント
　スティーブには触覚に対する過剰反応性の可能性，粗大および微細な協調運動の難しさ，私の身ぶりや言葉を理解することあるいは焦点づけることの難しさ，しわがれてはっきりしないしゃべり方，そして活動水準や衝動を調整することの難しさによって明らかにされるように，成熟が一様ではないことが示された。また，「これは何？」のような彼の質問には保続的な性質が，そしてばんばん叩くようないくつかの活動には儀式的な性質もあった。さらに加えて，短時間の体を揺らす動作もあった。これらの観察すべてから，身体的－神経学的な妥協形成についての疑問が生じる。

　彼の気分は未分化な興奮と無関心な性質の間で揺れた。彼は私と関係をもったが，ほんのつかの間だけでありほとんど深まりはなかった。したがって，関係をもっている感覚もその年齢に予測される水準以下だった。年齢相当の範囲の感情の調節はほとんどなかった（たとえば，ただ未分化な興奮のみ）。

不安は,「悪い男の子」のテーマとキャンディーの要求の後に起きた, 関係をもっている感覚の喪失 (たとえばうつろな表情), 体を揺らす動作, および衝動性 (たとえば私にボールを投げつける) に関係して, 推測されるだろう。

不安はすでに脆弱な統合能力には破壊的であり, 最も原始的な水準である身体的な混乱として体験されるだろうと, 面接から示唆された。

発達的には彼はあらゆる水準で著しい性質の妥協形成を明らかにした。注意と関わり合いは断続的で不安定だった。二方向性の身ぶりによるコミュニケーションおよび意図的であるという総合的な能力も, 部分的に確立しているだけだった。表象能力はいくらかあったが, ほんの一瞬存在するだけで, コミュニケーションの優勢な様式として使われなかった。彼が私にキャンディーをねだる中で論理的になったとき, ほんの少数の島状の分化した表象能力を, 彼は確かに見せた。

テーマの心配事は以下のシークエンスでコミュニケーションされた。攻撃性, コントロールの喪失,「悪い男の子」になること, 混乱, 空腹, そして怒り。これらは凝集したテーマの関心の島状の部分を反映した。まとまり方, 範囲および深さは, すべて有意にその年齢に予測される水準以下だった。6歳半までには, 凝集した豊かなテーマが予測されただろう。しかしながら非常に「奇怪な」テーマはなかった。

私の主観的な反応は, 彼の衝動性, 関わり合いのなさについての心配と, 関わり合いへの潜在能力を示すつかの間のアイ・コンタクトを見ての安心の間を揺れた。

症例 6 (デビッド, 5歳半)

面　接

デビッドは, くつろいではいるが幾分不器用な歩き方で面接室に入った。彼は友好的なやり方で自由に話し, 彼の表情はくつろいでいた。面接が進むにつれて, 彼は良好な粗大および微細な協調運動と, 良好な活動水準の調整を見せた。彼の私との接触は温かく友好的だった。彼は部屋全体を訪れ, そして非常に好奇心が強く, そしてほどほどに系統的ではあるが自発的でくつ

ろいだやり方で探索した。一言で言えば，私と部屋に対する彼の最初の方向づけに関しては，彼の5歳半という年齢に予測する最良の水準にすっかり達して，彼は行動した。

彼は最初にレーシングカーのところに行き，私に1つのタイヤが壊れていると話した。それから彼はすべてのおもちゃを回って歩き，それぞれをつまみ上げて点検した。彼はカウボーイハットをかぶったが，それは脱げ落ちた。それから彼は人形で遊び始め，自分で父親人形，母親人形と息子人形を見つけた。「やあ，これはパペット人形だ」と彼は言って，それで遊び始めた。彼は母親人形がいくつかの人形を部屋の別の場所に送ることについて話した。彼は銃のところに行き壊れていると言った（なぜなら彼はそれを使えなかったから）。それから彼は車がうまく走らないと言ったが，しばらくそれで遊んだ。彼は車についてのちょっとしたテーマを発展させ，車をあちこちに走らせた。

この時間中デビッドは友好的だった。しかしそれから，車の競争のコンテクストで，彼は空手を知っていることを私に示した。パパの車が壊れてしまったから，息子（人形）がパパ（人形）の世話をしなくちゃならないと，彼は私に知らせた。私が彼に，息子はもっといい車をもっているのかどうか尋ねたとき，彼は息子と父親のパペット人形をもち，息子が十分にコーラを飲めなかったので，息子は父親に空手チョップをしたがっていることについて巧みに表現されたお話しを発展させた。息子と父親は喧嘩になり息子は父親を殺そうとしていた。それから父親は息子に説教をして，その後息子は母親を「コーラがほしい」といいながら殴りつけた。最後に息子が傷つき，母親は息子にキスをして「おまえは悪い子だったね」と言った。お話しは息子が顔を伏せて横になるところで終わった。このお話しは約15分間続き，非常に表現力豊かに語られ，デビッドがすべての登場人物の語りをした。私は，テーマを追い続けるためにときどきコメントしながら，注意して見ていた。

母親がいるところで息子が父親を叩きのめすという巧みに表現されたテーマを，デビッドが終えた直後に，彼はもう1つの部屋に戻りたがった。この時点での私の連想は，カタルシスを得たので，いまや彼は行動の場面から逃げたがっている，というものだった。私は彼に退出したい願望について尋ね，

後でもう1つの部屋に戻れると話した。それから彼は素早く動物をつまみ上げ，私が何を書いているのかを知りたがった。彼は別の動物をつまみ上げ，それは母親ウサギだと言った。このテーマに彼はしばらく留まったが，実際には発展はしなかった。彼は母親ウサギで自分自身を慰めながら，しばらく休んでいるように見えた。君はあのさっきやったことから休息してくつろいでいるのかな，と聞くことによって，私は先の光景について間接的に質問した。彼は怒ったときには兄弟に物を投げたり空手チョップしたりすると，私に話した。彼が外に行けないときにこれが起きると彼は言った。それから彼は人形に戻り，さらに攻撃性のテーマを発展させた。彼は人形がお互いを好きだということについて話したが，彼は人形たちの顔を伏せて置いた。

そのときわれわれは面接の終了に近づいた。私が母親について尋ねると，彼は「とってもいい人」と言った。彼は車を，それから動物をつまみ上げ，後者について言った。「これは恐竜だ」。私が父親について尋ねると，「知らない。パパのことは何も知らない。でもパパはとってもいい人だって知っている——弁護士だって」。それから彼は母親に戻って「ママのことは知らない」と言った。それから彼は，とってもいい子のメリー・ルーという小さい女の子について話し始めた。それから彼は，ここにはもう1つの部屋ほどはたくさんのおもちゃがないね，とコメントし，ロビーと呼ばれる友達について話し始めた。「彼は物を投げる意地悪な子だよ」。私は姉妹について尋ねた。彼女はいい子だよ，兄弟もとてもいい子だよと，話した。私は彼が夢を見るかと尋ねると，彼はクマのプーさんが何かやんちゃなことをして，子犬のスコッティーの目を覚ましたという夢を見たと話した。彼は特別な感情を表すことなしに，くつろいだ様子で面接を終えた。

コメント

デビッドは年齢相当の感覚および運動能力，良好な受容言語，そしてほどよく明瞭な発話の能力をもっていた。彼は性格のよさそうな態度で，面接の間中良好な接触を保っていた。彼は好奇心と温かさという総合的な性質をもち，喜びと楽しみの能力も示した。彼は私と興味をもって関わったが，感情を深めることはなかった。彼は質問をすることはなかったが，特に豊かなテー

マといくつかの副テーマを，大部分は自分で発展させた。

　彼は豊かな種類の年齢相当の感情を表したが，彼の主な心配事は怒り，競争，そして十分な食べ物を得られないことだった。彼がエディプス型の家族ドラマを巧みに表現した後に，不安になって帰りたがったとき，彼は即座に注意を別のものに変えることができた。彼の葛藤と怒りのドラマは，十分に得られない（すなわち「コーラ」を）という早期の心配事によって燃料を注がれているといういくらかの示唆があった。さらに加えて，彼のもっとたくさん得る必要性を解決する明らかな道が，彼には見えないという示唆もあった。ドラマは男の子が顔を伏せるところで終わる。母親は恐竜を連想させ，母親ウサギは「彼を満たしてくれる」体験としては現れない。

　彼はプレールームの中で探索的でもあり，まとまりもあった。彼は怒りのテーマを，一部は，ゲームの中に置き換えて扱った。さらに，彼はプレールームの限界を理解していることを示した。

　発達的には，彼はすべての水準をしっかりと達成している証拠があった。彼は注意を集中して関わり，意図的な二方向性の身ぶりによるコミュニケーションが可能で，豊かな表象的ドラマを巧みに表現し分化させることができた。

　デビッドは，家族の闘争と父親との喧嘩に焦点づけた，つながりがありまとまりのあるテーマを発展させた。最も印象的なのはそれぞれの相手の情緒や感情を調節することによって，彼がテーマを演じきるやり方だった。家族の攻撃性と葛藤のテーマが面接を支配した。それと同程度に豊かなテーマの発展は，両親からコーラをほしがることに関して以外，喜びあるいは依存を追求することをめぐっては起こらなかった。

　主観的には私は感情的によりも知的に「満たされた」。私はデビッドが感じたように感じた。おそらく複雑なエディプスのドラマは，われわれのどちらもすっかり満たすことはなかった。

　上に示唆したように，デビッドの機能は年齢相当の範囲である。

症例 7（ジョーイ，5歳3カ月）

面　接

　ジョーイは5歳3カ月という年齢にしてはわずかに小さく，彼の声は少し鼻にかかっているか，あるいは舌がもつれていた。私が最初に彼に会ったとき，彼は親指をしゃぶり母親にしがみついていた。彼は宣言した。「僕はママをはなさないよ」。それから母親に「一緒に行く」と言った。母親は，いろいろな方法でえさで釣ったり操作したりしようと試みて，彼を言いくるめようとしたが，彼を一人でプレールームの中に入らせることはできなかった。

　心配しながらも，彼はゆっくりと平静に動いた。彼の粗大および微細な協調運動は良好に見えた。彼は私と視線を合わせるのを避け，代わりに私の存在を否定するかのように母親を見た。彼は不安そうに見えたが，母親が彼と一緒にプレールームの中にいるかどうかについて母親と口喧嘩をしているときには，彼の顔にはにやっという笑いがあった。彼は確かにある程度はプレールームを探索したが，母親の近くに留まった。母親は彼に指示するのは気が進まないように見えた。

　面接が進むにつれて，彼は幾分くつろぎ，ときどき私と話したりちらっと見たりした。しかしながら，面接中の基本的かつ主要な絆は母親とのものだった。彼が実際にどの程度怖がっているのか，そしてどの程度母親を操作することから満足を得ているのかをアセスメントするのは，困難だった。興味深いことに，母親は数多くのやり方で彼を一人にさせようとした。中には，後で面接の中で彼に「トイレに行かなくちゃ。さもないとお漏らししちゃうから」と彼に話すこともあった。彼はこれに対して，一緒に行ってトイレの外で待っていると応じた。

　いったん母親と一緒にプレールームに入ると，彼はボーボー人形のうえに座り，鼻を引っ張りながら，「空気を出しちゃうよ」と言った。彼は私が怒っているかを知るために私を見て，それから空気を抜き始めた。ボーボーで遊んだ後，彼は絵を描きたいと言った。彼は絵を描き，自分の名前を書こうとした。それから彼は次に移りおもちゃの動物を一列に並べ，キリンが一番大きい動物だと私に宣言した。それから彼は窓が開いているのが気になり，閉

めたがった。私がそれについて尋ねると、彼の反応は、動物の1つを窓から外へ投げちゃうぞ、という脅しだった。全般的に彼の態度は、短い時間のはにかんだ喜びに変化することと、ときどき心配を表すことのある、軽度に挑発的で支配的な性質が、特徴だった。

彼はおもちゃの犬のところへ行き、それが一番小さい動物だと宣言した。私が、犬が一番小さいって感じていることを、君はどう思う、と彼に尋ねると、しばらく思案した後、彼は「そいつらが犬を食べちゃう」と言った。私が「それはとっても怖いね」と言うと、彼は部屋の反対側に行きボールを突き始めた。彼はその次に馬を、それからカウボーイとインディアンの人形をつまみ上げた。彼は銃を見つけ、それを母親のほうに向け、そして怒りだして言った。「なんで撃てないんだ。弾丸はどこだ。なくなってる」。彼はそれから消防士とカウボーイに熱中し帽子をかぶせようとした。彼は帽子が両方とも小さすぎると宣言し、それから1つは大きすぎ、1つは小さすぎると言った。それから彼はこの部屋にテレビがあるか知りたがった。私はないと言って、テレビの何に興味があるのか尋ねた。彼は私と彼がテレビ番組に登場する可能性を議論した。それから彼は男の指人形をつまみ上げ、それを母親の顔の近くに置き、「彼は泣いている」と言った。その直後、先に触れたように、彼は母親と部屋を出て、母親のトイレに付き添った。

彼らが戻ってきたときには面接はほとんど終わりの時間だった。そして私は面接の最後の時間を構造化し始めた。私は「もし君が願い事を3つできるとしたら、何をお願いする？」と尋ねた。彼は最初の願い事には何も望まないと言った。2つ目の願い事には「人を撃てる本物の銃と本物の弾丸がほしい。悪い人だけ、でも僕と喧嘩する人だけを撃てるようにね」と彼は言った。私が彼と喧嘩する人について尋ねると、彼は友達のジミーについて私に話した。「彼は僕を殴りつけるの」。3番目の願い事には、最初彼はバスケットボールを欲しがったが、その後で彼はボーボーを叩くのが好きだったので、ボーボー人形に決めた。

興味深いことに、彼が私のそばでよりくつろいでいると確信したのは、面接のこの段階、私が特定の質問をしているときだった。私は彼に夢を見るか尋ねた。私の質問に続いて彼が私に話したことが、本当の夢か、彼が見たこ

とのあるテレビ番組の一部か，あるいは白昼夢かははっきりしなかった。それでもなお，彼は何かテレビ番組と，魔女と，魔女の家に忍び寄る2人の小さな子どもについて，報告した。家には長い口ひげとあごひげのある誰かがいた。彼は話を続けなかった。次に私は怖い夢を見たか尋ねると，彼は「僕たちみんなで映画を見ていて，弟がトイレで吐いちゃった。弟はお母さんと同じ部屋で寝なくちゃならなかった」と話した。彼はまた映画を見た後にどんなに悪い夢を見たか，どこかに閉じ込められるのではないかとどんなに怖かったかを話した。この独演会の間，彼は母親を見続けた。それから私は彼に何か私に質問がないか尋ねた。質問に続いて彼は見つけていた死んだ虫を私にもってきて，小さな犬が虫をびっくりさせたのだと話した。彼はそれから母親の隣に立ちあがり，銃を取り出し，「時間になった？」と言った。私はそうだと言って面接を終えた。

コメント

その年齢にしては小さいとはいえ，ジョーイは神経学的には健康で，粗大および微細な協調運動，知覚と運動の能力，および受容と表出言語のすべてが外見上損なわれていなかった。彼の全般的な気分は，'心配'というものだった。面接中に見られた優勢な感情は，しがみつく傾向，心配，そして怒りだった。——とはいえ支配の問題をめぐって，見せかけのふざけた楽しそうな操作性はあった。彼には母親を自分と一緒に居させる必要があった。彼が明らかにした不安は，分離と攻撃性を中心にするようだった。彼が私に関わるとき，関わり方の性質は大部分が'心配'というものだった。先に示されたように，私が面接を彼のために質問で構造化したとき，彼はより上手に反応した。この構造化によって彼は私に幾分温かく関われるようになった。しかしそのときでさえも，最小限の感情の深まりしかなく，彼の感情のトーンは，'気が進まない'というものだった。大部分，彼には表面的ではあるがはっきりとした面接者との人間的かかわりがあった。支配，挑発（からかい）そして距離を置くことが彼の関係のもち方のスタイルを特徴づけていた。

彼はプレールーム全体を扱うのではなく，1つの領域に，通常母親の近くに，留まる傾向があった。あるいは，彼はつながりのあるテーマを発展させ

るのではなく，むしろ，1つの思いつきや物から別の物へと動いた。これらの小部分や断片にはほとんど豊かさがなかった。限られたやり方で，彼は攻撃性，母親との絆，小さく感じること，そして危険の体験という問題をめぐるいくつかの葛藤をドラマ化することができた。彼は飲み込まれること（たとえば小さな犬が食べられる），そして傷つくこと（たとえば銃を撃つ）についてのいくらかの心配事を示した。彼は母親への依存を見せた。それは年齢相当水準以下と思われた。彼の母親は，彼がこの愛着を解決するように助けることができず，ある意味で彼の術中に陥っているように見えた。

　発達的には，彼は焦点を合わせ，関わり，意図的な身ぶりのコミュニケーションを使うことができた。彼はまた体験を表象し，分化させることができた。しかし彼の表象は，断片化し，制約される傾向があり，彼が母親から分離するのを助けるだろう内的な安全感をつくり出すように，彼を十分に助けることができなかった。したがって，部分的に分化していても，彼は大部分は表象的に断片化し制約のある様式で機能した。

　私の最初の主観的な気持ちは，彼が母親から離れようとしないので不快なものだった。しかしすぐに，私は自分自身，母親が彼と苦闘している場面を静かに楽しみ，自分が彼女の立場に居なくてほっとしているのに気づいた。面接の間に私は空想に気づかなかった。この面接は，概して困難でも楽しいものでもないとわかった。

　この総括が示唆するように，ジョーイはほとんどすべての機能分野で，5歳3カ月という年齢に予測される水準以下で機能していた。

症例8（ウォレン，9歳9カ月）

面　接

　ウォレンはとてもハンサムな9歳9カ月の子どもで，奇妙な帽子と大きな上着を「かっこよく」，うまく着こなしていた。それはとてもよく計算されたカジュアルさのように見えた。彼が座ったとき，彼は一種の「僕を苦しめないで」という表情をした。まるで「もしあなたが僕をちょっと苦しめないでいてくれるなら，どんなことでも告白します」と言っているようだった。私は彼にどのように援助できるのかを尋ねると，彼は「宿題をやってしまう

ことが，一番の問題じゃないかと思う」と彼は言った。彼はそれからこのテーマを詳しく表現し始めることができた。

これらの最初の数分間，彼は温かく関わりをもつことができること，彼の気分は平坦であること，彼はうまく焦点づけ集中し，うまく衝動を制御すること，そして彼ははっきり発言し，まとまりがあり，私のコメントを理解することを証明した。空想から現実を区別する能力のような，彼のいくつかの基本的パーソナリティ機能は，すべてすぐに年齢相当であると証明された。

しかしながら，最初の数秒でさえも，「僕を苦しめないで，告白するから。僕はあらゆる種類の罪と非行で有罪だ」という表情で，彼にとっての特別な問題への手がかりを私に与えた。またその「苦しめないで，告白するから」という種類の表情とともに，彼の目には寂しさも，そしてときには困惑している表情もあった。彼は詳しく表現した。「オーケー。宿題に手をつけること，宿題を終えることが問題だ。宿題が多すぎる。がんばるけど，いつも終わらせることができない。特に長い宿題が。特に，わかるだろう，作文が。僕には生活を楽にする新しい発明が（21世紀に）必要だ。作文や，そういうものを助けてくれるものが」。

私が彼が話したことをまとめると，彼は続けた。「僕は一生懸命やるけど，スペリングの教本を忘れたみたいに，そんなもんだよ」。それから彼は彼の最善の努力をむしばむ状況（彼の物語）を報告した。詳細はいつも曖昧だった。彼が話すにつれて，緊張の水準が上がった。彼の一見論理的な説明がお互いまったく適合しないことに彼が次第に気づくにつれて，彼は穴の中に身を隠した。

この間中，私は何が起こったのか，どのように彼が本や宿題や授業の時間を忘れたのかを話すのを助けるように，彼に挑むのではなく，むしろ特に彼を支持するようにした。彼の悲しさがさらにたくさん表れてきた。私が彼の話についていくと，彼はさらにいっそう曖昧になった。同時に彼は温かく関わり続けた。彼が緊張と悲しさを感じているときでさえも，彼の集中と衝動制御とつながっている感覚はとても良好であり続けた。

それからウォレンは宿題から友達へ話を変えた。彼は1歳年下で近所に住んでいる2年生について私に話した。この子は「いつもうそをつく」と彼は

知っていた。この子を好きだけど，この子がうそをつくのは好きじゃない。それから学校にはさっきの子と別の男の子と「その他の友達」がいるけど，「この子たちは（実際）いつも遊べるわけじゃない。しょっちゅう遊べないことがある。でも大したことじゃない」。彼は繰り返して言った。「大したことじゃない。ほんとにどうでもいい」。彼はかなり無理をして提案した。「さあ，冷静になろう。押さえよう。こんなことに腹を立てすぎないで」。

「物事が君を困らせすぎない，物事は大したことじゃない，っていうのが大切なんだね。君は物事を正しい秩序におきたいんだね」と私は強調した。彼は「ああ，それは僕の人生哲学みたいなもんなんだ。物事を落ち着かせ，冷静にさせ，そして正しい秩序を保つ，っていうことは」と言った。

私は彼に，それが家族の中ではどうなっているのかを尋ねた。彼は「ママとパパに緊張することがあるかもしれないけど，それは大丈夫。姉は怒りすぎるし，弟はだましすぎる。妹はいつも訴えるように泣いている。いつも面倒なことに巻き込むから，妹は好きじゃない」と言った。彼は家族メンバーをとても素早く検討した。彼を面倒なことに巻き込む1人のきょうだいについてだけ詳しく述べる用意があった。

ウォレンは両親について，あるいはどのように両親に変わってもらいたいかについて，話したがらなかった。彼は「それから離れていたい」と思った。「もし彼らが静かすぎたら，僕は甘やかされ過ぎていただろう」。

物事を「静かに」保つことに焦点づけて，私は彼がどのようにそれを最もうまくやっているのかと思った。それから彼は，ただ「物事を忘れること」，そしてどのように「忘れているもの」が学校で彼の最大の問題なっているのかというテーマに入った。私は彼がどのようにうまく忘れようとしているのかの「道筋をたどってみよう」と言った。われわれが道筋をたどりながら，彼はどんなに一生懸命思い出そうとしても「ただものを忘れるだけ」という一連の実例を再び繰り返した。それから彼は，どのようにそれがただ「どんどん積み重なっていく」のかを，そしてときには彼はただ「それを肩越しに放り投げたい」と感じるかを述べた。「君はちょうど鍵になることを突き止めたと思うよ。『それを肩越しに放り投げる』って」と私は言った。それから彼は「糞——どんどん積み重なって，〔僕の上に〕うず高く積み上がる」

というイメージを述べた。そしてそのときまさに「そいつを放り投げろ！」と言った。彼は微笑んだ。そして緊張し，落ち込んで，悲しげな表情が消えた。「そいつを放り投げる」ことについて，そして「ただすっかり忘れる」という安心について話すにつれて，彼の微笑みはどんどん大きくなった。

私は，彼がある種の物事が「熱くなりすぎ」るとき，それに直面するのが好きではなく，その代わりただ「それを放り投げる」のが好きなのはなぜなのか，そして彼が「放り投げること」をそんなに楽しむのはなぜなのか，と思った。彼は「僕はただ逃げたいだけ」と言った。

彼はそれを感じながらやっているのかと，私は思った。彼は明確化した。「つまり僕がある種の気持ちに当惑する，そして僕が気持ちを遠ざけてもいるってこと？」。私がうなずくと，彼は「僕は怒りたくない」と話した。「君が静かにしているのが好きでも，物事が君を怒らせるのかな」と私は考えた。彼は「そんなものかな。えーと，学校の先生。先生たちは女の子をひいきする」と言った。それから彼はサッカーをしていたときに，どのように先生は女の子を保護したかの例をあげた。「先生たちは，男の子がやりたいようには，女の子をやっつけさせてはくれなかった。僕は頭に来た」。

それが他の状況でも起こるかと私は思った。彼は「家でも，ママは12歳のお姉ちゃんをひいきする。お姉ちゃんは僕を支配するのが好きなんだ」。彼はどのように姉が彼を支配し，どのように母親が姉の肩をもつかを話した。彼はその2人の間に同盟関係を見た。まるで彼には2人のママがいるようだった——彼が対処するには難しすぎた。

彼は言った。パパはもっと公平だ，「でも，パパは家にいないことが多い」。「これらの2人の女性」に彼が対応するのを助けるような，家族の中の男性同盟の可能性が，彼にはどのように見えないのかを，彼は述べた。それから彼は特徴的な言い方で「でも大したことじゃないよ」と言って，自分の気持ちを軽く見た。私は「どんなに君がこれらの気持ちを肩越しに放り投げたほうがましって思っているのか」わかっているとコメントした。

われわれはそれから，どのように彼が彼自身のやり方で「それを放り投げ」たいという気持ちに注意を払うだろうかについて，話した。「大したことじゃない」と彼が言いたいときは，おそらく彼が「放り投げ」たいものは何か

ついて焦点づけるときだ。少なくともそれから彼がそれを放り投げるとしても，それは意図的な決断であろう。

面接を終わる時間が近づくと，彼の寂しさがほんの少し増えてきたのを私は感じた。彼は続けたいようだった。

コメント

現実検討，衝動統制，関係をもっている感覚，そして集中力という，ウォレンの基本的なパーソナリティ機能は，すべて年齢相当に見えた。彼にとっては困難な情緒的問題を扱うのに用いる必要があった否認と回避の量に，私は感銘を受けた。私はまたその下にある寂しさにも感銘を受けた。彼はあまり多くの怒りは表さなかったが，寂しさに結びついた怒りの気配はあった。

面接の最後に私は彼と勉強的なことをした（たとえば，数字の順唱，逆唱，形を写したり，思い出したりすること）。短期の機械的課題への彼の聴覚的および視覚／空間的記憶は，全般的知能ほどは発達していなかった。したがって，彼の生活の中で機械的記憶，暗記の側面は，彼の推理力，抽象化能力と比べて，おそらくとても困難だろう。彼は私とのこれらの課題を回避しようとした。そして彼の競争的な私立学校ではそれらをさらにもっと回避しているのは，疑いもない。

面接の後半で，彼がいくらかの治療的作業を行ったことにも，私は感銘を受けた。彼はなぜものを「放り投げる」のか理解しつつあった。彼は姉に関する怒りと不公平な気持ちを説明し始めることもできた。

面接を通して，彼は私によく関わり，平坦な気分だった。しかし狭い範囲の感情とテーマを見せたのみだった。怒りとその下にある寂しさの否認があった。彼の「それを放り投げて，静かに保つ」防衛は，一種の「私は何？　私は誰？　いったいどこへ行ったの？」である。彼はまた明らかに非常に魅力的で，葛藤から離れて彼のやり方で操作するのが好きでもあった。彼の私への率直さの一部はこのコンテクストであることに，私は疑いをもっていない。しかし彼の寂しさと怒りに触れられたとき，彼がもっと誠実になるだろうとも，私は感じた。私の主観的反応は，喜びとくつろぎというものだった。ウォレンはとてもかわいげがあった。それは温かさの潜在能力と，特に不安な

きに他者を魅惑する能力の徴候であった。

症例 9（ダニー，10歳）

面　接

　10歳のダニーは自分で面接室に入ってきて，極端に親しげで，まるで私を何年も，何年も前から知っていたと言ってもいいくらいだった。彼は大きく微笑み，すぐに座り，私の目を見て，温かさをまき散らした。彼は自分の生活について，ほとんどは学校について，しゃべり始めた。彼の集中力と焦点づけは良好だった。というのは，彼は私を見て，学校というテーマに留まり，そして椅子から床に移り，インディアンの酋長のように足を交差させて座ったときを除いて，面接の大部分を1つの場所に座っていたからだった。彼の衝動統制は優秀だった。というのは，彼はプレールームの暗黙のルール，すなわち物を投げたり壊したりするのではなくむしろ話すということを守ったからだった。彼の気分は興奮しがちであり，たくさんの不安と，厳密に彼のやり方どおりに進まない物事への激しい憤りの感覚があった。悲哀，抑うつあるいは空虚な感覚よりも，「どうして彼らはあえて僕にこれをするんだ」という性質があった。彼は，憤怒，心配，不安，短気そして気まぐれな興奮しやすさと緊張が混合した感情を見せた。

　彼が大きな笑顔を見せて座ったとき，まるで母親から教え込まれたように，あるいは何年もの間精神科医の診察を待っていたかのように，即座に言った。「僕は学校に敵がたくさんいすぎる。そいつらにどうしたらいいかわからない。そいつらは僕をからかうんだ」。私がどのようなやり方で彼らは君をからかうのかと尋ねると，彼は「奴らは僕の後ろで話をして，僕の噂を広めるんだ」と言った。彼はただちに例をあげ，話した。「あるとき僕は新しいスニーカーを履いてきて，それがとても自慢だった。そしたら誰かがそのスタイルをからかって，それはオェッとなるようだと言った。それからそいつは他の子と僕の後ろでくすくす笑い始めた。それから奴らは噂を広めた。僕はその噂が何か正確にはわからない」。

　それからダニーは続けて，他に彼を困惑させるものを列挙した。「僕はおもちゃの車と大きな子どもの物の間にいるようなもので，でもすっかりそこ

第 4 章 子どもの面接の臨床例

にいるわけでもない。あるとき，僕は別の子を叩いた，ただ一種の親しさで，本当に傷つけようとしたのではない。でも彼は意地悪になって，僕は彼を少し押すようにして，そしたら彼の友達がみんな僕の敵になっちゃった」。

「僕が本当に必要なのは，頼れる友達さ。でも，僕が一緒に本を読むこの子がいる——彼は本当にかっこよくて，僕は彼と友達じゃなくなるのが心配だ。誰か信頼できるなと思う子が僕にできるといつも，彼はその子たちと友達になって，僕からその子たちをとっていってしまうんだ」。

彼はこの状況についてどのように感じているかを私が尋ねると，彼は言った。「僕はとっても怒りを感じてる。僕はひどく怒ってる。僕はこの気持ちを頭に感じて，そしてその気持ちは胸に行くんだ。泣きたい。緊張を感じる。ただ身体に感じてるだけじゃない。僕は怒ってるみたいで，泣きたくて，感情的すぎて，それなのに僕の心臓がちゃんと動いていないようにも感じる」。

私がさらにその気持ちがどんなものかについて尋ねると，彼は言った，「僕はとっても頭に来てる。僕はときどきとっても頭に来すぎて悲しくなるんだ」。私が，悲しい気持ちと，一種の逆上した，圧倒された，怒りの気持ちの間の違いはどうかな，と口に出すと，彼は言った。「えーと，真ん中の弟がふざけたとき，僕たちが外に行けなくなったときに，悲しいって感じるよ。天気の悪い日に映画か何かに行く予定だったときみたいに。ときどき，もっと悪いことに，下の弟が，奴は家族中で攻撃的になりやすいんだけど，もし奴が悪い子だったら，僕たちみんなが奴のために叱られる。そしたら，僕はがっかりする。でもそれは僕が学校で1人の子に怒りと追いつめられた気持ちを感じるのとは違うよ」。

彼が私に話してくれたいくつかの気持ち——どんなに彼ががっかりしたか，そして他のときには追いつめられて，圧倒され怒りを感じるか——についてまとめると，彼は微笑んだ。私のコメントに彼が喜んだことを私がコメントすると，彼は言った。「えーと，僕は微笑んでいるかもしれないけど，こういう状況が実際に起きたら，僕の内側では怒り狂っていると感じるんだ」。彼は続けた。「しょっちゅう，僕はいい顔を見せようとがんばる。僕は教室で微笑む。僕は他の子に微笑む。僕は仲良くしたい。でも内側では僕は彼らに追いつめられて圧倒されていると感じていて，実際怒り出すかもしれない。

でも僕はそういう考えを内緒にしておく」。すべての自分の気持ちを内緒にしておくのが一番と感じているに違いないのかなと，私が口に出すと，彼は言った。「もし僕がどんなに怒って怒り狂っているかを人が知ったら，誰も僕の友達にならないだろう」。私は「誰も？」と言った。彼は「誰も」と言った。それは学校の人だけなのか，それとも彼の家族や世界全体なのかなと，私が口に出すと，彼は言った。「えーと，僕の友達になってくれるたった1人の人は，僕の下の弟だよ。だって彼は意地悪で，僕がどんなに意地悪だと感じているかをわかるだろうから。だけどお母さんとお父さんは僕みたいに怒ったり意地悪になったりしない。でもお母さんが僕に意地悪したのを見たことはあるけど――お母さんは本当に怒りっぽい――お母さんはわめいたり，悲鳴を上げたりできる。それから確かに学校の先生と子どもたち。子どもたちはたぶん，何人かは僕をからかい始め，それは我慢できないだろう。それから，先生は僕をいい子だと，一種の先生のペットだと思っていて，どっちも先生は好きじゃないと思う」。

　私は彼のジレンマについてコメントした。それから彼は話し続けた。「喧嘩の後ジョーイは他の子に僕を追いかけさせて，そして彼らは僕にいじめのようなことをしたときに，僕はしょっちゅうとってもひとりぼっちだって感じる。僕は決してもう一度友達をもつことはないって感じる。泣きたい気持ち。僕の内側は空っぽの気持ち。とってもひとりぼっちの感じ」。この「ひとりぼっち」の気持ちが，とても腹が立ってとてもつらいように見えると私がコメントしたとき，彼は話し続けた。「僕はその気持ちが憎い。友達がいない，それは僕が一番恐れる気持ちだ」。彼はさらに詳しく話した。「家ではお母さんはいつもとても忙しくて，しょっちゅう学校のために作文やなんかを採点している。お父さんはたくさん働いている。僕は2人のきょうだいを憎む。僕はときどきとってもひとりぼっちって感じる。一緒に遊べる子どもが近所にいるけど，ときどき誰も親しくできる子はいないと感じる。他のときにはお母さんが好きで，僕とお母さんは実際話をしているだろう」。

　それからダニーは続けて，彼がどんなに怒りを感じているかについて，まったく自分だけで連想した。「僕が追いつめられて，それからみんなが僕を自慢に思ってくれないとき，僕は耐えられない。僕はすごく腹が立つ」。（下の

弟だけしか理解できない彼自身のこの部分，彼の意地悪な側面と，彼が誰とも親しくなれないと感じるこの孤独感との間の関係性を，彼はほのめかしている——おそらく彼の意地悪さとそれへの困惑のために，彼はとてもひとりぼっちと感じていることを，ほのめかしている）。

そのとき，面接の終わりに近づいていて，私は彼に絵を描きたくないかと提案した。彼は窓やドアなどを含めて，たくさん細かく家の絵を描いた。そのまわりには雲や木があったが人はいなかった。それは生活や豊かさが伴わない，細かく描写された家だった。彼は言った。「僕は友達のためにその家にクラブハウスを付け加えた。僕はクラブハウスに逃げることができる。特にパパから逃げることができる。だってパパは僕にもっと勉強させ，よい成績をとらせたいって，僕を困らせるから。ママも僕を困らせるし，2人のきょうだいも。僕は本当に彼らから逃げる必要があるんだ。でもパパが一番金切り声をあげる。パパがそんなに大きな金切り声をあげると，僕は本当に考えることができないって感じになるんだ」。

「母親は僕を押さえつける。父親みたいに金切り声はあげないけど，母親はただ圧力をかける。僕は母親から逃げるにはどうしたらいいかわからない。僕には平和がない。お手伝いさんだって僕を困らせるんだ」。

私は彼のジレンマに，すなわち彼はたくさんの友達をもちたいし，ひとりぼっちと感じたくもないことに，共感した。彼はしばしば物事のまっただ中にいたいと思うが，同時にみんなは彼をいらいらさせ，彼はまったく自分1人だけでクラブハウスに戻りたいと思う（クラブハウスは友達のためのものではあるが）。この時点で彼は大きく微笑み，言った。「あなたは僕がどう感じるかを知っているみたい。他の誰かが僕以外の誰かに注目されているとき，耐えられない。ていうか，僕はAの成績をとって，僕は一番よい考えをもっていて，僕は歌うことができて，たくさんの子どもたちよりうまく音楽ができて，でも学校ではいい成績がもらえない。ていうか，僕は一番人気がある子どもであるべきだけど，でも僕は違う。ジョーイはそう。そして彼は僕を目の敵にする。彼はいつも僕を困らせる。そして僕は他の子に勝つために何ができるのかわからない」。それから彼は続けて「僕が他の誰よりも何でもうまくやることができたとしても，僕は簡単に混乱して，本当に頭に来てし

まう――僕の考えはうまくいくように思えない」。

コメント

この最初の面接が終わったときの印象は、ダニーはとても温かく関心を向け関わることのできる少年だ、というものだった。彼は適切な身ぶりを伴い、良好なコミュニケーションの交換が可能だった。彼は、まとまりと目的のあるやり方で感情と思考をコミュニケーションするために、（表象的な）着想を用いた。彼は明らかに非常に言語的でとても優秀だった。しかし、彼は簡単に負荷がかかりすぎた状態になり、そしてバラバラになると感じることもあること、そして他者と相互交流する際、あらゆる微妙な情緒的ニュアンスにもとても敏感であることもまた、明らかだった。彼に負荷がかかりすぎた時には、彼はバラバラになりまとまりがなくなると感じたものだった（「僕のまわりの千もの考えのように」）。

彼の気分は激しく、ときには逆上した。彼は多くの感情を明らかにした。その大部分は競争と困窮への不安、および屈辱と喪失への恐怖にまつわる感情だった。テーマは表象され、ときにはまとまりがあったが、それらはバラバラになることもあった。彼にはいくらかの葛藤があるという兆候があった。それはあらゆることのまっただ中にいたいという願望と、彼が簡単に圧倒されやすいこと、そして怒りと競争、および喪失と失望に関係がある、ある種の基本的願望と感情を扱う困難さとの間の葛藤だった。彼は関わり、関心を向け、概念や言葉ばかりでなく身ぶりでも相互交流的に関係をもってはいたが、これらの能力を特定の情緒領域に応用する能力は制限されていた。競争、怒りおよび喪失に関係する情緒を扱うのが、彼には特に困難だった。あらゆるものの中心にいたいという願望と、自己主張と競争への恐怖との間の葛藤が、彼の出現しつつある性同一性にどのような意味があるのかは、この時点では明らかではなかった。彼には親しい男性の友達関係や気持ちのよい役割モデルがなく、彼の父親は距離が遠く批判的と感じていた。ときどき彼は母親と親しいと感じることがあった。これは今後に続く面接で探索する重要な領域である。

彼は関わりをもつこと、二方向性のコミュニケーション、情緒をラベルし

概念化するために考えを用いること，および情緒をカテゴリーにまとめられることの面は，大部分マスターしたとはいえ，彼のパーソナリティの柔軟性にははっきりとした制約があった。しかしながら，最後の情緒をカテゴリーにまとめられる能力については，彼が不安なとき，彼はこの能力を失い，圧倒され混乱させられると感じた。彼は繰り返し圧倒され混乱させられる気持ちを再体験していた。さらに加えて，不安なとき，彼は競争を複雑な関係性パターンになくてはならないものと見ることができず，むしろ即座に「敵」によって不公平に扱われたと感じた（全か無かの性質）。彼は広い範囲の感情を維持できず，また他の人の行動についてあらゆる可能性を考慮することもできなかった。柔軟性がなく，彼は同じ「ドラマ」（「彼らは僕の敵だ」）を何回も何回も再演した。私の主観的反応は，ダニーとちょうど同じように，ちょっと負荷がかかりすぎたと感じるというものであり，そしてときどき一見ドラマのような内容に強くは引き込まれなかった。

　全般的にダニーはいくつかのカテゴリー（関係をもつこと，テーマのまとまり方）では彼は年齢に予測される水準であり，他のカテゴリー（気分，感情，不安，およびテーマの範囲と内容）では予測される水準以下だった。

症 例 10（アリス，7歳）

面　接

　アリスは小さくて，やせて，真剣な表情の，7歳の少女だった。彼女は素早く面接室に入り，座り，無言で見つめた。彼女の目は，緊張して期待しているように見えた。彼女はいろいろな気持ちでいっぱいになりすぎているように見えた。彼女はおもちゃのところに行ったり，話し始めたり身ぶりで表現し始めなかった。しかしながら，関係をもっている感覚はあった。私はどのようにお手伝いしたらいいかなと尋ねた。彼女は「えーと，よくわからない。知らない」と言った。私は「新しいところではなんて言っていいのか見つけるのが大変なことがときどきあるのかな？　新しいところで恥ずかしいって感じることがときどきあるのかな？」と思った。彼女は言った。「ちがうの。私本当はとっても恥ずかしいってわけじゃないわ」。「あー，あなたはもっと外向的なほうかな？」と私が言うと，彼女は「ときどきね」と言った。そ

れから彼女は，一緒にいると気持ちよくとても外向的だと感じる彼女の学校での親友について話した。2人は「いろんなことを一緒にやるの。彼女は私の親友」。

彼女がこの少女について話すとき（彼女は他にも友達がいるとも語ったが，この子が彼女の「1人の大切な親友」だった），彼女は焦点づけ，関係をもち，そして関わりをもっていること，彼女はエネルギーをもっていること，そして彼女の思考はまとまっていることに，私は気づいた。たとえば，彼女は，自分たちが一緒にやることの例をあげながら，友達と学校のことを詳細に話した。彼女は2人で人形を使って遊ぶゲームについて話した。彼女は，彼女の友達が「本当にゲームが好きなの。私も好きだけど彼女ほどではないわ」と説明することができた。

最初私は，彼女と友達がどのくらい人形のゲームを好きなのかを比べることを含めて，彼女が話し論理的に考える能力に，感銘を受けた。

アリスは学校と他の友達について話し続け，そして私に今の先生を憎んでいることを話した。先生は子どもたちに向かって大声をあげるし，一種の「魔女」だった。彼女の話は先生から両親に移り，どんなに彼女の「ママとパパ」がたいていは良い人だけど，でもときどき「ママとパパは大声を出しすぎ。パパはママよりもたくさん大声を出せるけど，ママもたくさん大声を出せる」のかを話した。そして彼女はそれがちっとも好きじゃなくて「それは頭に来る」。両親が大声を出すとき，彼女は「とても悲しく」感じ，彼女は「生まれてこなければよかった」と願い，「逃げ出したいと思うの」。

その話しからわれわれは10歳の兄についての話しに移り，「お兄ちゃんは私と喧嘩するのがとっても好きなの」。兄が彼女をいじめるとき，彼女は「お兄ちゃんの首を絞め」たいと思う。兄は彼女のおなかを殴り，そして2人は喧嘩を始めお互いに「ひどく叱られる」ことになる。

それからアリスは兄よりも自分の猫たちのほうが好きだと語った。彼女は猫たちと遊ぶのが「大好き」。「猫たちは」と彼女は言った。「いろんなおもしろいことができるの」。私がどんな種類のことができるのか尋ねると，彼女は，事実を話しているという表情で，猫たちは私とコミュニケーションできると言った。「猫たちは私に話しかけてくるの」。彼女だけが猫たちのこと

を理解して猫たちと話すことができると,彼女は付け加えた。「猫が『ニャー,ニャー』と鳴くとき,ママとパパにはそれがただ『ニャー』としか聞こえないだろうけど,でも本当は猫たちは私に話しかけていて,私がしたいことを教えてくれるの」。「私も猫たちに話しかけるし,猫たちは私のことをわかるの。『それをとってきて』とか,『外で小鳥を見つけなさい』というように。猫たちは私が言ったことをするの」。彼女は猫たちができたこととできなかったことを区別していた。(彼女は自分自身の考えを確かのものにするために,いずれにせよ猫が自然にすることを,しばしば猫たちに命令していたのではないかと,私は思った)。

　彼女が私に猫の話を終えた後,私は彼女に,他の人ができないことを彼女ができたというような種類の体験があるか尋ねた。彼女は私を見て言った。「どういうこと?」。私は言った。「他にも,他の人が知らないだろうと思うことが,あなたに起きたり,あなたにはできたりすることがあるのかな?」。彼女は「ええ」と言って,次に「声」について私に話し始めた。「声は私にいいことと悪いことを話すの」。もし彼女が両親や兄に腹を立てていると,声は彼女を慰め,兄に仕返しをする方法を彼女に教えるだろう。声は彼女に「家から飛び降りろ」とも言う。屋根のてっぺんから飛び降りろと彼女に言うような,こういう種類のことを声が言ったとき,あなたはどんな風に感じたのかなと,私は尋ねた。彼女は言った。「えーと,声はそれを一度言うだけで,私はそういうことをしようと思わないわ。だから声が私にそれをさせることはできないっていうのをわかっているから,そう言われても私は怖くはないわ」。「声はちょっと現れてはすぐ消えてしまう。声がいつもそこにあるのではない」というのは彼女には重要なことだった。彼女がこれらの体験を話したとき,彼女の感情は一種の事実を話しているというものだった。しかし彼女は確かに付け加えた。「声は助けになるというよりも,苦痛」で「声がそこになければと思う。最近では声は少しずつ少なくなってきているの」。

　猫と声はこの6から8カ月前に始まっていた。私は彼女に,声がどこから来ると思うか尋ねた。彼女は,遠くにある,地球のような惑星について話した。そこには彼女に話しかけたり彼女にメッセージを送ったりする生物がい

た。私が彼女に惑星に名前があるのかと尋ねると，彼女はしばらく考えて，「りんご」と言った（彼女はその名前をそのとき創作したという印象を，私はもった）。彼女は十分に作り上げられた複雑なシステムをもってはいないように見え，彼女はむしろ「声が彼女を放っておいてくれたほうが」，そして彼らが「いなくなってくれたほうが」ましだと言った。

「声」（猫たちではなく，声だけ）は彼女の親友にも話しかける，とアリスは私に話した。さらに彼女は，彼女が本当に兄に腹を立てて，彼を叩きのめしたいと思ったとき，そして寂しくなって生まれてこなければよかったと思うとき，声が彼女を慰めてくれるのだと，詳しく話した。われわれは激しい気持ちについて，そしてどのように猫と声がこれらの気持ちにときどき役立っているのかについて，話した。私はどの気持ちが最も激しいのだろうかと，考えた。彼女の両親の喧嘩は彼女を怯えさせると感じ，そして両親は喧嘩するか，「お互いに口を利かない」かのどちらかだと彼女は感じていた。彼女は時々「ひとりぼっち」と感じていた。猫たちや声が彼女に話しかけ始める直前に，特別な激しい気持ちがあったとは，彼女は感じていなかった。面接が終わりになるとき，彼女は声がいなくなってほしいと繰り返した。

コメント

アリスは小柄でとても魅力的な7歳児で，粗大な協調運動は良好だった。彼女の微細な運動能力を観察する機会はなかった。彼女は完全複文で，はっきりと明瞭に話した。彼女は良好な受容および表出言語スキルをもっているようだった。彼女の気分は平坦で，激しかった。彼女の気分の内容は現実逃避と抑うつのテーマを示唆していたのではあるが，彼女の全体的な気分には無気力や消極性はまったくなかった。彼女はとても温かく話し，非常によく関わりをもち率直だった。最初，彼女は警戒感と恥ずかしささえ見せていたが，時間がたつうちに関係をもっている感覚を発展させた。面接が進むにつれて，彼女は自分の気持ちについてもっと率直になり，温かさの深まっていく感覚が現れた。

彼女は面接の間ずっと緊張しているように見えた。彼女の話し方には，激しさという性質が染みわたっていた。彼女の情緒にはほとんど変化はなかっ

た。彼女は話の内容に，さまざまな情緒，たとえば彼女の両親が喧嘩しているときに悲しくなり，逃げ出したくて現実逃避的になることとか，あるいは怒って兄を叩きたいと思うというような情緒をほのめかしたが，これらの話題について話したとき，彼女の感情にはほとんど変動がなかった。彼女は怒りについて話すときに，柔軟性が最も少なく見えた。彼女の唯一の連想は，特に両親に関しては，現実逃避的になるということだった。

　思考という点では，アリスは思考をまとめる能力をいくらか示した。たとえば，つながりのあるやり方で話題を提示したり，兄とのいらだたしさなどの一般的テーマを持ち出した後に，パズルにピースを付け加えたりした。彼女は体験の実例をあげることができた（彼女が学校で友達とどのように遊ぶのが好きなのか）。そのとき，一般的な意味で，彼女の思考はまとまりがあるように見えた。しかしながら，特定の内容の領域で，彼女は現実と空想の間のはっきりとした区別を維持することができないのが明らかになった。それは猫たちがどのように彼女に話しかけることができたのか，そして他の惑星からの生物がどのように彼女とコミュニケーションしたかについての気持ちの領域だった。これらの体験は，彼女のパーソナリティの残りの部分を圧倒するものでも，バラバラにするものでもなかった。しかし同時に，彼女はこれらが「魔術的」性質をもつものとアセスメントしたり，それらが本当か否かを議論したりすることはできなかった。彼女はその体験を本当のものと感じたが，彼女はまたそれが他の誰にも理解されないだろうということも知っていた。それらは彼女の「秘密の」コミュニケーションだった。明晰な7歳児としては，彼女は年齢相当の現実検討の（空想から現実を区別する）能力を示さなかった。思考のまとまり方に関しては，彼女には欠陥があった。

　この型の現実検討が困難な症例では，発達水準を決める必要が常にある。年齢相当に予測される水準と比べて，機能における障害の性質は何だろうか？彼女は注意を共有し関わることができる。彼女は二方向性の身ぶりによるコミュニケーションを成立させることができる。彼女はまた感情にいくつかラベルをつけることもできるし，ある種の体験を表象することもできる。たとえば，彼女は気持ち――悲しい気持ち，怒りの気持ち――について話し，これらを巧みに表現する（自分は兄を叩きのめしたいと思っていると彼女は感

じる)。したがって彼女は表象を巧みに表現する能力をいくらかもっている。自我発達の段階に関しては，彼女は，注意と関わり，早期の，そしてより進んだ身ぶりによるコミュニケーション，および早期の表象能力の段階はマスターしてきていた。

　次の水準，すなわち表象分化の能力（カテゴリーを形成し，体験をつなげる）の水準を検討すると，アリスは年齢相当に予測される水準に欠陥を示している。7歳までには，子どもは情緒的なテーマと気持ちを表象する能力をもつだけでなく，それらをカテゴリー化し，これらのカテゴリー間に単純な結びつきもつくることを，われわれは予測している。最も重要なカテゴリーの1つが，現実／空想である。7歳児は「その夢は怖かった。でもそれはただの夢だった」と言うことができるだろう。あるいは「私はそれを本当に本物みたいに感じるけど，ただふりをしてるだけってわかってる。でも何かとっても本物みたいに感じるから，まだドアを閉めて枕の下に隠れているの。だって，100％確信じてるわけじゃないから」。7歳児は魔法を信じる小さな島状の部分をもっているかもしれない。「それは起こるかもしれない」「魔女は本当かもしれない。私は本当だと思わないけど，でも本当かもしれない」。

　7歳児は空想から現実までの連続体の灰色の程度について，論理的に考えられる。その代わり，この少女は，私が猫たちについて尋ねたとき，猫たちが彼女に話したということは彼女のこころの中ではまったく疑問がない，と言った。「えーと，そう思うわ」あるいは「それは普通じゃないみたい」という感覚はなかった。アリスは空想と現実を区別する能力と，灰色の程度を扱う能力を示さなかった。

　彼女の思考のシークエンスを考慮してみよう。彼女は1つの思考から次のものへ動くことができ，その移行はスムーズだった。彼女のテーマのシークエンスは，怒りをめぐる困難さ，特に両親の怒りと「お互いに口を利かない」ことをめぐるものと，現実逃避傾向を用いる必要性を示唆した。私が後に学んだことによると，この家族にはもっとたくさんのことが起こっていた。主観的な反応には，保護的な気持ちが含まれていた。おそらく彼女が家族の中でどんなに圧倒されているかのヒントだろう。

　全般的に，彼女はテーマ（着想）をまとめる年齢相当の能力に，有意な妥

協形成を示した。テーマの範囲，感情の範囲，そして気分も，年齢に予測される水準以下だった。しかし，関わりをもち関係する能力は，年齢に予測される水準に近かった。テーマのコミュニケーションのある側面ではまとまりを保っていられる能力も同様だった。

症例11（ザカリー，5歳半）

面　接

　ザカリーは5歳半の少年で，入ってくるときにはわずかに怖がって，母親に一緒に来てもらいたがっていた。しかし，彼は自分一人で面接室の中に入ってこられた。最初は少し用心深さがあったが，徐々に彼は親切で，温かく，関わりをもつ性質を示した。彼は優しく，多少不細工な顔立ちだったが，集中力は良好で穏やかな気分だった。彼はゆっくりと話し，よくつながりがあり，わずかに躊躇して，そして恥ずかしがった。彼は私の言葉をよく理解し，状況を確実に把握した。彼ははっきりと話した。ときに，彼は何かを描写するのに必要な言葉を見つけるのが少し難しい（単語の想起あるいは単語の発見が多少難しい）ことがあった。しかし大部分の間，私が我慢して彼の言葉を待ち，彼が自分自身で時間をかければ，彼は単語を見つけることができた。

　彼は最初にドールハウスのところに行き，すべての部屋を点検した。それから彼はドールハウスにかかっている絵について話した。彼は自分の家を説明し，私の面接室のドアの外に何があるかを知りたがった。面接室の建物が「大きな家」であることにたくさんの興味があった。彼はそれが教会になるか知りたがった。

　彼がおもちゃをくまなく調べていたとき，彼はたくさんの顔をもつ一つの人形を見つけた。それは顔をぐるっと回すことができる（「たくさんの顔」人形）。彼は1つの「顔」が「邪悪な少年」の顔だということについて話した。別のは「魔女のように」見え，魔女は「魔法をかける」ことができた。われわれは魔女が魔法をかけることと，魔法が人びとに何をするのか（魔法はすべての人びとにかけられるのか，あるいはほんの少しの人にしかかけられないのか）について話した。魔法は「魔術的で強力だ」という以外は，彼は魔法でまさしく何をしたいのかについて，決して言わなかった。

それから彼は男の子人形と女の子人形のところに行った。彼は1つの赤毛の女の子人形がとても気に入ったようだった。彼は「僕その人形が好きだ」と言った。彼はそれを男の子人形と比べた。そして、男の子人形と女の子人形のどっちのほうが好きか、そして男の子あるいは女の子でいることの有利な点について、彼は夢中になった。彼はたぶん男の子のほうがいいだろうと考えた。「だって女の子と結婚できるもの」。「男の子のほうが強い。でも女の子も強い。でも、もし男の子なら女の子になりたいって思うのは悪いことだよ」。

彼が話し続けているとき、彼が正しい答えを判定しようとするときに彼の内側で働いている力を、私は感じることができた。私は、彼のジレンマ、ときどき彼は混乱してしまうこと、そして彼にはいろいろな気持ちがあることに、共感した。

ザカリーはたくさんの顔人形と、悪い魔女が「いい人たち」を傷つけている場面に戻った。彼は悪い魔女がいい人を傷つけているという場面から、ほんのちょっと壊れている青い毛の女の子人形を直したいという場面に移った。彼は「もっとすっかりよくするのに」テープを使いたがった。彼は注意深くテープを引き出し、それを腕と足につけ、とれていた1つの足をくっつけようとした。彼はそれから男性のヒーロー人形に、傷ついた青い女の子人形を助けさせた。それから彼は青い女の子人形と赤毛の人形を互いに噛みつき合うようにさせた。少しすると、2つの人形はキスをしているのか噛みついているのかはっきりしなくなった。私は何が起きているのか明確化しようとし、そして彼は「別に」と言った。

話したり遊んだりしている間、彼は性器のあたりを保護するように持っていた（悪、攻撃性、人びとが傷つくこと、傷害、自己－防御、噛むこと、キスすること、そして親密性のテーマは、おそらく背後にある問題だろう。それは、どちらの性がより安全に感じ、どちらがより危険かに関して、彼が苦闘している問題である）。

面接の終わり近くに、ザカリーは「ここのどこにお医者さんがいるの？」と言った。私が「お医者さんはどこって、いうと？」と聞くと、彼は「えーと、僕はお医者さんに診てもらうことになっていたはずだけど」と言った。

彼は話したり遊んだりすることと医者に診てもらうことは結びつけて考えなかったと説明した。彼は私を点検し，はっと驚いた。彼は「ここで何が起きているの？」というような，疑惑の表情をした。おそらく彼は「こんなことはもうたくさん」と「本当の診察はいつ始まるの？」の両方を言っていた。しかし同時に，何が行われているのかについて理解しているという性質もあった。私は彼に，ここでわれわれがすることは，話すことと遊ぶことだ，と話した。彼はそれを，「僕を診察して注射する」という彼の医者の概念と比較した。

　ここで興味深いのは，彼の認知とそのタイミングだった。彼が十分に面接に関わった後，「ヘイ！　ところで君は誰だい？」と言うのは少々遅すぎた。私は次のように考える。彼には暗黙の理解があった，しかしその時点で，多分彼がしたいと思ったよりもたくさん暴露されすぎたと感じていた。暴露されたことの一部は男の子－女の子葛藤についてだが，そればかりでなく，背後にある良いと悪い，および攻撃性についての気持ちについても暴露されすぎたと感じていた。それでもなお，彼は面接の間中まとまりがあり，言語的で，そして穏やかな気分だった。面接の最後近くに，私は彼に絵を描かないかと聞き，彼は程よい微細な運動コントロールを見せた。

　最初の面接で，彼の基本的パーソナリティ機能，現実検討力，関係をもっている感覚，集中力，衝動コントロール，そして安定した気分には，障害がなく年齢相当であることに，私は感銘を受けた。彼は少々用心深く，秘密の問題があった。彼は，言うことが自分で正しいと思ったことを言おうと努力していた。しかし彼はまた，良い－悪いと攻撃性をめぐって，そしてどのように自分自身を守るかをめぐってたくさんの問題があることを，はっきりと明かした。それらは，彼のこころの中では男の子－女の子葛藤と結びつけられていた。

　次の面接で，ザカリーは再びとても関わりがあり，多少混乱して，楽しくてくつろいだ性質をもって入ってきた。彼は洗練された言葉の使い方，良好な注意，そして穏やかな気分を示した。彼のテーマは，城の中を覗き，ものを開けたり閉じたりし，城は恐ろしく，そしてあらゆる角や凹みに何が入っているのかを知りたがることに焦点づけられた。これは，最初の面接の最初

のテーマに，すなわちわれわれが家を探索し，閉じたドアの向こう側を見ていた（人生のミステリーを探索していた）ときに，類似していた。この興味は，彼自身の身体についての気持ち（身体についてのミステリーの感覚），そして彼の幼いときにはかなりの量の葛藤がありその時点では別居していた，彼の両親についての空想に，関連するのかもしれない。

　城は突然恐ろしいものになった。それは「幽霊にとりつかれた城」だ，と彼は言った。彼は2つの城をおろし，とても練り上げられたドラマをつくった。人形たちがこっちの階段やそっちの階段を上っていき，動けなくなる，などなど。彼が城の空間的な性質を使って空想をつくり出すやり方は，非常に賢かった。

　ザカリーは，最初の面接よりも今回のほうが豊かに空想を創作した。彼はまた，もっと関わり，温かくもあった。彼はそれから城を「パパの家」と「ママの家」と比べた。ミステリーのテーマがもう一度出現した。それから彼は男の子人形と女の子人形を取り上げ，「僕は男の子だから，パパになるほうがいい」と言った。彼は男の子と女の子をそれぞれの家に関連づけた。「でもママの家のほうがいい。だってずっときれいだから」。彼は「きれい」であるものに好奇心をそそられた。彼は続けて言った。「女の子になるのはもっと楽しい。だってドレスを着たり，きれいになったりできるから」。

　それから彼は両親の別居について触れ，両親は「たくさん喧嘩して，もうこれ以上結婚していられない」から彼らは別れて住んでいるのだ，という彼の見解を述べた。彼は「男のように強いこと」対「美しいこと」について，そして両者の良い点と悪い点について話した。

　3回目の面接では，彼は再び警戒しながら始め，父親に一緒に入ってもらいたがった。しかし，彼は一人で入ってきて，数分間沈黙した。それから彼はすぐに遊びのテーマに夢中になった。彼は人形のドレスをおもちゃ箱に見つけ，そして女の子はどこか知りたがった。彼は多分ドレスが女の子人形の1つから脱げたのだろうと考えた。彼は，ドレス対ズボンという形で，そしていろいろな人形のいろいろな髪の毛という形で，女の子対男の子のテーマにすぐに夢中になった。彼はどの人形がよくて，どの人形がよくないか，それからどの色を彼が好きで，どの色を好きではないか，などと考えた。それ

から彼はどのように人形の体が違うかについて詳しく述べた。私がこれらの違いについて尋ねたとき，彼はもう1つの違いとして，「ペニス」と「バギナ」を対比して話した。彼は「バギナをもつほうがいい」と考えた。「おちんちんはおかしく見える。だっておちんちんはお尻から出てくるから。おかしく見える。バギナは突き出さない」。

それから彼は言った。「ペニスはときどき痛くなる」。彼はお風呂に入ることについて，そしてペニスが小さいことと大きいことを対比して話した。傷つけることというテーマが再び言及された（私は，彼が勃起について，彼がペニスで遊んでいたり入浴したりするときどんなにそれが大きいかについて，そしてそれが彼を傷つけるか，あるいはそれが傷つけられることに弱いと感じているかについて話しているのだと考えた）。テーマは，何か突き出るもの，何か傷つけるものあるいは傷つけられるかもしれないもの，そして何か小さくなったり大きくなったりできるものをもっている，と続いた。

彼の次の連想は，良い人間と悪い人間と王女様，そして人びとが危険にあるときに彼らを助けることができるテレビゲームに出てくるような救世主についてのものだった。危険というテーマが突出し，善と悪の間で戦いがあった。彼が詳しく話しているとき，彼は私が質問したときに私を無視し，間欠的に私を調律からはずした。

続いて，彼は女の子のようにきれいな洋服を着たいと思うことについて，そして女の子人形の1つがどんなにきれいかについて話した。それから彼は言った。「僕のママはきれいだ」。彼自身のきれいになりたいという欲望と，人形がきれいだということ，そしてママがきれいだということの間には，はっきりとした関連があった。

彼はまた，もし自分で選べるとしたら力強い男の子よりも，むしろきれいな女の子になりたい，彼は男の子にならなるべきなのはわかっているが，でもこころの中では美しくなること，そして女の子になることにもっと興味をもっているのだということも，話した。

コメント

示されたように，関係をもち，相互交流し，体験を表象するザカリーの能

力は，すべて年齢相当だった。彼の気分，感情，およびテーマは，すべて安定しまとまりがあった。彼はまた，その年齢に予測される感情とテーマの範囲に著しい制約を示した。彼はその年齢に予測されるテーマを除外して中核となる葛藤に焦点を絞った。自己主張への喜び，自分の身体への誇り，そして仲間関係と興味を広げることへの自信の代わりに，彼の連想は危険，ペニスが傷つけられることについての心配，善対悪のドラマ，テレビゲームに出てくるような力強い人に救われること，そして美しくなり母親のようになること，したがって女の子になることを好むこと，のテーマについての連想であった。これらのテーマは表象分化の水準よりも表象を巧みに表現する水準で多く表出された。理想化，否認および恐怖は連想による以外はつながっていなかった。彼は表象の間に橋を創る能力をいくらかもっていたが，その一方彼の葛藤と制約の領域に関係する島状に孤立した未分化な領域もあった。私の主観的反応は，彼の心配をあまりにも急激に刺激したり探索したりしすぎることに関して，保護的に感じるというものだった。それはおそらく背後に壊れやすさを感じていたことを示唆している。

　したがって，全般に，彼は感情の範囲，テーマの範囲，そしてテーマのまとまり方の領域では，能力がその年齢に予測される水準以下であることを明らかにした。彼の関係性の能力，気分，および集中力は，年齢に予測される水準に近かった。

症例 12（マーク，4歳半）

面　接

　しばらくの間，私は待合室で両親といるマークを観察することができた。彼は金髪の4歳半児で，非常に背が高く，しっかりとして厚みのある体格だった。彼は普通ではない歩き方，すなわち最初はつま先を踏み出し，次にかかとにばたんと落ちるような歩き方で歩いた。一方彼の腕は目的がないようにあちこちに動いたが，完全に痙性の動きというわけではなかった。私は彼がボールを父親に放り投げ，両親の指示に従うのを見た。私が彼に手を差し出し，面接室に入るかと尋ねたとき，彼は拒否して，彼特有の協調されていないスタイルで私から離れ，母親の膝の上に走っていった。しばらく忍耐強く

期待して待った後，私は家族が一緒に面接室に入ることを提案した。

　プレールームでは，マークは彼の両親からの複雑な指示さえも，理解し実行することができるように見えた。両親は熱心に自発的に指示をした（「グリーンスパン先生に君がどういう風に遊ぶか見せてあげなさい」）。子どもは即座に私と視線を合わせ，私の方向に動き始めさえもした。しかしそれから素早く退却し，母親の膝の上に飛び込んだ。彼の父親は彼に膝から降りて遊ぶようにと強く言い，彼はそうした。彼の私との関係の持ち方の性質は，そして幾分かは両親との関係の持ち方の性質でさえも，普通ではなかった。というのは，彼は一過性の接触をして，それから外見上接触を失い，彼の目は生気がなく，こころを奪われたような様子を呈したものだったからだ。接触をもち，それから拒否的になりそれを壊す少年とは異なり，マークは即座の接触をもちそれから混乱するあるいはバラバラになるように見えるものだった。このような接触の後，彼は別の方向に向き，しばしばしばらくの間目的なくふるまったものだった。

　面接のはじめのころ，両親が遊ぶように彼を励ましている間に，彼は出し抜けに何か話したものだった（たとえば，「狼が来るぞ」）。狼が来るぞと彼がコメントしたとき，彼はおもちゃの狼で遊んでいたのでも，それ以前に動物についてあるいは人びとが襲われることについて話していたわけでもなかった。面接の間に，時折彼は私に近づこうと動き始め，それからこの行動を変えて母親か父親のほうに走っていき，抱っこしてもらいたがったものだった。ときには，彼は攻撃的に母親や父親をつねり，両親は怒って彼をぴしゃりと叩き，「床に戻って，グリーンスパン先生に君がどういう風に遊ぶのか見せてあげなさい」と強く言ったものだった。

　だいたい面接の中程で，外見上挑発なしに，マークは怒り出して，叫び始めた。「行きたいよ」。彼の筋緊張の低い足の動きと運動協調のない腕の動きで，行ったり来たり足を踏みならしジャンプして回るにつれて，この爆発は即座に癇癪の性質を帯びた。彼の声はわずかにしわがれた性質があったが，はっきりとして区別がつきやすかった。彼の「行きたいよ」という発言は，面接全体の中で彼が発した最も意味のあるものだった。両親がこの要求に反応しなかったとき，彼は両親のところへ行き，一人をつねった。それから彼

は続けて，数分間外見上混乱状態で部屋の中を歩き回った。彼はどのおもちゃにも，あるいはどの遊び道具にも近づかなかった。彼はどんな活動も発展させなかった。

　彼がこのでたらめなやり方で部屋をほんの少し探索した後，彼は母親のところに行き，幾分優しく母親の膝の上に座り，母親の腕に抱きしめられた。母親に温かくしそうに見えた瞬間，彼は言った。「もし行かないなら，僕はママを痛くしちゃうよ」。母親は支持的に応答し，もう一度彼を床のうえのおもちゃのほうに向けた。それから彼は積み木で塔をつくり始めることができた。これは面接の中で飛び抜けてよくまとまりのある彼の行動だった。彼らの息子がこのように集中した作業に関わっている間，父親は居心地が悪そうに見え，母親は共感と温かさを見せているようだった。ある時点で，父親は「私にあそこのアヒルをとってくれ」と強く言った。この命令は，マークが塔をつくるのに集中している気持ちを散らす効果があった。

　面接が進むにつれて，マークの母親はますます落ち込み引きこもるように見えた。母親には「マークをもっとうまく行動させる」にはどうしたらいいかわからないように見えた。父親はますます短気になった。そして彼がときどき爆発するように「これをしろ」や「あれをしろ」と言っていたのは，怒りのこもった要求になった。その間に，マークは彼のでたらめなやり方で，おもちゃを探索し続けた。彼は品物にさわり，ときどき小さな人形や積み木を口に入れた。ある時点で母親がこの品物は何色か彼に尋ね，彼はそれはオレンジだと答えることができた。それから父親がそれを綴るように言うと，彼は正しく綴った。

　ときどきマークは，「膝の上に座っていたい」と言って，母親の膝の上から降りるのを拒んだものだった。彼がそこに座っていたあるとき，彼は鉛筆を口に入れ彼の性器を握り始めた。ときどき彼が歩き回るときには，彼はほとんど興奮して震え，腕をあらゆる方向に伸ばし，指と腕をでたらめに上げたり下げたり動かして歩き始めたものだった。彼はときに，理解できない，一見別々の単語から音節をつなぎ合わせたような言葉を言った。彼はまた突然に文章を口にした。たとえば「僕の口の中には毒がある」というように。ある時点で，彼の頼んだことを両親がしなかったとき，彼は鉛筆で刺すぞと

脅し，彼の父親がつかむまで，興奮して両親を攻撃した。彼はときどき混沌とした興奮，あるいは混乱した当惑を，そしてときに抱かれることへの興味を示すことはあったが，面接の大部分の間中，彼の感情は穏やかで平板だった。

　面接の終了近く，相変わらずマークの能力を証明しようとして，父親は彼に物の名前を言うように話し，彼は部屋の中のたくさんの物の名前を言うことができた。父親はまた，どんなにマークが何の絵かわかるかを私に見せるために本をもってきた——マークはそれをとてもうまくやった。実際，彼は暦年齢相当，あるいはそれ以上の物の名前がわかる全体的な能力を証明した。父親はまた，彼にさらにいくつかの単語を綴るようにと言い，彼はそれをできた。

　ときどき遊戯療法の用具に興味を示し，部屋のなかをうろつき，母親の膝の上に飛び込むというこのパターンは，面接の最後まで続いた。その時マークは両親とともに帰れることを喜んでいるように見えた。彼はさよならを言うときほとんど関係を持っている感覚は示さなかった。彼は面接室を離れるとき，私から目をそらした。

コメント

　この4歳半の少年，マークは，彼の身体的および神経学的発達全般に，気がかりな特徴を見せた。すなわち，彼の普通ではない歩き方と運動協調しないぎこちない腕の動きである。多くの面で，彼の歩き方は14から15カ月児のまだ快適には歩けない頃を連想させた。しかしながら，彼は言葉をかなりうまく理解し組み立てることができ，いくつかの物を使った遊びの中では彼の微細な協調運動はかなりよいように見えた。彼の言語は，そして構造のある認知機能の側面は，彼のコミュニケーションの一般的な能力よりも進んでいるように見えた。彼の活動水準はきわめてでこぼこだった——ときにはくつろいで焦点づけし，しかししばしば興奮してとても敏感だった。彼の全般的気分は，混乱しバラバラになる気分で，ときに欲求不満の気持ちと憤怒が突発してくるように見えた。彼の感情は，ときどき未分化な興奮状態，あるいは軽い，部分的に欲求不満の怒りの状態にシフトする以外は，大部分穏やか

で平板だった。彼の感情に微妙さや範囲がないことから，このカテゴリーでは彼はその年齢に予測される水準以下に位置された。

上記に記述したように，マークは私とつかの間目を合わせた。彼は両親と，特に母親ともっと接触した。彼は母親の膝の上に座り抱きしめられたかった。私には，彼の関わりのもち方はまとまりがないように見え，人見知り不安のある8から15カ月児を連想させた。彼が私をちらっと見たとき，彼の顔には心配した表情があった。しかし大部分は，彼は母親以外の誰とも関係をもたなかった。このことから，彼の関係をもつ能力はその年齢で予測されるよりも相当に下であることが示された。

彼は面接の間ずっと慢性的に不安なように見えた。現れたわずかなテーマは狼，攻撃あるいは毒に関係していた。彼の不安は，よりはっきりした母親からの分離についての心配ばかりでなく，絶滅と身体への損傷の恐怖に関係した不安だったのではないだろうかと，私は推測した。彼は，私とコミュニケーションする能力とつながりのあるテーマを発展させる能力において，非常にまとまりがなかった。最も劇的なのは，彼のコミュニケーションの断片化してばらばらな性質である。全体として，彼の行動は無原則で混沌としたように見え，4歳半児に予測されるよりもはるかに下だった。彼の身ぶりと前象徴的な行動によるコミュニケーションは，目的性とまとまりを欠いていた（これらの能力は通常生後2年目に確立する）。部分的に関わりをもったとはいえ，彼は焦点づけた注意，二方向性の身ぶりによるコミュニケーション，そして表象能力を十分にマスターしていなかった。

現れた断片化されたテーマは，母親に近づきたい願望，欲求不満にされたときの暴力の感情（たとえば，「鉛筆で刺すぞ」），そして狼が飛びかかってくることと毒を飲まされることについての心配だった。全般的に探索することへの不安があり，探索の間にはしばしば安全と安心に思えるものを求めて母親の膝によじ上っていた。このように，テーマのシークエンスから，分離についての心配，そして最も根本的な安定，怒り，そして安全の問題が示唆された。さらに加えて，欲求不満の怒りの衝動を扱う能力に著しく欠けることが，全体としてまとまりのない彼のコミュニケーションの質によって明らかにされた。

私の主観的反応は，ときどき現れた爆発的，暴力的性質への心配と，子どもがもっとまとまりをもてるようになるのを助けようとする両親を，そしてそればかりでなく父親の過剰に要求がましい侵入的な接近法を，見ていることから起こる疲労困憊だった。私の最初の印象はこの子どもは，他者と関係をもつことやコミュニケーションをまとめることのような，重要な領域を含めて，大部分の機能領域で有意にその年齢に予測される水準以下だというものだった。1つの例外は，物の名前を言うことと綴ることの十分に発達した能力であり，これは知的な機能の側面は年齢水準にあるかもしれないことを示唆した。

症例 13（モーリー，4歳半）

最初の面接

4歳半のモーリーは，私が待合室に入ったとき，すぐに私のほうを向いた。その他には表情のない顔にほんのわずかの熱意を示して，彼女は私について面接室に入った。彼女は体格がよく，わずかにずんぐりして，平均的な身長で，明らかに運動協調された歩き方で，しかし幾分「女性的ではない」歩き方で歩いた。後に面接の中で，彼女のクレヨンや色鉛筆の扱い方を通して，彼女の微細な運動協調もよく発達していることを，彼女は示した。

彼女が部屋に入ったとき，彼女はかなり率直ではあるが冷たい表情を私に見せ，わずかに傲慢な口調できいた。「ロリポップキャンディーもってる？」。私が即座に応答しないと，彼女は説明した，「私，今日朝ご飯を食べてないの。吐いちゃって，気持ち悪かったの」。あなたはきっととてもおなかがすいているんだね，と私がコメントすると，お返しに彼女は表情のない顔を見せた。それから彼女はあちこち歩き回り，部屋を探索し始め，ときおり私のほうを振り返り，彼女が見たものをコメントし，灰皿や本の名前を言った。彼女の語彙，物を名づける能力，そして彼女の全体的な知覚の鋭さは，非常に良好に発達しているようだった。しかし彼女が話し，私と目を合わせるとき，喜びやうれしさの表現はなかった。ときに寂しい性質が，さらには抑うつ的な性質さえもが，表れた。

短い時間探索した後，彼女は部屋の一隅に行き，そこで面接の残りの時間

やや硬直して立っていた。彼女が立っていて明らかにテーブルのうえの2,3の品物を見ている場所に,私は行った。彼女は,私が「どういう風に私がシャツを脱ぐかを見ること」に興味があるかと私に尋ね,「でも私はしたくないけど」と素早く付け加えた。もう一度悲しそうな表情があった。このコメントには誘惑的なあるいは楽しい感情は伴っていなかった。実際,彼女の言語表現と彼女の感情のない表情の間の不連続性は,際立っていた。

もうしばらくまわりを見回した後,彼女は自発的に言った。「私はぬいぐるみの動物が好き」。それから彼女は部屋の中の2,3の物の名前をあげ「私はそれを家にもって帰りたい」と言った。ある時点では,彼女は洗面所の石鹸を家にもって帰りたいと言った。このようなコメントはしばしば一言だけで,その後には沈黙が続いた。たとえば,「わあ,ここには家にもって帰りたい物がたくさんある」と言って品物を列挙するというようなことは,彼女にはなかった。感情飢餓の性質が現れ始め,私は彼女への共感的な気遣いを感じることができた。しかし情緒表現がとても空虚だったため,私の共感的な反応はこのような状況に予測されるほどは強くなかった。

品物を家にもって帰りたいというテーマは,面接の残りの時間を支配した。彼女は無言でおもちゃで遊び,私を見て,「これがほしいな」と言ったものだった。それから彼女は選んだ物を全部部屋の一隅に置いた。彼女はおもちゃをとろうとせずに,来たときと同じように,大股で歩きほとんど感情表現なしに,部屋から去った。

最初の面接のコメント

私の印象では,モーリーは,粗大および微細な運動協調,言語の使用,および全体的な健康な外観から証明されるように,身体的および神経学的には障害のない4歳半児だった。関係をもつ能力はあったが,それにはほとんど変動,豊かさ,あるいは深さがなく,感情飢餓を表現するところまで発達しただけだった。彼女はほとんど温かさや親密さを見せなかったし,欲求がましかったり,権力闘争に興味をもったりしなかった。モーリーの関係をもつ能力は,非常に具体的な,早期の発達水準にあるように見えた。彼女は幾分悲しく愛情を要求している2,3歳児のように関係をもった。

気分は，すでに記述したように，大部分抑うつ的で制約があるように見えた。感情の範囲は非常に狭かった。軽度に制約のある，あるいは平板化した性質以上のものは，そして物を家にもって帰りたいというテーマをめぐるある程度の感情飢餓以上のものは，ほとんど表現されなかった。喜び，興味，誘惑性，あわれみ，あるいは共感という感情を実証するものはなく，また怒り，抗議，嫉妬，あるいは羨望の兆候もなかった。要するに，年齢相当の感情は何も見られなかった。目に見える感情はその年齢に予測される水準よりもかなり下だった——この場合もまた，制約のある2歳児の感情により似ていた。

モーリーはテーマをまとめる能力を示した。明白な断片化，突拍子もないコメントやテーマはなかった。しかし彼女のテーマの発展には，深さや豊かさがほとんどなかった。言い換えると，それは表面的で具体的だった。彼女の表面的で貧困なテーマのパターンは，以下のものに限られていた。それらは，私にロリポップキャンディーをもっていないか尋ねること，部屋の物の名前をあげること，部屋の隅に立ちシャツを脱ぎたいと思うこと，そして彼女が好きなおもちゃと家にもって帰りたい物を全部私に話すこと，というテーマだった。

発達的には，関わりをもち，身ぶりを使って目的をもってコミュニケーションし，そして表象を巧みに表現し分化させる能力があったが，しかしどの水準でも重い制約を伴っていた。

テーマのシークエンスは，何か私からもらいたいと思うことから，部屋を探索することへの興味に発展した。探索に続いて，最初は抑制が生じ，彼女は部屋の4分の1に留まった。それから自分自身を見せたいという願望が続いたが，これは即座に否定された。最後に彼女はいろいろのおもちゃのうち，自分が好きなものと嫌いなものを私にわかるようになってほしいという願望を見せた（それはまた彼女が私からのプレゼントとしては何が好きかを私に伝えているという感覚もあった）。これらのテーマはどれも発展しなかった。最後に面接の終了近く，彼女は私にはっきりと品物を家にもって帰りたいと伝えていた。そして彼女の発言には感情飢餓の感覚が伴った。シークエンスから，具体的水準でとても飢餓を感じている少女が示唆される。彼女はいく

つかの人間的な欲求を具体的水準で表していて，そして人びとに自分自身をわからせることを恐れすぎている。彼女は（シャツを脱ぐことによって）近づきたい，彼女の欲求のいくつかを明かしたい，そして自己顕示的テーマに移りたいと思っているにもかかわらず，それに伴う感情がなく，彼女は抑制され，面接者に具体的な要求をするテーマに戻る。強い葛藤がシークエンスの大きな発展を抑制していると仮定できるかもしれない。それはおそらくこの具体的水準での表現のいくつかを伴う早期の原始的な怒りをめぐる葛藤，および感情飢餓をめぐる葛藤である。最初のアセスメント面接の後に多くの疑問が残ったため，2回目の面接が行われた。

2回目の面接

2回目の面接では，モーリーは最初の面接とほとんど同じように面接室に入り，良好な粗大および微細な運動能力とはっきりした発声能力を表した。しかし，彼女は表情のない顔ではなかった。彼女の顔には激しく抑うつ的な表情があった。さらに彼女のアイ・コンタクトは，よそよそしくはなく，むしろ関わりをもとうとするものだった。彼女はまた最初のためらいをほとんど見せず，はっきりとしたまとまりのあるやり方でコミュニケーションする能力を示した。彼女が以前示したよりもわずかにくつろいだ態度で，部屋の中を調べるために動き回った後，モーリーはビーン・バッグの椅子に座り，私を見て（顔にはまだ激しく抑うつ的な表情が続いてはいるが），そして「もし先生が怖いもののことをときどき考えたら，先生は息ができなくなるわ」と言った。それから彼女は，ビーン・バッグの椅子に座ったり歩き回ったりしながら，面接の残りの時間を，ほとんどノンストップでしゃべり続けた。大部分，激しく，幾分抑うつ的な表情で，彼女は私とアイ・コンタクトを続けたが，いくらかの感情の変化を——ときには微笑み，また別のときには当惑した表情を——見せた。

最初に，彼女は他の人びとや彼女自身を傷つける泥棒と殺し屋について話した。それから彼女は立ち上がり，彼女はうそっこでこれから「打ち上げ」られる「ロケット」になった。それから彼女は泥棒と殺し屋のテーマに戻った。私が彼女にそれについてもっと話して，と求めたとき，彼らは先生を

「ナイフ」で切って殺すことができる，そして彼らは先生の「目を取り出す」ことができ，彼らは「先生のおなかを裂く」ことができると，彼女は答えた。

それから彼女は弟について口に出した。私が彼女に弟について聞くと，彼女は即座に話題を変えて言った。「学校では誰も私のこと好きじゃないの——あいつらは私を憎んでるの」。短い沈黙が続いた。それから彼女は言った。「あいつらを殺してやる」。私がこの語句を取り上げたとき，彼女の深刻で激しい表情が，軽いつくり笑いに変わり，そして彼女は言った。「でも，ほんのうそっこ」。彼女は殺すことと殺されることについてもっと話した。私がまとめのコメントをした後，彼女は言った。「家族——家族は私のことを死んでほしいとは思っていないの。家族は私のこと好きなの」。彼女は二度と息ができないことを混乱して口に出したが，それを詳しく述べなかった。

数分後に，歩き回り部屋を探索しながら，彼女はコメントした。「私は自分の格好が好き。私は女の子。私の髪の毛は長いから，私の格好は弟とは違うの」。彼女がどんなに弟と違うのかについてもっと話すように励ますために，私はまとめのコメントを提供したが，モーリーは言ったことを繰り返しただけで，それから自発的に「蛇」を描いた。長い楕円形で，2本の足が背中から突き出し，2本の腕が中間から突き出し，小さい女の子の顔がついていた（性別は顔のまわりの長い髪の毛で明らかだった）。私が絵に興味を示しそれについて声に出して言い始めると，彼女はそれが「女性を見ることができない蛇」であることについて何か言った。それから彼女の言葉は混乱したが，私には「それは毒だ」と聞こえた。彼女はその絵のまわりに殴り書きし，それからさらに2，3匹の蛇の絵を描き，自発的に言った，「あれは私……。もしそれを見たら，息ができなくなる」。彼女は突然絵を横に置き，かなり深刻なしかし活気のない表情を顔に浮かべ，部屋の反対側に行き，そこで彼女は物の名前をあげ始めた。

最初の面接のように，彼女は，チェッカーセット，クレヨン，洗面所の紙コップと石鹸のように，家にもって帰れる物があるかどうか知りたがった。私は，「あなたは毒蛇を見るのは恐ろしいことだと私に話しているね。たぶん面接室から何か物をもって帰ると恐ろしさが少しやわらぐのだろうね」とコメントした。与えられた関連性を取り込むかのように私を見て，彼女は単

にこれらの物をほしいという彼女の願望を繰り返した。彼女の感情は，関わりをもつ感覚と同様に，ずっと緊張し抑うつ的なままだったが，その一方彼女のテーマにはまとまりがなくなったり断片化することはなかった。面接が終わったとき，彼女は私を見てさよならを言った。彼女の顔に浮かぶ表情は，もう一度来たいという欲求を示しているようだった。

2回目の面接のコメント

　モーリーの2回目の面接の中で，私は彼女の神経学的および身体的機能が年齢相当の水準にあることを，もう一度理解した。彼女の関係をもっている感覚に関しては，最初の面接中よりは少し関わりがあり，幾分親密ではあったが，しかしまだ彼女は高度に制約されていた。彼女がつくり出すかたさと距離の感覚の中にも——彼女がたくさんコミュニケーションしたという事実にもかかわらず——制約があった。彼女はもうほんの少し多く変化を見せてはいたが，前と同様に，彼女の気分は緊張し抑うつ的だった。彼女の感情は今回も非常に制約されていたが，最初の面接よりも範囲が広かった。つかの間のつくり笑いや微笑があり，そして彼女がしていることへの興味や喜びに近いような何かがある場合も2，3あった。彼女の感情は前回ほど平坦ではなかった。彼女は，今回は緊張し，もっとかたい性質を，すなわち深刻さの感覚を見せた。感情も，最初の面接中よりもわずかに豊かで深かった。

　モーリーは2回目の面接中に不安を少し見せた。特に蛇の絵を描いた後に，部屋の反対側に行き，彼女が家にもって帰りたい具体的な物について話したときに，不安を見せた。不安の結果としてまとまりがなくなることはなかった。また不安を信号として使う能力も，その後で不安の源（すなわちお絵かき）に戻る能力も，なかった。その代わり，彼女はほとんどお絵かきがそこにないかのようにふるまうことによって，不安を回避した。不安が毒を飲まされる，あるいは傷つけられるというテーマに関係するという兆候が少しあった。

　テーマのまとまりは，最初の面接よりもこの面接のほうがはっきりと見えた。モーリーは——特に蛇の絵を描いている間に——いくつかのテーマをまとめる能力と，明らかに彼女を悩ませている1つの特別なテーマのまわりに

コミュニケーションを統合する能力を見せた。最初の面接中よりも今回の面接中のほうが，テーマがずっと深く豊かだった。傷つける，切る，目を取り出す，好かれない，憎まれる，そして弟とは違うというテーマ，さらには毒があり攻撃的な蛇についての気持ちもあった。このテーマの発展は，しかしながら，たった1つあるいは2つの次元——攻撃性と憎しみおよびそれらから帰結するものの次元だけだった。そして女の子であること対男の子であること（弟）の心配の兆候もあった。4歳半児に見られると予測される他の分野では，テーマの発展はほとんどなかった。

　発達的には，最初の面接と同様に，われわれはここで関わりをもち，二方向性の身ぶりによるコミュニケーションをする能力，そして表象を巧みに表現し，分化させる能力を見る。この面接では，表象上の心配の強さ，示唆された葛藤，および表象されない情緒領域が，印象的である。

　テーマのシークエンスが彼女のドラマの性質を明らかにする。それは息ができない恐怖から，泥棒と殺し屋へ，発射されるロケットのように離陸する彼女自身へ，ナイフで切り出される目へ，学校で彼女を嫌う人たちへ，彼女に死んでほしくないと思っている家族へ，女の子であることと自分自身の格好に興味をもつことへ，彼女が自分自身だという毒蛇へ，そしてそれから具体的な物を家にもち帰りたいという飢餓感への急激な変化へと，進展した。これらすべてのテーマは，彼女がとらわれている攻撃性，身体の損傷，そして死を指し示した。

　彼女の芽生えつつある性別同一性が，この恐ろしいイメージに多少結びついていて，小さい女の子であることについて彼女が心地よいと感じるのを困難にしている，という兆候がいくらかある。彼女が自分自身を攻撃的な毒蛇だと見なすことに近づきすぎた時，彼女はより具体的な様式に切り替え，物を家にもち帰りたいと表現する必要があった。このように，彼女が恐ろしい自己イメージに最も近づいた時の不安な時点で，彼女は別の人との退行的な具体的な結びつきを通して，安心を求めた。このような動きは対象喪失へのいくらかの恐怖を示唆する。この恐怖は巨大で，表面に近く，攻撃的なテーマによって持続的に駆り立てられているように見えた。パターンは以下のようなものだろう。彼女は欲求を体験する。彼女は「毒をもつ」と感じ，喪失

を恐れるようになる。それから彼女は安心のために具体的な物をほしがる。

この面接では，われわれはわずかの年齢相当の機能領域を見る（たとえば，身体的・神経学的発達，テーマのまとまり，感情のまとまり）。しかしわれわれは，感情とテーマの範囲と深さの制約，関係をもつスタイル，そして特別なテーマへのとらわれに，有意な程度の年齢相当以下の機能も観察する。

乳幼児，そしてその親の面接

以下の面接は4歳未満の子どもの面接である。とても幼い子どもでは，臨床面接に親と子どもの相互交流がかかわってくるだろう。観察の後に臨床家は，中に入って子どもと，あるいは親子と相互交流するだろう。年長の子どもに適応されるものと同じ観察の枠組みが，幼い子どもにも使われるだろう。しかし，幼い子どもには，われわれは自然に，早期の発達的な／まとまりをつくりあげる過程と，発達のそれぞれの側面（たとえば，関係性，感情など）の早期の側面に焦点づける。より年長の子どもについてとちょうど同じように，乳幼児についての臨床的な仕事には特別な訓練と体験が必要だということは，指摘されなくてはならない。乳児，幼い幼児とその家族の臨床的なアセスメントと治療の詳細な記述については，以下の本を参照のこと。*Infancy and Early Childhood: The Practice of Clinical Assessment and Intervention With Emotional and Developmental Challenges* (Greenspan 1992)。

症 例 14（エディ，3歳半）

面　接

3歳半のエディは，待合室で母親の横に座っていた。彼の大きい顔，めがね，そして強い，学者のような表情が，私には印象的だった。私が待合室に入ったとき，彼は私のとても近くにやって来て立った。私は彼がとても気持ちよく，ほとんど頑固な様子で，やや大股で歩くのに気づいた。彼が自由に絵を描いているときに，鉛筆のもち方や形の書き方から，彼の微細な運動協調は良好であることが即座に示された。自発的に彼は自分が描いていたお絵かきを母親からとって，まるで母親の代わりにしているかのように，それを私に手渡した。私が自己紹介し彼の名前を尋ねたのに答えて彼がしゃべった

とき，彼の声は最初はわずかに鼻にかかり，単調な性質だった。

　エディは，母親を待合室に残して，ひとりで面接室に入ってきた。そして即座に座って一片の紙に殴り書きを始めた。彼は「ママ」と「パパ」という言葉を口にし，もう一度彼の名前を教えてくれた。彼が描いたのは大部分殴り書きと線だった。私がそれは何かと尋ねると「大きなからだ，大きな男の子」と言った。それから彼は人形を見つけ，言った「お人形さんとった」。それから続けて指さして，耳，腕，足（「あんよ」）および口と言った。それから彼は人形の腕をひねり始め，まるでそうすると痛いのを彼が理解できたかのように，しかめ面をした。「イテッ」と彼は言った。私は共感的に，それは痛そうだね，とコメントした。彼はそれに応えて「僕はあなたが好きだよ I like you。もし僕が好きにしたら痛くなるよ，僕が好きにしたら，僕が好きにしたら I like to」と言った。私が彼の「好き like」という言葉の使用を取り上げ，彼が好きなことを繰り返していると，彼は「彼を投げ上げろ。痛くないよ。高く投げろ」と言い，人形の手と口について話した。それから彼はおもちゃの犬をつかみ，もう一度言った「投げ上げろ。ワンちゃんと遊ぼう」。彼は少し攻撃的ではないやり方でおもちゃの犬と遊んでいた。私はコメントした。「ワンちゃんと遊ぶのが楽しいみたいだね」。彼は「うん」と答え，しゃっくりした。彼はそれからほとんどよろめくように立ち上がり，立ったまま遊んだ。

　この時点で，彼は物思いに沈んでいる様子だった。私は君のこころの中に何か思っているようだねとコメントした。彼は言った。「ママのこと。パパのためにママを面接室に連れてきたいの。だってそうしたいから because like to」。彼はそれからお金が必要なこと，1セントコインを数えたいことに触れた。それから，彼はやって来て私にくっつきそうになって立った。彼にはほとんど表情はなく，私のほうを見ていなかった。しばらく彼はじっと立っていたが，しかしそれから彼はおもちゃの犬を揺さぶったり，頭を叩いたりし始めた。彼は大きなあくびをし，それから続いて言葉を言った。「したい I like to」「あなたの近くに行った」「ママ，わんわん，楽しい」。彼はさらに私に近づくように動き，居心地が悪くなったように見えた。それはまるで彼は私と関わりたいと思うができないかのようだった。彼はうつろに私

を見た。君は私に何か言いたいように見える，と私はコメントした。彼は「こころの中の赤い点」と言った。

　この面接の間，情緒のトーンや感情にはほとんどまったく変化がなかった。彼の顔に浮かぶ非常に深刻な表情から判断すると，彼は明らかに何かと戦っていた。彼は指を引っ張りながら言った。「ジャンパーを脱ぐの。だってそうしたいから」。彼は指を口にくわえて部屋をうろつき回り，うつろに私を見た。たぶん君は何をしていいのかわからないのだろうと私はコメントし，たぶんママとパパについて少し私に話してくれるかな，とほのめかした。彼は言った，「パパとママがここに来て，僕はベビーシッターと家にいるんだ……僕はベビーシッターが好きなんだ」。しかし，私が彼にこれについてもう少し話すように頼むと，彼は明らかに不安になり，手を首に置き，言った。「ママはベビーシッターを好きなんだ。それだけ」。彼はそれからおもちゃをいくつかさわりに行ったが，それは一時的で，それらに触れるのを恐れているのも同然のようだった。彼はアヒルとテレビのビッグバードを口にし，家にはおもちゃがあるとコメントした。そしてもう一度，私のとても近くだが私にさわるというほどでもないところに自分の位置をとった。

　面接の終了近く，私は彼に（何を意味しているかを説明しながら）夢を見たことがあるかと尋ねた。彼は「痛いの，頭が痛いの，出ていけ」と応答した。私は彼が寝ているとき頭が痛いのかを尋ねた。かたい姿勢で私の近くに立ちながら，一種の頑固な，深刻な，喜びのない表情を顔に浮かべて，彼は頭を指さし，「頭が痛い」という言葉を繰り返した。私が面接を終えたとき，彼は表情が多くはなく，あるいは私に注意を払うことなしに待合室に出ていき，同じように母親のところへ戻った。

コメント

　エディの歩き方にはいくらかの疑問があるが，彼の粗大および微細な運動と感覚処理能力は年齢相当だった。彼の私の質問への理解は，一貫性がなかったとはいえ，私が話したことをある程度は理解する能力を反映していた。彼は単語と文章をはっきりと発言した。彼の気分は，全般的に，ほとんど変化のない，心配という性質をもっていた。関係をもっている感覚に関しては，

背後にある強い飢餓感が身体的な近さを通して表現されていたが，実際の感情的温かさはほとんど表されなかった。エディの関係のもち方には飢餓的な，しかし非人間的な性質があった。感情の幅はほとんどなかった。彼の感情は控えめで制限されていた。いろいろなテーマの発展に伴う喜びやうれしさはほとんど示さず，怒りの実際の爆発や抗議もなかった。不安は全般化しているようだった。全体として，面接には断片化の性質があった。

　テーマのまとまりは，表象化の能力に関していえば，3歳半児の年齢相当ではなかった。というのは，プレーの素材あるいは言語的表現を通して，まとまりのあるテーマの発展がなかったからである。私はいくつかの関係をもっている感覚のコンテクストで，たくさんの表象的コミュニケーションの断片を見た。テーマには深さや豊かさがほとんどなかった。大部分の3歳半児は，いくつかの言語化をプレーの行動と統合することにより，相互交流とプレーの水準でコミュニケーションすることができるばかりでなく，議論でも論理的である。エディは一部の時間だけ分化していられることができた。

　発達的には，彼は身ぶりを使うときは意図的だが，表象化の能力は非常に断片化していた。彼は確かに面接室の構造を理解した。

　テーマのシークエンスは以下のように続いた。われわれは最初に人形の身体部分と人形を痛くすること（「イテッ」）への興味を見た。面接者を好きだという兆候，そして痛くしないことへの心配，物を投げ上げることへの心配，おもちゃの犬を「好き」になりたい，あるいは近くにいたいことへの心配，両親のことを考えママを「好き」あるいはママの「近くに」いることへの心配，そしてお金が必要なことへの心配へと，続いた。テーマは身体の部分と傷つけることについての心配から，痛くすることと好きなこととの間の両価性（好きなことはよりママに関係し，痛くすることはよりパパに関係している），貯まっていくお金の心配，そしてもう一度楽しさと痛くすること（犬の頭を叩く）へと発展した。私に近づき，それから遠ざかるテーマが続いた。これは蓄積することあるいは物をほしがることについての両価性を示唆した。彼のこころの中にあるものを表現するのを助けようとする私の試みは，「赤い点」のテーマを呼び起こし，彼は指を引っ張って何かをとりはずし，指を口に入れた。両親について尋ねられたとき，彼はおそらく両親の代わりにべ

ビーシッターを得ることを示した。母親について話すように言われたとき，彼は手を首のまわりに置いた。ここでも緊張と不安を示し，ただ「ママはベビーシッターが好きだ」と言っただけだった。彼は夢を痛くすることと頭が痛いことに関連づけた。このテーマのシークエンスは，バラバラで，2歳半児のパターン（すなわち，表象の分化の多くない表象の巧みな表現）が多いとはいえ，彼の心配と葛藤の可能性について解く鍵をわれわれに与える。

どの1つのテーマもどんな深さにも発展しなかったことに注意してみよう。ママの近くにいることは，攻撃的ではあるがしかし関わりをもたないという意味で，窒息するあるいは首を絞めることに何か関係していた。これは，おそらく母親といるよりも多くの時間をベビーシッターと過ごしたことを示していた。窒息のテーマの後，エディは，依存への欲求を扱うやり方として，人間とかかわらない欲望である蓄積すること（一時的におもちゃにさわること）に戻った。彼の夢への反応は，さらに攻撃性と身体的苦痛への心配を表した。まとめとして，われわれは攻撃性と損傷への過剰な心配をし，ほとんど温かさのない子どもを見た。彼の全体的なテーマのまとまり方，深さ，豊かさの能力は，その年齢に予測される水準よりもかなり下だった。

テーマをめぐる感情のまとまり方については，エディは両価性の問題にとらわれているように見えた。彼は人に近寄ることについて両価的で，人を傷つけることについても両価的であり，かつ怒ってもいた。これらの葛藤の結果，彼は「頭が痛くなる」ことをほのめかした。全体的に，テーマの感情のまとまり方に関しては，この面ではいくらかの深さを見せてはいたが，彼は年齢相当の機能以下であった。

まとめとして，関係性をもつことと母親から離れることの能力はいくらかあった。しかし前者については，彼は高度に制約があり，温かさや個人的な関係をもつ感覚はほとんど見せなかった。気分の安定性はその年齢に予測される水準より，わずかに下だった。他の主要な機能──特にテーマのまとまり方と感情の深さと豊かさ──は，有意にその年齢に予測される水準以下だった。これらの領域では彼は2から3歳児の水準で機能していた。したがって，この面接の素材に基づいて，この子どもの一様ではないパーソナリティの発達について心配があるだろう。この本に提示されているすべての症例と同様

に，さらに面接，注意深い家族評価，詳細な発達歴を含む完全な詳細な評価，および必要ならば適切な発達検査が，どの1回の面接であってもその面接の印象を追求するために必要である。

症例15（ジェーン，2歳11カ月）

面　接

　ジェーンはかわいらしくしっかりとした体格で，しかし彼女の年，2歳11カ月にしては幾分小さかった。私が待合室に入ったとき，彼女は立って，母親の膝につかまっていた。彼女は私の方向を見て，一種の用意された表情を見せた。まるで彼女がなぜそこにいるかを知っているかのように。母親は，私と挨拶した後，即座に彼女がもってきたおもちゃをまとめてカバンに入れた（私は母親にジェーンの好きなおもちゃをいくつかもってくるように頼んでいた）。彼女たちは私と一緒に面接室に入り，床に座った。ジェーンが歩いて部屋に入ってくるとき，基本的に良好な粗大な運動協調と歩き方を見せた。母親はいくつかのおもちゃを取り出し，ジェーンにそれで遊ぶように勧めた。ジェーンは厳粛なしかし興味と好奇心のある表情で，私の方向と部屋のまわりを少し眺めた。彼女の表情は生き生きとしてはいなかったが，彼女はいくらかの心配と緊張を伝えていた。母親もまたわずかに不安に見えたが，しかし迅速に本気で仕事にかかり，子どもに車やレゴを差し出した。ジェーンは即座にレゴをいくつか組み立て始め，指のすばらしい器用さと微細な運動協調を示した。

　ジェーンがレゴで遊び始めたとき，母親は実況放送を始め，子どもの活動を説明した。母親は話している間ジェーンをまっすぐに見ていたが，それを私のためにしているようでもあった。たとえば，ジェーンがおもちゃの車を前後に転がし始めたとき，母親は言った，「あー，今度は車で遊んでいるのね」。ジェーンも遊びながら話した，「私はその人形がほしい，トラックをちょうだい」などと言うように。彼女は何をしているかについてコメントすることや，おもちゃを取り出すときにその名前を言うことができた――「それはレゴ，それは牛」など。

　このとき，ジェーンは明らかに情緒的な水準で母親と私の両方に関わり，

母親を見てそしてときには私の方向をちらっと見た。彼女が私をちらっと見たとき，私は微笑んだ。そして彼女が私に「それは牛」と言っていると考えたとき，私は私自身が遊びに参加する準備ができていることを示すように，「そうだね」とコメントした。しかし，ジェーンの表情にほとんど変化がなかったことも注目に値することだった。彼女はおもちゃを非常に熱心にいじり，自分のしていることを言語化していた（彼女の言語能力は短い文章の水準であることを触れておかなくてはならない）が，しかしジェーンは感情あるいは情緒の幅をほとんど見せなかった。その代わり彼女の顔には絶えず心配の表情があった。たとえば，彼女は明るい，興奮した，うれしそうな表情がこぼれ出たという場面はなかった。あるいは彼女が拒絶的で，頑固で，外見上怒っているというときもなかった。

ジェーンと母親が面接中ほとんどずっと1カ所に座っていたということも，注目に値する。ジェーンはおもちゃのカバンから物をとるために移動したが，部屋を探索はしなかった。彼女は私のおもちゃ棚にあるおもちゃには特別な興味を示さなかった。そのおもちゃ棚は十分に彼女の視野の中にあったのだが。ついに，面接が始まって20分くらいして，彼女が私のおもちゃのほうを見て，母親がジェーンに「グリーンスパン先生のおもちゃはどんなものか」見てみたいのではないかと勧めた。そのわずかの勇気づけで，ジェーンは立ち上がり私のおもちゃ棚のほうへ歩いた。彼女は積み木を取り出し言った。「これは積み木。私お家をつくるわ」。それから母親はいくつかの積み木を取り出すのを助け，ジェーンはそれを積み上げ始めた。この時点で彼女はほんの少し大きな興味と好奇心とわずかのくつろぎを見せた。しかし感情については軽度の心配に留まったままだった。

ここでも，積み木を積み上げるのに，ジェーンは自分がしていることへの集中と焦点化の優れた能力を見せた。彼女はおもちゃの車とトラックを，これまでしてきたように名前を言いながら，取り出した。それから彼女は銃を取り出し，困惑したように見え，言った。「これは何？」。母親は言った，「それは銃よ」。そして説明した，「お家にはないわね」。お互いに遊び道具を助ける以外は，どの遊びの活動をめぐっても，母親とジェーンの間には直接の相互交流はほとんどなかった。

まもなくジェーンは魚の形をした指人形を見つけた。彼女はそれを手にはめて言った。「これはお魚。嚙みつくよ，ママ」。それからそれを母親の顔に向かって突き出した。母親はすばやく身を引いて，すばやく非常に攻撃的に指人形を取りあげて自分自身の手にはめ，言った。「**あなたに**嚙みつくよ」。それからジェーンはそれを母親から取り戻し，母親は，幾分反射的な反応で，指を広げ，魚の指人形が母親の指に嚙みつくふりをジェーンにさせた。続いてジェーンはアヒルの指人形を取り出し，同じ遊びをした。今回は母親はもっとくつろいだ態度で指を伸ばした。ジェーンが母親の顔を追い回したとき，再び母親はいくらか唐突に引き下がった。母親はそれをジェーンから取り上げることはなかったとはいえ，彼女は言った，「アヒルが**あなたに**嚙みつくよ」。

　母親は，この魚やアヒルが彼女に嚙みつくテーマをめぐるジェーンとの相互交流的な遊びを発展させるのに興味をもったようだったが，ほんのわずかの程度だけだった。彼女はこの相互交流的なシークエンスの好機を利用して，連想やお話を発展させることによってシークエンスをさらに広げることはなかった。たとえば，彼女は「アヒルさんは次に何をするのかしら？」とか，「アヒルさんは激しい気持ちをもってるのね」とか「アヒルさんは嚙むのが好きなのよ」とは言わなかった。このより攻撃的な遊びの間，母親の顔には軽度に心配そうな表情もあった。数分間アヒルで遊んだ後，ジェーンは自分でそれを置いて，それからおもちゃ棚から物を取り出し，その名前を言う行動に戻った。彼女はこれをかなり気持ちよく好奇心のある性質で行った。しかしここでも彼女はほとんど喜びや楽しさを示さなかった。

　その直後，ジェーンは戻って自分自身のおもちゃをもって床に座った。母親は私に一番新しいゲームを見せるようにと彼女に勧めた。それは小さい磁石のつけられる黒板で文字がくっついていた。ジェーンはチョークを取り出し，私に線が書けることを見せた。私はそのとき床に座り，もっと身体的に親密な水準で，彼女が私と遊べるようにした。ジェーンは最初にこれに対し，軽く心配になったかのように，立ち上がって母親の後ろに行くという反応をした。この1，2分後，彼女は戻ってきて私の隣に座り，彼女がどのようにチョークをもち，線を描くことができるかを見せることができた。それから

私は丸を描き，彼女にそれを書き写せるかと聞いた。彼女は，一方だけがむしろ四角のように描かれてはいたが，かなりきちんとした丸を書き写すことができた。それから私は×を描き，彼女が書き写したが，それをただの1つの線に描いた。母親は私に文字を見せるようにと彼女に勧め，ジェーンは文字のAを見つけ，「アビー Abbey」と言った。

　母親は，初めて本当にうれしそうな笑顔を見せながら，言った。「あなたがそんなことできるなんて知らなかったわ」。母親は私にアビーはジェーンの妹の名前だと説明した。それからジェーンは続けて他の文字も読み，70％の時間は自分で，30％の時間は母親に手伝ってもらって，それをすることができた。母親は自慢そうだったが，彼女はジェーンとこれを一緒にやったことがあり，ジェーンがこれらの文字を読めることを十分にわかっていたことを示した。母親を驚かせたことは，ジェーンが妹の名前と合う文字を見つけられたことだった。ジェーンが文字を読んでいるとき，私自身も誇りを示し，「それはすごい」というようなことを言った。ジェーンは私を見上げ，賛辞に謝意を示し，それから忙しそうに戻って文字をさらにいくつか読んだ。しかし，ここでも再び，彼女は明らかな喜びの兆候をほとんど示さず，その代わり彼女の慢性的に心配という感情を維持した。

　この母親と，ジェーンと私が一緒に座って活動している間には，相互交流はおそらく可能な限り心地よかった。換言すれば，ジェーンは軽度に心配そうで，母親は彼女が文字を読むように励ますので忙しかったとはいえ，その背後にはくつろぎの感覚がいくらかあった。主観的には，その時点で彼女はたった約40分間私といただけにもかかわらず，ジェーンはそのときおそらく大部分の人から得るのと同じくらい，私といてくつろいでいる，と私は感じた。

　私がもうすぐ面接をやめなくてはならないと示唆するまで，面接はこの好調さで続いた。ジェーンはもうすぐやめるという指示を理解して，母親を手伝って文字やおもちゃを元の場所に戻した。このとき，ジェーンは，心配そうな表情に微笑みを伴って，私とよくアイ・コンタクトすることができた。おもちゃを片づけ終わった後，母親はジェーンにコートを着させ，帰る準備をした。彼女たちが帰る前に私が母親と次の予約を決めているとき，ジェー

ンは私を見てさよならを言うことができた。

コメント

　ジェーンの全体的な身体的および神経学的状態は年齢相当のガイドラインの中にあることを示した。小さいほうではあるが，彼女は身体的にはしっかりとした体格でよく均整がとれていた。彼女の粗大および微細な運動協調は良好で，言葉をはっきりと理解し組み立てることができ，文章の形で話し，そして物の名前を言ったり文字を読んだりする優れた能力を示した。彼女が文字を読む能力は，その年齢に予測される水準よりも少し上であり，彼女の妹の名前に適切な文字を見つける能力も同様であった。

　関係のもち方に関しては，彼女には人間と関係をもつはっきりとした能力があった。それは待合室で手を母親の足のうえに置いていたときに示されていた。ほとんど3歳になる幼児にとっては，おそらくこれは特に母親の近くにいたい，そしてその年齢に予測されるだろう好奇心や探索行動をしないですませたいという願望を示した。即座に私とアイ・コンタクトし，彼女が母親と床で遊び私が椅子に座っているときでさえも，私の存在を承認するという形で，彼女は私と関わる能力もはっきりと示した。この能力はまた，彼女がしばしば私をちらっと見ること，そして彼女が話したり物の名前を言ったりしているとき，母親と私の両方を仲間に入れることによっても示された。しかし私との関係のもち方のほうが間接的だったのもまた，明らかだった。

　私が床に座って彼らに加わってからは，3人が互いに関係をもち合うという感覚があり，ジェーンは私と相互交流でき，私の指示に従い，そして私を見た。心配を感じているにもかかわらず，突き抜けて出てきた温かさの感覚があった。この温かさの性質を過小評価すべきではない，というのはそれが彼女の人間との関わりをもつことへの能力には十分に根拠があることを証明したからだ。しかしながら私は推測する——観察よりも推論によるものだが——彼女の関わりのもち方における感情の範囲には，探索への感覚と同様に，いくらか制約がある。後者は，プレールームにいた大部分の時間，彼女が母親の近くにとどまっていた程度によって，特に証明された。

　彼女の気分は，報告されたように，面接中ずっと心配で少し不安な性質を

もっていた。終了時,温かさとくつろぎがほんの少し姿を現したときでさえも,一般的なくつろぎの感覚はなかった。気分にはほとんど変化がなく,全体としては安定しているように見えた。

　制約は感情の幅に現れているように見えた。軽い心配,ほんのわずかに見せる好奇心と興味があり,本当に上機嫌の幸せはほとんどなかった。攻撃性の軽い徴候があったとはいえ,それに伴う感情はなかった。たとえば,ジェーンが指人形で母親の鼻と指を嚙もうとしたとき,彼女はいつもそれを,上機嫌のふざけ,制御できない闘争性や敵意のある拒絶を伴うのではなく,むしろ同様の心配そうな神経質な表情を顔に浮かべてやっていた。実際,これらの感情の幅はどれも面接中には現れなかった。しかし,彼女が発展させているテーマに不適切な感情があったことは決してなく,上記に報告したように,全体的につながりをもっていることと温かさの感覚があった。彼女の持続的な心配という感情は,つながりをもっていることと温かさに関しては浅くはなかった。

　面接中に不安に由来する突然の変化や解体はなかった。一般的に,彼女が変えたいように見えたときまで,ジェーンはそれぞれの遊びのテーマに焦点づけし続けた。不安が現れただろうということは,彼女の慢性的に心配を感じている,神経質な性質によって,そして彼女の年齢の子どもに予測するよりも,身体的に母親の近くに留まる必要性によって示されただろう——おそらく背後にある分離不安を示している。母親がジェーンの攻撃性を扱うのが困難であることもいくらか示されていた。母親が指人形で素早く形勢を逆転させ,「**あなたに嚙みつくよ**」と言ったときのように。おそらくこのような反応は,母親の背後にある攻撃されることへの恐怖を意味する。ここでも,上記のコメントは,直接観察よりも推論に基づく仮説である。

　ジェーンは,小さな島状の遊びの形に,まとまりのあるテーマを発展させる能力があるように見えた。たとえば,彼女がおもちゃを取り出すとき,物の名前を言って探索するというテーマがあった。それから家をつくり,どのように彼女が文字を読めるかを見せるというテーマがあった。それぞれの「テーマの島」の中では,彼女は焦点づけ,まとまりがあり,そして凝集性があったが,深さと豊かさを発展させる年齢相当の能力が欠けていた。ジェー

ンと同じように聡明でまとまりのある 2 歳半から 3 歳児だったら，「ママの指を噛む」のようなテーマをもう少し発展させると予測するだろう。しかし母親の侵入的な対抗反応が，おそらくなぜこれがそうではないかを示唆している。

　ジェーンでは，いくつかのテーマの深さと豊かさが，かなり表面的な水準だった。家をつくることと母親との軽度に攻撃的な相互交流を例外として，ジェーンはほとんど物や素材を言葉で述べなかった。50 分の面接の間，彼女の年齢と聡明さをもつ子どもは，象徴を巧みに表現し相互作用することが（象徴の記述と対照的に）予測されるだろう。本質的に，彼女はものの名前を言うことによって，象徴的な形でものごとを言葉で描写することができると示したが，彼女の潜在能力が示すほど十分には，より豊かな空想を巧みに表現する能力を示さなかった。それは彼女がもう少し心配で不安ではなかったら予測できただろう。

　発達的には，彼女は集中し，関わりをもち，意図的にそして身ぶりで相互交流でき，そして，有意な制約はあるが，表象を巧みに表現する能力があった。

　テーマのシークエンスは，1 つを除いては，記述的な水準に限られた。その例外的なシークエンスとは，ジェーンが母親を攻撃するために指人形を二度使い，このような初めての試みに，母親がすばやく指人形をジェーンからとりあげ，攻撃し返すという非常に興味深いシークエンスだった。母親の反応はおそらく非常に多くを語っていた。それが唯一の相互交流的テーマだっただけでなく，それは 2 人に共有された心配を感じているという性質を超えて，そしてそのうえに，両者が感情をほのめかして見せた唯一の時間でもあった。したがって，制約は，特定の感情の領域だけではなく，認知的相互交流と比べると，感情的相互交流全体にあった。

　私の主観的反応に関しては，母親がとても安定して勤勉にジェーンと作業し，そして，感情ではない水準で，ジェーンがしていることにとても応答的に見えたという事実が，私には印象的だった。母親は，ジェーンのそれぞれのコミュニケーションをすぐに理解し，もう一度言葉に表した。またジェーンが「より大きなレゴセット」を組み立てること，家をつくること，文字を

読むこと，等々も助けた。母親には一種の強迫的だが非常に興味をもって勤勉な性質があった。同時に，ジェーンに感じたのと同様に，母親の感情の幅の欠如が私には印象的だった。

それにもかかわらず，私が彼女たちと床に座っていたとき，私はもっとくつろいで関わりをもち，ほとんど家族の一員のように感じた。この気持ちは，この母子の組が達成できる最高のくつろぎを私はおそらく見ていたことを，私に示唆した。それはまた，ジェーンと母親の間に存在する，より深くにある温かさという土台を垣間見させてもくれた。その温かさという土台は，おそらく彼女たちが共有するように見えた慢性の心配と不安によって阻害されていた。ジェーンが，恐ろしく好戦的なやり方ではなく，母親を攻撃しようとしたときに，母親が素早く形勢を逆転させたことへの私の反応は，素早く引き金をひくというのが，ジェーンからのどんな自己主張や攻撃性に対しても母親が反応するやり方であろう，というものだった。

まとめとして，ジェーンは，彼女の感情とテーマの発展の両者についての深さと豊かさに関して以外は，年齢相当の水準で機能していた。しかし，子どもと母親の両者とも，手近な課題に焦点づけ集中する能力ではかなりの強さを示したこと，しかし自己主張，怒り，そしてもっと一般的には激しい感情を処理するには難しい課題をもちやすいだろうということは，指摘されるべきである。

症 例 16（サム，3歳）

面　　接

サムは，多少ぎこちなくプレールームに歩いて入ってきたとき，母親の後ろに隠れていた，体格のよい，恥ずかしがりやの3歳児として姿を現した。私はサムとお母さんが一緒に遊んだらどうだろうかと勧めた。彼は明らかに私にはにかみ，ときどき私をちらっと見たが，次に母親の後ろに隠れた。彼がプレールームに入るやいなや，一緒に帰ろうと母親に働きかけ，ドアのところに引っぱっていった。彼は私を見た。その間，母親はほんの少し緊張して，侵入的で，指人形を彼の顔の前に置き，早口で話した。母親が指人形を使って彼にキスさせたとき，彼はそれを押しのけようとした。それから彼は

母親の足をつかみ，それにしがみついた。母親が座ると，彼は不器用にハイハイして母親から離れ，何回も戻ってきて彼女を抱きしめ，つかんだ。彼は私を見るのを避けるために，母親のほうにハイハイしたり，彼女の後ろに隠れたりするのを楽しんでいるように見えることに，私は気がついた。

　次にサムは立ち上がり，引き出しを開けようとして，それがどうなっているのかを理解しようとした。彼は引き出しを開けるのにさまざまな物を試し，機械的な物に興味をもつように見えた。彼はもう一度私を素早く見て，それから目をそらした。

　サムの母親が彼にボールを渡し，彼はそれをとった。母親は彼がボールを投げられると話した。彼は微笑んでそれを下に投げた。彼が2回目に，本当に強く投げたとき，彼の顔には上機嫌の表情があった。母親が「おー」と言い，彼は「おー，おー」と言い返した。母親とサムは彼がボールを投げるとき，「おー」を交わした。次に，彼がボールを投げているとき，母親は彼の名前を呼んだ。彼は母親を無視した。ときどき彼は「輪をつなげ」て，母親の身ぶりや発語に，身ぶりや（単語ではない）音で反応を返すように見えたが，別のときには彼は母親に反応しなかった。

　母親には，邪魔をして，彼が遊んでいることを変えようとする傾向があった。もし彼がボールを投げていると，母親は，そこに入りボールを投げ返す代わりに，新しい活動をさせるために人形を取り出そうとしたものだった。彼女はボール投げに，発語や複雑さを付け加えようとはしなかった。彼女の遊びにはいつも身体的な接触がたくさんあった。彼女は彼の反応を得るために，彼の体のうえを行ったり来たりして車を走らせた。母親が彼の体のうえを行ったり来たりして車を動かす間，サムは通常は彼女を見て，ときどきは彼女を押しのけ，そして他のときには母親の方に向かって這い始めたものだった。2人はぶーぶー音や「おー」や高ピッチの音を交わした。温かさとつながりのある感覚ばかりでなく，お互いの身ぶりの認識もあったが，複雑な身ぶりを交わすことはほとんどなかった。自発的に言葉を交わすことはなかった。彼は私から隠れ続けたが，ときどき恥ずかしそうに私を見た。

　サムが部屋を出ていこうとしたとき，彼と母親はドアで遊んだ。彼が開けると母親は閉めたものだった。彼が母親を見て怒ってドアを押し開けると，

母親は笑ってドアを押して閉めたものだった。彼はそれから声を出してもう一度ドアを押し開けたものだった。これはまとまりのある相互交流だったが、単純な身ぶりの水準だった。それから突然ペースを変えて、母親が言った。「輪になって踊ろうをやりましょう」。彼女はサムの手をつかみ、彼と踊り始めた。彼女が「輪になって踊ろう」と言うと、まるで練習していたかのように、彼は「座れ」と言い、2人は一緒に座り込んだ。これが彼らの唯一の言葉と身ぶりの組み合わさった相互交流だった。彼は輪になって踊ろうを終わりにして、彼が座り込んだときにはもっと複雑な性質の相互交流的な身ぶりをしたものだった。ある時点で、母親は彼が絵を描くのを手伝おうとした。彼はクレヨンを握り、混沌とした殴り書きをした。

面接が進むにつれて、母親はより遊び好きで温かく、相互交流では支持的になり、少し侵入的で不安ではなくなった。母親が彼と遊んでいるとき、彼女は私に、家ではときどき彼はどこかに行きたいときに「さあ、おいで」と言う、と私に教えた。

それから私は母親に「できるだけ多くの輪をつなげ」られるようにやってみないかと勧めた。コミュニケーションの輪を開くこととつなげることというのは、サムがAをしたら、母親は彼のAに関係したBをし、それから彼が彼女のBに関係したCをするように彼を励ますことができるかを見ることだ、と私は説明した。もし彼が彼女の反応のうえに作り上げることができれば、彼は「コミュニケーションの輪をつなげ」た。彼らは多くのドアや部屋、そして滑り台があるおもちゃの家で遊び始めた。最初に、母親はただ黙って座っていた。彼女はどのように遊びに加わるか、困っているように見えた。サムはドアを開け、よい集中力で探索していた。それから、彼が家のドアを開けた後、母親はトラックを手渡した。彼はトラックを家に入れ、声を出し、家の中にあったトラックをとり、それを母親にあげた。サムと母親はコミュニケーションの輪を開き、つなげた。母親は、注意をそらしたり、圧倒したり、彼を興奮させるのではなく、むしろ彼が望んだ方向に行きながら、サムが相互交流するのを助けた。彼はそれからそれぞれの窓を開けながら、家を調べ続けた。彼は人形を1つの窓あるいは別の窓から入れた。彼は明らかに家の中の別々の滑り台がどのように働くかを理解していた——もし彼が1つの穴

第4章　子どもの面接の臨床例　*191*

から人形を入れたら，それは別の穴から出てくる。彼が家を調べているとき，母親とサムはとてもうまく身ぶりの輪を一緒につなげた。彼女は彼に物を渡し，彼はそれをいろいろな部屋に入れた。あるいは彼女は部屋から出てくる人形を捕まえた。そして彼は人形を返してもらうために母親に手を差し出した。彼らの遊びはよりリズムと関係がある性質をもち，彼らはもっとたくさんの声を一緒に交わした。

コメント
　サムは，家のさまざまな面の調べ方から示唆されるように，間欠的に彼の注意を集中させることができた。彼は母親と温かく関わっていた。温かい関わり合いの質には，両方の側に誘惑的なニュアンスがあり，たくさん身体的に抱きしめたり手を触れたりしていた。しかしながら，相互交流になると，彼のレパートリーはもっと限られていた。彼は，母親から人形をとりそれをおもちゃの家の部屋に入れるというような，あるいは声や表情の身ぶりをしながら面接室のドアを指さして示すこと，そしてそれを開けようとさえすることという，単純な身ぶりの相互交流は可能だった。しかし彼は3，4の身ぶりを一列につなげることによる複雑な身ぶりを示すこと，あるいは複雑な模倣をすることはなかった。これに対する1つの例外は，彼が「輪になって踊ろう，みんな座れ」を遊んだときだった。彼は，身ぶりの感覚での，最低限の単語の使用を証明した。彼の単語の使用は，複雑な象徴化した意味ではなく，単純な意図を伝えるものだった。
　彼の気分は興奮からまじめまで変化し，ほとんど喜びや幸福はなかった。彼は制限にいろいろなやり方で反応したが，決して制御不能にはならなかった。示されたように，表象的（象徴）遊びあるいは真の表象的（言語的）コミュニケーションの証拠はなかった。
　発達のパターンに関しては，彼は12から24カ月児の範囲に散らばっていることを証明した。大部分の身ぶりと行動パターンは10から16カ月児の範囲（早期の身ぶりの水準）を示唆していた。サムは，家といろいろな部屋を点検するような，単純に焦点化した課題をめぐって自分自身をまとめることもできた。彼はまた，恥ずかしがり，あるいは拒絶的であることをめぐって，

自分自身をまとめることもできた。しかし，身ぶりの水準でさえも，感情あるいは行動の幅は見せなかった。好奇心（どのように家が動くのか）そして自己主張，探求心，意図性（たとえば母親が自分に人形を手渡すようにさせる）の証拠があり，身ぶりは母親との温かさと近さを伝えるのに使われた。彼には幸福感，熱望，あるいは喜びはなかった。彼には，他者を遊びに引き込むような一種の伝わりやすい魅力がなかった。早期の単純な身ぶりの水準でさえも，深刻にではないとはいえ，彼には制約があるように見えた。複雑な身ぶりと表象の能力に欠ける一方，彼の気づきの水準と世界の理解は彼の表出能力よりも高いだろうという兆しを，彼は示した。これは，彼が新しい状況を取り入れ，恥ずかしさのパターンをまとめ，そしてどのように物事が動くのかを確かめるやり方に示唆されていた。空間的，機械的関係を理解する能力に，境界に囲まれたより高度の機能のある領域が示唆された。

　まとめとして，関係のもち方，集中，気分，感情，不安およびテーマのまとまり方に関しては，サムは有意にその年齢に予測されるよりも下だった。

症 例 17（リーア，25カ月）

面　接

　母親はしばらく前から25カ月のリーアに診察を受けさせることを考えていた。というのは，母親が診察室に入った直後に述べたところによると，「あの子はいつも拒絶的で敏感過ぎるから」。それは，弟が生まれた後のここ数カ月悪化しつつあると，母親は説明した。また，「あの子は夜中に3，4回目を覚まし，昼間も幸せそうではないの。あの子はまじめで悲しそうな表情を顔に浮かべ歩き回っているわ」。それに加え「あの子は，私が彼女にわめくようにいつも私を試したり，仕向けたりするの。私はいつも何か間違ったことをしていて，決してあの子を幸せにさせることができないように感じたの」。母親は例をあげた。最近行った海岸で，彼女は最初の10分間は幸せだったが，しかしそれから何かで涙を浮かべた——砂のお城がちゃんとなっていないとか，食べ物がちゃんとしてないとか，母親が彼女のところに来るのに時間がかかりすぎた，などで。母親は彼女を，強い意志をもち，それを「今」欲しがる，あるいは「彼女がそれを頼むよりも数分前」でさえ欲しがるのだ，と

描写した。父親は，一緒に入室していたが，何もコメントを付け加えなかった。

　他のときには，リーアは優れた知的才能に恵まれ，言葉をよく話し，小さな友達と遊んでいるときにはときどき幸せになることもできる，と母親は言った。彼女は本を読んでもらうのが好きで，砂遊びを楽しむことができた。ときには母親と一緒に素敵な散歩を楽しむこともできた。

　これらの最初のコメントの後，私は母親とリーアに，一緒に遊ばないかと尋ねた。私たちは後でリーアの生育歴についてもっと話すことができると，私は示した。母親は幾分緊張し，遊んでいる間母親から出てくる情緒の感覚はほとんどなかった。彼女の身ぶりと感情表現は空虚に見えた。彼女は形だけ遊んだが，それは非常に機械的性質をもつ人びとの部屋にいるような感じを，私に与えた。リーアは母親を見るのと同じくらい私を見たが，本当の喜びは伴っていなかった。リーアはごっこ遊びに熱中していて，明らかに3，4語文を話すことができる聡明で言葉のよく話せる子どもだった。彼女はそれでもなお非常にまじめな表情で，母親と相互交流するよりも自分自身の歩調に合わせてやっていた。

　最初に彼女は小さな人形に滑り台をさせた。母親は多少穏やかに尋ねた。「次に何が起きるのかな？」。リーアは母親を振り返って，明らかに母親のコメントを理解したという身ぶりをし，しかしその後彼女自身の言葉によるコメントは何も付け加えなかった。彼女は人形と滑り台のほうに向きなおり，それから大きな家をつかんで言った。「私この中に人を入れたいの」。

　リーアは母親から「そっぽを向き」続けた。母親は困惑し不安で多少麻痺させられたように見えながら，長い時間沈黙が続いた。長い休止の後になって，やっと母親は，娘が家の中にいる人たちにしたいと思っていることについて，建設的にコメントしようとした。そのときまでにはリーアは，生まれつつあるドラマに持ち込む追加のおもちゃを探して，すでに部屋を見回し始めていた。リーアは秩序だっていて，漠然とまとめられた遊びを続け，ときには「さあ，私はお人形さんに，自分たちが乗って遊ぶお馬を見つけさせるわ」というような詳しい記述を使った。母親は黙って消極的に傍観した。リーアの遊びに飛び込んで彼女がお馬を見つけるのを助けるのでも，人形がお馬

に乗って何をするのかに興味を示すのでもなかった。約10秒間の不安をはらんだ休止の後，母親は「ほんと。お人形さんは他の動物もほしいのかしら？」と言って，リーアの先導についていこうとした。リーアは母親を無視し，まじめで怒った表情で「くだらなさすぎるし，遅すぎる」と言っているかのように，彼女を見た。

　父親は，それまで非常に静かだったが，そのとき床に降り，リーアと遊び始めた。父親は，母親と対照的に，回避的あるいは冷淡というより，むしろ侵入的だった。父親はリーアの人形と馬と他の動物（彼女は人形が乗るようにそれらを集めて一緒にしていた）を手でいじり始めながら言った，「やあ，この動物たちはこっちに行くと思うし，この動物たちはそっちに行くって，パパは思うよ」。彼は熱心で攻撃的な表情をしていた。彼の遊びには多少不安で，ぎこちなく，侵入的な性質があった。それからリーアは頑固に，はっきりと不快な声で言った。「それは私のおもちゃよ！」。そして父親の指をおもちゃから引き離した。それから父親はまた割り込んできた。次の10分間は，リーアが父親に背を向け彼を押しのけようとし，そして父親が彼女の遊びに押し入ろうとするという特徴があった。彼らは実際，彼が侵入し彼女が彼を押しのけるというテーマをめぐって，かなり多くの相互交流をもった。父親ががっかりするにつれて，彼はもっと活動的になりそれからいくらかの「馬鹿騒ぎ」に参加しようとした。その馬鹿騒ぎでは彼は彼女を持ち上げ，彼女を空中に投げ上げて，彼のおなかの上でジャンプさせた。彼女は身をくねらせて彼から逃れ，多少怒って金切り声を上げ，彼女のおもちゃに戻った。彼は彼女とともに心地よいリズムに入ることができず，身体的な遊びを試みること，過度に侵入的になること，そしてときには単に観察し落ち着きを取り戻しているように見える数分間をもつことの間で揺れていた。

　次に私が床に降りてリーアと遊んだ。彼女は応変的で相互的な相互交流に関わるのが十分に可能なことに，私は気づいた。彼女のさまざまな人形を馬に乗せようとするテーマに，私は加わった。彼女はドラマの主導権を握っているようだったが，私の援助も受け入れた。私が彼女に人形を渡したとき，彼女は私を見て，ときにはうなずいた。私が「次は何？」ときいたとき，彼女は馬がこっちのほうに行くの，あるいはこの人形が次に馬に乗るの，ある

いはこの人形がその後馬に乗るの，と説明したものだった。彼女の言語的な，巧みに表現された遊びは，私の単純なコメントや質問に応答的だった。彼女の身ぶりは私の身ぶりのうえに巧みに表現され，相互交流は明らかに互いに関係していた。彼女は単純な「ごっこ遊び」水準で操作できた。「だけど」や「なぜなら」という接続詞や巧みに表現されたテーマはなかった。テーマは，人形を馬に乗せること，そして馬はどこに行くかを見ることのまわりに基本的には留まっていた。表象の相互交流の間に，関係をもっている感覚があった。彼女は衝動を制限できた。彼女がさせたいと思ったようにできなくて人形に欲求不満を感じたときでさえも，彼女は馬を叩いたり投げたりせず，ただ単にもう一度試した。彼女の気分はこれらの努力の間，平坦だった。

彼女はいくつかの表象単位をかなり長いシークエンス——人形と馬のテーマ——にまとめることが，容易にできた。しかし同時に，彼女の感情の幅はきわめて制限されていた。彼女は深刻で悲しそうに見えた。馬や人形が彼女がさせたいと思ったようにできなかったとき，彼女はときどき不快感を示した。喜びや楽しさの兆候，あるいは彼女がテーマを広げる兆候はなかった。彼女の一般的な関係をもっている感覚以外は，温かさや親密さのテーマは現れなかった。

コメント

リーアはまとまりがあり意図的な子どもで，複雑な意図的な行動と身ぶりが可能だった。彼女は短い意図的な文を使うことができた。彼女は私と，そして両親と関わり，表象的な遊びと相互交流を始める能力があった。同時に，彼女は深刻で寂しく，喜び，うれしさ，そして自発性に欠けていた。

リーアの両親は，広い範囲の表象的な，あるいは前表象的な相互交流で，彼女と関わるのが困難だった。母親の関わり方の最も特筆すべき側面は，母親の空虚さ，彼女の喜びの感情の欠如，そして長く間を置く傾向だった。対照的に父親との相互交流は，彼の侵入的なスタイルが特徴的だった。リーアは絶えず彼を払いのけていた。両親は2人とも論理的でまとまりをもつことができた。一方の親がリーアを空虚なままにするように見えるのに対し，他方の親は彼女をコントロールし重荷をかけすぎるように見えた。

彼女は焦点づけ，関係し，意図的に相互交流し，そして体験をまとめるのに表象的な様式を使うことができた。しかし彼女の気分はまじめで，彼女の感情の幅は限られていた（喜びあるいは自発性はほとんどなかった）。彼女のテーマの提案は，活動のコントロールをめぐる問題，人形と人びとが彼女のやり方で物事をすることを確かめることであった。

症 例 18（エリザベス，3カ月半）

面　接

39歳の弁護士であるエリザベスの母親は，エリザベスについて話すために最初の面接に1人で来た。エリザベスは3カ月半だった。彼女は急いで私に話した。「私の赤ちゃんが私を好きではないという感じがします。彼女は私を見ません。私は無能で無力だと感じます。赤ちゃんが産まれてから，他の人だったら私よりもっとうまくできただろうに，と感じました。私が初めてのケースを裁判にかけていたときに感じたものと，ほとんど同じように——他の人なら私よりうまくやっただろうに，と」。母親は付け加えた。「私が彼女を見て，そして彼女が私を見返してくれないとき，私は悲しくなります」。

母親は赤ちゃんを生んだとき39歳だった。「人生はいつしか過ぎ去ります」と彼女は言った。「今は，私はときどき赤ちゃんを見ることができ，彼女がどんなにかわいいかと感じ，そして赤ちゃんは私に人生の意味を与えてくれる。でも，赤ちゃんが私を見ていないことを，私は心配してもいるのです」。彼女はエリザベスを「かわいい穏やかな赤ちゃん」と描写したが，一方最初の2カ月間赤ちゃん専門の看護師を置いたと繰り返した。「私は一人っ子でした」と彼女は説明した。「私は飛び込んで，ママになるにはどうするのかを学ぶ必要がありました。でもそれをしませんでした。今私はぶざまで居心地が悪いと感じます」。母親は，40代後半の女性のナニーを雇ったと報告した。彼女がもっと自信を感じられるようにナニーが助けてくれることを，彼女は願っていた。エリザベスの父親は，忙しく働き午後7時半あるいは8時まで帰宅しない，株式仲買人だった。母親もまた，近いうちにもう一度忙しい仕事に戻りたいと願っていた。

表情と声の調子を厳しくコントロールしながら，母親が話しているとき，

彼女は消極的で用心深く，しばしば無力で空虚だと感じているように見えた。彼女は満たされる必要があり，誰か他の人を満たすことが難しいとわかっているという感覚があった。この性質は，彼女が言葉で接触しようとするそのやり方を通してさえ，伝わってきた。彼女の感情は制約されていた。彼女の思考はまとまりがあったが，多少具体的だった。彼女は自分が触れた少数の詳細な事実を巧みに表現しようとはしなかった。同時に彼女は，内省的でいたい，そして物事を理解したいという欲望をもっているようだった。

　彼女は次に進み，彼女はいつも，ベビーシッターをしたときでさえも，他の人の面倒を見るのが怖かったということを明かした。早くも4年生のときには，「私はいつも，死と死ぬこと，そしてもし私が人の面倒を見たら悪いことが起こるかもしれないことを，恐れていた」。

　2回目の面接で，母親はエリザベスを一緒に連れてきた。エリザベスは，小さな3カ月半の赤ちゃんだった。彼女は，ところどころでのほんの一瞬を除いては，母親も私も見なかった。もし母親が彼女に話し続ければ，彼女はときには母親の声のほうを束の間見るという反応を，確かにした。しかし力強い微笑みはなかった。母親がエリザベスと相互交流するやり方は，非常にためらいがちで，声のピッチを変えてエリザベスを引き込むのではなく，むしろ一種の単調さでささやき声で話していた。彼女はエリザベスを堅苦しく不安そうに離して抱っこした。母親がエリザベスと相互交流しているときに，母親が簡単に落胆したことにも，私は気づいた。彼女は予測されるよりも数秒間長く間をとり，リズムを平板化し，そのためにもし彼女がエリザベスの注意をわずかの間引いたとしてさえ，彼女はその注意を維持するために声のピッチを変えることができなかった。母親はしばしば5，6秒間沈黙し，それからもう一度始動して，緊張したささやき声で話した。彼女は表情やエリザベスの抱き方をほとんど変えられなかった——約20センチ離し，緊張してかたくなった手つきでエリザベスのおなかと背中を支えた。それはまるでこれは彼女が教科書に書かれているのを見たやり方であるかのようだった。その2人の間の雰囲気は，気味悪いような緊張したものだった。それは温かさと気持ちが欠けていた。エリザベスは，視線をそらして壁のほうを見たか，あるいは束の間母親を通り越して遠くを見たかのどちらかだった。

私がエリザベスと交流しようとしたとき，彼女は気持ちよさそうに私の膝のうえに来て，ぐずることも表情を変えることもなかった。彼女の筋肉運動系の緊張状態は良好だった。おそらく予測するよりもわずかに高かった。私が彼女に話していたある時点で，彼女は少しぐずったが，私が彼女を肩に抱き優しく圧力を彼女の背中にかけると，簡単におとなしくなった。私が彼女と遊び，彼女の腕と足を優しくなでたとき，私は微笑みに気づかなかった。また，腕，足，おなか，そして背中を軽くさわったとき，そしてこれらの領域にしっかりとした圧力をかけたときの両方で，いやなものを避ける兆候——頭をそむけたり不快な表情をしたり——もなかった。私は彼女に働きかけ，おもしろい表情をつくり，頭を前後に動かした。そして私がとても生き生きとした動きをしたときには，私の顔を追いかけるという形で彼女がわずかにうまく反応したことに，私は気づいた。私はまた彼女が特に1つのおもちゃを見るのが好きなことにも気づいた。私が彼女に話しかけたとき，彼女が私の声に焦点を合わせるのが少し上手ではないことに気づいた。もし私がとても根気強く，私の声のピッチをほんのわずかに秒単位で変化させ，彼女にゆっくりと変化するパターンを与えると，彼女はもっと集中し始め，おそらく集中時間は1秒から2秒半へ増えるだろう。私が彼女の指で音を立てると，彼女は1秒間，瞬きしたり，しかめ面をしたり，あるいは緊張を増したりした。その結果，彼女は，むしろはかない私との共同注視のパターンをもった。彼女は1から2秒半集中し，それから注意をそらし，ランプや部屋のまわりの他のものを見たものだった。ときに彼女はわずかな，笑いの始まりを顔に浮かべたが，広く強い微笑みではなかった。

　エリザベスは，15分かそこら私が働きかけている間，我慢強かった。私が彼女を私の膝のうえに仰向けに寝かせようと試み，私が彼女の手をもって上体を起こさせ，そして私の前に抱き上げたとき，彼女は怒ったり，ぐずったりしなかった。彼女のはかない注意は，すべての体勢で一定だった。私がとても生き生きした表情と非常にゆっくりと変化する声のリズムを組み合わせたとき，彼女の集中は最もよかった。もし声のリズムが早すぎたり，あるいは母親のように単調になりすぎたりすると，私は彼女の注意を約1秒持続させられただけだった。彼女は空間の活発な動きは楽しまず，垂直および水平

両方の非常にゆっくりとした動きのほうを好んだ。彼女はまた，非常に急激な動きよりも，ゆっくりとリズミカルに揺らすことを楽しむように見えた。急激な動きは，彼女をびっくりさせがちだった。

コメント

　このエリザベスとの最初の面接から，彼女は最初の一里塚である共同注視と関係性（関わり）の形成に到達するのに困難があるように見えた。彼女は発声に同調するのが困難で，視覚的な体験のほうがわずかによく同調できるとわかった。彼女は声の体験を処理する領域で少し低反応性であると思われた。彼女はまた空間での活発な動きには軽度に敏感でもあった。しかし，彼女の接触への反応と筋肉運動系の緊張度は適切であるように見えた。したがって，彼女は少し低反応性で，多くの求めと働きかけが必要な，のんびりしたタイプの赤ちゃんと思われた。しかし，彼女はまた大きな音と空間の動きに敏感でもあった。これらの個人的な差と併せて，エリザベスの母親は，非常に緊張して不安な人で，エリザベスと関わるのにちょうどよいリズムを探すために，視覚によるあるいは音声や言葉によるかかわり方を試してみることが，ほとんどできなかった。母親もまた簡単に拒絶されて空虚だと感じて，彼女が言うには「私を満たすことのできる赤ちゃん」を必要としていたと言ってもよかった。母親はまた自分がともかくも「悪い」のではないかと心配していた。いくつかの側面で，エリザベスは，母親が自分自身の子ども時代として描写したものに合っていた――他の人が彼女を求めるのを待っている人。結果としてエリザベスの個人差と母親の個人差が，共同注視と関わり合いという早期の段階をうまく通り抜けるのを困難にしていた。

　エリザベスは彼女の個人差に合わせた，特定のタイプの体験を必要とし，母親はエリザベスが気持ちよいと感じる狭い「通路」でどのようにエリザベスと相互交流するかを学ぶのを助けてもらう必要があるだろう。

第5章　面接の実施法

　アセスメント面接の目的は，「子どもについてできるだけたくさん学ぶこと」と簡単に言うことができる。したがって，面接者の基本的な任務は，観察可能な情報量が最大になるような設定を作ることである。あなたが面接を実施するときには，より豊かな学ぶ体験を作り出すために何ができるのかを自分自身に問いかけてみよう――特に私たちがこれまで議論してきたカテゴリー，あるいはあなたが構築してきただろうその他のカテゴリーに関係するデータを，何がよりたくさん引き出させるだろうかを問いかけてみよう。付随する目標は，もし治療あるいは追加のアセスメント面接が指示されたときに，子どもがまた外来に戻ってくることを怖がらないように，子どもとの情緒交流を確立することである。まずいくつかの一般的な展望と原則から始め，それから面接の開始段階，中間段階，そして終了段階について，話そう。

一般的な展望と原則

　熟達した観察者になるために自ら訓練することは，成功する面接を行ううえで必須である。これに関係するのは，個人的に気持ちのよいスタイルを発展させることである。2つの基本的なアプローチがある。構造化面接と非構造化面接である。簡単に言うと，構造化面接は子どもを特定の遊び道具に向かわせて，それから特定の質問をするという技法を用いる。年長の子どもは家族についてきかれ，一方年少の子どもはある種の物語の結末を聞かれるだろう。

　「雛鳥」の物語をよく知っている人は多いだろう。始めに面接者が「雛鳥が巣から落ちた」と話し，子どもは話を終わらせるようにと言われる。もう1つのよく知られた例は「もしあなたが3つの願いごとをもっているとしたら，それは何ですか？」という質問から始まる。言い換えると，文章完成法

のように，あなたはある種の曖昧な，あるいは半指示的な刺激を子どもに与え，子どもはそれを完成させるようにと言われる。

あなたはまた自分自身の工夫で面接を構造化することもできる。たとえば子どもを一定のやり方で迎えるとか，夢について質問するという構造化である。しかし，あなたがどんな構造を用いようとも，子どもはあなたのしていることに反応しているということを忘れずにいることが重要である。そしてあなたは子どもの反応をこのコンテクストから観察し理解しなければならない。多くの子どもと経験を積むにつれて，あなたは自分が用いる構造的な要素に対して平均して予測しうる反応の範囲についての感覚を得るだろう。またあなたは，あなたが持ち出す種類の問題に対する反応の個人差について理解することも学ぶだろう。

上述のアプローチとは対照的に，非構造化面接は，侵入が少なければ少ないほど，子どもは多くのことを語る，という基本的な概念に従っている。私は非構造化アプローチのほうが好きである。というのは非構造化アプローチがより多くの学ぶ機会をつくり出すと思うからである。構造化はあなたの観察を汚染し，今行われていることのどのくらいがあなたがしていることの産物で，どのくらいが子どもが面接状況に持ち込んだことかを知ることを，困難にしている。すべてが明確とはいえないさまざまな理由から，機会を与えられれば，大部分の子どもは彼らのパーソナリティの中で何が行われているかを，あなたに知らせるだろう――構造的に，どのくらい上手に現実検討や衝動コントロールなどを扱えるかという意味で，そして体験的に，思考，空想および感情に関して，の両方について知らせるだろう。

私が付け加えるまでもないが，あなたの主要な興味は，子どもがあなたと共有しようとしているどんな素材でも観察することにある。非構造化面接の利点は，子どもたちが自分の物語を自分のやり方で語ることを可能にすることである。それは子どもが面接状況に自分自身の構造化を持ち込むことを可能にすると言っているのと同等である。心理検査あるいは両親や教師との議論を通して，構造化された刺激への反応を得る機会はたくさんあるだろう。

非構造化面接では，あなたが失敗と考えることに，より多くの可能性があるように見えるだろう。思い出してほしい。面接は相互交流的過程であり，

孤立したコメントの連続ではない。あなたの思いやりのあるコメントや身ぶりは，たとえ振り返ってみると完璧なタイミングや最適な共感ではなかったとあなたが感じたとしても，子どもの側の反応につながる。もしあなたがその反応の性質を観察するなら，そうしたらあなたはそれを子どもの利益のために構成的に使うことができる。この章の残りの部分で，私は非構造化面接をどのように行うかを説明する。

　私は面接の間の臨床家のふるまいに，2つの一般原則を提案する。1）最大限の精神病理が現れるのを許せるように，臨床家は，患者の不快感ばかりでなく，自分自身の不快感にも耐えなくてはならない。2）臨床家は継続的に第2章で述べられたカテゴリーすべてを観察すべきである。

　私はまた，面接の開始，中間，および終了時に特異的な原則も提案する。

- 初期段階では，患者が（あなたからの干渉を最小限にして）どのように新しい関係性を始めるのか，この新しい体験を彼ら自身はどのように知覚するのかあるいは予期するのか（たとえば搾取され恥をかかされる，針で刺される，おいしいお菓子とケーキで満たされている，性的に誘惑される，競争される）を，患者があなたに見せられるように，温かく，受容的に，しかし誘惑的あるいは魅力的になりすぎないように，しよう。
- 中間段階では，患者の連想の傾向を促し，感情，テーマ，関係性の感覚，気分などの，まとまり方，深さ，豊かさそしてシークエンスを観察しよう。患者の自我と達成感の観点からのコメントは，面接の意味を最初に患者が知覚することに関して役に立つ（特にもしそれが怖いもののときには）。また，面接の中間段階に現れるだろう葛藤やテーマ，あるいは感情を扱うことも同様に役に立つ。要するに，中間段階の目的は，患者を助けて，あなたが「患者をわかるようになる」ことを可能にさせること，そして，患者が自分自身でその目的に近づくのはどれくらいか，そしてどのようにあなたの助けを利用するか（たとえば，あなたのコメントを無視する，混乱する，あるいは感情およびテーマの両方で連想の傾向を豊かにするように，あなたのコメントを利用する）をメモしながら，この過程を注意深く観察することである。

- 最終段階では，患者があなたからの別れ，およびそれに関連したテーマについてのあなたのコメントに，どのように備え，扱うか，――そして最も重要なのは――将来のアセスメントあるいは治療の作業の土台になるような，非常にストレスが強く恐怖の可能性さえある感情をどのように扱うか，を観察することである。ここでの目的は，彼らの自我あるいは達成の観点から，ユニークで有益な体験だったという感覚を強固にするように，患者を助けることである。

基本原則について詳しく述べる前に，私は助言したい。最大限の観察というあなたの課題を促進するために，それぞれの観察カテゴリー用に欄をつくったノートを使ってみよう。そうすれば面接の進行中に，適切な欄にあなたの観察を記入できる。もう1つのやり方は，カテゴリーをこころの中にとどめて，面接のざっとした記述をメモする方法である。いくつかの面接を経験した後には，すべてのカテゴリーを観察することは，ほとんど自動的になる。練習すれば，後で面接を再構成するのは簡単になる。

では，基本原則に行こう。上手に干渉せずに観察するためには，自分自身の不快感はもちろん，子どもの不快感にも耐えるという原則を守らなくてはならない。子どもが精神病理をあなたに見せることを許さなければ，あなたは精神病理をアセスメントできないだろう。もし子どもが（たとえば遊びを中断したり，泣いたりすることによって）不安を示し，そして子どもがそれをあなたのために十分に出し尽くすようにさせるのではなく，むしろ過剰にすばやく近寄って援助するならば，あなたは子どもが自分自身でどのようにうまく不安を扱えるのかを観察しないだろう。もちろん，あなたはこれらの領域で常に臨床的判断をしなくてはならない。もし子どもが非常に混乱して怯えているならば，あなたは子どもに近寄って，子どもが自分の世界を再建するのを手伝わなくてはならないだろう。象徴的に言えば，あなたはいったん精神病理の性質を観察したならば，子どもが傷つくことは望まない。しかしながら，あなたはその精神病理がどのくらい深く強いものかだけを十分に観察したいと確かに望んでいる。そしてこれは，行動を時期尚早に閉め出してしまえば，できないのである。

支持的になるべきときが来たら，子どもの困難を取り繕ってそれから注意をそらすというよりも，むしろその行動にコメントすることが最善である。たとえば，4, 5歳児にとって，あなたが自分の話すことに興味をもっていると感じるだけでなく，あなたがそれに怯えていないと感じることも，重要である。あなたが子どもの困難な領域にコメントするとき，やっと自分たちを怯えさせるものに怯えていない人に出会えたと知って，子どもたちはしばしばとってもほっとする。最初の面接では，子どもは恐ろしすぎて問題について直接話すことができないかもしれないが，子どもは少なくともあなたには聴く用意があることを知るだろう。

　自分自身の不快感については，私たちがどんなに経験を積もうとも，ある種の行動——たとえば原始的な混乱した行動——は，私たち大多数に不安を引き起こす。私たちは，私たち自身の葛藤に似ていて，したがって理解しやすい，すてきなありふれた神経症的葛藤が好きだ。しかし私たちは原始的な行動を嫌い，切り捨てる傾向があるだろう。特にそれが私たち自身の無意識にある何かに触れるときにはそうである。しばしば私たちは自分自身の不安を不安として認識していない。その代わり，私たちはそれに対し第一級の防衛を体験し，そのことから「この子は混乱しすぎている。彼女のために面接を構造化したほうがいい」と考えるのも至極当然である。本当に考えているのは「彼女の行動や感情は私を混乱させすぎる。私自身のために面接を構造化したほうがいいかもしれない」だろう。もし最初のアセスメント面接で，とても素早く近づく必要性をあなたが感じるならば，あなたの最初の考えは，私は自分の世話をしているのか？　この子の世話をしているのか？　のはずだろう。大人よりもはるかにたくさん，子どもは私たち自身の敏感な領域に触れるすばらしい才能をもっている。というのは，おそらく，子どもは，いわば，たくさんの葛藤をはっきり主張するからである。子どもによって，私たち自身の逆転移や反応の傾向ははるかに容易に引き出される。もし自分自身が不快になってくるのがわかったら，何も言わず，少なくとも数分間何が起きるか観察し，頭に浮かぶあなた自身のあらゆる空想をメモするのが，最善である。

　次の原則は，私がずっと詳しく述べ続けているもの，すなわち，子どものコミュニケーションについていくことである——テーマの内容ばかりでなく，

子どもの関係性の観点から見た連想の傾向，感情のトーン，および時間経過に伴う感情の流れにもついていくことである。発達水準に関しても，子どもについていってみよう。子どもは，関わりをもち，集中していて，意図的にコミュニケーションするために，そして関係性の中の基本的な問題を交渉するのに身ぶりを使っているか？ 子どもは，言葉あるいはごっこ遊びのいずれかを使って，表象の形で感情や情緒的テーマを巧みに表現することができるか？ あるいは運動による放出と言語の記述的な利用だけが，子どもの関係のもち方か？ 子どもは表象をカテゴリーに分化させることができ，それらの間に橋を架けることができるか？ あるいは子どもはバラバラであったり，浅かったりするのか？ どの情緒的なテーマについて，子どもは多少なりとも進んだ水準である，まとまりをもった体験が可能なのか？ たとえば，怒りをめぐっては関わりから撤退することなどを，記述してみよう。この原則は，面接のそれぞれの時期が以下で議論されるとき，さらに例示されるだろう。

開始段階

面接の最初の段階は，待合室から始まる。あなたの最初の観察は，両親とともにいる子どもの観察である。彼らの空間的な関係と相互交流に注意してみよう。それから，第2章で議論したように，親や子どもに近づく前に，しばらく時間をとり，体格，協調運動，粗大および微細な筋肉運動系の活動，および感覚運動機能のようなものに注意しながら，子どもの第一印象を得てみよう。子どもが母親や，他の家族に，そして待合室内の他の人にも，どのように応答するのかを，観察してみよう。身ぶり，感情，およびいくつかの他のカテゴリーの情報が与えられる活動を，観察する機会さえもあるかもしれない。

たとえば，子どもが部屋の中を動き回っているとき，あなたはさまざまな感情を見始めるだろう。子どもが言うことをきかないとき，子どもと母親の間にストレスの瞬間を観察するだろう。この相互交流からあなたは，子どもがどのように不安を扱うかを観察できるだろう。もし子どもが1人で，あるいは誰かと遊んでいれば，あなたはテーマのまとまり方と範囲についての何

かを見ることさえできる。これらの待合室での最初の数分間の観察は，面接からの追加情報で補う必要があるのは明らかだが，しかし，あなたはこの観点から多くの発達カテゴリーについての子どもの状態の最初の印象と，予備的な子どもへの直感的感情を得ることができる。

　あなたとの相互交流の開始については，もし子どもがあなたと話せるようだったら，親に接触するよりも前に，子どもに接触するほうが望ましい。このやり方で，あなたが主として子どもと知り合いになることに興味をもっていることを，子どもは理解し始めるだろう。挨拶の後，一緒にプレールームに来るかを，子どもにわかりやすくきいてみよう。ここでもまた，その子どもが新しい人物としてのあなたと関係をもち始めるときに，観察するのに興味深い行動があるだろう。もしあなたが誘惑的な砂糖をまぶした飾り物のようなごまかしなしに，あなたという人を単に差し出すだけならば，多くの健康な子どもはいくらかの戦慄と軽い心配と軽い警戒は示しても，あなたと一緒にプレールームへ行くのに十分な信頼の態度を示すだろう。というのは，子どもはなぜそこにいるのかについて，通常なんらかの感覚はもっているからである。その反面，もしクッキーやキャンディーをもって子どもに近づくならば，この特定の子どもが新しい人物に反応する通常のやり方の光景を得られないだろう。

　あなたが面接室を指さすと，あなたの前を走る子もいるだろう。あなたの1メートルくらい後をのろのろ歩く子どももいるだろう。子どもがとても幼いときは，あなたは手を差し出すだろう。あなたはそれをいつやるべきかという直感的感覚を得るだろう。母親のもとを離れるのを拒む子もいるだろう。そしてあなたの最初のアセスメント上の課題は，母親にしがみつき離れるのを拒んでいる子どもを，どのように扱うかである。このようなケースの中には，一歩退き，父親や母親がすることを見ていたいというものもあるだろう。親の中には幼いサリーを捕まえて，「おまえは面接室に入らなくちゃならないんだよ。おまえは私に恥をかかせているよ」と言い，それから子どもの腕をつかんで部屋の中に引きずり込むのもいるだろう。たとえ両親が子どもに残酷だとあなたは感じて，干渉したい気持ちに駆られても，あなたは待って，親がどのように子どもを扱うのか，子どもはどのように親を扱うのかを見た

ほうが賢明だと私は思う。たとえば，子どもは母親を挑発するのか，あるいはその反対か？　いずれにせよ，もし親がここでそのようにふるまうとしたら，親はどこでもそうふるまっていると，あなたは推測できる。ある時点で，あなたは状況を和らげるために何かをしたいと思うだろう。しかし自然な光景を最初に得ておくことは有用である。あなた自身の不安によって，あなたが短時間状況を観察することが妨害されないようにしてみよう。

　私は通常子どもの年齢に適したおもちゃやゲームをプレールームに用意し，子どもが入ってくるとき部屋がいくらか整頓されているようにしている。私は子どもたちを温かい「こんにちは」と笑顔で迎え，それから最初に子どもたちが動くのを見守る。治療者と子どもの間の絆をつくるためにはキャンディーをあげるべきだと信じている人もいる。しかしながら，私はこれを偽の贈り物だと見なす。というのは提供できるもっとずっといいもの——専門的技術——を治療者はもっているからである。ひとたび子どもたちがこれに感づけば，子どもたちは，キャンディーの贈り物を通してよりもはるかに深く，治療者と関係をもつだろう。私は「あなたはなぜここに来ているのか知っている？」とは訊かない。というのは子どもたちが示す可能性のある反応の範囲を制限するからである。たとえば，この直接的な質問への反応として，以下の会話が続いて起きるだろう。

　　子ども：ママが行かなきゃいけないって言ったから。
　　治療者：どうしてママは行かなきゃいけないって言ったんだろう？
　　子ども：わかんない。
　　治療者：しっかりしろよ，わかるだろう？
　　子ども：わかんない。
　　治療者：しっかりしろよ，ママは何か話したはずだよ。
　　子ども：そういえば，ちょっと学校のことが。学校でうまくいかないんだよ。
　　治療者：どうして学校でうまくいかないの？
　　子ども：えーと，わかんない。それに話してなんかあげないよ！

　これは子どもの典型的ではない面接というわけではない。このようなやり

とりをするのはちっとも悪いことではないが，子どもに自分のやり方で，なぜ自分がそこに来ているのかを語らせる（そして子どもは語るだろう）ときに学べるほどは，学ぶことができない。

　あなたと子どもが共有しようとしている状況を参考にして，自分がなぜそこに来ているのか，そしてどのように自分はそれを扱おうとしているのかについて，あらかじめ考えていた意見を子どもがもっていることを，あなたは確信するだろう。もしあなたが自分は誰でどのくらいの時間一緒にいるのか，などについて説明するのが，過度に速すぎるときは，子どもの意見は何かについて学べないだろう。同様に，両親からの子どもの発達歴を聞くことには利益があるだろうが，この材料を子どもに直面化すべきではない。というのは，「もしそれが親があなたに言ったことなら，それについて親と話したらいいのに」という反応を引き起こすだろうからである。しかしながら，確かにあなたは，親から語られた情報（症状）を，子どもを観察する１つの観点として使うべきである。たとえば，もし親があなたに子どもは盗みをしていると話していたときは，情緒的飢餓（すなわち，子どもは「自分自身を満たすために」盗むのか？）の兆候，あるいは怒り（子どもは関係性の中で盗むのか？）の兆候に，気をつけて見るだろう。あなたは，盗みの派生物である，こそこそするような，あるいはだますような策略も警戒すべきだろう。

　ひとたび子どもができる限りたくさんの自分の認識をあなたと共有した後は，あなたが理解したことを示すために，子どもが話したことについてフィードバックを子どもに与えるべきである。あなたはまた，子どもの心配についてのあなたの理解を与えることで，ゆがみを直すこともできる。そして，今回はどのくらいの時間一緒にいるか，あなたがもう一度その子を診察するかどうか，のような関係性の条件を設定することもできる。子どもの年齢に応じて，一緒に過ごすこの時間の目標をどのように考えているかを，あなたは述べたいと思うだろう。ここでもまた，あなた自身の目標を述べる（それは，子どもが理解するコンテクストで説明するべきである）前に，子どもが自分の目標を表現するのを聴くまで待つと，うまくいくだろう。たとえば，もし子どもが何か特別なものを期待していると言うとしたら，「あなたが私からケーキやキャンディーをもらいたいと思っているのはわかるけれど，別のや

り方を試してあなたを助けたい」とあなたは説明できる。そのやり方で，子どもは自分の言うことを聴いて，理解してもらえたとわかるだろう。

　この時点で，あなたはまた，プレールームの規則——典型的には，子どもは自由に遊んでいいし，自分が話したいことを話し，やりたいことをする。しかし，何も壊してはいけないし，治療者や自分自身を傷つけてはいけない——についても，子どもに伝えたいと思うだろう。プレールームの規則を決めることは，しばしば子どもに自由の感覚を与える。この説明が必要ないように見える，まるで直感的に規則を知っているかのような子どももいる。探索の許可を与えるまでは，凍りついたように見える子もいるし，即座に攻撃的になる子もいる。ここでも，子どもがどのように部屋に反応するかを見るまでは，規則を説明してはいけない。そうしないと，子どものパーソナリティについての重要な情報を見落とすだろう。

　最初の数分間にある曖昧さは，ほとんど常に学ぶ好機である。たとえば，ある子どもはその最初の不安の瞬間に，部屋を見回して，テープレコーダーはないかと質問した。これはもし私の侵入が早すぎていたら，聞けなかっただろう特異的な不安だった。

　入ってきて，ソファに顔を伏せて横になった子もいた。彼が何をするのかを見るために待ちながら，私は彼が私に何かを伝えていると感じた。彼は分析を受けたいのか（彼の親がたぶん分析中だろう），依存の兆候か，とっても疲れているのか，あるいは恐怖でダチョウのように頭を埋めているのか？しばらくして，私は彼に彼がしていることを描写し，それについて何を感じているかを話せるかどうか訊いた。後に面接の中で，面接の直前に何か恐ろしいことが彼に起こっていたことが，わかった。彼の行動から，彼が恐ろしい体験を扱うやり方の1つを私は見たのだった。

　さらに，大人のように座り，妹と喧嘩するからママが自分をここに連れてきたと話すことから始めた，9歳の子どももいた。彼の態度から，私は彼が何かを待っているという感じをもった。私はこれをコメントし，彼は「そう。僕は注射を待ってるの。お医者さんに行けば，注射するでしょ」と言った。そして彼は私がこれから使うこの巨大な針について描写し，続いて母親が私は別の種類の医者で，注射する医者ではないと言ったけれど，母親を信じて

いないと彼は話した。彼はまだ巨大な注射を期待し，彼はこれを興奮した雰囲気で表現した。後に私は彼が注射の考えに怯えていないように見えたことをコメントした。そしてこれによって，彼の葛藤のいくつかの光景につながる別の領域での期待へと，彼は向かっていった。

最初はかたくてしゃべらない子どもについては，彼らの活動を構造化したいというあなたの即座の衝動を抑圧することによって，あなたはこのような子どもが自分で何かを始められるかどうかを発見することができる。以下の例がこれを説明する。

聡明な7歳の子が入ってきてソファに座り，私を見た。私は彼を見た。私はその状態を，たぶん30秒ほど続くままにさせた。それはこの状況では非常に長い時間である。大部分の人は状況を構造化しもっと快適にし始めるまで，5から10秒以上は耐えられないだろう。特にこの子どもは時間がたつにつれて，不安でもっと凍りつくように見えた。私が彼の不快感が増大するのを見て，彼はもっとかたくなるだけだと気づいたとき，私は沈黙を終わらせた。私は知りたいことをすでに観察していた。すなわち，彼は自分の不安を克服できなかったことを学んだ。そこで状況を構造化し始めた。彼の不快感と自分自身の不快感に耐えることにより，彼は，いわば主導権を握れないことを私は学んだ。

まったく同じように，外見上凍りついたようになって始まった子もいたが，彼女は約20秒後に部屋についてのコメントをし，それを彼女自身の家に関連づけた。彼女は連想を行ったり来たりさせることで，自分自身快適でい続けていた。そして基本的にそこで私といることは彼女にとってそんなに不慣れで恐ろしいことではないと言っていた。明らかにそれは新しく恐ろしい状況**である**。そしてどのように彼女がストレスの多い状況を扱うかについてたくさんのことを私に語るというすばらしい対処能力を，この子どもは示している。

最初の例の男の子のような子どもについては，私は子どもが感じていると考えることを取り上げて，何か言うようにしている。あるいはもし私がそれ

についてもっと感情を交えないでいたいなら，ここに（面接室に）来て，状況をどう判断していいかわからない人もときどきいる，と話すだろう。黙っている少年に，私は「君はどう考えたり話したりしたらいいのか，自信がない」と言った。それから彼はわれわれがいた家についていくつかコメントし，それで彼はほんの少しくつろげた。それは彼をしっかりさせ，彼は「なぜ僕はここにいるのかとか何をしたらいいのかとか，僕にはわからない」と言った。彼は私に指示を与えてほしかった。

　その時点で，大部分の7歳児はおもちゃの戸棚を開け，部屋を見回し，彼らが利用可能な選択の範囲を探検するだろう。したがって，特にこの子については，彼が何をしていいのかわからないというのを，即座には受け入れなかった。私は「何も思いつかないの？」と言い，続いてなぜ自分はそこにいるのかをわからずに見知らぬ場所にいるのはどんな感じか，彼の両親は彼に何を言っていたのか，についてコメントした。私が後者の問題を彼に持ち出すやいなや，彼はどこかいやいやながら「えーと，あなたは気持ちについて話すお医者さん」と言った。それから彼はゆっくりと，彼の両親が，彼は気持ちについて話すために行くこと，それから自分たちがすでに面接者と話したことを，彼に伝えていたと明らかにした。彼は自分自身の気持ちについて「奇妙だ」と感じると付け加えた。それから私たちは本格的に動き出した。しかし彼がなぜそこに来ているのかについてのいくらかの理解——それはかなり深いもの——をもっていることを私に伝えようとするまでに，たっぷり10分間の探求が必要だった。

　沈黙を通して伝えられた彼の最初の奇妙さという感覚は，実際に**彼が**そこから面接を始めたいと思ったところだった。最後には，私が彼に多くを語る必要はなかった。私がしなくてはならなかったのは，彼の状況の理解を確認することだけだった。彼は引き下がる少年で，すべての種類の問題を扱うやり方として，人生に受け身的な姿勢を利用する少年だと，私に見せた（事実これは両親が心配している問題の1つ，彼らの聡明な子どもが学校ではうまくいかず，自分自身を主張するのに問題があることである）。私は受け身的な姿勢の背後にかなりの蓄えがあるのを見ることができた。彼はスタートするやいなや，とてもまとまりのあるテーマと，私と関係をもっている感覚を

発展させることができた。彼の受け身的姿勢は，たとえば，彼の中核的なパーソナリティ機能のなんらかの重大な欠陥を覆い隠すかたい防衛ではないことを，彼は私に示した。たとえば，私は，この子どもは多くの財産をもつが，「奇妙な感覚」に悩まされていたとわかった。

　コメントをすることに関して，温かい感情は重要である。あなたが**何を**言うかは，**どのように**言うかよりも重大ではない。何よりもまず，最初の数分間は，子どもを特定の方向に導き始めないようにしよう。子どもが最初のテーマを自由に選べるように見守ってみよう。あなたは子どもの気持ちについてのあなたの理解を示し，子どもが話したことについてフィードバックを与えたいと確かに思うが，あなたのコメントで子どもを導こうとは思わない。支持的なコメントをすることによって，あなたは子どもがしていることを子どもに伝えているだけでなく，あなたが子どもに提供できるものを子どもに示してもいる。かたくなっている子どものように，取り組みがいのある子どもに対しては，子どもを簡単に思いすぎないことが重要である。さもないと難しい鑑別診断上のいくつかの疑問への答えを学べないだろう。

　たとえば，もしあなたが誘惑的で魅力的ならば，深刻に落ち込んでいる子どもさえも，あらゆる種類の興味がある力動的な素材をあなたに与えるという反応をするだろう。これはあなたが子どもの葛藤を理解するのを助けるだろうが，しかしそのように行動すると，その子が落ち込んでいる，あるいは基本的に拒絶的だという事実を見逃すだろう。実際に治療関係の中のある時点で，子どもが何かを理解するのを助けるために，あるいは子どもが観察機能の中であなたと同盟を結ぶのを助けるために，魅力が特定の価値をもつだろうときには，魅力を使いたいと思うだろう。しかしながら，このような時期まで，あなたのコメントは温かく共感的であるべきだが，魅力的になりすぎないようにすべきで，そして決して冷たかったりよそよそしかったりしてもならない。というのは，どちらの極端でも子どもの反応を汚染するだろうからである。

　かたくなっている子どもの極端な反対は，コントロール不能な子どもである。ここではあなたはいつ踏み込むかを決断しなくてはならない。面接が始まり5分経って，子どもは物を打ち壊していて，あなたを蹴り始めたとしよ

う。あなたが何をするかは，部分的には，あなたが何に耐える意志があるかに依存する。破損には耐えるが，叩かれたら子どもを身体的にコントロールしようとする治療者もいる。また，子どもが自分自身をコントロールできるほど十分な関わりをどの時点でやっと感じるのかを見るために，面接中ずっと子どもに続けさせる治療者もいる。

　もし身体的な拘束が必要とあなたが感じる場合，子どもを落ち着かせる努力の中で，コメントをしながら身ぶりであなたの限界の深刻さを示すよう試すことができる。親を面接室に入れるのも，子どもが自分を落ち着かせるのを助けるだろう。ときには，もし子どもを抱きかかえて子どもの行動を抑える必要があるならば，あなたもしくは親がそれをして子どもを援助すべきかを，あなたは決める必要がある。私はこの状況を子どもについて学ぶために使い，2，3回の感情爆発の後にはなんらかの拘束が必要とは思わなかったものだ。このような決断は個人のスタイルの問題である。他の人よりも多くの消耗という危険を冒そうという意志のある臨床家もいる。

　あなた自身が，難しい子ども，特に攻撃的な子どもが，あなたの存在で混乱を鎮め，あなたの権威に挑戦しようとしなくなる，というパーソナリティの持ち主だとわかる人も，中にはいるかもしれない。その反対に，このような子どもが繰り返しあなたに挑戦するとわかる人もいる。中には消極的な子どもとうまくやれる人もいるだろう。怯えて消極的な子どもは，権威のイメージを伝える人を見ると，面接の大部分で引きこもるだろう。もう少し威圧的ではない人，より優しく，より穏やかに話す人に対しては，その同じ子どもが会話に参加しようとするだろう。あなた自身の基準線と，あなたが引き起こす傾向のある反応の種類を知ることが重要である。

　あなたはまた，ある種の子どもたちがあなたに引き起こす反応がわかるくらい，十分に自分自身を知るべきでもある。われわれはみんな同じ子どもに別々の反応をするだろう。そして，あなたの反応はどうなりやすいのかを学ぶことが重要である。もしあなたが攻撃性に不快になるならば，逆説的にあなたは攻撃的な子どもに共感的で同情をもって反応するだろう。あなたは子どもたちと十分に治療的に作業するだろうが，これらの攻撃的な子どもへのあなたの特有の反応は，異常に「母性的」に感じることだとわかるのが重要

である。あなたは彼らを「良い」子にさせたい，彼らの攻撃性を見逃したり許したりしたいと思うだろう。あなたはひどく困窮して剥奪された側面を攻撃的側面と一緒見るのではなく，むしろそれだけを見る。ポイントは，あなたの反応を変えるべきだというのではなく，むしろそれをどのように使うかを学ぶべきだということである。そうすれば，それはもう1つの道具，あなたにとってのもう1つの情報源になる。

　言葉を話さない，あるいはごっこ遊びさえも使わない子どももいるだろう。あなたはなんの困難もなく前象徴的コミュニケーションを利用できるように準備しているべきである。子どもはまだもっとたくさんのことをあなたに伝えている。子どもは焦点づけ関わりをもとうとする，あるいはよそよそしく隔たっている。子どもの身ぶりはでたらめで目的がない，あるいは子どもは笑ったり，声を立てたり，指さしたり，立ったり座ったり，見たり，しかめ面をしたり，などのやり方において，非常に目的がありまとまりがある。子どもは，ある種の情緒的なテーマをうまく処理するのに身ぶりを使い，他のテーマではより目的なく関わりなくなる（たとえば依存をめぐっては目的がなくなり，怒りをめぐってはまとまりがある）のか？　言葉や認知の遅れのために，あるいは情緒的な理由で，前象徴的モードで操作している子どもは，あなたが子どものパターンを見つけ出すのを助けるように直接的なやり方で，それと相当する象徴的部分よりもたくさんのことを，あなたに明らかにするだろう。あなたがより高い水準のコミュニケーションに働きかけようとしているときでさえも，常に子どもの水準で，子どもと関わりをもったりコミュニケーションしたりしようとすることを，忘れないでいよう。たとえば，身ぶりをしている子どもには，あなたの言葉と一緒に，生き生きした身ぶりも使ってみよう。

　まとめとして，面接の最初の段階では，なぜ自分はここに来たのか，どのように自分はあなたを見ているのか，そしてどのように自分は状況を理解しているのかについて，コミュニケーションしてくる子どもに，あなたは関わるべきである。子どもの話のこの部分が展開している間は，子どもの考えや行動を指示しないことが重要である。面接の最初の段階であなたがするコメントでは，子どもの心配をあなたが支持的に理解していることを示すべきで

ある。ひとたび子どもがなぜ自分はあなたに会っているのかについての考えを共有したら，あなたのコメントはこの面接の目標を明確化すべきであり，このコメントはあなたと子どもの間に作業関係をつくり上げるのに役立たねばならない。すなわち，あなたは子どもの理解と援助ができることを，子どもに示してみよう。

中間段階

　面接の中間段階は第2章で議論したカテゴリーすべてを観察する絶好の機会を提供する。この時間までには，子どもはいくつかの優勢な感情を表し，あなたとある種の関係性を築き始め，全体的な情緒トーンを示し，テーマを発展させていただろう。おそらくそのテーマの中にはいくつかの中断があり，その中断からあなたは子どもが不安を扱うのを見るチャンスが得られただろう。あなたはテーマのシークエンスにも気づいているだろう。そのシークエンスはテーマの豊かさ，深さ，そして年齢へのふさわしさばかりでなく，テーマのつながりをつくり出すのも助け，それは子どものパーソナリティの構造的な潜在能力について何かをあなたに伝える。この段階では，あなた自身の主観的反応や空想をメモすることもまた重要である。

　面接の中間段階の主要な目標は，子どもの話が展開するのを促進させることである。あなたは子どもの導きに従い，子ども自身の防衛が閉塞をつくり出したとき，子どもが連想のつながりをつくるのを助けたいと思う。子どもがテーマからテーマへと動くにつれて，シークエンスの観点から見ると，お話しの前意識的および無意識的要素が現れるだろう。評価者の仕事は，一連のバラバラなテーマと思われるものの意味を理解することである。敏感な耳で聞いていると，連想の傾向を追うことができる。大人では，これを一連の陳述を理解することを通して行う。子どもでは，面接全体を通しての遊び，言葉，感情，身ぶり，そしてあなたとの関係のもち方を観察することによって達成する。

　子どもがどのようにうまくテーマをまとめることができるかについての図式をあなたが得た後に，あなたは子どもが移行点やつながりを見つけるのを助けるコメントをすることができる。基本的にあなたのコメントは，子ども

が提示していたテーマを再生するように努めるべきである。子どものコミュニケーションのやり方が複雑なので，ときにはテーマを正確に指摘するのが非常に難しいこともあるだろう。遊び，体の姿勢および関係をもつスタイルを通して伝えられる意味が，きわめてとらえにくいかもしれない。あなたのコメントはまた，どのカテゴリーであるとも，特にその子にとって最も密接で関係のあると思われるカテゴリーに焦点づけるべきである。ある子どもについては，あなたは感情についてコメントしたいと思うだろう――たとえば「人がとっても怒ってるみたいだね」。あるいはあなたはお話の筋にコメントしたいと思うだろう――たとえば「人が近づくたびに，大切に思っている人を失うみたいだね」。その子どもは嫉妬を扱っていて，明らかに不安で緊張しているとしよう。助けとなるコメントは次のようなものだろう。「わかるだろう，人がたくさんのものを欲しくて，ほんのちょっぴりのものしかないとき，人はときどきとってもイライラして緊張するんだ」。この症例では，あなたのコメントは内容と感情に焦点づけられていた。

　われわれの観察カテゴリーはすべて子どもの内的経済に絶対必要な部分――子どもが自分の世界を体験するやり方のすべての部分――であるから，あなたがどのカテゴリーを強調するために選ぼうとも，あなたは的を大きくはずすことはできない。それでもなお，もしあなたが最も強く巻き込まれている分野にコメントできれば，子どもはおそらくよりよく反応し，子どものコミュニケーションをより十分に豊かに発展させるだろう。あなたのコメントを挑発的ではなくむしろ好奇心をそそるものにしてみよう。「それについてもっと話して」でさえ，役に立つ。一般に，子どもが内容の水準で行きづまった（すなわち反復的になった）とき，あなたは感情を強調したいだろうし，その逆もまた同様である。

　コメントをするとき，もう1つの一般原則，すなわち質問をしないようにしなさい，に気づいていることが特に重要である。あなたが言う必要のあることは，なんでも平叙文の形式にしてみよう。もし子どもがあなたに向かって攻撃的な行動をしていれば，「私に怒っているの？」あるいは「あなたは怒りやすいの？」と訊く代わりに，「あなたは怒っているようだ」「あなたは私を傷つけようとしてるみたいだ」などと子どもに言う。このような言い方

をすることはまた，物事を言葉にすることは考えや気持ちを表現するもう1つのやり方だと子どもに示唆することでもある。これは子どもに別の選択肢を与え，その選択肢は，言葉のない行動や内的な空想よりも柔軟性がある。

あなたが観察するであろう，恐ろしくて本能でいっぱいの衝動を増加させる方向に，直接的に向けられたコメントには手を出さないことが重要である。あなたは子どもが怯えている考えや気持ちを理解すべきではあるが，自分の恐怖を克服しようとしている子どもの側に留まってみよう。何かが起こるかもしれないという，あらゆる種類の本能でいっぱいの願望や恐怖に，ほとんど圧倒されているが，意識的にはパニックになり混乱していると感じている子どもがいるとしよう。「これは混乱するような状況に違いない」と言うことは，子どもの自我の意識的な部分，積極的に体験を処理している子どものパーソナリティの側に話しかけることである。しかし，このコメントでさえ脅迫的かもしれない。この子どもは屈辱を感じやすいだろう。子どもは自分がどんなに強いかをあなたに見せ，「いや，私はどんなことにも混乱していない」と言って，応答するだろう。そうしたら，あなたは素早く「物事をコントロールしている，というのが一番いいみたいだね。あなたはすべてを支配しているのが好きなんだ」と言って，挽回する。ここで，「あなたは無力……受け身……恥をかかされるのが好きではないんだ」というような激情を呼び起こしそうな言葉を使う代わりに，あなたは「物事の責任をもつ……コントロールするのが好きなんだ」と言う。通常子どもはあなたに同意するだろう。最初はどれが激情を呼び起こす言葉かあなたにはわからないだろう。しかし初期にいくつかコメントをした後には，どの言葉には手を出してはいけないかを感じ取り始め，支持的なコメントを表現できるように，よりうまく準備するだろう。

たとえば，女の子が，人を殴りつけるのが好きな近所の子どもたちについてあなたに話し，それから突然沈黙し，そしてくるくる回りリズミカルに動き始めたとしよう。その子の不安レベルが高くなり，彼女をリズミカルな身体運動に退行させたと，あなたは見るだろう。その時点であなたは「ああ，他の人を殴りつける子どもたちの話をするのは恐ろしいことだね」と言うかもしれない。そのとき，そのコメントに助けられて彼女が話し続けるかもし

れないし，殴りつける子どもたちについてあなたには他に何も他には話さないことを選ぶかもしれない。彼女はお絵描きやその他のより感情的な要素の少ない活動に切り換え，そしてそれからまた後で攻撃性のテーマに戻るだろう。怒りの気持ち（それを語った直後にリズミカルな形の行動パターンへ切り換えたことによって，それをどのくらい恐ろしいと思ったかを彼女はあなたに示した）について話すことは恐ろしいことだと彼女に指摘することによって，あなたは子どもに，彼女の心配を理解し受容することができることを，そしてそれは恐ろしいものだとあなたがわかっていることを，示している。このように，あなたは彼女が打ち明けたことの欲動的成分だけに味方したのではない。「攻撃性についてもっと話して」と言うのではなく，その代わり対処能力と，感情および不安を起こす欲動の両者に，バランスをとって味方するのである。

　別の例では，人形の洋服を脱がせた後，ボーボー人形とビーン・バッグを繰り返しパンチすることにとらわれてしまった男の子がいる。彼がどのようにパンチと怒りのテーマをプレールームの他の面と統合するかを，そしてまた彼がどのようにあなたと関係をもち，どんな種類の感情が生み出されるかも観察した後，何かとても単純なことをあなたは言うだろう（たとえば，「ところで，パンチすることと洋服を脱がせることは，両方とも君にはとても大切なことみたいだね」）。このコメントによって，子どもが連想を広げるのをあなたは助け，その結果，テーマを深め豊かにしたいという彼の意欲の構図をつかむことができる。

　面接の中頃のどこかの時点で，もし子どもが何をコミュニケーションしているのかを理解したとあなたが感じたら，いくつかの要素を一緒にして，「自我に関係づけた明確化」（解釈とは同義語ではない）と呼ばれるだろうものの中にまとめることが，ときには助けになる。このような明確化する言葉には，表された感情，これらの感情に伴う重要なテーマに関連する素材，および子どものこれらの素材の扱い方が，含まれるだろう。明確化に対する子どもの反応は，どのように子どもが自分の考えをまとめ，葛藤に支配された素材を扱うかについて，たくさんのことをあなたに教えることができる。

　単純なコメントの場合と同様に，明確化を提供するやり方が，その成功に

は重要である。明確化では，深く無意識的な切望，飢えあるいは攻撃的感情を解釈しようとするのではなく，むしろ子どもの自我に味方すべきである。背後にある願望や恐怖を見るばかりでなく，対処能力も見ながら，あなたは常にバランスを維持すべきであるが，そのバランスは子どもの強さのほうに傾けさせるべきである。

　たとえば，面接の前半で，男の子が怒り，嫉妬，および激情を表していたが，同情的，共感的感情をほとんど示していなかったとしよう。彼は人形を使って，彼の同級生が彼をいじめ，その同級生が自分よりも優れていると思っているという話を，展開していた。後に彼は同じ話をおもちゃの動物を使って演じ，そして喧嘩を止めに警官を踏み込ませる。彼はそれ以上話を発展させることなく，コントロールされたやり方でこのテーマを繰り返し続ける。あなたは，彼がテーマをもっと深く豊かにするだろうと期待して，喧嘩についてもっと話してほしいと彼に言う。その代わり，彼はもっと強迫的なやり方でそれをもう一度繰り返し，あなたにコントロールの問題を示す。

　あなたは彼の感情と彼の話の筋に基づいた明確化をしようと決心する。あなたは「人が怒りを感じたとき，物事をコントロールしていることがどんなに重要か」と言い，子どもがより深い連想の水準に到達するためにこの明確化を使うだろうと期待する。彼は挑発的で対抗恐怖的態度になり，銃をとりあなたにダーツを投げつける。あなたは別の明確化をし，もう一度彼の願望，テーマ，対処スタイルを写し出す。「確かに，ときどき人が自分の気持ちをコントロールできるか不安を感じるときには，それを扱うやり方の1つが攻撃することだね」。あなたが自分を理解してくれたとわかったので安心して，その男の子はそれから背後にある問題をさらに探索し始めた。これは私がこの子の治療でのよい予後の兆候と見なすものである。

　いかなる場合でも，子どもがあなたの明確化にどのように反応するかを，詳しく見てみよう。行動は間接的かもしれない。子どもは部屋の別の場所に移り，お絵かきのような新しい活動を始めるだろう。しかし子どもが絵を描いている間に，この活動を通して，子どもは確かに攻撃的な気持ちや分離の恐怖について，もっとたくさんあなたに伝えていると，あなたは突然気づくだろう。子どもは本質的にあなたのコメントを受け入れ，統合し，別の次元

に移っていて，そしてこのようにして何が進行しているかの大きな理解をあなたに与えていると，あなたは理解するだろう。明確化は，治療とはどんなものでありうるのかの最初の感覚を子どもに与えている。それは，訓練された人は，子どもが1人ではできなかったやり方で，子どもが物事をまとめあげるのを助けることができる，という感覚である。

　面接の中間点では，あなたは重要な仕事の大部分を終えているだろう。すなわち子どもがどのようにテーマを発展させるか，どのようにあなたと関係をもつかを観察し，どこでいろいろな感情が表されたかをメモする，などの仕事である。あなたは，子どもがあなたにこころに浮かぶことは何か，一般に生活についてどのように感じているかを伝える機会を子どもに与えていて，明確化を行っていて，それに対する子どもの反応を見守ってきた。必要に応じて助けとなるコメントを与える一方，子どもがどのように話を発展させるかを観察し続けてみよう。その間中ずっと7つのカテゴリーの深さと範囲の増大に注意してみよう。

面接の終了

　面接の終了が近づくにつれて，子どもがコミュニケーションしてきた重要な問題について要約し始めてみよう。このようなコメントは，あなたとの面接がまもなく終わるだろうという事実を子どもに伝えるものであり，これによってあなたはどのように子どもが分離を扱うかを理解することができる。どのような行動のシフトも，この予期された分離に関係しているだろうということを，頭に入れておこう。このようにして，十分に調節できる子どもが突然攻撃的になり始めるかもしれないし，いくらか引きこもり気味の子どもが近づき始め，あなたにしがみつきさえもするかもしれない。面接の大部分静かだった子どもが，やっと気持ちについて話す意欲を示すかもしれず，おそらくあなたの不安をかき立てるだろう。というのは面接時間を延長しなくてはならないとあなたは感じるから。しかしながら，子どもがしゃべり出したその動機は，別れなくてもすむように子どもがあなたを巻き込み続けることだろうと，あなたは気づかなくてはならない。このような状況では，あなたは「誰かと別れようとするちょうどそのときに，ときどき人はもっと話し

たいと思う」と言うかもしれない。この種のコメントは，あなたとしゃべりたいという子どもの願望のその部分が，あなたから離れなくてはならないことと関係しているのを，子どもが理解するのを助けるだろう。後に，あなたが何回かその子どもに会った後には，「ここで，私たちは話しているし，あなたは私がぜひもっと聞きたいと思う大切なことをたくさん私に話している。でもどうしてそれをあなたは今私に話すのかな，と思う。ときどき人は別れる支度ができる直前にこれをする。そうすると別れるのがとっても難しくなる。というのはあなたには話すことがとってもたくさんあるから」というようなことを言って，この行動についてコメントしたいと思うだろう。一般的に，子どもの特定のスタイルはどうであれ，最初に面接の終わりが来ることを子どもが理解するのを助け，次に差し迫った別れへの自分の反応を子どもに気づかせるようにしたいと思うだろう。

面接の終わり近く，5分か10分残っているときに，私はしばしばいくつかの構造化した質問をする。通常そのときまでには，子どもは家族関係の性質を示している。もし子どもがそれを示していなければ，私は家族についてきくだろう。「話してくれないかな……」。典型的には，私は最初の連想をつかむだろう——「ママ，ああいつも家にいないよ」。お父さん——「たくさんお金を稼ぐ」。赤ちゃんの弟——「僕のおもちゃをとっちゃう」。ときには驚くような反応がある。お父さん——「ああ，人を殺すよ」。「それについて話して」「ああ，ちょっとした冗談だよ」。

しばしば私は子どもに夢を見たことがあるかどうか聞く——白昼夢と夜の夢と——そしてかなり高い割合で夢を話してくれる。ときには，面接の過程で形成した仮説を支持するあるいは異議を唱えるのに役立つような興味深い夢をきくこともある。時間，そしてその他に面接から学んできたことにもよるが，私は学校や友達についてきいて，その最初の連想をつかもうとするかもしれない。あるいは子どもが私にきいてみたい質問があるかをきくかもしれない。通常私は後者を「あなたは私にたくさん話してきたね。私があなたに話してあげられることは何かある？」と聞く形で入れるように努めている。かなり頻繁に興味深いことが反応として得られる。しかしながら，最後の構造化した質問から得られる情報は，面接の非構造化部分の中で集めた情報よ

りも価値がないことを，付け加えさせてほしい。

　非構造化面接の段階は以下のように進行する。初期の段階では，子どもはなぜ自分がそこに来たのかをコミュニケーションし，あなたは子どもの気持ちを明確化し支持する。中間段階では，子どもはあなたをもっとよくわかり始め，あなたとの関係性を発展させ始める。ここで，あなたは子どもの話が展開するにつれて，すべてのカテゴリーにわたって子どもを観察し，さらに連想の傾向と明確化の合成に役立つコメントをする。最終段階では「さよなら」を意味し，子どもがどのように分離を扱うかを示す。この時点で，あなたはいくつかの構造化した質問をききたいと願うこともできるだろう。

非構造化面接の実施：臨床例

　上で議論した原則を実例で説明するために，第4章に提示した臨床面接の，初期，中期，そして最終段階のテーマの側面について，われわれはここで再び考察する。ここに引用した面接について第4章に戻って参照することは，役に立つだろう。

　症例1の面接の初期段階では，ダグは，麻痺させるほどの不安な時間の後に，やっと「やあ」と言って接触しようとし，それから遠慮することなく続ける。彼は安全の必要性（貯金すること）と病気についての心配を話して，いくらかの情緒的飢餓を示す。彼が困っていること，そして接触する意欲があることを面接者に知らせることから会話を始めるのは，彼の選択である。面接の早期に，身体的な損傷のテーマが巧みに表現されるにつれて，より深い心配の兆候も現れる。それはおそらく，新しい関係性を発展させるうえで，ダグが何を恐れているのかを示唆している。

　面接の中間部分では，テーマがよりまとまりをもつようになり，プロットに厚みが増してくる。ダグは「将来の緊急事態に備えるために」お金を貯めることについて話し，それから人びとを傷つけ，彼のお金を盗み，おそらく彼の弟を傷つけもする「泥棒と怠け者の浮浪者」を心配するようになる。ここでは，彼が「泥棒と怠け者の浮浪者」と呼んでいるのが誰かは，明らかではない。「他の人から盗み」たい，そしておそらく「弟を傷つけ」たいと思っているのが彼の一部分か，あるいは彼は面接者についての潜在的な心配を表

現しているのか？　面接者は，彼から盗み弟を傷つける悪党かもしれない。おそらく彼は誰か他の人について言っている，あるいは上記すべてを混ぜたものを言っている。とにかく，彼の安全でいたいという望み──倹約してたくさんのお金をもちたい──と，彼を傷つけるかもしれない怠け者の浮浪者，泥棒，そしてその他のこそ泥たちの恐怖との間に起きてくる葛藤を，われわれは理解する。

それから私は間接的に明確化のコメントをする。ダグを特定の方向に──彼自身を，私を，あるいは家族を泥棒として見るというように──導こうとすることなしに，泥棒について声に出して考えるという形でコメントする。なぜなら自分自身で，ダグはこのテーマと葛藤的側面を発展させているからである。声のトーンから，私の明確化はその心配にアンダーラインを引いて強調することだけを意味していると示される（後に，おそらく治療面接で，ダグが詳しく述べている特定の意味がもっと理解可能になったとき，私はよりはっきりした明確化をするだろう）。

ダグが面接の最後の部分にどのように移っていったかに注意するのも，興味深い。分離の予想が彼の根底にある情緒的飢餓を呼び起こした。彼はゲームをやり続けたかったし，物をもっていきたかったし，そして戻ってこられるだろうと保証されたかった。非常に大きな情緒的飢餓をもつ子どもがするような，あからさまな怒りを表す代わりに，ダグは面接の象徴を家にもち帰ることによって，そして面接を続ける保証を求めることによって，安心しようとするのを，われわれは観察する。

症例3のジョーンの面接は，さらに非構造化面接の特徴的な経過を説明する。面接の最初の部分で，ジョーンは突き出しているもの（ボーボー人形の鼻）と，突き出ているものを折ることへの興味を明らかにする。これに続いて，彼女は面接の仕方と面接室のルールを説明されるという形で構造化された。それによってこの興味についてのいくらかの不安を彼女はおそらく示している。彼女はこの設定の中で関わりをもつことという意味で「首を突き出す」ことについて自分自身不安であり，そして「折られる」ことを心配している，と話すことから面接を開始している，とわれわれは仮定するだろう。言い換えれば，彼女は，開き物事を突き出させるという自分自身の傾向と感

じているものに，不安になっている。あるいはおそらく彼女が他者と関係をもつやり方，すなわち，もし他者があなたと知り合いになりたいと言うならば，彼らが伸ばしてくるものを自分が折ってしまうだろうことを彼女は恐れる，というやり方を，彼女は伝えている。開始段階では，彼女が自分自身について話しているのか，他人について話しているのか，あるいはその組み合わせを話しているのか，われわれは推測するだろうが，わかることはできない。われわれは，彼女が状況をどのように知覚しているかの見取り図を，確かに得る。何かが突き出し始め，それから何かが折られるだろう。

面接の中間で，彼女は葛藤を巧みに表現し始めた。彼女は祖母のふりをした狼を心配し，それから壁の鏡に興味と疑いをもつようになる。私は，赤ずきんちゃんは恐ろしくて世界が信用できなかったろうし，あなた，ジョーンも，この状況に何が起きているか，まわりに狼がいるのではないか，そしてこれらの鏡が何を意味しているのか，信用できないだろう，とコメントした。思い出されるように，一瞬の不安の後に，絵を描いていた紙を破った後に，彼女は警官の人形を使ったテーマを始め，それを窓から外に落とすという考えをもてあそんだ。トイレにいる人形の場面になって，プロットは深まった。この発展とこれに引き続く発展を通して，ジョーンは，彼女の心配を表現するテーマを並はずれて豊かで劇的な仕方で詳しく述べるために，彼女が体験している可能性のある葛藤の明確化を利用できることを示した。

面接の終わり近くに，ジョーンは，魔女が「毒のついたパン」を配るという夢について話す。彼女の父親はこのパンを食べて死ぬ。夢を話した後，ジョーンは積み木をスカートの下に入れ，面接者がメモをとることに関心を示し，そしてどのように彼女の母親が「ハヌカのお小遣い」を彼女から盗むかを話した。この時点では情緒的飢餓の性質があり，まるで彼女はこれらのいろいろな心配についてどんどん続けたいかのようだ。迫ってきた別れへの反応として，彼女は次のように言うかもしれない。「私はたくさんの怖いことについて，もっといっぱいあなたに話すことがあるの」そして「この体験をどう理解していいかわからない。誰かが毒を飲まされたり，だまされたり，あるいはその人の物が何か盗まれたって？　私は自分の体が落ち着かないように感じるの」。他の人との関係性において何が起こるかについての恐ろしい不

確実さ，というこのような表現は，面接の開始時に聞いた，突き出す－折られるというテーマの反復だろう。

　症例4のキャシーの面接もまた教育的である。彼女はトイレを椅子として使って家族の場面を設定することから始め，それから「まず最初にトイレをきれいにしなければ」と言う。彼女の始まり方は，彼女が何をしてよくて何をしてはいけないのかを，あるいは状況の中でどの程度退行してよい，あるいはしてはいけないのかを，発見しようとする始まり方のようである。ある意味で彼女は以下のように言っている。「こんにちは，ご機嫌いかが？　ここに何があるの？　ここは私がきれいにしてないといけない場所なの？　散らかしてもいいの？」。これは彼女の生活の中の全般的心配だろう，そしてこれが新しい状況を彼女がどのように迎えるかである，というヒントを彼女が与える。

　彼女がテーマを発展させ始めているとき，この心配は開始段階を通して控えめなやり方で続いている。後に中間段階で，彼女が塩で遊んでいて，そこら中にまき散らしているとき，お母さんは「そんなことさせてくれない」と彼女は話す。ここでも「すべきか，すべきでないか」「していいか，してはいけないか」の態度に気づいて，私は，キャシーは規則と，それがここと家の間でどのように違うかが気にかかっているのかもしれないと，コメントする。それからキャシーはもっと開放的になり，母親に攻撃的になるという空想を共有する。しかしここでも，するかしないかのテーマを見せながらではあるが。「私はお母さんに何かものを投げる……いや投げない」「私はお母さんを蹴る……いや蹴らない」。それでもなお，キャシーは明確化の後にもっと自由を示し，最終的には，母親と爆弾について気がかりなことを話すばかりでなく，「お母さんがパパにハンバーガーを投げるという秘密」を打ち明けたいと思うところまで，来る。

　時間の終わりが近づくにつれて，怪獣と怖い医者についての攻撃性のテーマを話し，それから私の腕をパンチした後，突然キャシーはとても知りたがり屋になる。彼女は引き出しを覗き込み，誰も彼女がしていることを知らないというふりをして，いくらかこそこそしている様子を示す。彼女は浮ついた，開放的な様子で「たくさんのお話し」があると言う。こんな風にわれわ

れは彼女が分離を扱うのを理解する。何が許されて何が許されないのかについての心配というテーマが引き続き発展し，根底にある気持ち，願望，そして興味に自由な出口を与え，そしてまた「私はもっとたくさんあなたに差し出すものがある」と実際に言う。彼女は自信のある様子で面接室を後にする。情緒的飢餓，攻撃性，救いの表現はない。むしろ自信に満ちて発言する。もっと見つけるものがある，彼女が興味をもったくさんのことがあり，たくさんの人がいる，ということを，彼女は伝える。彼女はまた，彼女自身の個人的「引き出し」（すなわち彼女自身のお話し）の中に何かをもっていることをほのめかす。これは面接者に好奇心の気持ちを残す。

　臨床面接のそれぞれの段階がどのように発展するのかを研究するために，読者は第4章に提示されている他の面接，あるいは読者自身の面接を，再検討することが役に立つとわかるだろう。先に議論した基本原則——すなわち，コミュニケーションを促進し，不快感に耐え，そして観察を最大限にする——を守ることによって，面接者はどのようなタイプの子どもからも十分に豊かなデータを集めることができるだろう。もし面接者が，子どもがコミュニケーションするものを観察できないならば，それは実際に子どもがコミュニケーションできないことを意味するのではない。45分間座って一言発することも拒否する子どもでさえも，あなたに何か深いものを伝えている。第2章に提示した観察の枠組みを活用することにより，前象徴的発達水準と，非構造化面接のコンテクストにおけるそれぞれのカテゴリーの前象徴的側面の観察を含めて，あなたは子どもを興味がないあるいは情報価値がないとするのは不可能だとわかるだろう。

第6章 発達的アプローチに基づく定式化の組み立て

　子どものアセスメントをする臨床家は，アセスメント面接に加えて，さまざまな種類の関連するデータを利用可能である。心理検査の結果，子どもの発達歴，学校の通知表，コンサルテーション，必要に応じた医学的および神経学的評価，適切な場合には感覚，運動，および言語の検査，そして全体としての家族機能のアセスメントならびに個々の家族メンバーについてのアセスメント。これらはすべてアセスメントの過程に必要である。しかし，臨床面接からのデータだけでも，あなたは有用な仮説を推論できる。その仮説は，その後他の情報源からの情報によって洗練され，さらに発展させられるだろう。このような方法で，アセスメント面接の中で行われる系統的な観察が，あなたのアセスメントと診断的定式化の土台となりえる。この章では，子どもを面接する中で集めた観察と印象を考慮に入れるための最もよいアプローチ法に焦点を当てる。ここで私が主張するのは発達的アプローチである。
　特定の子どもの機能を年齢相当の機能のスタイルや水準と比較することによって，その子どもについてあなたが判断を下すために，われわれが議論してきたそれぞれの観察カテゴリー——すなわち身体的および神経学的発達，気分，関係のもち方，感情，環境の使用，テーマの発達，およびあなたの主観的感情——を使ってみよう。換言すれば，それぞれのカテゴリーについて子どもの機能の詳細な記述をあなたが集めた後に，この子どもの能力が年齢および発達段階相当の標準と比較してどうなのかを，自分自身に問いかけてみよう。
　第3章の表3-1は，それぞれのカテゴリーについての発達段階および年齢相当の機能水準の実例を提供しており，あなたがこれらの標準を正しく判断するのに役立つだろう。この標準の有用性は，認知的水準ばかりでなく直感的水準にもこれらの予測に対する意識が根づくように，あなた自身のここ

ろの中の図表を発展させる方向に，あなたを導くことにある。多くの臨床面接の経験を得るにつれて，こころの中の図表は徐々に形になる。それから，年齢相当の水準では機能していない子どもを扱うときに，あなたは文字どおり何かが違っていると感じる。そしてこの直感的な感覚が，特にその子がしていることや言っていること（あるいはしていないことや言っていないこと）の何が予測に及ばないのかを探すように駆り立てる鍵である。

内容についての特別な言葉をここに整理しておこう。子どものテーマの内容についての判断は，まとまり方やシークエンスのようなテーマの構造的要素についての判断とは対照的に，その子どもの生活のユニークな事情について十分に理解するまでは，一時中止にしておくべきである。内容の問題に関しては，活動中の慣れ親しんでいる，社会的なそして文化的な要因が，あなたの解釈に重要な影響を与えているだろう。そのようにして，子どものテーマの内容はその子に特有のもので，通常この段階や年齢で見られるものとは同調していないことにあなたは気づくかもしれない。この子どもの心配事が，異常なほどに適応的な対処戦略を反映したものか，妥当な対処法を反映したものか，あるいは病的なスタイルを反映したものかを判断するために，あなたは最初にこれらの心配事が引き起こされた家族の状況と，発達歴の観点に精通しなければならない。あなたの経験が広がり深まるにつれて，いろいろなコンテクストでの年齢相当の心配事についてのあなたの感覚は，相応に鋭くなり，驚くことは減るだろう。

過程と構造を反映するカテゴリー（たとえば，テーマのまとまり方，感情のまとまり方，そして関係のもち方《あるいは関係をもたないこと》）について，経験がある臨床家は，面接によって生み出された疑問と暫定的な仮説が，他の情報源からの情報で調べられたときにも，かなりよく支持されるということを見いだす。

発達段階と年齢相当の機能水準についてのあなたのこころの中の図表が程よく発達し，われわれが先に議論したすべての意味で，面接の中で子どもを観察する能力に正当と認められる自信をあなたがもったとしよう。この時点で，面接のデータだけに基づいて子どもの発達状態についての仮説を形成する枠組みを，私はあなたに提案しよう。枠組みは一連の3つの基本的質問と

それに関連したいくつかの副質問から構成される。それぞれの質問に決定的なあるいは仮説的な解答を探すために，それぞれのカテゴリーについて行われた観察を用いてみよう。

一連の質問の第1は，基本的自我機能の水準は何か？　である。それには1）自我機能の器質的あるいは神経生理学的構成要素と，2）自我機能の機能的あるいは心理学的側面が含まれる。そしてこれらの水準は年齢相当の発達水準と比較してどうだろうか？

自我の器質的構成要素の機能水準を決定するためには，協調運動，感覚系，感覚運動統合，認知，言語，および集中し，注意を焦点づける能力のような側面を，あなたは検査するだろう。多くの要素の産物である知能も，あなたの決定に含まれるかもしれないし，中枢神経系の身体的な成熟に基づく限りにおいて，特異的な認知あるいは学習の障害も含まれるだろう。しかし，知能と認知の障害が「器質的」要因だけで決定されることはほとんどないので，あなたは常に機能的要因も考慮しなくてはならない。

自我機能の心理学的側面に関しては，その子どもの実際の心理学的能力を，現実検討，衝動調節，気分のまとまり，および安定性についてのその年齢に予測される能力と比較してみよう。また，その子どもの自己感をまとめあげ洗練させる能力，情緒を統合しまとめあげる能力，そして考える能力も比較してみよう。

特定のカテゴリーが，自我機能をアセスメントする課題に明らかに直接関係する。第2のカテゴリー，関係のもち方，のデータは，人間の関係性を形成するその子どもの能力と，そして同様に自己感の輪郭を描く能力が，年齢相当かを決定するのを助けるだろう。第3のカテゴリー，気分，のデータは，気分をまとめあげ安定させる能力において，その子どもが年齢相当の水準以下かどうかを決定するのを助けるだろう。第4のカテゴリーのあなたの記述的なデータは，感情をまとめあげそれを思考と統合するという意味での子どものパーソナリティの基本構造が，年齢相当水準にあるかどうかの鍵をもたらすだろう。子どもが不安を扱うやり方に関しては，その年齢に予測されるものとは一致しない，著しくバラバラに混乱する不安を探してみよう。たとえば，3歳児のバラバラに混乱する不安には，われわれは驚かないだろう。

しかし，もし7歳か8歳児との不安な相互交流の後に，同じ程度のバラバラの混乱が現れれば，われわれは心配するだろう。

テーマのカテゴリーを見るとき，年齢および発達段階相当のテーマのまとまり方の能力ほどは，テーマのシークエンスに関心をもたないだろう。第2章で，その前のテーマのうえに作りあげたり，関連づけたりすることなしに，自分の身体がバラバラになってしまうことについて話した子どもの例で説明されたように，8歳児が一見テーマを「思いがけないところから」持ち出すように見え，その結果，空想と現実を区別することの難しさ，あるいは「思考障害」の始まりの可能性を示すだろうか？　自分自身の主観的印象に関しては，ときには子どもについて最も普通ではない何か薄気味悪い感覚をもつだろう。それはその子のパーソナリティのまとまり方が年齢相当ではないというヒントかもしれない。

早期自我機能の発達マップを頭に入れておくことが，この課題を助けるだろう。たとえば，どのくらいうまく子どもが集中して関わり，そして意図的な身ぶりによるコミュニケーションをまとめあげるかから，あなたは，関係性，気分，感情およびテーマのまとまり方の前象徴的側面について学ぶことができる。子どもが体験を表象するのに言葉あるいはごっこ遊びを使うか，そして子どもの象徴的な生産物の間にどのように論理的な橋を作るかを観察することから，子どもの表象世界について学ぶことができる。子どもはさまざまな感情領域でさまざまな水準にいるだろう。

ひとたび子どもの機能水準を，われわれの観察カテゴリーにおける年齢相当の標準と比較したら，あなたは「自律的」自我機能，すなわち創造性，好奇心，そして知的能力について自問すべきである。子どもが自我機能のこれらの分野に強さあるいは弱さをもっているかどうかを，あなたは知りたいと思う。

もしあなたが面接で他にすることがなかったら，子どもの基本的な自我機能が年齢相当水準よりも低いかどうかを観察することを確認してみよう。表面的な学習の問題をもつ8歳児が心理学的には5，6歳児の水準で機能していることを，あなたは見逃したくはない。それぞれの特定の年齢にふさわしい機能が微妙なために，このような見落としは，子どもにはしばしば起こる。

たとえば，現実と空想との間の区別がぼんやりしているとあなたが予測する，とても幼い子どもの場合では，その子が年齢相当の水準にいるかどうかを決めるのが，ときには困難である。環境との現実的な相互交流の証拠をあなたに見せない3歳半児は，自己と非自己を区別するという発達ラインに沿った機能では年齢相当以下であることが明らかになるだろう。一方，もしあなたがこの遅れを断続的に気づく分野と気づかない分野があれば，あなたは正常の発達能力を目撃しているだろう。4，5歳の男の子が，「夜中に出てきて，ベッドの下に隠れ，子どもを寝かせないお化けがいるから，恐ろしい」と言うだろう。あなたがそれは夢かと聞くと，子どもは「いや，それは本当のお化けだよ。僕はベッドの下を見るのが怖いんだ」と言う。これらの幼い年齢では，空想の能力はしばしばとても強い。しかし「それは本当だって感じるのを私はわかるけど，でもそれは嘘っこさ」と言ってあなたが圧力をかければ，多くの子どもはあなたが正しく説明したと認めるだろう。彼らは援助があれば区別をつけられる。一方，あなたは区別をつけられない子どもを見るかもしれない。多くのこのような症例では，さらに調べると，この領域での彼らの問題は，狭く限局していることがわかる。一次過程思考と二次過程思考の間の境界が，ある特定の恐ろしい空想に関してだけ損なわれている。あなたは構造化した恐怖症さえも発見するかもしれない。

　一般に，3歳から6歳の子どもの基本的自我機能をアセスメントするには，あなたは非常に繊細な区別をしなくてはならない。なぜなら，3歳から6歳という年齢が，このような基本的自我機能が実際に発達している年齢だからである。基本的自我機能――自己を非自己から区別すること，そして現実を検討する能力など――が，予測する水準よりも低いかどうかについてのあなたの判断は，コンテクストと広がりの問題に大きく依存している。もし空想と現実の間の曖昧さが1つの限定されたコンテクストで起きれば――たとえば，夜中に，大人でさえも音を聞いて家の中に侵入者がいると考えるかもしれないとき――あなたは現実検討に遅れを考えないだろう。しかしながら，もし4歳児が一日中「悪党が僕についてくる」と考えれば，特定の年齢相当の自我機能にゆがみがある可能性を，あなたは考慮するだろう。

　基本的自我機能のアセスメントは，あなたが幼い子どもを観察していると

きにとても難しく，したがってときどき不適切なアセスメントの原因になるとはいえ，年長の子どもでもアセスメントは難しいことがありえる。たとえば，構造化された妄想体系をもつが，自分の問題をほとんど秘密にしておく潜伏期の子どもたちがいる。彼らはプレールームで1つか2つのヒント——奇怪な凝視，あるいは気味の悪い笑い——をあなたに与えるだろう。しかし全体としては適度に適切な態度で行動し，彼らの空想と現実を区別する能力がないことをあなたが見逃す原因となる。

荒れた10代の基本的自我機能をアセスメントするのは，特に難しいだろう。抑うつと不安の多彩な症状のある10代をあなたは診察するだろう。そして症状に関してアセスメントすることが多すぎるので，自我機能の基本的欠損のようなもっと深刻な精神病理を，単純に観察し損なうだろう。このような失敗はきわめて不幸である。というのは，もし治療プログラムが最も基礎的な問題にねらいを定めていなければ，しばしば十分に回復し成長する可能性のある子どもがそれに気づくことができないからである。

たとえば，催眠療法家の診察を受けた多様な恐怖症をもつ若い女性の症例を取り上げよう。思春期から始まって，少女はさまざまなやり方で彼女の「神経症的」症状に焦点づけてきた4，5人の精神科医の診察を受けてきた。彼女はいつも表面的には良好に機能し，簡単に神経症と見なされる種類の症状があった。その背後に，テーマをまとめることと豊かな年齢相当の感情の面に困難があったことを，誰も一度も理解しなかった。言い換えれば，彼女にはわずかな思考障害があった。催眠療法家の診察を受けたときには，彼女は一人で働いたり生活したりできないほどまで悪化していた。この悪化が予防できていたかどうかは断定できない。しかし提示された素材から，もし彼女の基本的自我機能における中核的な脆弱さが——ただ単により表面的な症状だけではなく——治療されていたら，悪化ではなくむしろ改善する十分な機会があっただろうと思われる。

年齢相当の自我機能の標準からの明らかな逸脱——すなわち，妄想，幻覚，われわれが話してきた意味での連想弛緩，激しく不適切な感情——を探すのに加えて，もっと微妙な逸脱に調律することが重要である。それは自己と非自己の間のぼんやりした境界という感覚をあなたに与えるような逸脱である。

このぼんやりとした感じは，2歳から4歳の間の，象徴形成能力が出現し始め，そして象徴水準での自己と他者の区別という発達課題が達成される時期の，発達障害から生じる。

心的表象水準で自己と他者の分化が決して十分にはマスターできていない人がいる。このような人は，一時的には年齢水準以下の現実検討，感情調節および思考と感情の統合を見せるだろうが，それから素早く適切な年齢水準の行動に回復する。基本的には，彼らは自己に関係したすべての体験と，非自己に関係したすべての体験を，十分に区別する能力に障害を負っている。あなたが面接する子どもにこのような障害を見つけるために，情緒的トーンと関係をもっている感覚を扱うカテゴリーを調べてみよう。特に子どものテーマをまとめる能力とコミュニケーションパターンを調べてみよう。そして自分自身の主観的な気持ちに気づいてみよう。

発達の枠組みの中で子どもの機能を概念化することによって（すなわち，子どもの機能水準を年齢相当の水準と比較することによって），病理の記述という枠組みではたやすく利用できるわけではない同定の的確さを獲得する。このようにして，治療するための全体的なアセスメント（たとえば，その子どもは精神病的だ）を得るのではなく，むしろ特定の自我の障害が詳細に説明される（たとえば，この6歳児のテーマをまとめる能力は3歳児の水準だ）方が，治療者の治療プログラムに，もっと役に立つ。発達のコンテクストで子どもの問題を同定することによって，治療者は障害の程度と領域をもっとはっきりと見ることが可能になる。

パーソナリティ構造（基本的自我機能）が損なわれていないことをあなたが確かめたと仮定して，一連の質問の第2は，年齢相当の硬直性との関係において，自我の硬直性の程度は何か？　である。あるいは逆に，この子どもは，発達段階と年齢相当の柔軟性の能力があるか？　子どもの年齢と発達段階にふさわしい気持ち，思考，および対人関係パターンの範囲を，この子どもは体験することができるか？　子どもは適切な適応，対処，および防衛戦略を使用できるか？

ある種の子どもは，その年齢と発達段階に予測される柔軟性を手放すという犠牲を払ってのみ，損なわれていないパーソナリティ機能（現実検討，衝

動調節，気分の安定化，そして全体的な感情のまとまり）を維持できる。このような子どもは，他者との本物の接触をなしですませるだろう。たとえば，彼らの関係性は浅く，機械的で，人間の親密さの温かさを避ける。自己主張あるいは攻撃性をあきらめる子どももいる。彼らは消極的で，従順で，軽度に引きこもりがちである。このような子どもでは，損なわれていないパーソナリティ機能の能力を維持するために，人間の体験の特定の領域を——前者では喜びと親密さ，後者では自己主張と達成を——「壁で囲っている」のを，われわれは理解する。ここにいるのは狭い舞台で動いている，そして1つのドラマだけを演じている子どもたちだ。彼らの感情はすべてこの1つのドラマに彩られている。彼らは体験の幅を制約されていた。

たとえば，どんな人間らしい気持ちを体験することにも耐えられない男の子を，あなたは面接するかもしれない。彼は非人間的で具体的な体験の世界に住む傾向がある。そこでは彼は主として生命のない対象と関係している。表面上は正常のやり方で，このような子どもは面接室に入ってきてあなたと話すかもしれないとはいえ，あなたは彼の愛着の非人間的な水準を感じる。子どもは面接室の中の生命のない対象に焦点づけ，どのように物が動くのかにかなりの興味を示し，生命のない世界に接近する際には非常にまとまりがあって論理的かもしれない。しかし，活気は見えないだろう。このような子どもは感情の範囲に欠け，あなたとの，あるいは友達，両親あるいは同胞との，意味のある情緒的な関わりを許さない。彼は友達と飛行機をつくることについて話すだろうが，あなたは喜びも競争的な攻撃性の感覚も得られない。この少年は，幼いときにおそらくかなりの理由があって，転回点となる，しかし意図的にではない，決断をしたのだろう。おそらく，彼の発達過程が，彼のために決断したと言うことができる。彼は自分の基本的自我機能を守るために，この世界に留まり「気が狂って」しまわないために，人間らしい気持ちを排除するように自分自身の体験の範囲を制限しなくてはならないと，決断したのだろう。

それほど深刻ではない制約の例には，母親の愛情を失う恐怖のために，どんな怒りの気持ちにも気づくのをあきらめ，寂しさと抑うつだけを体験しているだろう子どもが含まれる。言い換えると，その子どもたちは，自分が母

第6章　発達的アプローチに基づく定式化の組み立て　237

親に怒ることができて，その結果として母親が自分を見捨てないだろうというようには，決して考えられないために，怯えているのである。彼らの基本的自我発達は生じている。したがって彼らの基本的な現実検討は損なわれていない。しかしながら，彼らは，意識的な体験である怒りと，行動的体験である自己主張を恐れているために，怒りと自己主張の領域全体が切り離されている。

　しばしばある程度の自我の硬直性をもつ子どもには，人生のずっと後になって，1つのあるいは別の発達的な要求によってストレス状況におかれるまでは，問題が見られない。子ども時代はかなり具体的水準で友達との関係性をもっていたが，デートをして，より親密な関係性をもつときになって，非常に不快に感じた人が，実例となるだろう。そのとき，思春期になって，やっとその人は孤立感を感じたり，抑うつを体験したりし始めた。よく考えてみると，ある種の楽しさや愛情をあこがれる気持ちが壁で囲われていた子ども時代から由来するパターンを，あなたは理解することができるだろう。

　もう一つの例は，彼女の早期の発達では，ずっと強くて自己主張をする性格をもっていた女の子である。彼女が成熟するにつれて，彼女は多くのリーダー役を引き受け，健康で模範的な10代と考えられていた。しかし彼女が20代に入り家族と別れると，彼女はとても抑うつ的で引きこもりがちになった。若い時代に見過ごされていたものは，彼女が受動性とそれに関連するあこがれを扱えないことだった。幼いときに，彼女は受動性に関係する感情とテーマを壁で囲っていた。このような人との8歳の時点でのプレールーム面接では，共感の欠如，依存へのあこがれ，喪失に対処する能力と悲しさを体験する能力がないこと，そして自己主張的で攻撃的なテーマへの過剰な備給を見つけていたかもしれない。もし状況が逆転していたら——すなわち，もし彼女が学校でうまくやっていない，受動的で何かにこころを奪われている子どもだったら——当然彼女は先生の注意を引くことになり，必要な治療を受けられていたかもしれない。

　示されたように，年齢相当の傾向についての直感的気づきと認知的知識の両者は，自我の硬直性をアセスメントするうえで決定的に重要である。記述的カテゴリーからの情報を特定の子どものこのアセスメントに使ってみよう。

関係をもっている感覚のカテゴリーでは（ここでも，あなたはすでに関係をもつ能力があると断定していると仮定する），その年齢に予測されるものという観点で，スタイルと範囲を見てみよう。この5歳児は，豊かで幅広い感情のスタイルが可能であるべきだが，実際には浅く制約のあるスタイルをもっているのか？　この8歳児は，共感，共有，および相互の敬意が可能であるべきだが，しがみつき，要求がましいか？　気分のカテゴリーでは，年齢相当の能力と一致しない，固定され型にはまった気分があるか？　5歳児は，開放的で楽しいはずだが，面接の間中ずっと悲しく，抑うつ的で，まじめな表情をしているか？　8歳児の感情の範囲が，銃を撃つゲームや1人が別の人を殴るという競争的な戦いに限られているか，あるいは競争性，誠実さ，保護および規律正しさを反映する感情の範囲があるか？　テーマの発達のカテゴリーでは，巧みに表現されたテーマの豊かさと深さを見てみよう。ある種の年齢相当のテーマが欠けているか？　たとえば，5歳児の症例を取り上げよう。その子どもは，競争，拮抗，陰謀および興味を含む複雑な家族ドラマを発展させるのではなく，その代わり情緒的飢餓と傷つけられることへの恐怖を反映するたった1つのドラマを演じている。テーマの豊かさと深さは，体験された領域とそうではない領域への手がかりをあなたに与える。

　子どもの感情，思考，そして対人関係の体験は——面接で明らかにされる程度までは——子どもの内的生活の相対的な豊かさ，あるいは貧しさの詳しい見取り図をあなたに与える。その次にあなたはそれを予測される標準と比較できる。さらにそれらは，子どもの皮膚の内側ではそれをどのように感じているかという感覚を，あなたに与える。たとえば，ある子どもはなんの明らかな問題もないだろうが，子どもの内的生活の浅さが，子どもが表したわずかな原始的感情によって，伝わってくる。あなたはいくらかの悲しさ，わずかな羨望，そしてわずかな嫉妬だけを観察する。愛情，共感，あるいは共有の能力は見ないし，競争あるいは自己主張も見ない。あなたは子どもの内的な空虚さを感じる。あなたは子どもが友達と遊ぶのを見るが，浅いやり方である。あなたのメモはプレールームでのテーマの内容が発展し損なったことを示す。あなた自身の習慣的な興味，好奇心，そして個人的な温かさは，形にならなかった。まとめとして，はっきりと見える形では主要な症状はな

かったとはいえ——実際，なぜこの子が連れてこられたのかさえはっきりしなかった——子どもにはほとんど深さがないことを，あなたは観察し感じもした。見つからないものは，壁で囲われている，あるいは硬直化されていると仮定できる。この子どものパーソナリティの中の何かが，表象されず，分化されず，統合されず，そして総合されていない。

　硬直性の概念は絶対的ではなくむしろ相対的である。内的な人間の体験のこの範囲を描写するのに，私は風船の比喩を使うのが好きだ。観察カテゴリーのすべての面で年齢相当の水準で機能している子どもは，風船が十分にそして均一に膨らんでいる。境界のはっきりした領域で機能に障害（たとえば構造化した恐怖症）がある子どもでは，風船の1つの領域に弱い斑点やあざが見えているが，風船は柔軟で対称性を維持するためにのびることができる。もっと広範囲の障害がある子どもを表す風船は，不均衡に見えるだろう。ある部分はぴんと張りつめる一方，別の部分はグニャグニャでつぶれている。このような子どもは，ある程度は機能するだろう——たとえば，学校に出席し，適切な現実検討を実行することができる——しかし彼らは強迫的なあるいはヒステリーのパターンのような広範囲にわたる性格のゆがみを発展させてきている。比喩の仕上げとして，ほんのわずかな挑発でさえも破裂するような貧弱な品質の材料の風船は，基本的自我機能が最もはなはだしく障害されている子どもを表す。これらの子どもは，一連の質問の第1の質問を用いて見つけられるだろう。基本的自我機能にある程度の柔軟性のある子どもと異なり，このような深い問題のある子どもは，自分自身を守るために，自分の問題をカプセルに入れたり，自分の体験の範囲を狭めたりはできない。むしろ，彼らの現実検討がまったく不適切なために，彼らはしばしば自分の問題を悪化させる。このようにして，いくらかの年齢相当ではない硬直性によって阻害された子どもは，自分自身深みにはまるとわかったときは，岸に泳いで戻り，浜辺に座るだろう。しかし基本的自我機能が年齢相当ではない子どもは，同様の状況で，さらに遠くまで泳ぎ，しばしば尊大に，まったく問題はないと否認するだろう。

　柔軟であるとは言いがたい風船と最もひどい品質の風船の間の違いを例で説明するために，ストレスのある状況に直面している8歳の女の子をあなた

は観察しているとしよう。あなたは，彼女の対処戦略の範囲はどうか？　と自問する。たとえば，もし彼女が軽度の硬直性しかもたなければ，彼女は多少の否認，反動形成あるいは投影を使うかもしれない。あるいはもっと洗練されたやり方で，昇華の経路を使う能力を示すかもしれない。中程度の硬直性があれば，その代わりに彼女は多少いらいらするようになるばかりでなく，多少反抗的あるいは議論をふっかけてくるようにもなるが，しかし家族や友人と持続的に関わり続けるだろう。もし彼女が大きく退行し，人間との関係性から引きこもり，反抗的にそして衝動的に行動し始め，そして排尿や排便のコントロールを失い始めれば，深刻な障害が示されるだろう。

　さて，根本的には損なわれていない基本的自我構造の機能における，さまざまな程度の硬直性を特徴づける種類の行動を見てみよう。深刻な障害の水準（不均衡な風船）では，基本的な生活の仕方として，妄想症，軽度のシゾイドパターン，あるいは受動－攻撃パターンをあなたは見るだろう。もしこのような行動パターンがなければ，風船の小さな部分だけが切り離されていないかをあなたは見たいと思う。それは相対的に中等度に体験を壁で囲うことを意味するだろう。

　喜びを明らかに表す子どもが，例にあげられる。その子どもはかわいく幾分受動的である。その子の表す感情の範囲に自己主張，攻撃性あるいは競争性は見られないが，その他すべての年齢相当の感情は確かに見られる。そしてその子のテーマの内容は感情と一致している——すなわち，競争性，羨望，嫉妬，自己主張あるいは喧嘩を見せない。子どもの気分とあなたと基本的に関係をもっている感覚は年齢相当であるとはいえ，面接の経過中に特定の年齢相当の構成要素が出現しない。このような観察の形態は，柔軟性が年齢相当の水準ではない子どもに一貫している。このような子どもは，すべての感情的な関わりをあきらめるシゾイドの子どもよりは，心理学的に発達している。というのは，前者は子どもを脅かす感情だけをあきらめるからである。前者の子どもは大きな「機能停止」，あるいは幼い頃の体験の切り離しを経験しておらず，しかしその代わりに特定の感情を恐ろしいと体験し，そのためにそれをあきらめると決心していた。子どもが——たとえ短期間であっても——いまや見失っている自分の体験世界の断片といくらかの関わりをもっ

第6章 発達的アプローチに基づく定式化の組み立て

たことがあるという事実は、あなたの治療的課題をもっと容易にするだろう。

硬直性の最も軽い表れ（風船の中の膿瘍）は**カプセル化された制限**と名づけることができるだろう。ここでは、全体的な自我の構造は、述べてきたすべてのカテゴリーで基本的には柔軟である。全般的に見て子どもは年齢相当のやり方で、世界と関わることができる。すなわち、子どもの神経生理学、人間との関係性、気分、感情の範囲とストレス下での安定性、およびテーマのまとまり方（特にテーマのシークエンス）はすべて年齢相当である。しかしながら、コンテクスト上意味のある領域が壁で囲われている。しばしばそれは子どもが患っている症状に緊密に関係していることを、あなたは見つけるだろう。葛藤がある特定の領域では、神経症的な機制が葛藤を取り囲むように働き、葛藤が広がるのを防ぎ、そしてそれによって子どもの性格全体が退行的になるのを防ぐ。劇場の舞台というわれわれの比喩を使えば、カプセル化された制限のある子どもの舞台は、大きさが適切で、十分にしっかりしている。そこでは年齢相当のテーマと発達のより早期の段階からのテーマの両方をもつ、幅広いドラマを演じられる。しかし、あなたは床材のこぶや節に気づく。子どもたちがドラマを演ずるときにはそれを避けなければならない。

カプセル化された障害（たとえばエレベーター恐怖のような恐怖症）は、膿瘍が身体の残りの部分を感染から守るのと同じやり方で、パーソナリティの残りの部分の柔軟性を守っている。男の子が明らかな恐怖症的性質の症状のために、あなたのところに紹介されてきたとしよう。子どもは学校ではうまくやっており、友達とのよい関係性を楽しんでいる。彼は同情、共感、愛すること、そして世話をすることと同様に、競争、攻撃性、そして羨望をめぐってテーマを発展させる。あなたは、彼がまとまりのあるやり方でさまざまな心配事を扱っていたと感じる。しかしあなたが注意深くテーマのシークエンス（これはこのような子どもに何が起きているのかへの鍵をあなたが得る場所であるが）を見るとき、夜驚、恐怖症、あるいは軽い同胞との競争の症状に加え、この男の子には関連する問題があることをあなたは理解する。あなたは特定のテーマをめぐって過剰な量の不安を観察する。たとえば、同胞との競争の主題が持ち上がったとき、突然の中断がある。「子どもはきょ

うだいに，たくさんのいろんな気持ちがあるものだね」というあなたのコメントへの反応として，子どもはこの領域を広げる代わりに，いくらかの制約を示す。「ああそうだね。もちろん，だいたいの子どもはきょうだいを愛しているし，そうしなくちゃいけないんだよ」，と彼は言い，きょうだいをもつことの保護的で愛情のある次元について話し続け，その一方厳密に競争的で怒っている考えを避けている。さらにもっと一般的には，いくらかのエディプス葛藤をもつ柔軟な自我構造のある子どもは，競争と怒りについてたくさん話すだろうが，家族ドラマのコンテクストの中で起こるもっと楽しい興味に関する彼の好奇心については，何も言わないだろう。このような興味は壁で囲われてきていた。あなたはこのテーマに近づいて，「あのね，普通子どもは両親に何が起こっているのかについて，たくさんの好奇心と興味をもつものだよ」と言うと，子どもは「いや，僕は違う」あるいは「そういうことはないよ」あるいは「あなたが言ってること，わからないよ」と言い，あなたがこの不安に満ちたテーマに触れるとき，突然純真になり，「無口」なようにふるまう。ここにあなたは，コンテクスト的に狭い範囲と領域に体験の世界を壁で囲うのを見る。それはしばしば力動的に定義される。もしあなたが健康なエディプス期の子どもに同じ質問をしたとしたら，子どもはどのように両親の寝室に侵入しようとしたか，あるいはどのように父親と風呂に入ったかについて話しただろう。

　恐怖症のような柔軟性におけるカプセル化された制限は，中等度だが広い範囲にわたる制約よりももっと深刻に見えるかもしれない。というのは前者がより明らかだからである。しかし，神経症を起こす能力はむしろ柔軟な自我構造の中の高い水準の統合を含意しているという意味では，その他の面では柔軟な自我構造における恐怖症は，発達上の達成として理解されることができる。ナハラ Nagera (1966) は，幼児神経症は，後の神経症的葛藤の基礎を形成するものであり，実質的な発達上の達成を反映しているという考えを論じた。すなわち，子どもがエディプスの――そしてしたがってむしろ進んだ――発達水準を達成するまでは，子どもはただの神経症的にはなることができない。そこで，神経症的障害それ自体が，パーソナリティの柔軟性に関しては，発達が良好に進んだことを意味している。

しかしながら，カプセル化された制限は，パーソナリティの柔軟性を守るのに成功しているものだということは，強調されねばならない。もし問題の症状が，学校へ行くこと，友人をもつこと，あるいは十分な範囲の楽しく自己主張する感情とテーマを楽しむことを妨げるならば，そのときわれわれはカプセル化された制限を扱っているのではない。カプセル化された制限をわれわれはパーソナリティを守るものと定義した。カプセル化された制限のある子どもの行動は，年齢相当の水準よりも深刻に低くはない。もちろん神経症的な葛藤は他のもっと広い範囲にわたる障害が存在するところで生じる可能性があるし，確かに生じている。あなたはアセスメントを系統的にしなくてはならない。もし特定の自我機能における子どもの発達水準が正常よりも有意に低ければ，それがあなたの第一のアセスメントである。あなたが特定の神経症的葛藤の力動について作業できる前に，舞台のひびにつぎを当てなくてはならない。

　発達的な観点から，純粋なカプセル化された制限は，表象分化の段階の境界がはっきりしている問題だけを示唆するだろう。性格の制約は，表象の巧みな表現あるいは分化の段階の問題を示唆する。重篤なパーソナリティ障害および境界状態は，より重篤な障害と同様に，前表象水準からの寄与が示唆される。これらのタイプの問題については，前表象的分化（すなわち，行動上の現実検討）の基本的能力がしばしば危険にさらされている。また他者と関わり，関係をもつ能力の安定性も同様に危険にさらされている。

　それぞれの水準の柔軟性の欠如（制約）は，特定のサブタイプに関してさらに説明されるだろう。言い換えると，風船の柔軟性の制限は，多くのさまざまな形をとることができ，それについては以下に議論される。

重大な制約

　基本的パーソナリティ機能の統合性は，全体的な性格構造の柔軟性を犠牲にして，維持されるだろう。生活体験の危険な領域を大きく回避すること，あるいは願望，思考または感情を大きく抑制することによって，子どもは自我機能の崩壊を招く状況から離れていられる（たとえば，重症のシゾイドあるいは妄想性格，拒絶的パーソナリティ，重症の抑うつ的性格，あるいは自

己愛障害)。

　このような制約のある適応をもつ子どもたちは，普通は自我欠損の兆候を示さない。彼らは——彼らの性格の制約の中で——断片化への特別な脆弱性なしに適切に機能する。彼らが払う犠牲は，彼らの生活体験の深刻な制約である。このような子どもはストレスのかかる体験を回避することによって，比較的症状のない生活を送るだろう。たとえば，感情を調節する能力に限界のある子どもは，危険だと知覚される感情状態から離れていられるように，回避を用いるだろう。臨床面接では，関係をもつスタイルばかりでなく，きわめて特異的な，あるいは**非常**に制限されたテーマと感情の範囲に気づくだろう。柔軟性の制約と障害の特定のサブタイプを，以下に概説する。

　1つの重大な制約は，**気持ちそして／あるいは思考の体験の制限**である。たとえば，ある男の子は温かくて愛情のこもった気持ちを体験せず，親密な1対1の関係性を回避する(たとえば，シゾイド型のパーソナリティ)。彼は面接ではよそよそしく，超然としているように見え，かなりの時間を面接者と過ごしているのにもかかわらず，情緒的には平板な水準に留まっているだろう。ある女の子（たとえば，慢性的に抑うつの子ども）は，内的な感情の体験を制限している。彼女は自分自身に怒りや自己主張の感情を許さないが，受動的な悲しさだけは体験する。行動的には，彼女は無気力で，中程度に引きこもりがちな活動に限定されている。さらに別の子どもは，依存的な願望に耐えることができず，過剰な自信をもち，いくらか無関心なように見えるだろう。

　別の制約は，たとえば倒錯症に明らかなような，**快感志向の変更と制限**である。この柔軟性の喪失は，わずかな領域に制限された，常同的で強い快感志向を，しばしば伴う。すなわち，ある種の喜びは体験されることができない。面接では，関係をもつスタイル，感情およびテーマのシークエンスは，嗜虐的喜び，あるいは特定の身体部分のような1つのテーマを中心とする持続的なトーンをもつだろう。それには同情的で温かい共感的喜びのどんな兆候も，伴っていないだろう。行動もまた，嗜虐的テーマと特定の解剖学的領域への関心を表現するだろう。

　葛藤，気持ちそして思考のような，**内的な出来事の広範囲にわたる外在化**は，もう1つの性格のゆがみである。敵意のある内的な願望や気持ちを外在

第6章　発達的アプローチに基づく定式化の組み立て　245

化する子どもは，攻撃性を持続的に外側から来るものとして知覚するだろう。「彼らは僕をやっつけようとする」というテーマは，面接を支配するだろう。もう1つの，いくらか深刻ではない外在化症候群は，自分自身についての知覚（自尊心の低さのような）を他者に外在化する（たとえば，「あなたが僕を不愉快な奴と思うのはわかってる」と面接の中で言う）子どもに見られる。あるいは，彼らの見解を2つに分極化し，葛藤の1つの側面を自分自身でとり，他者を反対側の立場で発言するように挑発することによって，自分の内的葛藤を行動化する子どもに見られる。たとえば，子どもは自分の自己批判を，両親が彼に批判的になるように挑発するやり方で行動することによって，外在化するかもしれない。あるいは面接では，臨床家が批判的態度を表すように挑発することによって外在化するかもしれない。

　もう1つの制約は，**衝動，感情および思考の制御に必要な内在化の制限**である。背後に内的な制御の問題がある人は，自分が衝動的であることを症状として見ない。しかし，それは面接で明らかになる——たとえば，分離のテーマの後に，即座に衝動的なテーマあるいは衝動的行動が続くときに。臨床面接の過程では，このような子どもは，ほとんど忍耐を示さず，自己の欲求の満足（「どこにお菓子があるの？」）と衝動的行動（たとえば，家具を壊すこと）の間を絶えず揺れ動いているだろう。

　自尊心を維持するのに制限のある子どもは，表面的には驚くほど安定したパーソナリティをなんとか維持するだろう（たとえ，失敗への耐性がないことと共感と親密さの問題があっても）。このような子どもは，浅い性質の関わりを示す一方，彼ら自身の重要性を面接者に印象づけようと試みるだろう。面接では，彼らは真の温かさあるいは共感をほとんど見せず，数回の面接後，自己価値あるいは自尊心の感覚を求めて面接者を頼ることと，このような援助への非現実的な誇大な空想のほうに向くことの間で，揺れ動くだろう。もし面接者がこのような子どもと関わることができれば，彼らは空虚感と脆弱性の深い感覚を，喪失へのはなはだしい恐怖を伴って，いつかは伝えるだろう。このような子どもは，自己価値，自尊心を体験する能力と，他者に対する同情と共感の範囲が制約されている。

　軽度の**自己と対象の分化**に**不安定性**のある人は，その能力に限定した破綻

に対して脆弱であるが，その破綻の後に続いて，再びまとまりが取り戻される。たとえば，ストレス下ではこれらの子どもは，感情や衝動の統制をいくらか失うか，あるいはテーマのシークエンスがバラバラになるのを示すだろう。彼らの生活は全般的には不安定ではない，というのは，彼らはストレスを避けるように体験を制限しているからである。しかし，彼らは脱分化の方向に退行することもできる。したがってこのような子どもは，面接のときに圧力をかけられると，コミュニケーションパターンに軽い断片化を示すだろう。

中等度の性格あるいはパーソナリティの制約

中等度の性格の制約を構成する障害（たとえば，中等度の強迫あるいはヒステリー性のパーソナリティパターン，いくらか限定された衝動的行動，そして外在化の傾向）は，上記と同様のパーソナリティにおける柔軟性のなさ（性格の制約）というカテゴリーを含むが，より程度は軽い。より深刻な障害におけるパーソナリティ全体の制約とは対照的に，パーソナリティの特定の側面だけが，慢性的反復的制限を明らかにする。

カプセル化された障害

カプセル化された障害は，症状に関係した，そしてコンテクスト上特異的な性格傾向に限定した障害をつくり出すことによって，パーソナリティの柔軟性を守っている。それらは非常に重要な意味で，性格の制約とは異なっている。すなわち，それらは広い体験領域の回避を含まない。カプセル化された障害はまた，思考，願望，および感情の，慢性的反復的な回避や制限を含まない。たとえば，性格の制約では，怒りは概して避けられるのに対し，カプセル化された障害では，**コンテクスト的に意味のある**他者に向けられた怒りだけが避けられる（たとえば，父親に関連する権威的な人物への怒り）。同様に，喜びの気持ちは，コンテクスト上関連する状況でのみ避けられる。これらの気持ちは通常力動的な仮説によって同定されるのではあるが，それらはまた，直接観察可能でもある。

カプセル化された症状の障害

　症状のカプセル化に見られる主な制限と変化は，思考と感情に見られる。最初の型，**思考の制限**は，たとえば，周期的なめまいのような「ヒステリー性」の症状に見られる。このような症状を除いて，子どもは年齢相当の水準で機能するだろう。温かく愛情のある関係性をもち，自己主張的で，そして怒りと攻撃性ばかりでなく，共感と関心も体験する。特定の願望（たとえば楽しい性質の願望）を扱う精神生活の狭い内容領域だけが，壁で囲われる。面接においては，思考の制限は，広範囲のテーマを表している他の面では柔軟な子どもが，この特定の内容だけ持続的に見せないことによってのみ，明らかになるだろう。

　症状がカプセル化された障害の第2の主な型は，**感情の制限あるいは変化**である（たとえば強迫的なパターンに見られるように）。面接においては，このような子どもはある種のコンテクスト上の状況で，特定の感情が欠如していることを表すだろう（たとえば，彼らは怒りのような反応が予測されるときに，面接の中でそれを表さないだろう。および／または彼らは特定のコンテクスト上意味のある人物に向かう怒りを扱うテーマの傾向を明らかにできないだろう）。

　カプセル化された障害は，通常アセスメントが難しくはない。子どもは広い範囲の年齢相当のテーマと感情を，そして面接者とほどほどの対人的な関わりをみせる。しかし，特定のコンテクスト上明らかにされた領域では，子どもは限られた感情の範囲，および／あるいはテーマの深さだけしか扱う能力がない。他の面では柔軟なパーソナリティとカプセル化された領域との間には，明らかな格差がある。

カプセル化された性格の制限

　カプセル化された性格の制限は，特定の症状（恐怖症，強迫的儀式，転換反応）にではなく，むしろパーソナリティの柔軟性における微妙な制限として現れる。これらの障害は，制限のある領域の狭さと，もし症状があるとしたらその症状の軽さの両者において，前に述べたもっと深刻なパーソナリティの制約とは異なっている。これらの障害は，コンテクスト上関係のある思考

と感情(特定のタイプの同輩あるいは教師との問題)およびストレスの両者に関係している。

これらは,カプセル化された症状の障害ほど狭く焦点化されておらず,またしばしば激しくないという点で,症状の障害とは異なっている。問題は,これらの障害の中に,多数の行動あるいはテーマの表現を通して,もっと拡散して表れるだろう。たとえば,カプセル化された強迫行為症状の女の子は繰り返し手を洗うだろう。対照的に,強迫観念を伴うカプセル化された性格の制限のある男の子は,学校に対する態度と「物事を仕上げること」が完璧すぎて,自分の気持ちを表現するのが困難であり,自己批判的すぎるだろう。

恐怖症的なカプセル化された症状(たとえば高所恐怖)は,固定して,相対的に激しいものだろう。それに対し,恐怖症的なカプセル化された**性格の障害**には,おそらくより軽い恐怖症的態度が含まれるものだろう(たとえば,全般的に恐がりで,回避をたくさん使う傾向のある子ども)。

一般的に,神経症的なカプセル化された性格形成は,もっと深刻な性格の制約と同じラインに沿って(カプセル化された障害はより激しくないこと,そして体験の広汎な領域にではなく,むしろ特定のコンテクスト的に意味のある体験に関係していることを理解して)カテゴリー化されるだろう。したがって,生活の主要な領域における**気持ちあるいは思考のカプセル化された制限**は,権威的な人物にほんのわずかに情緒的に直面することも常に尻込みするが,その他の情緒的な体験領域は制約されていない子どもに代表される。**快志向のカプセル化された変化**は,特定の(しかしすべてではない)型の年齢相当の楽しい遊びを楽しむのが困難な子どもによって示されるだろう。**カプセル化された内的葛藤の外在化**は,コンテクスト的に関係のある領域で,自分自身の行動について他者を非難する子どもに見られる。**カプセル化された自尊心の制御不全**は,コンテクスト的に意味のある仲間や大人とのゲームに負けると簡単に不機嫌になる,その他の面では情緒的に健康な子どもに見られる。

一過性の発達葛藤とストレス

風船の比喩を続けると,完璧に膨らんだ風船をもつ子どもは,その発達段

階相当の体験（たとえば精神内界の体験，対人的な体験）に柔軟なやり方で十分に関わる。それでもなお，このような子どもたちは一過性の発達葛藤をもつだろう（たとえば，発達上エディプス期の最終段階の課題に取り組んでいる間に，夜驚を起こす子どものように）。さらに，家族の危機への反応としての一過性の不安や抑うつのように，状況への反応も観察するかもしれない。要点は，年齢および発達段階相当の体験に十分に関わっている，健康で幸せな子どもにも，発達上の進歩のために，そして環境あるいは精神内界のストレスに適応的に対処するために，かなりの一過性の不快感や，症状行動さえ，あるだろうということである。

われわれの最初の2つの質問——基本的自我機能の水準は何か，そして自我の硬直性の程度はどうか——は，ドラマが演じられる舞台について，あるいは換言すれば，パーソナリティ構造についてわれわれに教えてくれる。われわれはこの舞台が年齢相当の統合性と柔軟性の標準に合うように造られているかを知りたい。もし統合性あるいは柔軟性が予測以下ならば，われわれは舞台のどの部分が，どの程度傷んでいるのかを知りたい。もし子どもがほんのわずか年齢に予測される水準よりも低いだけならば，このような遅れは多少ゆっくりした成熟あるいは環境的な状況の干渉を反映しているかもしれない。しかし，もし子どもが明らかに，年齢相当の達成水準よりも，発達上重要な段階を1段階か2段階遅れていたらどうなるだろう。

われわれが観察した子どもの機能を年齢相当の水準と比較するにつれて，臨床的判断が出現し始める。もしわれわれが，基本的自我機能が年齢相当水準よりも2あるいは3発達段階下であると観察していたら——それはパーソナリティの統合性について深刻な問題を提起するが——そのときには，さらに多くの証拠書類を集める必要があり，そして集中的な治療の見通しが考慮される。あるいはわれわれは，基本的自我機能は年齢相当水準であるが，パーソナリティ構造の柔軟性が予測される水準よりも2あるいは3発達段階下の子どもを観察するだろう。われわれは年齢相当の生活体験の主要な領域——仲間と楽しむ能力や学校で要求されるものをマスターすることなど——が，壁で囲われているのを見る。このような症例では，治療勧告についての別の考慮が必要になるだろう。別の子どもは，少数の限定された機能領域で年齢

相当ではない硬直性を示すが, しかしその他の面では年齢水準の機能を見せ, その子のパーソナリティ構造の中には多くの強さがあることを示している。もしわれわれがその障害をカプセル化された制限と判断したならば, 1 種類の治療が勧告されていただろう。しかし, もし硬直性のある領域がその年齢に予測されるよりも完全に発達水準が下で, そしてさらにそこで固定されているように見える, とわれわれが判断すれば (すなわち, もしわれわれが, 硬直性が慢性的な, あるいは急性の環境ストレスへの反応と見なす理由を見つけられなければ), そのときにはわれわれは, 子どもがすべての発達領域で, その年齢に予測される水準を達成するのを援助することを目指す, 別の, おそらくもっと集中的な治療勧告を, 考慮するだろう。

これはわれわれに, この一連の質問の第 3 のそして最後の質問, 何が子どもの特定の心配事か, をもたらす。何で子どもが診察に連れてこられたのかとの関係で, そしてパーソナリティ構造全体のコンテクストにおいて, われわれはこれらの心配事を見る。言い換えると, われわれは舞台のことをすべて知ることなしには, ドラマを適切に考慮できない。大きな穴と割れ目のある舞台で上演されるときと, 広くて強くてしっかりした舞台で上演されるときでは, 攻撃性, 競争, そして報復のドラマは, とても異なって演じられる。しっかりと建てられた舞台は激しいドラマを十分に提供できる。貧弱に造られた舞台では, 演技で陥没する可能性が高い。臨床面接を実施する人が, パーソナリティ構造全体の統合性と, その相対的な柔軟性あるいは硬直性についての仮説を立てる前に, この第 3 の質問——心配事と葛藤——に誤って焦点づけることが頻繁にある。

子どもの心配事は, そのまとまり方, 性質, および年齢相当性の観点から調べられることができる。観察カテゴリーはこの課題に役立つ。カテゴリーの中で, あなたが今までやってきたよりも, もっと内容に焦点づけてみよう。関係のもち方のスタイルの内容を見てみよう。子どもの気分の特別な内容と次元を, そして子どもの特定の優勢な感情の内容とシークエンスを見てみよう。子どもが面接中に表現するテーマのシークエンスを見てみよう。あなたとの関係のもち方と感情の両方を, 子どもがシフトする仕方と, 子どものテーマのシークエンスをうまくマッチさせてみよう。このマッチングは, あなた

が子どもの特定のドラマと心配事を描出するのを助けるだろう。例として，第2章で議論した子どもを思い出してみよう。彼は銃を撃つことについてのテーマをもって入ってきて，彼の弟を守るテーマにシフトし，それから両親についてのそして自分自身の身体についての興味を表現した。彼の感情と気分の範囲は，彼の特定のテーマのシークエンスとともに，彼の特定の心配事のいくつかの見取り図をわれわれに与えた。

以下の概説は，3つの質問それぞれの答えを決定するのに重要なカテゴリーのまとめを提供する。

発達診断の定式化のための観察カテゴリー

Ⅰ．基本的自我機能の水準
　A．器質的機能
　　1．身体的および神経学的発達
　B．心理学的機能
　　1．関係をもつ能力
　　2．気分をまとめる能力
　　3．感情と不安の能力
　　4．テーマをまとめる能力
　　5．面接者の主観的反応
　　6．以下に関する1から4の発達水準
　　　a．注意と関わり
　　　b．意図的な身ぶりによるコミュニケーション
　　　c．象徴の巧みな表現（意味の共有）
　　　d．象徴の分化（意味のカテゴリー化）
Ⅱ．パーソナリティの硬直性の程度
　A．関係のもち方の型と範囲
　B．常同的な気分
　C．感情の範囲
　D．テーマの豊かさと深さ
　E．面接者の主観的反応

Ⅲ. 子どもの心配事と葛藤
　A. 関係のもち方の内容と型
　B. 気分の内容
　C. 特定の感情の内容とシークエンス
　D. テーマのシークエンス

　この章では，私が診断への発達的アプローチと呼んできたことに焦点づけ，そして治療勧告そのものについて含まれる意味はほとんど話さなかった。この作業では治療は考慮されていないとはいえ，治療についてのいくつかの短い実例となるコメントは，役に立つだろうし，さらに議論する領域を示唆するだろう。たとえば，子どもの基本的パーソナリティ機能（たとえば現実検討，衝動制御）に深刻な発達の遅れがあるときには，治療的な保育プログラムや学校のような構造化された援助と，支持的，力動指向的精神療法を統合する集中的なプログラムが，必要となる。治療が進むにつれて，治療の支持的および構造的な特徴は，バランスをとりながら，より徹底的なアプローチに移行するだろう。

　子どもの体験の重要な領域に重大な硬直性があるとき（たとえば，1あるいは2発達段階の遅れがある子ども）には，集中的な，長期にわたる，力動指向的精神療法のアプローチが必要となる。もっと境界がはっきりしているが慢性的で強い困難な問題（たとえば，自己主張的で攻撃的な気持ちをめぐって，あるいは親密な気持ちをめぐって）がある子どももまた，集中的なアプローチで利益を得るだろう。このような症例では，もっと重大な硬直性のある症例よりも，短い時間で，陽性の広範囲に及ぶ結果を期待するかもしれない。このような症例の中には，より持続時間が短い境界のはっきりした困難な問題があり，短期間の力動指向的な診察，あるいは親，教師，そして子どもの環境にいるその他の人々への単純な助言が，子どもが自分の困難な問題を解決するための十分な助けになっている例もある。

　最後に，基本的パーソナリティ機能の統合性と全体的な柔軟性は基本的に年齢相当水準だが，葛藤，不安，そして／あるいは抑うつに関するドラマを演じ，いくらかの個人的悩みに煩わされている子どもをわれわれが見るとき

第6章　発達的アプローチに基づく定式化の組み立て　253

には，別のアプローチを考慮するかもしれない。悩んでいる子どもが家族の中で最も利用可能なメンバーのときは，短期間の力動的治療が非常に役に立つだろう。環境的な状況（たとえば家族の葛藤，あるいは学校の葛藤）が原因となっているときには，環境への働きかけが必要となるかもしれない。環境——家族，両親，学校，など——への働きかけは，環境が発達の促進を抑制しているだろうと考えられるときには，通常すべての水準の障害に必要となることは，強調されるべきである。さらに，中枢神経系の成熟，および／または学習能力に深刻な遅れの疑問さえあるときには，治療教育と身体的・神経学的アプローチも考慮されねばならない。

　徹底的な精密診断は，全体としての治療勧告に役立つだけでなく，治療で取り上げられる必要のある主要な問題に，臨床家を方向づけもする。その主要な問題とは，欠陥を修正すること，年齢相当の柔軟性を増加させること，そして年齢相当の葛藤やストレスの解消を促進することなどである。臨床家は常に患者の葛藤に注意を向けているのではあるが，自我構造の柔軟性と水準が，アプローチの指針となる。

　この章で私は，どのように特定の臨床面接のアプローチが，発達的な仮説の定式化および，発達的な考察に基づく予備的な判断に役立つかを，示そうと努めてきた。このアプローチと，伝統的なDSM-IV-TR（アメリカ精神医学会 2000）の子どもへの精神医学的アプローチの関係について，2，3コメントしなくてはならない。われわれが見てきたように，ここで提出された面接アプローチから推論されうる臨床的判断は，基本的自我機能と柔軟性の統合性あるいは発達水準と，子どもの心配事あるいは葛藤の性質を参照する。これらの判断は精神医学的障害の伝統的カテゴリーと平行する。それらは，精神病（年齢に相当しない水準の基本的自我機能），性格障害（パーソナリティの重大な領域における柔軟性の大きな制限），神経症的障害（体験の特定の領域をめぐる柔軟性のカプセル化された制限），および発達上の葛藤（子どもが特定の発達課題を克服する際に，「完璧に膨らんだ風船」をもつ子どもによって体験される困難な問題）である。抑うつのように選ばれた障害に焦点づけるのは，ここで提案した発達的アプローチと競合しない。事実，発達的アプローチは，子どもが表しているのはまさにどの型の抑うつなのか

を，臨床家が決定するのを助ける。子どもは，現実検討のような基本的パーソナリティ機能が妨害される程にまで，気分を調節するのが難しいのか？あるいは子どもは年齢相当のパーソナリティ構造の中で，抑うつ的思考を体験しているのか？

さらに加えて，神経学的，そして／あるいは生理学的機能不全に基づくさまざまな学習および行動の障害が，特定の自我機能へのわれわれのアプローチのコンテクストで理解されることができる。しかし，これらの型の障害は，自我機能の心理学的側面にもつながっている。たとえば，予測される発達水準まで十分には達成していないことは，注意集中能力の全般的な欠陥という形で表れるだろう。しかし自我機能の非常に境界のはっきりした欠損は，同じ能力のほんの軽い欠陥をきたすだけだろう。

最近の現象学への好みを考慮して，**推論された**力動的状態と呼ばれてきたものと対照的に，われわれの診断アプローチは，力動的概念に基づいているとはいえ，内的状態に「信念」は必要としていないというのもまた，興味深い。カプセル化された神経症的障害をもつ子ども——特定の狭い領域では体験を処理できない子ども——を参照するときでさえも，あなたはプレールームでの，あるいは心理検査でのアセスメントを**現象学的**に文書に書くことができる。ちょうど，ある人物が幻覚や妄想をもっている，と現象学的に文書に書くことができるのと同様に。前者は，いわばあなたの顕微鏡の高倍率のレンズを必要とする，単なるよりとらえにくい観察である。

たとえば，もし男の子がごっこ遊びや言葉を通して，依存と自己主張への心配を表象できるかどうかを観察すれば，あなたはその子どもと，別の（症状のない）子どもを比較することが可能である。その子は幅のある情緒的なパターンの象徴化の証拠は示さないにもかかわらず，その代わり心配事を行動で表す，あるいは静かにそれを抑制する。第2の症状のない子どもは健康に見えるだろうが，もし彼が発達的に観察されていたなら，われわれは制限をわかっただろう。第2，3章で議論した枠組みが，これらの観察に使われることができる。

注意したように，われわれのアプローチから導き出されることができる臨床アセスメントは，容易に伝統的な，あるいは古典的な精神医学概念に翻訳

される。しかしここで強調されているのは，発達的枠組みを用いる利点があるだろうということである。なぜなら，その概念は説明のための価値に限定されないからである。それらは，確かに障害の病因および治療への意味を含んでいる。ここで提案された発達的アプローチは，さらに，適応水準と精神病理あるいは制限の水準という両者の意味も含んでいる。それに加え，このアプローチは，面接者が，子どもが自分自身の強さと弱さを体験するやり方を直感できるようにし，そしてそれによって適切な精神療法的アプローチを計画できるようにするという，独特の長所をもっている。

　臨床では，ここで提示された発達的アプローチは，伝統的な診断分類の枠組みと一緒に使われるだろう。3本柱のアプローチが使われるだろう。症状と性格傾向に基づいた診断が1つの柱，病因に基づいた診断が別の柱，そして診断への発達的なアプローチがさらにもう1つの柱である。ここで記述された発達的なアプローチは，どのようにその人が自分の体験を「まとめる」のかを示唆し，ある意味では，病因的な状況とさまざまに表れた症状との間の連絡，あるいは「体験的な経路」である。3本柱のアプローチを用いた発達カテゴリーのまとめについては，表6-1を見てみよう。症状指向の，そして病因論に基づいた診断は，実例を示す目的のためだけにリストされたもので，それぞれの発達障害に対応するすべての範囲の障害を表してはいないことに，注意しよう[訳注1]。

　結論として，われわれの議論は，子どもとの臨床面接およびその結果得られる子どもの機能についての臨床的判断に集中してきたということは，思い出されるべきである。われわれは，子どもの機能状態にとても重要に関与するいくつかの要因——より早期の生活体験，現在の環境的ストレス，家族のコミュニケーションパターン，そしてその他のさまざまな生物学的および環境的要因——を考慮してこなかった。子どものための完全な診断システムは，子どもの体験世界のまとめ方，それはここでわれわれが焦点づけているものだが，それだけでなく，子どもの外的な世界，特に子どもの家族環境の次元と力動も，描写するべきだということを，多くが主張するだろう。私はこの

訳注1） 3本柱のうち，病因に基づいた診断は表6-1に示されていない。

立場に同意はできなかった。そしてもう一度この仕事，子どもの臨床面接に焦点づけ，この状況の中で子どもが自分の体験をどのようにまとめるのかを理解するという領域に限定された仕事の，限定された適用可能性を強調したい。

この章の残りのページで，先に述べた原則の実例を示し，子どもの心配事あるいは葛藤を決定することについて実例となる重要なデータを提供することを目的として，私は第4章に提示した臨床面接について仮説を定式化することに焦点づける。

表6-1　診断への発達的アプローチ

発達的アプローチからの診断カテゴリー	症状とパーソナリティ傾向に基づく代表的診断 (伝統的DSM-IV-TR, 第I軸とII軸)
I．有意に年齢相当水準以下の自我機能（自我欠損） 　A．精神装置の基礎的身体的器質的統合性（たとえば，知覚，統合，運動，記憶，調節，判断） 　B．構造的心理学的欠損 　　1．思考，現実検討，およびまとまり方 　　2．感情の知覚と調節 　　3．感情と思考の統合 　　4．統合とまとまり方，および／あるいは自己表象と対象表象の分化の欠損	 精神遅滞，注意欠損障害，特異的発達障害 広汎性発達障害 思考障害（統合失調症的障害を含む） 気分障害 境界症候群
II．年齢相当水準の自我機能における重度の制限と変質 　A．主要な生活領域（愛情，学習，遊び）での気持ちおよび／あるいは思考の体験における制限 　B．快感指向性の変質と制限 　C．内的な出来事（たとえば，葛藤，気もち，思考）の主要な外在化 　D．衝動，感情（気分）および思考の調節のために必要な内在化の制限 　E．自尊心の調節の欠陥 　F．自己と他者の分化の断片化へと向かう制限された傾向	行動障害，行為障害，パーソナリティ障害，シゾイド障害 精神性的障害 妄想性パーソナリティ障害（たとえば，妄想型） 衝動障害 パーソナリティ障害（自己愛性格） 解離性障害

Ⅲ．年齢相当水準の自我機能における中等度の制限と変性（上記と同じ）	
Ⅳ．年齢相当に機能しているが，カプセル化された障害を伴う 　A．神経症的症状形成	不安性障害
1．思考の領域の体験における制限と変質（ヒステリー性抑圧），恐怖症的置き換え	恐怖障害
2．感情と気持ちの体験における制限と変質（たとえば，強迫的な隔離──抑うつ的な自己嫌悪感）	強迫パターン
B．年齢相当水準の機能だが，神経症的にカプセル化された性格形成を伴う	軽症型パーソナリティ障害
1．主要な生活領域（愛情，仕事，遊び）での，気持ちと思考の体験のカプセル化された制限	軽度の強迫性パーソナリティ障害
2．快感指向性のカプセル化された変質と制限	軽度の精神性的障害
3．内的な出来事（たとえば，葛藤，気持ち，思考）のカプセル化された主要な外在化	軽度の妄想傾向
4．衝動，感情（気分），および思考の調節に必要な内在化の，カプセル化された制限	軽度の衝動障害
5．自尊心の調節におけるカプセル化された障害	軽度のパーソナリティ障害（自己愛性格）
Ⅴ．基本的に年齢相当の，損なわれていない，柔軟な自我構造 　A．段階特異的な発達上の葛藤を伴うもの 　B．段階特異的な，発達上予測される適応パターンを伴うもの，適応的な退行を含む 　C．損なわれていない柔軟な，発達的に適切な自我構造	適応障害

注：上記の構造的な変質はすべて行動上の変質も同時に生じていたかもしれない。それらは通常症状の集まりの診断によって記述されるだろう。
　病因に基づく代表的診断には，感染性脳症と物質誘発性器質性精神障害が含まれる（この情報はまた，表のもう1つの列を表すかもしれない）。

症例1（ダグ，8歳半）の定式化

　ダグの自我の基本的器質的構成要素は，彼の身体的および神経学的状態（たとえば，粗大および微細な運動協調，会話，記憶，知能水準）によって証明されるように，損なわれておらず，年齢相当の水準にあった。対照的に，基本的自我機能の中には，年齢相当水準のものもあったが，有意に予測される水準よりも低いものもあった。たとえば，非常に濃厚な関係をもっている感覚をもつ能力はあったが，それは飢餓的な性質を帯びており，むしろ早期の剝奪体験をもつ2，3歳児により適当な程度の感情飢餓を示していた。同様に，気分は安定しているが，全体として抑うつの性質を帯びていた。感情の幅は，それが病気，危険，泥棒，そして死についての心配に限られているという点で，年齢相当ではなかった。さらに，感情飢餓の性質が際立っていた。その一方，ダグの感情と思考のまとまりと統合は年齢相当の水準だった。

　発達的には，彼は早期の段階である関わりと注意，二方向性の身ぶりによるコミュニケーション，そして早期の表象の巧みな表現を，部分的に達成したように見えたが，幅と安定性には制約があった。表象分化の段階には，制約と脆弱性の証拠があった。

　彼の父親の病気をめぐって，中断を引き起こすような不安の表れがいくらかあった。そして彼が「テープレコーダー」について，および彼の兄がわれわれを盗み聞きしていることについて話したとき，現実指向性に一致しない思考過程の証拠があった。したがって，彼のテーマのまとまりは有意に年齢相当の水準より低く，後期潜伏期の子どものまとまり方では**なく**，むしろ3歳半から4歳半児に見られるときどきの断片化（空想の現実への侵入）を反映している。しかしながら，ダグが現実指向性を回復する十分な能力を示したために，彼の現実指向性の（ストレス下での）不安定性の程度と，テーマをまとめあげる能力への疑問がいくらかある。全体として，私の観察は，基本的自我機能の統合性と年齢相当性についての疑問を提示する。

　基本的自我機能に微妙な障害の証拠があるとはいえ，多くの部分ではこの弱さは彼のパーソナリティ構造の多大な硬直性によって守られていることに注目してみよう。彼の（飢餓の性質をおびた）関係のもち方の幅の狭さ，抑

うつ的な気分，感情の幅の狭さ，そして制約のあるテーマについての関心，すべてが硬直した脆弱なパーソナリティ構造を示す。

　ダグの心配事の性質は――彼の関係をもっている感覚と気分の内容，および感情とテーマのシークエンスから証拠づけられるように――早期の発達上の問題である（兄弟への）原始的な羨望，病気，怪我および死への恐怖，そして彼の中でかたい倫理規範とみんなを「守りたい」願望に，「泥棒」を統合できないこと（すなわち，いくらかの自我分裂）への，未解決なとらわれを示していた。攻撃性と「テープレコーダーで録音される」テーマにまつわる投影の使用は，彼の攻撃的な気持ちがどのように破壊的なのか，そして彼の防衛はどのように壊れやすいのかを，示す。

　まとめとして，微妙な割れ目のある非常に制約された舞台のうえで，原始的なドラマが演じられていた。しかし，ダグには，関係をもつ能力，親密への願望，不安と不快感を表す能力，そして知能によって証拠づけられる，多大な強さもある。

症例 2 （ハロルド，7歳半）の定式化

　ハロルドの基本的自我機能の身体的および器質的側面については，多少の疑問がある。彼の集中する能力は，年齢相当の水準よりも有意に低いようだった。というのは，彼が狂ったように1つの活動から次へと飛び回り，ときには彼がボールをどこに投げているかに，まったく不注意だったからである。多くの3歳半児が，さらにいくらかの2歳半児でさえも，この子どもよりも焦点化した集中力をもつことができる。子どもが6歳から7歳半になる頃には，ハロルドが示したよりももっと統制のとれた焦点づけられた集中力をもつことが予測される。さらに加えて，彼が「言葉と身ぶりの輪をつなぐ」のが難しいこと（すなわち，私から注意をそらす）から，疑問が生まれる。彼には聴覚／言語処理過程の遅延あるいは困難があるのか？　あるいは彼はただ強い考えや気持ちにとらわれているだけなのか？　彼は単に気が散りやすいのか，あるいは上記のすべてを少しずつもっていたのか？

　彼の自我の基本的機能については，彼はプレールームの現実と調和しているようであり，彼の感情とテーマをまとめることができた。同時に，彼の行

動には熱狂的な，狂ったような性質があった。しかし，彼にはまとまりがなくなったのではなく，1つのテーマが，一見論理的なやり方で次に続いた。さらに，感情とテーマは統合されていた。また，彼は私と関係をもっているという感覚を確かにつくり上げた。それは，幾分とらえどころがなく，7歳半の子どもに望むほどには相手を巻き込むことのないものではあったが。

彼は何回か私に近づきボールを当てようとしたことがあったが，彼は年齢相当の衝動コントロールの大きな障害は見せなかった。それに加え，その後の面接の中で，彼がカーテンの紐を引っ張ったときに私が決めた制限に応答することができた。したがって，基本的自我機能は大部分損なわれていなかったとはいえ，彼の関係のもち方の質と深さにおいて，そして衝動コントロールにおいて，彼は年齢相当の機能より低かった。それは予測されるほどには統合されていなかった。彼の自我の器質的構成要素が年齢相当であるかについて上に提起した仮説に関して，この考えられる障害が，損なわれていないがわずかに年齢相当以下の自我機能を利用する能力全体を，妨害しているかあるいは蝕んでいるのかを質問することは理にかなっている。

彼の自我構造の柔軟性に大きな制限が，観察された。彼の特定の感情とテーマのシークエンスは，彼の優勢な心配事を示した。それは攻撃性，力，勝利と敗北，スーパーマンになること，そして攻撃を恐れることである。われわれが見たように，彼のパーソナリティの共感，愛情，興味の次元の感情やテーマの発達はほとんどなかった。また，受動性や依存の心配事が巧みに表現されることもなかった。このようなはっきりした制約は，もっと幼い子どもの感情や心配事の代表である。

制約は，彼が私と関係をもつスタイルにおいても注目された。彼は深く豊かなやり方で，相互交流したりコミュニケートしたりできなかった。彼は表面的には一定のアイ・コンタクトを伴って関係することはできたのではあるが。彼が他者と関係をもっている感覚は，上に注目された制約全体によって，明らかに妥協して処理されているだろう。すなわち，勝利と敗北——力をもちそして攻撃されることを伴う——についての彼の心配事が，探索，温かさ，共感そして受動的で依存的なあこがれについての能力を犠牲にして，彼のパーソナリティの大半を占めている。

したがって，ハロルドは，自分の攻撃性および（おそらく誇張された）攻撃されることへの恐れと格闘している。彼が演じている舞台は制約されている。そこにはまたこの少年の集中力を調整する能力，（おそらく）聴覚と言語情報を処理する能力，そして彼の知覚と運動系の活動を協調させ統合すると同時に，活動水準をコントロールする能力に関係した領域に，細かい割れ目が入っている。

発達的に，彼は表象分化の段階に達しているが，まだほんの部分的である。彼はまた断片化の傾向があり，身ぶりのコミュニケーションおよび関わりをもつことの能力において部分的に不安定である。

ハロルドは彼の活動水準の駆り立てられる性質を扱う能力が与えられない中で，彼の最善を尽くしていると，あなたは仮定するかもしれない。駆り立てられると感じながら，彼は自分自身を「男根攻撃的モード」，すなわち彼の攻撃的傾向が優勢な発達段階，のまわりにまとめあげる。しかし彼はこの心理的発達水準を超えていくことが今までできないでいる。したがって，彼の制約があり，構造的に妥協形成されている舞台で彼が演じている心配事は，多元決定されているようである。成熟的器質的決定因ばかりでなく，機能的な決定因もあるだろう。

子どもの行動からいくつかの仮説が，特に自我機能の器質的側面についての仮説（すなわち，聴覚処理，感覚−運動能力）があげられるとき，われわれは確かに自我機能のこれらの次元に焦点づける追加の検査を受けることを望む。これらの検査には，心理検査，作業療法の評価あるいは言語病理の検査，そして，内科的，神経学的評価が含まれるであろう。

症例3（ジョーン，もう少しで6歳）の定式化

ジョーンの基本的な器質的統合性と基本的自我機能は損なわれていなかった。彼女は，豊富な関係をもつスタイルと，年齢相当の気分，感情の幅とまとまり，テーマのまとまり，および（多少の）心配事を示した。

彼女のパーソナリティの年齢相当の柔軟性の程度については，われわれはいくらか疑問があるだろう。彼女は面接を始めるのに助けが必要だった，というのは，最初彼女は沈黙していたからである。いくらかの幅があるとはい

え，彼女の感情は，心配，恐れ，そして攻撃的な問題に主に焦点づけられていて，わずかの好奇心はあったが，温かい興味，共感，あるいは愛情はほとんど示されなかった。彼女のテーマの表現は，確かにある程度の豊かさと深さを発展させたが，十分な年齢相当の範囲ではなかった。彼女の心配事は，落ちるもの，毒を盛られたりだまされたりする人，のようなものに，焦点づけられていた。中程度の恐れ，疑い深さ，からかい，そして彼女自身の攻撃性をもって境界をテストすること（たとえば，お巡りさん人形を窓の外へ投げたいと思うこと）が，誘惑，興味，情熱，および早期潜伏期の心配事を犠牲にして，優位を占めていた。したがって，テーマのシークエンスは，6歳というよりも，むしろ4歳半から5歳児のものだった。

発達的には，彼女は表象分化の段階に達していたが，しかしいくらかの制約と断片化への傾向があった（すなわち，すべてのドラマを大きな劇につなげるよりも，むしろ小さなドラマをつぎつぎと見せた）。

このようにしてジョーンの年齢相当の自我構造には柔軟性にいくらかの制限がある。予測されるより幼い発達上の問題についての彼女の心配事は，それにもかかわらず，幼いほうの端ではあるが，彼女の現在の発達段階の中にある。われわれの劇場の比喩を使うと，舞台は損なわれていない。舞台には適切な幅がある場所もあるし，制約されているところもある。そして年齢に予測されているよりもわずかに幼いが，ジョーンの全体的な発達段階の中にあるドラマを演じている。

症例4（キャシー，もうすぐ6歳）の定式化

キャシーの基本的器質的統合性と，基本的自我機能は，年齢相当であった。それは個人的に関係をもっている感覚の水準，深さ，そしてまとまり方，感情とテーマのまとまり方，深さ，そして豊かさ，および気分の安定性に示された。

キャシーの自我構造の柔軟性は，大部分は，年齢相当の水準にあり，面接の間に，幅広く，豊かに発達した，年齢相当の関係のもち方，感情，およびテーマを彼女は示し，妨害するような不安の兆候，あるいは陽性または陰性のどちらの感情やテーマにも明らかな制限の兆候はなかった。たとえば，最

初に彼女は面接者と容易に関わりをもち，プレールームの制限について心配を見せた。ある意味では彼女は自分の本能に屈服することができるかを尋ねている。これは後期エディプス期から早期潜伏期の子どもにとっても適切な行動（すなわち，解放とコントロールの間の緊張）である。彼女は明らかに表象分化という安定した水準に進んでいた。

清潔さ対塩で汚すことへの心配事がいくらかの葛藤を示すとはいえ，彼女はこれらの心配事を巧みに表現して，それらをさらに深めた一連のコミュニケーションの出発点として使った。そのコミュニケーションは，探索，（母親との）競争，（弟への）怒り，そして喪失と分離の感情のテーマに触れた。面接の終わり近くに，彼女は増大する年齢相当の好奇心と誘惑性を見せ，彼女は「もっと」話せることがあったのを示していた。彼女のパーソナリティ構造には硬直性の側面があるかもしれない。それは，兄との関係性のように，彼女にとって幾分重要な問題にまつわる一種の偽りの成熟性や愉快さである。彼女は母親との競争にもわずかに過剰に力を注ぎすぎているかもしれない。しかしながら，それらは彼女のドラマの機微であり，彼女のパーソナリティの基礎的な構造的統合性と柔軟性を本質的に損なうものではない。

彼女の心配事は，陰性および陽性感情にまたがり，エディプス期と早期潜伏期のテーマにまたがる範囲の，さまざまな年齢相当の問題から構成されていた。

症例5（スティーブ，6歳半）の定式化

スティーブの症例では，感覚（触覚）の過剰反応性の可能性，未成熟な粗大および微細な運動の統合，受容言語と表出言語の困難さ，歩行，姿勢，間欠的な保続，および全体的に具体的な関係をもつスタイルによって証明されるように，自我機能の器質的な統合性に深刻な妥協形成が示唆されるのを，われわれは観察した。可能ならば，心理学的および神経学的検査を含む，なおいっそうの検査によって，重要なデータが付け加えられるだろう。これらの深刻な妥協形成が，主として不安によるものではないことを確かめることが，重要であろう。

基本的自我機能もまた，衝動と活動水準の調節に障害があるために，深刻

に妥協形成された。人間と関係をもつ能力は，明らかに存在するが，患者が面接者に関係するときの，ほんの束の間で，どこか非人間的で具体的なやり方によって証明されるように，深刻に制約されている。全般的な意味で現実検討は損なわれていなかったが，「うつろな表情」と床のうえで体を揺する動作（それはおそらく不安への反応だったろうが）に証明されるように，ストレス下で現実検討が退行する可能性について，あなたは考えるだろう。感情の幅と深さが狭いことにより，パーソナリティの柔軟性の妥協形成が示唆される。テーマのコミュニケーションの幅と深さが制約されていることは，深刻な制約のいっそうの証拠である。

発達的には，スティーブはやっと，ある種の欲求（「お菓子がほしい」）の処理をめぐって，孤立して，幾分断片化した表象分化の能力という段階に進んでいただけで，すべてのより幼い時期の段階に有意な妥協形成が明らかだった。

全体的なテーマのまとまりは，機能性精神病的まとまりを示唆する高度に風変わりな形式を反映するものではなかったが，6歳半に予測されるよりもはるかに未熟な水準（2歳半から4歳の水準）を，確かに反映していた。この未熟性（たとえば，つながりのある豊かなテーマのまとまりよりも，むしろテーマの関心が島状にあること）は，自我機能の器質的統合性の妥協形成に基づく未熟な統合能力に関係しているだろう。

われわれは，とても柔軟性に欠ける働きをする，脆弱な自我構造を観察する。それでもなお，われわれは，子どもの心配事の兆候を観察するだろう。コントロールできないと感じた後，彼は，保続および面接者との接触をはかることを通して，コントロールを取り戻そうと試みた。欲求不満にさせられて，彼は怒り，再びコントロールできなくなった。それでも，「警官」に対する両価的気持ちが，またしても調節への願望と，同時にそのような調節の源への怒りを示唆した。自分の両価的な（「悪い男の子」）気持ちに怯えて，彼は関係をもっていることを一瞬失い，続いて体を揺らす動作を見せた。しかしながら，彼は回復して，キャンディーを要求することで，再び接触をはかるが，もう一度怒りだし，コントロールできなくなった。彼が学校での出来事を短時間話せる能力は，これらの心配事が，彼の生活に浸透してい

とを示唆する。

　したがって，われわれは，スティーブが彼の非常に脆弱な自我機能を扱うのに，どのように格闘しているのかを観察する。葛藤の存在は，治療への動機づけの基盤を示唆する。

症例6（デビッド，5歳半）の定式化

　デビッドの自我構造の器質的側面および機能的側面の両方は，ともに年齢相当だった。それは，彼の身体的および神経学的機能，関係のもち方の質，安定した気分，および彼の感情とテーマの水準によって，証明された。彼のパーソナリティの柔軟性も，また年齢相当に思われた。この年齢までには，エディプス期の心配事はもう少し抑圧されているとあなたは予測するかもしれないが，私は，彼が心配事を表象の形でまとめ上げる能力，そして私と温かく接触する能力に，とても印象づけられた。面接の間に，彼はさまざまな感情を表した。彼は人形での遊びを通して，彼が創作したさまざまな登場人物の感情を調節しながら，凝集性がありまとまりのあるテーマを発展させた。自分の「お話」が不安を呼び起こしたとき，彼は別の——しかし関連のある——ゲームやテーマに移った。同様に，彼はいくらかの制限はあるものの，感情システムに柔軟性を示した。

　彼の主な心配事は，怒りと葛藤（家族ドラマ）そして十分に得られないことであった。しかし彼と私との人間同士の交流では，彼は喜びと楽しさをもつ能力も同じように示した。発達的に早期の（前エディプス期の）感情への心配事はあったとはいえ，これらは年齢相当の（エディプス期の）コンテクストにあるものと，私は推測したいと思う。彼はたくさんの種類の感情をもつ能力を示し，否認，回避，そして投影のような原始的な防衛に頼らなかった。その代わり，彼は自分に関するテーマや感情を直接扱うことができた。さらに，彼は賢く理知的で，自分の素材をとてもうまく総合して，まとめ，そして統合することができるように見えた。彼は自分の行動をプレールームの制限に合わせて調節した（すなわち，衝動コントロールに困難はなかった）。彼は怒りのテーマを，ゲームを通して置き換えたやり方で扱った。彼の喜びと楽しさをもつ能力は，いくらかの陽性の自尊心を示唆した。彼が十分なコー

ラを飲めないことについて話すのには，空虚さの感覚を伴っていないように見えた。むしろそれは願望と関係するように見えた。全体的には，年齢相当の柔軟性はあるが，小さな制限への疑問はあった。それは，もっと直接的な喜びと好奇心のテーマがないこと，および情緒的な温かさの程度の制限についての私の主観的感情の両方によって示された。

発達的には，デビットは，明らかに早期の水準をマスターして，十分に表象分化の水準にいた。

彼の特別の心配事は，巧みに表現された家族ドラマの劇的な演出に反映されていた。それは面接の主要な部分を占めていた。彼は「離れ落ちる物」，競争，そして再び満たされることを，心配した。彼はこれらの心配事に非常に巻き込まれていて，やっとのことでそれらを解決するために距離をとろうとしているのだろう。自我の柔軟性の疑問は，強いエディプス期の巻き込みを，彼がどのようにうまく克服するかにかかっているように見えるだろうが，しかし彼の解決を阻害するような，顕著な，あるいは重大な自我の制約は，ないように見える。このとき彼の家族に何が起こっているのかが，この解決に決定的な役割を果たすだろう。どのように彼の家族が彼を扱うかは，彼が最も好ましい，年齢相当のやり方で発達し続けるかどうかの一部を，決定するだろう。

症例7（ジョーイ，5歳3カ月）の定式化

ジョーイの基本的自我機能に関して，神経学的統合性は年齢相当の水準だった。それは，彼の運動活動の質と水準から示されていた。彼はリラックスして，おとなしく，微細および粗大な運動協調ばかりでなく，言語，知覚－運動能力，および協調は，すべて損なわれていないように見えた。彼の話し方にはわずかに舌のもつれがあったが，それでもなお理解可能であった。

現実検討は年齢相当のようであり，衝動コントロールと感情調節も同様であった。しかしながら，彼が母親なしで機能できるかがわからなかった点で，十分な対象恒常性に欠けているように見えた。人間的な関係性をもつ能力では，まるで彼は年齢相当の発達水準から一歩遅れていて，いわば，権力とサイズの問題（男根的問題）をもてあそんでいるが，それ以上のことをするに

第6章　発達的アプローチに基づく定式化の組み立て　267

は母親との二者関係の絆に巻き込まれすぎているかのようだった。彼の未解決な母親からの個体化は，依存，攻撃，怒り，そして操作のテーマと並んで，年齢相当のエディプス期的感情によって，増強されるように見えた。彼が向かい合って母親を操作して楽しんでいるときの楽しそうな表情さえも，幼児的で赤ちゃんのように見えた。その母親はまさに彼の思うつぼにはまっているように見えた。そのために私は，関係性に関する発達ラインでは，基本的自我構造の年齢相当の統合性について，疑問を呈すだろう。

　彼の自我は，きわめてかたく見えた。それは，プレールームの中でも母親との愛着を維持したい欲求，プレールームを探索できないこと，面接の経過中私と関係をもつ能力が制限されていること，そして豊かなテーマやまとまりのある遊びを発展させることがなかったことに示された。プラスの側面では，彼は確かにいくつかのテーマを巧みに表現し，そして攻撃性，母親との絆，小さいと感じること，そして危険な体験をめぐる葛藤のいくつかを劇化することができた。しかしながら，私はこの表現されたものは，すべてむしろ制限されたコンテクストにあると感じた。

　面接の中で示された優勢な感情は，心配，分離不安，そして怒りで，コントロールの問題をめぐる，うわべはふざけていて楽しい操作性を伴っていた。したがって，感情は主により幼い年齢水準（すなわち，十分なエディプスではない水準）を代表するように見えた。しかしながら，彼にとって新しい状況だったことは見過ごすべきではない。彼は慣れ親しんだ状況では，他のより柔軟な感情を表す能力があるだろう。面接が進むにつれて温かさと私への興味の兆候，それに加えて感情にいくらか柔軟性の兆候もあるように見えたので，感情の領域では隠された可能性があるだろう。しかしながら，一般には感情は，むしろ固定され，かたく，前エディプス期の水準に制限されているように見えた。

　ジョーイの不安は，分離を中心とし，飲み込まれること（たとえば小さな犬がすっかり食べられること）をめぐる心配事と，おそらく（射撃に証明されるように）いくらかの去勢不安を伴うように見えた。内的な信号不安は，この子どもの発達の中では，まだ十分に機能できているようには見えなかった。

彼は回避を用い，母親への一種の退行的依存的しがみつきによって，私とプレールームの状況を回避しようと試みた（彼の発育史から，彼が保育園に行くことができていて，他のときには母親から離れることができていたというのは明らかである）。彼はまた，プレールームに関して体験した恐怖と心配の程度によって示されたように，投影も用いた。

彼は非常に私を心配して恐れているように見えた。彼は，彼の生活における三者関係の人物として，どのようなやり方でも私を使う準備ができていなかった。彼はエディプス状況の「真最中」にいる可能性もあり，そのために私が父親を表象する限りにおいては，私を非常に怖がったのではあるが，彼の心配は，**安定した**対象恒常性（すなわち，安定した自己感と，自己と他者の間の分離の確かな把握）の欠落から由来すると，私は感じた。彼がこの分離をある程度は完成させたことは，彼の年齢相当の全般的な現実検討能力と，感情と衝動を調節する能力によって，示唆された。しかしながら，彼は5歳児に予測される程度までは，それをマスターしてきていない。対象恒常性は，ストレス下で彼に退行を起こさせる脆弱な領域である。彼の心配事は，前エディプス水準とエディプス水準の間のどこかにあった。

彼はまだ，エディプス的な配置の中に十分に自分自身を確立していない——それは彼を怖がらせるように見えた。まるで「僕は大きさ，力，そして競争に興味がある。そして僕は自分の銃を使いたい」と，彼が言っているかのようだった（これらはすべて早期男根期の心配事で，それは彼の現在の発達段階において，早期の端に位置する）。同時に，彼はまだ自己の輪郭に安心を感じられない。したがって，彼はふざけて，誘惑的だが，依存的な母親との絆を維持するために，操作的な手段を用いた。構造的な観点から，このような手段は，真の年齢相当の心配事への準備性が欠けていることを示す。したがって，ジョーイは，両方とも彼に予測される発達水準よりもともに一段階低い舞台とドラマを用いる。彼は部分的に表象分化の早期段階に達しただけであり，しばしば表象的には断片化していて，制約のある仕方で機能している。

症例8（ウォレン，9歳9カ月）の定式化

　基本的パーソナリティ機能は損なわれていなかったが，ウォレンには年齢相当の自我の柔軟性がなかった。彼の「舞台」は損なわれていなかった。すなわち，現実検討，衝動コントロール，不安定な気分，あるいは集中困難に関しては，彼の舞台にはどんな大きなひび割れもなかった。しかし，舞台の上で演じられるドラマは，彼の年齢に予測されるほどは，幅広くは，あるいは十分ではなかった。彼は怒り，競争，そして悲しさを避けた。欲求不満がつのり，彼が怒ったり，悲しくなったり，あるいは当惑させられたりしたときには，彼はただ「それを放り投げる」。彼は年齢相当の対処能力を使うよりも，むしろかなり大量の回避と否認を用いた。彼は，近所の友達（たとえば「たくさん嘘をつく」子ども）に対してであろうと，親分風を吹かせすぎる姉に対してであろうと，あるいは学校での「作業の過負荷」に対してであろうと，がっかりしたときにこの回避を用いた。彼は2人の支配的な女性（母と姉）によってコントロールされ，子分にされていると感じ，そしてパパはいないことが多すぎて役に立つ同盟者とはなれないと感じていた。

　彼の回避の使用をいっそうひどくさせたのは，ウォレンは聡明だが，彼の短期記憶能力（聴覚－言語および視覚－空間）が彼の推理力ほどはよくない，という事実だった。彼にとって，学校での最初の6年間は大学院よりも難しいだろう。機械的反復的記憶の側面が遅い子どもにとっては，低学年が最も困難である。彼らにとって，創造性，問題解決，および抽象化能力がより重要になるにつれて，生活がずっと容易になる。したがって，彼の学習パターンは，彼の欲求不満と怒りをいっそう強化し，それがかなり大量の回避につながった。彼は回避をむしろ全体的に（たとえば，学校，友人，そして家族の問題に）使った。そしてこのやり方の中に，彼は明らかな程度の自我の制約を示した。しかし彼には温かさがあり，そして悲しみを使えることから，さらなる成長への入り口が用意されていた。

症例9（ダニー，10歳）の定式化

現実検討，部分的に安定した気分，関係性の能力，衝動コントロール，そして不安ではないときの焦点づけ集中する能力に関して，ダニーの自我機能は損なわれていなかった。圧力やストレスがかかると，彼の思考には過剰な負荷がかかり断片化するようになった。しかしながら，彼はこの過程を述べることができた。彼の自己観察能力から，おそらくこの断片化は，強い不安に伴う，単なる一過性の現象にすぎないだろうということが示された。彼の基本的自我構造における制約に関しては，彼は温かさといくつかの感情およびテーマをもつ能力は見せたが，その他の感情とテーマをもつ能力は見せなかった。競争と怒りのテーマになると，彼はしばしば過剰な負荷がかけられ，麻痺させられると感じた。彼は喪失と空虚さのテーマに打ちのめされたように感じた。彼はまた，何事にも中心にいたい欲求によって，支配されると感じる傾向もあった。そして何事にも中心にいたい欲求と，圧倒され孤独を感じる傾向との間の統合を見つけるのが困難だった。したがって，年齢相当の自我機能の柔軟性に，制約があった。

10歳児は，同年齢集団で中心にいたい欲求と，そしてまたその集団の一部でいて役割をもちたい欲求とのバランスをとることが，もっとうまくできると予測されるだろう。われわれはまた，彼も，一方では競争的であることと，他方では喪失への恐怖や他者への失望との間の葛藤を，もっとうまく総合し，統合することができると予測する。ときには負けることあるいは失望を体験することの覚悟なしに競争するのは，困難である。失望を体験できないときには，競争は圧倒されて恐ろしいと感じられるかもしれない。なぜならその結果に耐えられないからである。ダニーにとって競争とは，むしろ生と死の苦闘であり，毎日あるいはコンテクストごとに，一時的で相対的な勝者と敗者がいるだろうというのではなかった。彼にとって，競争はより大きな関係性のパターンの一部ではなかった。相互作用における最も微妙な情緒的ニュアンスにさえも，注意を怠らないという，彼の並はずれた才能が，さらに彼を圧倒した。これは感覚の過剰反応性の可能性を示唆していた。

彼の性格パターンや制限の一因となっている内的葛藤の兆候もあった。先

に示したように，彼は「中心」にいたい欲求と，負けることへの恐怖，さらにまた怒りと競争によって圧倒されると感じることの恐怖との間の葛藤を感じた。家族内では，彼は母親を，彼の意地悪で競争的な側面を受け入れることのできない人として見ていた。彼はこのような意地悪で競争的な傾向を母親に認めてはいたのではあるが。そして彼は父親を，会うことができない，批判的な，そして要求が厳しい人と認知していた。彼は確かに，エディプス劇の真ん中にいたいと思う人物として登場したが，彼が怖がって，競争と負けることに圧倒されて恐ろしいと感じる前に，まるで何回もつま先を水につけるような試みに耐えられなかったかのようだった。このコンテクストでは，彼がエディプス劇（陽性あるいは陰性の形態）のどこにいるのかに関連して，彼の出現しつつある性的同一性についての疑問がある。しかし，この問題を探索するには，もっと多くのデータが必要とされるだろう。

　ダニーは両方の親から最小限の養育上支えられる感覚しかもっていない可能性と，この気持ちが彼の不安定さの一因になり，そしてまた同時に期待している誇大な願望の一因ともなる可能性がある。両方の親は，与えるよりもむしろ批判的そして／あるいは侵入的であると認知されていて，彼自身の予測を超えて，ただ不安を増加させるだけだった。

　彼の自我構造のもう1つの特別な性質は，彼が自分の葛藤，恐れ，そして家族力動についてそんなにもたくさん気づいていたという事実に関係していた。それなら，なぜ彼にはそんなにたくさんの困難があったのか？　彼ができなかったのは，断片をつなぎ合わせることだった。彼はたくさんの木を見たが，森を見なかった。聡明で，言葉が話せる，感受性のある大人と子どもが，彼らの内的生活についてたくさん気づいているという印象を与えることがたくさんあるが，この気づきは，ある場合には，単にいくつかの孤立した気持ちで，全体的なパターンではない。

　したがって，われわれはこの若者に，比較的損なわれていない基本的自我構造の兆候を見るが，自我の柔軟性に制約の兆候も見る。そこでは，断片化，全般的な不安そして「みんなが僕の敵だ」という気持ちが，多くの状況で何度も繰り返される。いくつかの背後にある葛藤の兆候もまた見られている。

症例10（アリス，7歳）の定式化

多くの損なわれていない基本的自我機能をもつこの7歳の少女，アリスは，いくつかの早期水準の自我発達をマスターしていた。しかし，アリスには境界がはっきりしている表象分化（体験のカテゴリーを形成する能力）の領域に，欠損があった。これがストレスによる退行か，あるいは彼女は決して十分には分化しなかったのかは，決められなければならない。機能的観点からは，現実と空想の領域に十分な分化の欠落があった。しかしそれは，境界がはっきりしていて，彼女のパーソナリティの残ったところまで断片化させることはなかった。したがって，基本的自我機能に，境界がはっきりした欠損があった。

彼女の多くの長所と彼女の自我機能の損なわれていない側面のために，彼女は包括的，集中的な精神療法プログラムでとてもうまくやれるだろう（週に3あるいは4回の治療が，子どもがこの種の欠損を強化するのを助けるために，しばしばとてもうまく作用する）。治療作業は，彼女が思考をまとめるのを助ける自我の側面からアプローチし，次第に混乱させる情緒や感情に近寄る。このような症例では，急性であれ慢性であれ，身体的な関与を除外したいと明らかに思うだろう。外傷的，あるいは虐待的な体験も除外したいと思う。この症例では，ひどく機能不全に陥っている家族パターンが持続していた。

症例11（ザカリー，5歳半）の定式化

現実検討，衝動コントロール，集中力，そして安定した気分に関して，ザカリーの基本的自我機能は，年齢相当だった。彼の年齢相当の機能の幅と柔軟性に関しては，制約があった。これらの制約の微妙な側面は，テーマを統合し，つなげて，分化させる試みなしに，テーマが巧みに表現される程度だった。彼は現実検討能力を示したのではあるが，多くの分極化思考（たとえば，理想化と断片化した観念）に巻き込まれていた。かなりの量の葛藤もあった。彼は，攻撃性，彼の体が傷つく不安，彼のペニスで傷つけるあるいはペニスが傷つけられること，そしてそれを守るあるいは応急処置する必要性を，心

配していた。彼はまた母親にとても近いと感じていた。彼女は美しく，彼も彼女のように美しくなりたかった。しかし，彼はまた怒った魔女についても心配していた。

　彼の性格パターンのどの程度まで，彼の父親との関係性に関連した攻撃性，競争，そして去勢不安についての葛藤の表現なのか？　彼の性格パターンのどのくらいが，理想化された母親への両価的あこがれを表現することに関係するのか？　母親のようになり母親に近づくことは，母親のように美しくなり，恐ろしい邪悪な魔女を否認することである（母親はときどき落ち込んで，怒って，利用できないように見えるかもしれない）。これらの問題の両方がかかわっているであろうと，私は推測する。彼は2，3の発達水準に葛藤を表した（ザカリーの父親は，ザカリーが幼いときには彼にとても関わっていたわけではなく，「母親に押しのけられた」と感じていた）。発達史には，それをここに記述できないが，彼の現在のパターンの一因となりそうな，たくさんの要素があった。ザカリーに現れつつある性格パターンに，身体的あるいは生物学的要因の寄与があるかについて疑問を呈するのも適切である。寄与する要因を考える一方，自我機能の損なわれていない領域に関しては，ザカリーにはかなりの長所があることを念頭においておくことが，重要である。関わりをもち，相互作用し，そして体験を表象する彼の能力があるので，適切な治療的援助を受ければ，彼の葛藤の多くを解決し，より柔軟で統合された自我構造を形成する可能性が，彼にはある。

症例12（マーク，4歳半）の定式化

　面接のデータだけからでも，マークの自我の器質的統合性に危険性があるように見える。それは，運動パターンと焦点づけて注意をそそぐ能力に見られていた。マークの基本的自我機能は明らかに障害され，年齢に予測される水準よりもはるかに低かった。4歳半児に見られると予測される能力（すなわち，衝動調節，現実検討，そして感情とテーマのコミュニケーションをまとめあげる能力）が，この子には欠損していた。むしろ，先に示したようにこれらの基本的自我機能に関しては，マークは1から2歳児と同様に機能しているように見え，その点では，障害された経路にいる1，2歳児のように

見えた。たとえば,健康な15カ月児はまとまりのある非言語的な遊びのテーマを発展できる。これはこの子ができないことだ。心理検査からのいっそうのデータがほしいとはいえ,綴ったり物の名前を言ったりする能力から明らかなように,マークの知的機能の側面は実際に年齢相当の水準にあると仮説を立てるかもしれない。しかし,彼の知能を社会的そして情緒的な探求をまとめあげるために用いる能力は,先に概説したように,彼の基本的自我機能の深刻な分裂によって,高度な危険性があるように見える。

彼は早期発達の最も基礎的な問題——すなわち,意図的なコミュニケーションをまとめあげる能力,彼の衝動のいくつかを調節し始めること,陽性と陰性の感情のいくつかの側面を統合し始めること,そして運動機能と感覚運動協調をよりよく統合し始めること,そして表象を構成すること——と格闘しているように見えた。生後2年目の終わりまでには,子どもはこのような発達上の課題を達成すると予測されるだろう。したがって,この最初のプレールームでの面接に基づいて,徹底的な神経学的検査が推奨されるだろう。しかしながらこのような検査が,彼の運動パターンおよび不器用さからすでに証明されたように,微妙なソフト・サインしか明らかにしなくても驚くには当たらないだろう。主な所見は,社会的および情緒的発達の深刻な遅れである。この観点から,マークの機能の大部分は,2歳児の水準以下であり,その2歳児の発達課題は,分離,攻撃的衝動の調節,コミュニケーションパターンをまとめあげること,気分の安定化,そして意図的な主導権を発達させること,というテーマに集中している。

このような子どもの評価を仕上げるためには,詳しい発達史,追加の面接,心理検査,神経学的検査,そして作業療法の評価が確かに必要であろう。しかしながら,最初の面接のデータだけでも,基本的自我機能のすべての側面に,深刻な危険性を示すのに十分である。

症例13(モーリー,4歳半)の定式化

最初の面接

私の印象では,モーリーの自我機能のうち,身体的および神経学的要素は基本的には損なわれていなかった。解体あるいは断片化の明らかな兆候はな

かった。彼女はプレールームに対して現実指向を見せ，彼女は衝動を調整し，調節し，そして彼女は自分のテーマをまとめた。非常に不適切な感情はなかったが，同時に，彼女の抑制の程度は，深刻な感情の制約と相まって，基本的自我機能にいくらかの細かいひびがあるのではないかと考えさせた。モーリーのドラマは，彼女の感情飢餓，制約そして年齢相当のテーマをめぐる抑制を表していた。

基本的パーソナリティパターンの柔軟性に関しては，われわれは，特に4歳半としては，並はずれてかたい少女を観察した。その年齢の子どもからは，豊かで複雑でまとまりのある感情とテーマを予測するが，その代わりわれわれは深刻なかたさを見た。ここでも以下の疑問が提起されるべきである。この制約は年齢相当以下の基本的自我機能を覆っていたか？　構造に細かいひびがあったのか？

最初の面接後に，モーリーは性格上の制約を伴って機能していたのだろうか，あるいは実際に基本的自我機能がまったく年齢相当水準以下だったのだろうか，についての疑問が，私のこころにあったので，次のアセスメント面接を実施した。多くの症例で，2回以上のアセスメント面接が役に立つ。

2回目の面接

2回目の面接で，モーリーは，最初の面接で示唆された「基本的自我機能の細かいひび」の仮説が，実際にはそのとおりでないことを示した。彼女は，感情，テーマの関わり，そして関係をもつことについて，最初の面接で明らかにしたよりも大きな能力と幅を見せた。しかし，彼女は彼女のパーソナリティの柔軟性には基本的な制約があることを，確かに確認した。彼女は制限された，抑うつ的なやり方でコミュニケートし続け，彼女の気分は緊張し，制限された感情の幅を示した。彼女は攻撃性のテーマを，深く豊かなやり方で——彼女の攻撃性へのとらわれを見せながら——発展させ，そして彼女の発達のより楽しく，好奇心があり，性的な側面には，関わっていなかった。それらの側面は彼女の年齢にふさわしかっただろう。彼女はとても表象的で，分化していたが，強い心配と葛藤と不安を伴っていた。

彼女の柔軟性がなく制約された自我構造のコンテクストの中で，彼女が扱っ

ていたドラマは，2回目の面接の中で，よりはっきりと現れた。彼女は，実際，攻撃性のテーマにこころを奪われていた。彼女は傷つけることと傷つくことを心配していたことを，明らかにした。彼女が，自分の出現しつつある女性性を，この攻撃性のテーマの中にとらえられていて，したがって扱うには葛藤を背負いすぎていると，見ていたことも明らかになった。そして「毒蛇」という自画像に，彼女がとても居心地が悪かったことも明らかになった。彼女は蛇の絵を，圧倒され「息が吸えなくなる」恐怖と結びつけたが，彼女の生活上意味のある他者との要求の多い，**具体的な**つながりがあることによって，安心した。

まとめとして，われわれは自我機能がすでに高度に制約され，その葛藤が非常に原始的なテーマである，攻撃性，圧倒されること，そして彼女の生活に重要な対象を失うことに集まっている，4歳半の少女の臨床像を見る。

症例14（エディ，3歳半）の定式化

エディの歩き方には疑問がある。彼はプレールームの現実を把握していることを示し，身ぶりと前言語的な現実感については，まとまりがあり，意図的であったが，年齢相当の水準で思考をまとめる能力には，危険性があるように思われた。それは断片化した言語的コミュニケーションに示されていた。同様に，明らかな衝動コントロールの問題の兆候は示されなかったのではあるが，面接中の人形の腕をねじり切ることに，そしてその他のやり方で人形を傷つけることに，彼が没頭していたことを考慮すれば，他の状況で衝動をコントロールするのに困難があるかどうか，考えさせられるだろう。これらの観察と，さらに彼の象徴的コミュニケーション（テーマ）の幅と深さの貧困さを考慮すれば，エディの現れつつある自己表象が，現実検討，衝動調節，気分の安定化，そして増大し続ける非自己から自己を線引きすることのような，基本的パーソナリティ機能に安定性を与える系統的な単位になるということに関しては，危険にさらされていると仮定するだろう。この場合も，われわれはこれらのパーソナリティ機能のすべてに大きな分裂を見なかったという事実は，われわれが部分的に困難な問題，特に表象水準に最も著しい問題を扱っていることを示した。

3歳半の男の子としては，コミュニケーションと感情をまとめること，感情の豊かさと深さを表現することのような能力において，彼は彼の年齢水準よりもはるかに下で機能した。彼がとても緊張して不安だったこと，このように狭い範囲の感情を示したこと，そして彼のテーマを貧弱にしか発展できなかったことは，彼のパーソナリティ構造が有意に「壁で囲われている」，その程度を示唆している。そこで，彼が脆弱なパーソナリティのまとまりとして外見上見えるだろうものを，ひとまとまりにしておくために，大きな性格上の制約を彼がすでに使っていることを，われわれは理解する。発達的には，彼は制約されたやり方で，表象の巧みな表現の水準に進んでいたが，表象分化の水準には十分に進んでいなかった。

　彼のテーマのシークエンスと感情を観察すると，彼のいくつかの発達上の心配事の具体像が理解できた。彼は両価性と，そして特に怒りの感情と格闘してきた。彼は人間の世界をあきらめてはいなかった。実際，非人間的な関係のもち方のパターンを特徴とする妥協の産物を解決し始めている。

　まとめとして，世界に取り囲まれ，他者と関係をもちたいと思う子どもを，われわれは見る。彼はいくらか意図的にコミュニケートするために，身ぶりと断片化した語句を使うことができる。しかし，彼は表象世界をまとめ上げることができない。攻撃的なイメージの断片が優勢である。そこで彼は，自我機能の中核——表象的体験をまとめ上げ，分化させる能力——に欠損を明らかにする。追加の面接と発達の評価が，エディの一様ではない発達のより十分な像をえるために，指示された。

症例15（ジェーン，2歳11カ月）の定式化

　ジェーンの基本的自我機能の身体的および神経学的側面は，損なわれていないように見えた。それは彼女の粗大および微細な協調運動，言語能力，そして総合的な知的技術（アルファベットを読む，妹の名前に正しいアルファベットを選ぶ，円を書き写す，などの能力から証明される）によって示された。彼女はまた，何が行われているかを全般的に気づいていることを示し，そしてプレーの経過中に並はずれて効果的なやり方で，指示に従い，注意を集中する能力を表した。

基本的自我機能の心理学的側面に関しては，ジェーンはテーマのコミュニケーションをまとめあげる能力において，年齢相当の水準にあるように見えた。彼女は，つながりがありまとまりのあるやり方で，していることを記述したり，ときどきの相互作用的なテーマを見せたりした。彼女の感情は，慢性的に不安で心配そうであったが，それでもなお，彼女が見せるテーマと，よくまとまりがあり統合されていた。彼女はまた，個人的な温かさが染みわたっている関係をもつための基礎的能力も示した。したがって彼女の関係のもち方は，年齢相当の範囲にあった。彼女が自分で調節していた活動水準，衝動コントロール，そして状況の理解は，すべて年齢相当の能力と一致していた。示されたように，気分の幅に制約があるにもかかわらず，彼女の気分は安定していた。ジェーンの基本的自我機能は，したがって，年齢相当の水準にあるように見えた。

　しかし，柔軟性に関しては，特に感情の幅に関しては，彼女の年齢に適当ではない，多くの明らかな制約を見せた。ジェーンは——もうじき3歳なので——上機嫌の喜び，自己主張，好奇心，そして，適切な状況では，攻撃性あるいは拒絶性の兆候を，すべて象徴的および表象的様式で現すだろうと，われわれは予測するだろう。ジェーンはこの感情の幅をほとんど見せなかった。軽い攻撃性は魚による相互作用的なプレーにいくらか見られたとはいえ，それに伴っている感情は，弱くて薄かった。もっと心配なのは，楽しい喜びの兆候がほとんどなく，部屋を探索し動き回る能力は少しあったが，ここでも制約がいくらかあるように見えたことであった。さらに，感情は，その年齢で予測されるのと一致した，深くて豊かなやり方では，発展しなかった。

　同様に，彼女のテーマの発展は，幅が欠け，彼女のテーマは豊かさと深さに欠けていた。子どもが2歳から3歳へと成長するにつれて，内的な感情，思考，および願望を伝えるために，ジェーンが見せたよりも大きな表象的様式を使う能力が見られるはずだ。そしてこの発達は，子どもが単に物の名前を言う厳密に記述的水準から離れる準備性と，平行して起こる。この発達的な進展は，ジェーンと母親とのコミュニケーションには見られなかった。そのコミュニケーションには，心配と全般的に緊張した性質が浸透していた。ジェーンが記述的水準をより好むのは，もうじき3歳になる子どものスタイ

第6章　発達的アプローチに基づく定式化の組み立て　279

ルというよりも，2歳から2歳半のスタイルと一致していた。まとめとして，パーソナリティの柔軟性は，明らかに年齢相当の能力以下で，緊張して不安な2歳から2歳半児の能力に似ていた。

　この子どもの心配事に関しては，何がテーマと感情の幅と深さを制約する原因となっただろうかについて，われわれは単に推測できるだけである。われわれは，彼女と彼女の母親の両者が，慢性的に心配で，緊張しているのを見た。そしてジェーンが攻撃性を実験しようとして，魚の指人形を手にとって母親を噛もうとしたとき，母親はすぐに形勢を逆転させたのを，見た。母親は（上辺だけで，そして緊張して）微笑み，そしてこの転回をゲームの一部にしようと試みたとはいえ，彼女の「すばやい引き金」から，ジェーンに出現しつつあるまとまりのある自己主張と探索への能力およびその攻撃的な構成要素が，母親には快適ではないことが，私に示唆された。この可能性をさらに支持する証拠は，ジェーンが身体的に母親の近くに留まり，母親にすがりついている傾向である。それは，彼女のその他の面では自信のある認知発達に伴うだろう探索性に，もっと快適なのとは対照的だった。彼女たちの関係のもち方に基本的な温かさがあるとはいえ，同様にその下には居心地の悪さもあった。分離，探索性，そして攻撃性に関して，彼女たちの関係性の中である時期には，共有された喜びをもつ能力がもっと大きかっただろう。それがいまやより希薄な基盤のうえにあり，不安にとらわれている。

　そこでまとめとして，基本的自我機能は損なわれていないが，パーソナリティ機能の年齢相当の柔軟性に深刻な制約があるように見え，おそらく分離，自己主張，そして攻撃性の問題に葛藤があり心配している，2歳11カ月の子どもを，われわれは見る。われわれの比喩を用いれば，ジェーンの舞台は身体的，神経学的および心理学的自我機能において，構造的には損なわれていないが，すでに大きな制約がいくつか発展してきている。これらの制約は，おそらくこの子が評価のために連れてこられることになった症状のいくつかの原因となるだろう。

　面接は，子どもがとても幼かったので，母親がプレールームに同室して行われた。私はジェーンが，特に待合室で私と母親としばらく過ごした後では，1人で来られていたかもしれなかっただろうが，彼女を1人で来させようと

は試みなかった。ジェーンのような子どもが，母親なしで臨床家とどのようにコミュニケートするのか（もし子どもが母親からの分離が快適だったならば）を追跡面接で知りたいと思うだろうが，このように幼い子どもでは，子どもと親との相互作用を見ることによって，子どもについてとてもたくさんのことを学ぶ。このように，ジェーンの面接は，ここで提示された年長の子どもたちの面接とは異なる。というのは，大部分の子どもがプレールームに1人で私といたからである。

症例16（サム，3歳）の定式化

　サムの臨床的な印象は，いくつかの基本的自我機能をまとめあげるのに，有意な遅れのある3歳児というものだった。彼はまだ表象水準にはなく，（ときどき変動しやすい）意図的な身ぶりによるコミュニケーションという幼い形式を示しただけだった。同時に，彼は親密さと依存が情緒的には快適なようだったが，新しい関係性を快適に取り決める柔軟性をもっていなかった。あるいは10カ月から16カ月児の水準の感情と行動の十分な範囲を扱っていた。彼の集中したり行動を調整したりする能力は，変化しやすかった。

　基本的自我機能の欠損の原因となるのは，受容言語と表出言語の明らかな遅れ，微細な運動（たとえば，クレヨンを握り広汎に殴り書きする）および粗大な運動の遅れ，および感覚反応と感覚処理の障害の兆候である。機能の能力に関して，彼は1歳から2歳遅れていた。正常では，表象の能力が18カ月から24カ月の間に出現するのを見るだろう。彼はいくらかのばらばらになった能力をもち，ある特定の領域に散乱していた。

　サムをさらに観察して，これらの予備的な印象を確認した後，彼には以下のような追加の評価が必要なのが，明らかになった。

・言語療法士による言語評価（聴覚士による聴覚検査を含む）と，可能ならば毎週2回，あるいはそれ以上の言語療法。
・感覚反応性と感覚処理の障害を探すために，作業療法士による感覚と運動の評価。可能ならば毎週1，2回の治療の可能性を含めて。
・器質的な原因の可能性をアセスメントするための，神経学的，および小児

科学的評価。
- 親と家族の評価。可能ならば親が家庭でのプログラムを立ち上げ，彼ら自身の情緒反応とパターンを扱うのを助けるためのカウンセリングをやり遂げること。
- 相互作用的な遊戯療法の評価。可能ならば毎週3から5回の面接。
- 心理教育的な就学前教育を考慮。

非常に幼い子どもの明らかな自我の欠損は，明らかに難題ではあるが，子どもの一様ではない発達の特別な性質を正確に指摘し，包括的かつ集中的な臨床的な作業プログラムを計画する機会でもある

症例17（リーア，25カ月）の定式化

リーアの基本的パーソナリティと自我機能は，関係と関わりをもつ能力，身ぶりを意図的に使うこと，そして彼女の年齢と一致した早期の表象的様式を使うことに関しては，年齢相当の水準だった。彼女は衝動をコントロールすること，集中すること，そして少なくとも問題のない状況では，比較的むらのない気分を維持することができた。同時に，彼女が使うことのできる感情の幅には，むしろ明らかな制約の兆候があった。彼女は喜びと自発性をまったく見せず，創造性もほんのわずかしか見せなかった。彼女の粗大な運動協調は年齢相当だったが，微細な運動協調は，約2カ月遅れていた。

したがって，特に楽しさ，喜び，および自発性の領域で幅が狭くなっているという，年齢相当のパーソナリティ機能の柔軟性に制約が，彼女にはあった。彼女はまた，両親との相互作用パターンの一部のように見える，怒りと空虚感を扱う障害があることが，予期されるだろう。彼女の両親は，より十分な感情の幅，行動，そして現れつつある表象を支持する能力に，危険性があった。彼女の両親との相互作用は，彼らの以前の関係性の像を与えるばかりでなく，彼女の現在の，そしてこれから続くであろう相互作用パターンの像も与えている。表象システムが形成されるにつれて，体験は象徴化される。われわれには，作られている途中の性格形成がある。リーアの生まれつつあるパーソナリティは，一部は，これらの進行しつつある相互作用パターンに

よって，定義される。したがって，リーアと彼女の両親がもっと適応的な表象パターンをうまく達成するようにうまく乗り越える，ユニークな機会がある。

症例18（エリザベス，3カ月半）の定式化

エリザベスは，注意を共有しかかわり合うという，最初の決定的に重要な発達上の過程をうまく達成するうえで，遅れを明らかにした。その遅れの一部は，母親のパーソナリティ構造ばかりでなく，エリザベス自身の体質的および成熟パターンによるものである。この最初の発達過程は，注意と集中の始まりであり，関係性を形成し楽しむことであり，この両者は決定的に重要な自我機能である。この問題を早期に同定することは，エリザベスと彼女の母親と父親を支援することにつながった。彼らは自分たちのパターンをエリザベスのユニークな成熟パターンに合わせることを学び，自我発達の早期段階はうまく乗り越えられた。

終わりに

定式化についてのこの章を終わるにあたって，日常の臨床という設定では，臨床面接は定式化に到達するために用いる多くのデータ源の1つにすぎない，という事実について，もう一度短く触れておくべきだろう。前述の議論は，臨床面接がどの程度定式化の土台となりうるかを，明らかにする。面接設定から得られる観察データが，十分な臨床的仮説に到達するために用いられるにもかかわらず，追加のデータは常に必要である。たとえば，心理検査は，臨床的判断を下し適切な定式化をつくり上げる面接者の能力を増強する，貴重な情報をもたらすだろう。先に記述した観察カテゴリーはまた，心理検査の報告書から明らかになるデータをまとめあげるのにも使われることに注目するのは，興味深い。たとえば，ベンダー・ゲシュタルト・テストとさまざまな知能テストの所見は，中枢神経系の身体的および神経学的統合性について非常に有用なデータをもたらす。これらのテストを通して，道具的な，あるいは概念的な認知能力における微妙な遅れを見つけ出すことができる。ロールシャッハ・テストからのデータは，ときには子どもの空想と現実との区別

(この区別が年齢相当だと仮定すれば)における隠された障害を，顕在化させるだろう。ロールシャッハ・テストへの反応はまた，TATおよびさまざまな描画法への反応と同様に，パーソナリティ発達の水準と，子どもが体験している心配事そして／あるいは葛藤のタイプについてのきわめて貴重なデータももたらす。確かに，心理検査はわれわれがこの章で検討してきた3つの疑問すべてに関して，重要な所見をもたらすことができる。すなわち，1)パーソナリティ構造の基本的統合性，それは基本的な器質的および心理学的自我機能の水準によって証明される，2)パーソナリティの柔軟性，そして3)子どもの特異的な心配事や葛藤である。

　心理検査のデータを，子どもの自我機能の発達水準に関してまとめることもできるだろう。それには，注意とかかわり合い方の質，意図性とまとまり方，感情や情緒的テーマ(およびどのテーマか)を表象したり象徴化したりする能力，そしてこれらを自己／非自己，空想対現実，さまざまなテーマの領域(たとえば，依存対攻撃)等々に関してカテゴリー化し区別する能力が，含まれる(Greenspan 1989)。

　しかしながら，1つの点が強調されねばならない。徹底的な評価を行うときには，臨床家は，最も好ましくは，心理検査を通して問いたい特別な疑問をこころの中にもっておくべきである。換言すれば，もし系統的にそして論理的に行われるならば，臨床面接は，さまざまな程度の確実性がある仮説が立てられる，第一級の情報をもたらすだろう(仮説というよりむしろ予感の性質をおびた疑問も生じる)。たとえば，臨床面接から，その子どもが微細な運動協調のいくらかの遅れと，言語の明瞭さのいくらかの欠損を示すので，あなたは知覚と運動の統合に遅れがあるかどうかについて，疑問をもつかもしれない。そこで，診断的な心理検査によって明確化するための特異的な疑問が定式化されるだろう。

　同様に，良好なまとまりのある感情と，年齢相当のテーマのまとまりがあるように見えるが，面接中に1，2回，突拍子もなくテーマを持ち込むように見える子ども，あるいはその年齢に予測されるよりもはるかに幼いか，さもなければ不適切な感情を示す子ども，あるいは抑うつ的で自殺のテーマをほのめかす子どもを見るだろう。このような症例では，心理検査は，どのよ

うに体験がまとめあげられているのかについての貴重な洞察をもたらすだろう。

　もう1つの例は，面接で出会う，はなはだしく分極化していて，極端なパーソナリティのかたさをもっていて，そして人間の体験の受動的な領域だけしか見せない子どもである。心理検査は，パーソナリティ構造の骨組みの中の隠された脆弱性あるいは弱さが，この外見上は性格的な制約に見えるものの下にあるかどうかを，あるいは異なる状況では，この子は体験の幅により大きな変動と柔軟性を見せるかどうかを，指摘するだろう。

　伝統的な心理検査（知能テスト，ロールシャッハ・テスト，TAT，そしてベンダー・ゲシュタルト・テストを含む）には，多くの構造化されていない課題が含まれている（例えば，ロールシャッハ・テスト）。しかし，それらは重要なやり方で，構造化されていない臨床面接を補完する。最も構造化されていない日常的なテストバッテリーの構成要素でも，標準的な刺激を使い，これらの刺激に対する多くの子どもたちの反応が研究されてきた。したがって，われわれが特定の分野におけるパーソナリティ機能（知的機能のような）について，臨床面接で可能なよりもずっと深く，研究できるようになるのに加え，テストはまた，子どもがこれらの標準的な刺激をどのように扱うかについて見る機会も，もたらしてくれる。

　上述のコメントは単に心理検査についてふと思いついた言葉を表したにすぎない。今のコンテクストでは，起こりうるすべての複雑な問題を十分に議論することはできない。しかしながら私が強調したかったポイントは，系統的な臨床評価においては，臨床面接は疑問を提起するための基礎あるいは枠組みとして使われるべきだ，ということである。たとえ，臨床家は提起しなかった疑問に対する答えを聞くことも覚悟していなければならないとしても，最も好ましくは，彼らは心理テストを通して高度に特異的な疑問を質問する。

　臨床面接から現れたデータを補完するその他のデータ源として，明らかに最も重要なのは，適応がある場合の医学的および神経学的評価である。知的機能の概念的あるいは道具的側面について疑問があるとき，専門的なテストが適当だろう。そのようなテストには聴覚検査から，特異的な知覚－運動障害のテスト，言語あるいは視覚－空間領域における特定の処理の障害のため

第6章 発達的アプローチに基づく定式化の組み立て　*285*

のテストまでの幅があるだろう。さらに，子どもの普通学級あるいは特殊教育の先生からの情報は，子どもの生活における重要な部分をしめる人（たとえば，宗教学校，特別なクラブ，その他の活動）からの情報とともに，すべて貴重なデータ源である。特に臨床面接が難しい疑問を提示しているときには。

　したがって，標準的な心理検査に加え，聴覚－言語処理，視覚－空間処理，微細および粗大な運動と知覚－運動機能，感覚の反応性と処理，そして認知および言語機能における選択された側面という特異的な領域を追究するための専門的な研究に注意することが重要である。作業療法と言語病理も，医学的および神経学的評価とともに，考慮されなくてはならない。

付　録　アセスメントと治療のための発達的生物心理社会モデル

　　子どもの臨床面接は，発達的生物心理社会モデル developmental biopsychosocial model に基づいている。われわれは，このモデルを，発達的で，個人差と，関係性に基づいた（developmental, individual-difference, relationship-based: DIR）アプローチとして，述べてきた。このアプローチでは，われわれが第1章で議論したように，3つの力動的に関連した影響がともに作用して，人間の発達を導く。第1の影響は，子どもが自分の生物学的で遺伝的な素質を経て，この世界に持ち込むものである。これらの生まれつき備わっている構造は，行動に直接的に働きかけるのではなく，子どもが自分の関係性の中で，他者と相互交流することができるそのやり方に，影響する。たとえば，聴覚処理と言語，視覚－空間処理 visual-spatial processing，運動の企画と配列 motor planning and sequencing，および感覚と感情の調節の領域での，処理能力の相対的な強さ，あるいは弱さは，その他の認知，運動，あるいは感覚処理と同様に，子どもが自分たちをとりまく人たちと相互交流する容易さ，あるいは難しさを媒介する役割を果たすだろう。第2の影響は，文化的，環境的，そして家族的な要因を含んでいて，思考，行動，そして着想のユニークなアマルガム（混合物）をつくり出す。子どもの養育者あるいは子どもの環境にいる他者が，子どもとの相互交流に，それを持ち込む。第3の影響は，子どもと養育者の相互交流パターンに関わっている。子どもは自分の生物学的な差異をこれらの相互交流に持ち込む。養育者は，自分自身の歴史を含む，家族と文化のパターンを，相互交流パターンに持ち込む。そして次にこれらの組み合わされた相互交流パターンは，いくつかの中核的な基本的情緒的発達能力（たとえば，調節，関係すること，前言語的な感情の相互性）を，子どもが相対的に達成（あるいは非達成）する可能性を，そしてそれぞれの個々の水準で，適応的あるいは不適応的なや

り方で成長し進歩する子どもの能力を，決定する。

　上述した力動的なプロセスの観察に基づいて，臨床家はDIR生物心理社会モデルを，自我機能の最早期の前象徴的および象徴的水準における子どものユニークな発達プロフィールの詳細な像をつくり上げるために，使うだろう。一般的に臨床家は，自我機能のより高い水準に焦点を当てがちであり，それは患者の精神生活の内容を通して探索される。しかしこのモデルでは，機能の前象徴的水準を見ることが可能である。この機能の前象徴的水準はしばしば，基本的で，基盤を築いている情緒的な相互交流と，そしてそれがどのように発展したかを理解することに関わっている。さまざまなタイプの問題とパーソナリティを考慮するとき，しばしばその瞬間の症状とドラマを見ないではいられなくなる。非常にしばしばそれらは患者が助けを求めにくることになった，まさにその要因である。しかし，症状とドラマをもっと十分に理解するためには，患者の生活の力動的な内容ばかりでなく，患者の早期の前象徴的構造をより深く探る必要がある。ドラマが上演されている「舞台」を理解することが，現れている問題を理解するために必須である。

　子どもと養育者が一緒に相互交流しているのを臨床家が観察するとき，第1章に述べられさらにこの付録の次の節で述べられるように，臨床家は子どもの機能的－情緒的発達水準を記述することによって，DIRプロフィールをつくり始める（たとえば，調節と世界への興味；関係性に携わること；感情，身ぶり，および行動の意図的な使用；相互交流的な問題解決能力と前象徴的自己感；行動と動作を象徴あるいは着想へと変容させること；着想の間に論理的な橋あるいはつながりをつくること；複雑な原因や三者関係の思考；灰色の領域と自省的思考；そして内的な標準の思考）。

　DIRアプローチの観点から機能的－情緒的発達プロフィールを作るうえで，すべての発達的に妥当な水準で，能力 competency と達成 achievement の両方を，欠損 deficit と制約 constriction に加えて探索することが重要である。能力は，幅広いテーマあるいは感情の範囲に関わるだろう。それには，たとえば怒りと喜びの両方，そしてある特定の水準における能力の安定性が含まれている。達成は，潜在能力を適切に維持するのに必要な，運動，知覚，認知，あるいは言語的支援の発達という意味で，特徴づけられることができ

る。欠損は，ある特定の水準における達成の欠如によって決定され，制約は，テーマあるいは情緒の制限あるいは狭い範囲だけの能力として表れるだろう。

　これらの観察が行われた後，臨床家は，子どもが自分の個人的な機能的発達プロフィールに持ち込む困難な問題，あるいは強さに貢献している2つの領域を，さらに検討する。これらは，先に述べたように，力動的に共に作用して子どもと養育者の相互交流パターンを生み出す，上記で検証した2つの影響——子どもがこの世界に持ち込む生物学的で遺伝的な素質（すなわち，聴覚処理と言語の変動 variation，運動と知覚処理の差異）と，子どもを取り巻く養育者とその他の人たちからの，家族的，文化的，そして環境的影響である。

　DIRモデルでは，子どもの発達に向けられる3つの力動的な影響の臨床家によるアセスメントが，個別のユニークな機能的発達的プロフィールを形成し，それによって理解と（もし必要ならば）治療がもたらされる。DIRモデルは，後の成長水準ばかりでなく，子どもの最早期の発達水準でも機能する。

DIR機能的発達的プロフィールの臨床的応用

　DIRの個別化された機能的発達的プロフィールの臨床的使用法を説明するために，次の例を考えてみよう。

　　エレノアは，物静かな6歳の少女で，表している問題は，学校でしゃべることができないことだった。実際，彼女は母親だけとしか話そうとしなかった。母親は彼女のことを，とても依存的で，しがみついていて，物静かで，消極的な子どもで，初めて学校に行くこと，そして母親から離れることを，とても不安に思っていた，と説明した。エレノアのこれまでの生活で，彼女は他の子どもと相互交流したり遊んだりするのがいつも困難だった，と母親は話した。しかし，ちょうど2年前から，彼女はその種の相互交流が一層困難になってきたように見えた。

　診察室の設定で母親と臨床家と一緒に行った数多くの遊戯療法の経過から，どのように臨床家がエレノアのDIR機能的発達的プロフィールを組み立てた

かを，検証してみよう。表している症状から予測されていたとおり，エレノアはアセスメント面接の間，治療者と相互交流できるようになるまでに，毎回長い時間かかっていた。最初，彼女はおもちゃかその他のものをいじくり回し，自分のしていることにかなり夢中になっているように見えたものだった。しかし，治療者からのたくさんの声による支持と，ほんの少しの優しい励ましによって，最終的にエレノアは，治療者と注意を共有し，言われたものを見たり焦点づけたりできるようになった。この調節と外界への焦点づけという最初の水準では，彼女が注意を共有する能力を維持し調節するのを助けるために，治療者は子どもを元気づけ，持続的に励まし続けなくてはならないことに気づいた。

次の関わりという水準では，エレノアは温かくて関わりをもてることがときどきあり，治療者が彼女の訪問を楽しめるようになったとはいえ，彼女との関係性の感覚を維持するのに，もっと一生懸命やらねばならないことに，治療者は気づいた。エレノアは，その感覚を自分自身で一定に維持することができなかった。

発達プロフィールの第3水準に焦点を当てると，臨床家は，表情に関してはエレノアがさまざまな情緒を見せる能力があり，他の身ぶりも表現として使うことができる（たとえば，彼女は微笑みを交わすやりとりに関わることができた）ことを観察した。これは，情緒の相互性の領域で能力がいくらかあり，他者の情緒信号を読むことができることを示していた。これはよい兆候だった。

しかし同時に，エレノアの他者に対する情緒反応は，しばしばとても抑制されているか，あるいはとても未分化（全体的）のいずれかだった。たとえば，ときおり彼女は不適当なときに突然くすくす笑い始めたものだった。あるいは，彼女は繰り返しが多くなりピリピリするようになって，発散指向的な遊び（たとえば人形の頭を床に叩きつけるなど）にふけったものだった。そのようなときには，臨床家は，人形を床に叩きつけているときなどの遊びの内容が，彼女が示している感情とはつながっていないこと（それは彼女が人形を攻撃的に叩きのめしながらの微笑みかもしれない）に，気づいた。

子どもが遊びの内容，あるいは自分がしていることの内容と，感情をマッ

チさせられないとき，養育者が人生早期にある種の情緒をめぐって，相互的な身ぶりのやりとりに入れなかったことが，しばしば示唆される。たとえば，内容を感情とマッチさせることを子どもが学ぶ方法は，乳児のときにさまざまな種類の行動に関連して，さまざまな感情をはっきり示すことによる。おそらく，乳児は反抗的なまたは驚いた表情を伴って，テーブルから食べ物を払い落とす。お返しに，その子どもは通常母親か父親から反応を獲得し，感情と行動のつながりを定着させる。しかし，もし親がその瞬間凍りついたり引きこもったりして，返される感情的な身ぶりがない場合は，子どもの行為の内容（すなわち食べ物を床に投げること）には，今やその行為に関連する相互的な感情がない。その結果，子どもは相互交流的な情緒とその瞬間の行動との間に豊かな関連をつくり上げられない。

一般的に第4水準では，エレノアは相互交流と遊びの中に目的とまとまりをもっていることに，治療者は気づいた。しかし1つのことから別のことへ切り替えると，彼女は自分自身の世界で迷ってしまうように見えたものだった。そのときの治療者は，まとまりのある相互交流の感覚に，彼女を連れ戻すように働かねばならなかったものだった。

臨床家が発達プロフィールの第5，第6水準でエレノアを観察したとき，彼女が多くの着想を使うことができ，彼女の着想の間に論理的な橋あるいはつながりを築く能力があることに，彼は気づいた。たとえば彼女は「何？」や「どうして？」という質問に答えることができた。しかしエレノアの空想的な遊びはほんの少しのテーマを中心とし，彼女はそれを非常に真剣に繰り返して遊んだ。人形は衣服を脱がされて，1つの人形がほかの人形たちの下腹部に攻撃的なことをした。ある場面では，怪獣は人形たちが服を取り戻して着ようとするのを妨害し，サディスティックな戦いがあとに続いた。臨床家は，これらの観察を，すべてエレノアの機能的−情緒的発達プロフィールの一部として，記録した。彼女の基本的な情緒的および発達的機能のより深い像が，次第に明らかになった。

すべての情報を総合して，臨床家はエレノアの中に，発達の最も早い前象徴的領域に，明らかな制約をもつ子どもを見つけた。その領域には，注意，関わりをもつこと，そして情緒的な身ぶりや合図のやりとりに参加する能力

が含まれていた。象徴的水準では，エレノアには象徴的あるいは表象的機能水準で，没頭と制約があることを，臨床家は見つけた。

臨床家がエレノアの生物学的（体質的，および成熟的）プロフィールに注意を転じたとき，彼女にはある種の触覚といくつかの音に，知覚の過敏性があることを，彼は見つけた。彼女には運動の企画と配列に軽度の問題があったが，非常に典型的な聴覚と視覚－空間処理の能力があった。

臨床家はまた，エレノアの母親との相互交流を観察し，家族のパターンを話し合った。彼女の背景として，母親は以下のことを述べた。母親は離婚しており，エレノアの父親には会うことができなかった。きょうだいはいなかった。通常，臨床家はいくつかの関係性のコンテクストで，家族パターンと相互交流を観察するのだが，この症例では彼はそうできなかった。母親は小さな家族の出身で，両親は2人とも家の外で働いていた。彼女が子どもの頃，しばしばひとりぼっちで恐ろしいと感じていたために，自分自身の子どもが幸せなことを確かめたいと彼女は望んでいた。しかし，彼女自身家の外で働かなくてはならない状況となり，エレノアは，家の中でも外でも，しばしばベビーシッターとともに置いていかれた。家にいるときは，母親は子どもに過保護で，「子どもが望むことができたすべてのもの」をエレノアに与える一方，自分自身の場所と時間を見つけるためにもがいていた，と述べた。母親はしばしば最後は，彼女のほんのわずかの自由時間をどのように使うかに葛藤的な気持ちになって終わった。母親とエレノアの父親は，エレノアが赤ちゃんのときに離婚し，父親は外国で生活し，年にたった2回しか娘に会わなかった。母親は関係性一般にある種の挫折感を感じていた。彼女は過去数年間何人か付き合ったり別れたりした人がいたとはいえ，大部分はエレノアを養いながら自活していた。母親の両親はヨーロッパ出身で，彼女の行動については非常に厳しく，彼女によいマナーと他者を尊敬することを教えてきた。したがって，エレノアの今の行動と遊びの習慣は「気が狂いそうだ」と母親は言った。ときどき「私はただ理性を失って，そのひどい遊びを止めさせるためにエレノアに怒鳴った。私はただ彼女が正常な子どものようにふるまってほしいだけだ」と母親は認めた。

母親がエレノアと相互交流したとき，臨床家は母親が幾分緊張し，しばし

ば議論をコントロールし，エレノアに「これをしなさい」とか「あれをしなさい」と言っているのを観察した。エレノアが遊びの中で主導権をとろうとしたとき，母親はいらいらすることもあった。たとえばエレノアが母親役になり，母親に「赤ちゃん」になってもらって遊びたいとき，母親は即座にいらいらしたように「だめ。私がお母さんよ」と言った。

　エレノアの相互交流上の困難な問題，制約，そして達成したもの；彼女の自身の身体的および生物学的な処理過程の変動；彼女の家族的，文化的および環境的な状況；そして彼女の母親および家族メンバーとの相互交流パターン，すべてが，彼女独自の個人的な機能的－情緒的発達プロフィールに，そして彼女がその小さい女の子になったことに，寄与していた。

　しかしながら，エレノアが簡単に遊びのテーマを巧みに表現できたため，治療者は即座にその内容（この症例では，彼女の性的で攻撃的なテーマへの没頭）に焦点づけるように誘惑され，彼女の機能的発達的な達成，欠損，そして制約を考慮するのを後回しにした。この内容の一因となっている家族力動についての明らかな疑問（たとえば，性的虐待への懸念，他の子どもやベビーシッターとの性的な遊び，あるいは性的な物にさらされるか性的な光景を目撃したことから引き起こされる過剰な刺激），そして母親のいらいらしてコントロールしようとする相互作用パターンを探索することは，重要に見えた。しかし，その時点でエレノアの存在様式全体に寄与した，基礎をなす要因や影響を考慮せずに，エレノアの遊びの内容だけを探索するのは，実態の一部だけしか見ないことになるだろう。

　臨床家がエレノアの発達プロフィールを見直したとき，エレノアには，出現しつつある象徴世界に関わる問題とともに，治療の中で扱う必要があるいくらかの前象徴的な問題（たとえば，注意や関係をもつことの制約）があるという事実に，彼は注意を喚起された。彼女のプロフィールを研究した結果として，この子は養育者（母親の父親も，ときどきエレノアの世話をした）との早期の関係性に，いくらかの深刻で現在進行形の困難をもち続けてきたのではないかと，彼は思った。彼はまた，なんらかの現在の体験が，彼女の性と攻撃性への没頭につながっているのではないかとも思った。彼女の最も基本的な発達機能水準において生じている制約と困難な問題を彼が検討した

とき，彼は，なんらかの現在の外傷が彼女の基本的な前象徴的能力（もし初めの段階でそれが達成されていたならば）を中断させるのに十分なほどずっと重篤だったのではないかと，考えさせられた。

エレノアのプロフィールのアセスメントの結果，臨床家は，月1回の母親と祖父との面接とともに，彼女の遊びの内容に働きかけるために週2回の面接を始めていたが，彼の計画を見直した。彼は，エレノアの性的で攻撃的な内容への没頭の性質を探索するためには，この家族とより深い同盟をつくる必要があると信じ，そこで少なくとも毎週1回の家族面接を設定した。彼はまた，この少女の前象徴的機能水準における多くの制約のために，養育者ととともに働く必要があることを決心した。彼は養育者がエレノアとの相互交流において，注意，関わり合い，そして相互の身ぶりと合図をめぐる基本的な相互交流能力を，エレノアがマスターするのを助けるように働いた。また，臨床家が，言葉でのやりとりに耳を傾けるのに加えて，すべての内容の問題を直接的に治療の中で扱い始めたとき，彼はエレノアと養育者によって共有された感情と身ぶりに，はるかに多くの注意を払った。また関係性そのもののトーンにも同様に注意を払った。これによって，彼はエレノアの状況の完全な力動を理解するのが，容易になった。すなわち，彼女自身の生物学的な素質，彼女の両親や環境にいる他者の影響，彼女と養育者の間の相互交流パターン，そして彼女の想像的な遊びの内容を取り巻く問題の寄与である。彼女独自の機能的－情緒的発達プロフィールを彼の評価の基準として用いて，臨床家は役に立つツールを見つけることができた。それは，短い人生の中で自分に何が起こったかを話すことのできる，コミュニケーション可能で相互交流的な人物へと，エレノアが前に進むのを助けるためのツールである。

系統的に行われた発達プロフィールは，臨床家が，バランスのとれたやり方で，個人全体を見るのを助けることができる。おそらく最も重要なことに，それは困難な問題がどこに存在しているかについて，治療者が仮説を立てるのを助けることができ，そしてその困難な問題について，いくつかの可能性のある理由を同定することさえできる。機能的－情緒的発達プロフィールは，その次に，治療者が最初の仮説をさらに探求する治療戦略を開発するのを可能にする。このような系統的なツールなしには，治療者が，その瞬間の内容

あるいは症状の中で迷ってしまい，困難な問題のすべての領域についての，そしてそれらに寄与しているあるいはそれらに伴って起こるかもしれない体験についての，完全な理解を失うのは，たやすいことである。

子どもとの発達に基づいた精神療法プロセスを計画するためのDIRモデルの利用

大多数の精神療法家が，発達的な枠組みを自分の臨床に使っているとはいえ，DIRモデルに基づく個人の機能的－情緒的発達プロフィールを構築する臨床面接は，精神力動的精神療法の臨床に，さらに情報を与えることができる。このアプローチの詳細については，*Developmentally Based Psychotherapy*（Greenspan 1997a）参照。

基本的な機能的－情緒的発達プロセスを観察し働きかけること

精神療法への発達に基づくアプローチの最も重要な目標は，子ども時代を通して，そして最終的には成人期の最後まで，適応的な発達に伴うすべての機能的－情緒的発達過程を動員することである。治療関係はこの目標を達成するための手段となることができる。（上述のような）患者と家族の観察から収集された機能的－情緒的発達プロフィールを利用する治療者は，面接外で発達促進的な体験をその患者が創造し練習するのを助けるために，治療設定の中で，関連のある発達過程を動員するやり方を理解し始めることができる。

典型的には，もし早期の発達水準が伝統的な治療の中で検証されれば，治療者は，言語あるいは象徴を用いた巧みな表現という面から，それらに働きかけるだろう。しかしながらDIRアプローチを用いる治療者は，機能的－情緒的発達の，最早期の前言語的段階に，もっと直接的に，そして重大な構造的特徴に関して，働きかけることができる。

これらの基本的な発達領域における制約と欠損に働きかけるためには，そして患者がそれらを適応的にマスターして動員できるようにするためには，しかしながら，臨床家は，子どもたちの中にそれを記述し，同定できなくてはならない。われわれは，先に簡単に領域を記述した。そして以下に，より

詳細な臨床的理解を促進するために，それらについて詳しく述べよう。

機能的-情緒的発達水準についての，このより詳細な記述においては，その構成要素の状態に関して，それぞれの水準を解体し，それぞれの段階を個別に記述することに，注意をしてほしい。第1章では，われわれは最初の2つの段階を第一水準にまとめ，第3，第4段階を第2水準にまとめた。

第1段階—自己調節，注意，および世界への興味の出現

子どもの調節能力の違いを観察するのは，興味をそそられる。なぜなら，それは子どもがいくつかの異なる知覚，運動，認知，および感情の体験を，調節し処理する能力を見ることに関わるからである。生まれて最初の数週間，新生児が音と自分の母親あるいは父親の顔に焦点を合わせるとき，これらの能力を最初に観察することができる。そして次の数週間にわたって，その新生児は，抱き上げられて，あやされたりおっぱいを飲んだりするときに，徐々に落ち着くことを学び，そして最終的には一晩中眠る。子どもたちは，落ち着いて，警戒して，注意を集中した状態を維持し，そして自分の行動，感情および思考をまとめあげることを学ぶとき，この水準を基礎にしている。

この第1水準の乳児と子どもの体験は，言葉ではなくむしろ子どもの知覚を通して生じる。すなわち，視覚，聴覚，嗅覚，触覚，および味覚を通して生じるのである。そのために，生物学的な体質——乳幼児あるいは子どもが，すべての自分の知覚領域を通して入ってくる感覚を処理することのできるやり方——の違いは，子どもが自分自身を調節する能力と，自分を取り巻く世界へ注意を向ける能力に寄与する。これらの特徴は乳児期に始まるが，パターンの中には発達するにつれて変化するものもあるだろうとはいえ，年長の子どもにもさまざまな傾向として観察されうる。

DIRアプローチは，調節能力の違いを観察するために，以下の処理領域を考慮する。

- 触覚，聴覚，視覚，前庭覚，および嗅覚を含む，それぞれの知覚様式における**知覚の反応性**
- それぞれの知覚様式における**知覚処理**——シークエンス，形態

configuration，あるいは抽象的なパターンを解読する能力
- それぞれの様式における**知覚情動反応性と処理**——安定したやり方で情緒の強さの程度を処理しそれに反応する能力
- **筋肉の緊張度**
- **運動の企画と配列**

　これらの水準を臨床的に適応するために，臨床家は最初に子どもの知覚反応性傾向を見ることができる。その子どもは，さわることや音に対する感受性が，過剰かあるいは鈍すぎるか？　モーターの音や騒々しい遊び場の音が，幼児を圧倒するか？　その子どもは手や顔に優しくさわっただけでも，びっくりして引き下がる反応をするか？　その子どもは不快感に気づいた様子なしに，家具から飛び降りたり，床にあるおもちゃの上を歩いたりするか？　それから臨床家は，視覚や空間の動きのような他の知覚様式についても，これらの同様の形の質問をする。それぞれの知覚様式を試し評価することができる。

　知覚処理については，臨床家は以下のような質問をするだろう。4カ月の乳児は複雑な入力パターンを処理するのか，あるいは単純なものだけを処理するのか？　4歳半の子どもには受容言語の問題があり，そのために子どもは自分が聞いた単語をひとまとまりに配列することができない，あるいは複雑な一連の指示に従うことができないのか？　その若者は他人の複雑な言語的産物を普通以上に一生懸命に解読作業しなければならないために，自分自身の空想の中で迷子になる傾向があるのか？　3歳の子どもが予測されるだろう以上の水準で言われたことや話されたことを理解できるが，視覚－空間パターンの処理はもっと遅いことがわかるのか？[原注1]

　感情の過剰反応性パターンがある子どもは，自分自身の情緒や他者の情緒

原注1）もしある人が空間パターンを理解することは困難だが，しかし単語の理解は容易で，あらゆる感情的なニュアンスには敏感ならば，話されていることになんのコンテクストもないかもしれない。このような人は「森」を見ることが決してなく，「木立ち」の中で迷ってしまう傾向がある。たとえば，臨床家の診察室で，このようなパターンをもつ子どもは，どこにドアがあるかを忘れる，あるいは母親がほんの数フィート先の待合室にいることを想像することが困難な時間を過ごすかもしれない。同様に，大人が指示に従うのが難しいことに気づくかもしれない。あるいは彼らは新しい設定に簡単に迷ってしまうだろう。

に関して「大きな全体像」を見るのが難しいだろう。たとえば，もし母親が怒っているとしたら，感情の過剰反応性がある子どもは，地球に割れ目ができて自分がそこに落ちる，と考えるだろう。子どもは，母親が前には優しい人だったことがあり，そしておそらくまた優しい人になるだろう，と理解することができない。感情の入力に低反応性のある人は，たとえば，以前にあったより微妙な情緒的な合図を見逃していて，なぜ他人が自分の行動にこのような過剰な制限をするのかを理解するのが困難だろう。

　もちろん，われわれをとてもユニークで個性的にしているものの一部は，過剰反応性と低反応性というそれぞれの極端の間のどこかに位置する能力のグラデーションである。乳幼児と子どもは，知覚の反応性と処理能力の混合物を体験しているだろう。すなわち，1つの知覚様式では敏感すぎるが，別の知覚様式では反応性が非常に低い。あるいは話された言葉の情緒的なニュアンスのようなある種の知覚入力を強く意識しているが，前庭空間理解のような他の領域では低反応性である。臨床家は子どもの注意，焦点化，および自己調節の能力に寄与しているものを決定するために，これらの領域すべてを観察する。

　第1水準の機能をアセスメントするための評価を継続するにつれて，DIRモデルは，子どもの生物学的な素質と機能の変動を知るために，子どもの運動系について調べるように，臨床家を方向づける。これには，筋肉の緊張度，（微細と粗大な）運動の企画と配列，および姿勢のコントロールを考慮し観察することが含まれている。子どもがどのように物に手を伸ばすか；座ったり走ったりするか；姿勢を維持するか；クレヨンあるいはペンをもつか；ケンケンするか；殴り書きするかあるいは線を引くか；そして後の年齢では，統制された，素早い，交互の手あるいは足の動きをするか，を臨床家が観察することによって，運動系の全体像が出現する。

　運動機能は重要である。なぜなら自分の体を調節しコントロールするうえで子どもがもつ安心感は，後の身ぶりをコミュニケーションに使う能力に重大な役割を果たすからである。さらに，子どもが一連の動作を起こし最後まで続ける能力は，状況の主導権をもつこと，問題を解決すること，そして実行機能（たとえば計画，判断）を発揮することを学ぶうえで，特に重要な部

分である。自我機能にはこの能力に依存するものもある。たとえば，子どもの運動企画のスキルは，子どもが依存の問題（近さと距離を理解すること）を調節する能力に影響し，攻撃性を調節する（誰かを叩きたいと思う手をコントロールする）ことへの自信を与え，そして子どもが社会的なシークエンスを理解する能力と課題や作業活動に従事し続ける能力を増大させる。

　先に述べた体質的な変数と成熟の変数は，子どもの発達における「調節因子」と考えられるだろう。これらの因子が，注意すること，落ち着いてまとまりをもったままでいること，そして感情あるいは行動を調整することの難しさに寄与しているとき，そしてしたがってこれらの因子が，行動，感情，あるいは思考の障害の目立つ特徴であるとき，このような障害は「調節障害 regulatory disorder」と考えられるだろう（Greenspan 1992）。ときには，調節の違いは「動機の欠如」あるいは感情の葛藤のせいだとされる。しかし，上述の調節パターンを注意深く観察し，それらのパターンの発達史を得ることによって，他の因子から成熟の変動を区別することができる。ひとたびこれらの変動が区別されれば，臨床家はさまざまなパターンと他の影響がどのように一緒に作用するのかを観察できる。

　最後に，注意と調節の最も早期の水準でさえも，気持ちとテーマが現れ始める。子どもは，落ち着いて，調節できていて，世界に興味をもつことができる能力への信頼感（あるいは相対的に低い信頼感）を，築き始める。最も典型的に発達している子どもにとっては，自分の身体の働き方に対する基本的な安心の気持ちが，特に知覚と運動器官をめぐって，安定化し始める。子どもはコントロールの感覚を持つ。しかし，われわれがこの水準に困難な問題を見つけるとき，われわれはしばしば圧倒された子どもに，あるいはもう一方の連続性の端では，過剰なコントロールによって代償する子どもに気づく。おそらく，そのような子どもは，物事に厳格な順番をつけたり，ある種の知覚あるいは運動の体験を操作したりする（たとえば，過負荷になる体験を避けて停止する）という過剰なコントロールをしている。

　この最初の発達水準でのパターンと発展をさらに探索するうえで，ときに特定の環境パターンと一緒になることもある，特定の困難な処理の問題を探索したいと，臨床家は願うだろう。われわれはそれぞれの因子が，もう一方

を強化するいくつかの組み合わせを見つけてきた。これを探索することによって，臨床家は，フロイトが予測したように，性格構造と防衛の選択に，生物学的な影響が作用する仕方を，観察することができる（Greenspan 1989）。たとえば，

- 触覚と聴覚に過剰な反応をし，聴覚処理能力がより強く，そして視覚－空間処理能力が相対的により弱い子どもは，抑うつ，不安，および解離性障害へ向かう傾向がある。空間での動きに困難がある子どもは，恐怖症へ向かう傾向がある。
- 知覚への反応性が低く，筋緊張の低い子どもは，より引きこもる行動へ向かう傾向がある。彼らは空想に逃げる傾向があり，極端な場合は，よりシゾイド的，自閉的パターンを示す。
- 知覚への反応性は低いが，知覚入力も熱望し，高い活動水準とまとまりのある粗大な運動パターンが一緒になっている子どもは，冒険的な行動と，もし情緒の剥奪が起きれば，反社会的パターンへ向かう傾向がある。
- 相対的により強い視覚－空間処理とある種の知覚への過剰な反応性がある子どもは，反抗癖，頑固さ，そして強迫性によって特徴づけられるパターンへ向かう傾向がある。
- 運動の企画と配列に目立った困難な問題のある個人は，注意集中の問題へ向かう傾向がある。

第2段階—関係性の形成

　大部分の臨床家は，最も幼い患者から最も年長の患者まで，関係のもち方の質を評価する多くの体験をもっている。しかしながら，先に述べたように，ときに臨床家は，最も明らかに現れている困難な問題（たとえば，特別な着想や考え）を扱うことを選び，そして，子どもの関わりの質について，そして関係をもつ能力について扱うのを後回しにするだろう。これによって，無関心，否定的な気持ち，あるいは親または子どものいずれかからのよそよそしさのような，子どもと養育者のパターンが持続可能になり，そのために困難な問題が現れる原因となったまさにそのパターンが，増殖する。

この発達の第2水準では, 臨床家は他者と関係をもち関わる子どもの能力の**質**をアセスメントする。たとえば, 診察室に歩いて入ってきて, 臨床家を無視して, 真っすぐにおもちゃのほうに行く子どもは, きらきらした目で臨床家を見て, おもちゃのほうを指さし, 遊び始める前に温かい受容的な微笑みを待つ子どもとは違う。DIRモデルは, 子どもが他者とつながりや関係をもっている感覚をつくり上げようとして使う感情の幅(温かさ, 喜び, 親密感, そして信頼)を観察するように, そしてこの能力のどんな制約, 限界あるいは, 欠損にも注意するように助言する。

それに加えて臨床家は, この水準で肯定的な愛情のこもった養育と楽観主義の気持ちおよびテーマを探すことができる。それはこの段階での困難さとは対照的である。その困難さとは, 孤立, 空虚, 貪欲, 無生物への没頭, そして一時的な喪失あるいは落胆のような予想可能な関係性を脅かす問題への過剰反応という, 気持ちおよびテーマに伴うかもしれない。ときには, 臨床家はまた, 誇大性を中心にした代償的なテーマと, 無条件の愛を必要とする明らかな気持ちを見るだろう。

第3段階─意図的な, 二方向性の, 前言語的コミュニケーション

マスターする必要のある最も重要な段階の1つ, すなわち人間の発達の第3水準では, 意図的な, 前言語的感情コミュニケーションあるいは身ぶりに焦点づける。生後半年以降, 乳児はコミュニケーションするために身ぶりを頼りにする。これらの身ぶりには, 表情, 腕と足の動き, 発声, そして背骨の姿勢が含まれる。さらに, この目的をもったコミュニケーションという発達段階の間, 微笑みやその他の動作パターンのように, 単純で相互的な身ぶりが, 境界を定義する役割を果たす。「私」が願望あるいは意図を伝え, 「他者」(あるいは「あなた」)が, その望みあるいは意図についての, いくらかの確認, 是認, あるいは詳細化を伝え返す。

アセスメントの間に, 子どもが, 表情, 動きのある身ぶり, あるいは発声のような, 目的をもった身ぶりを, 交流するきっかけを得るために, あるいは養育者との行ったり来たりする相互交流の一部として使うとき, 臨床家は子どもがこの段階のマスターを表しているのを理解することができる。代わ

りに，子どもが目的のない行動を見せたり，他の人の合図を読み間違えたりするならば，臨床家はこの水準の困難な問題を理解することができる。目的をもった相互作用の断片化したあるいは孤立した「島状の部分」もまた，目的のないあるいは自分の考えに夢中になった行動とともに，この水準の困難な問題を示す。子どもがある感情をめぐっては目的をもてるが他の感情ではもてない（たとえば，愛情についてはもてるが自己主張についてはもてない）ならば，臨床家は第3水準における制限あるいは制約を同定できる。

年長の子どもでは，この水準のうまくいった達成の現れには，「○○ができる」という達成感が含まれる。この段階に問題がある子どもは，相互交流は混沌として断片化しかねない，という感覚をもつだろう。このような子どもは，他者に影響力をもつという能力について，無力感を感じるかもしれない。彼らは受け身的になるかもしれないし，予測不可能なことを恐れるようになるかもしれない。この水準の欠損は，さまざまな感情状態，願望，および意図において分化の芽生えの欠如によって，示されることができる。

乳幼児において，この第3水準の技術と能力を身につけることの欠如は，将来のコミュニケーションおよび関係性に基づく問題の目印になりうることを，注意することが重要である。さらに多くの情報については，Greenspan 2001 および Greenspan and Wieder 1997 を参照のこと。

この水準での情緒的コミュニケーションの過程に歪曲がずっとあったとき（たとえば，もし母親が子どもに機械的に，あるいはよそよそしく答えたり，あるいはいくらかの母親自身の依存的な気持ちを乳児に投影したりするとき），子どもにとって，そして後には子どもと大人にとって，因果関係のある，思いやりのある，そして親密な，他者との関係性の良さがわかることを学ぶのは困難である。この状況は，因果関係が，無生物界あるいは人格に関わらない人間世界に関して発達するように見えるときでさえも，起こりうる。

この二方向性の，因果関係のある，意図的なコミュニケーションの段階で起こる過程は，自己と他者の境界への基礎となり，したがって基本的自我機能と現実検討の基礎となる。

第4段階—行動のまとまりと複雑な自己感

　人間の発達の第3段階における能力（あるいは限界）のうえに築かれて，第4段階が自然に出現し始める。単純な身ぶりのやりとり，表情，そして筋肉運動の交換は，よりまとまりをもち複雑になる。子どもは増大する自己感を体験し，問題を解決するために養育者と一続きの意図的なコミュニケーションの輪を開いたりつなげたりするのに参加するような，他者とのより複雑な感情および社会的パターンに関わることができる。高すぎてとれない棚にあるおもちゃをとるために，いまや子どもは，自分が望んだものを最終的に獲得するための一連の行動を主導する。これには，親を見つける，親の手をとって棚のところまで引っ張ってくる，おもちゃを指さす，そして自分がそれをとってもほしくて，自分のためにそれをとってくれたらうれしい，と示す表情をする，ということが含まれるだろう。子どもは自分の目的を達成するために，複雑な身ぶりのパターンを使う。

　目的をもって身ぶりするというこの能力から発展したパターンは，年長の子どもと大人にも，多くの行動に見られることができる。これらには，視線を合わせること，指さし，間投詞や発声，表情，動作と身ぶり，姿勢，およびさまざまな微妙な感情表現を巻き込む，身ぶりによる合図の理解が含まれる。これらの行動と身ぶりの複雑な組み合わせが，後の象徴の巧みな表現の基礎となるが，大部分の人にとっては，他者の真の意図を読むための最も信頼できる情報源であり続ける。

　子どものこの水準を評価するとき，臨床家は，患者が身ぶりによるコミュニケーションを始めるかどうか（期待をもって治療者を見たり，にこっと笑ったり，あるいは手を伸ばすことさえもあるか）に注目すべきである。子どもは，臨床家が返した身ぶりに対して，今度は子ども自身の返答の身ぶりで応じるのか？　アセスメント面接の経過中に，子どもが表現できるさまざまな感情は，子どもが伝えられる感情を伴った身ぶりの範囲とタイプを示唆している。それぞれの特異的な感情の範囲と程度は，とても幅広いかもしれない。たとえば，攻撃性の領域では，自己主張，競争性，そして穏やかな攻撃的行動から，爆発的で制御できない憤怒までの幅で，漸次移行する。同じことが，愛情深く世話をする領域でも言える。それは，めちゃくちゃな感情飢餓，穏

やかな愛情，誠実な温かさの感覚，そして同情から，ずっと進んで，発達的に高度な感情である共感までの，幅がある。

　子どもが自分自身という複雑な感覚を身ぶりで表現するのを観察する際，臨床家は，子どもがもつ感情の幅だけでなく，観察された感情の豊かさと深さも，注目すべきである。それらは，まるでその人物が単に演技しているか，あるいは誰かをまねているかのように，表面的か？ それらは，個人的な深さの感覚を伝えるか？ 臨床家は，患者の感じ方に共感できるか？ 情緒的テーマを伝えるために，複雑でまとまりのあるパターンをつくり出すように，一体となって働く多くの身ぶりがあるか？

　面接の間に，臨床家は，どのように子どもが感情と言語的なテーマを組み合わせるかを観察でき，出現するパターンと感情のまとまりに注目することができる。治療者との面接の最初から最後まで，子どもはどのように，情緒的，感情的に進行していくのか？ 面接開始の瞬間から子どもが帰るまで，何が起こるのか？ 臨床家は，生じる感情の変化をたどるように励まされる。たとえば，子どもは一時的に不安を見せながら，診察室に入るかもしれない。面接の経過中に，子どもは慣れてきて，競争的になったり，兄弟姉妹への嫉妬やライバル心の問題への関心を見せたりするかもしれない。診察の終わりに，この同じ子どもが治療者との別れについての心配を表し，面接が終わる悲しさを感じるかもしれない。この例では，子どもは面接の経過中に，いくつかの特別な気持ちを表した。しかし他の患者は，面接全体でたった1つか2つの感情しか表さないかもしれない。

　この人間の発達の第4水準で出現する複雑な身ぶり，すなわち表情，身体の姿勢と動き，声のトーンとリズム，そしてこれらのさまざまな組み合わせは，人生の基本的情緒的メッセージの最も正確な情報を伝える。そのメッセージには，安心と安全対危険，受容対拒絶，是認対否認が含まれる。言葉はこれらの最も基本的なコミュニケーションの理解を深めるが，しかし大部分の人は，どのような言葉が使われようとも，他者の身ぶりに基づいて素早い秒単位の判断を下している。水を恐れているが，子どもには怖がらずに水泳を習わせたいと思っている親は，いずれにしろ親自身の恐怖感を子どもに伝えてしまうだろう。というのは，水への近づき方，水の中での身ぶり，そして

子どものために隠そうとしている不安の表情から伝わってしまうのである。

　もっと微妙な水準で，身ぶりによるコミュニケーションはまた，彼ら自身の感情のどの側面が受容され，無視され，あるいは拒絶されるかも，子ども（そして大人）に伝える。母親の表情と身体言語は，母親が，興奮して，怒って，興味をもって，あるいは無関心で反応しているのかどうかを，即座に子どもに伝える。さらに，そしておそらくもっと重要なことに，まさにその子ども自身のユニークさについて絶え間なく現れている定義は，子ども自身の特異的傾向に，どのように他者が前言語的に反応するかに依存している。他者の前言語的反応は，子どもの中にさまざまな感情を喚起し，そしてそれは子どもの成熟した行動と自己感を，磨いて定義づける過程の一部である。一般的に，いたずら好きや怠惰，そしてその他多くのパーソナリティ傾向への私たちの自然な好みは，一部は，この非言語的なコミュニケーションシステムの影響の結果として，受け入れられ支持されるか，磨かれるか，あるいは押し潰されるか，のいずれかである。

　われわれが，愛と憎しみのように，異なる感情の極を最初に統合するのも，発達の第4水準のこのシステムによってである。ここで，臨床家は，子どもが1つの長い相互作用パターンの一部として異なる感情状態を統合することができるかどうか，あるいはそれぞれが別々の「島状の部分」であるかを観察するだろう。

　子どもをアセスメントしている臨床家は，発達のこの面を十分に探索すべきである。基礎にある，しかし重大な，まとまりのある身ぶりによるコミュニケーション能力の欠如を見逃す可能性が，あまりにもありすぎる。たとえば，治療者の表情と声の調子を無視して，診察室を「ふらふらと」出入りしたり，あるいはプレールームの暗黙の社会的ルールを読み間違えておもちゃを隠したりする子どもには，まとまりのある身ぶりのコミュニケーションを十分に処理する能力がない。

　この段階から出現する気持ちとテーマには，自己主張，探索と興味，喜びと興奮，怒りと攻撃性，（乳児あるいは子どもにおける）性の感覚の芽生え，そして自分で限界設定する最初の潜在能力が含まれる。この水準の困難な問題には，自己愛的に自分に夢中になったり，あるいは両極化した気持ちの状

態に没頭したりするパターンと，誇大，疑惑，身体的な不安，そして全般的な自己卑下というテーマが含まれる。

第5段階—象徴の巧みな表現 Symbolic Elaboration（情緒的な着想）

発達的な跳躍の中で，この水準では，子どもは象徴をつくり出すことを学ぶ。子どもが自分の体験したどの感情的な気まぐれや気持ちについても，代わりに象徴化する（考える，話す，そしてごっこ遊びの中で演じる）ことを学ぶに従って，子どもはもはや，それらの気持ちに翻弄されることはない。以前の水準で操作しているときには，子どもは自分を怒らせる人に手を伸ばして叩くかもしれない。しかしこの水準では，子どもは「僕はあの子にとーっても頭に来たから，僕はあの子をぶちたい!!」と言うことができる（この変化の過程についてのもっと多くの議論は Greenspan and Shanker 2003 参照）。

自分の体験を表象あるいは象徴できる子どもの能力は，考えを創造的にそして想像力に富んで使う能力と，そして自分の気持ちを言葉で表現する能力にも，示される。この水準の早期の段階で，われわれは幼児がお人形に食べさせるまねをしたり，喜んでぬいぐるみを抱きしめたりするのを見る。いまや子どもは，自分の願望，意図あるいは期待を示す着想 idea を使うことができる。ごっこ遊びが出現し，子どもが自分自身体験し感じていることの象徴となる。たとえば，臨床面接で何が起こるだろうかと不安になっている子どもは，台風と災害についての，あるいは注射をされる子どもについての，一つながりのごっこ遊びを演じるかもしれない。これらはすべて子どもの不安を象徴している。ごはんを食べさせられているお人形やみんなが幸せなことに焦点づけて遊ぶ子どもは，新たに現れつつある臨床家との関係性について，また別の一連の期待を示しているだろう。子どものごっこ遊びのトーンと内容を調べることに加えて，臨床家はドラマの情緒的性質を見る必要がある。子どものドラマは浅くて繰り返しの多い昼メロのようなものか，あるいは幅広い情緒で満たされた豊かで深いドラマか？

この第5段階を探索する間に，臨床家はしばしば子どもの内的な願望，着想，そして気持ちに関して，子どもの豊かな想像パターンの構成を観察する。

詳細な想像力に富む能力の一部として，空想 fantasies が出現する。これらの空想は，依存と分離不安から，好奇心，自己主張，そして攻撃性までの，人生の主要なテーマの大部分を包含することができる。要するに，子どもは豊かな，精神内界の，象徴生活をつくり出している。しかし，対照的にこの水準に困難な問題のある子どもは，情緒的に豊かな着想の欠如を示すかもしれない。また分離を恐れて，そして／または，ほとんど危険についてだけ心配しているだろう。あるいは着想，象徴，または表象を使うよりもむしろ，動作のパターンか身体化に頼る傾向をもつだろう。

第6段階―論理的内省的思考（着想をつなげること）

子どもは情緒的思考が可能になると，自分自身の体験および気持ちと他者のものとの間の関係性を理解し始め，それらを区別し始める（「君が僕のおもちゃをとったから，僕は怒る」）。それから，第6段階は，さまざまな表象，象徴，あるいは着想――子ども自身の着想と他者の着想――の間に，論理的な橋をつくり出すことに関わっている。これらの論理的な橋，あるいは結合が確立するにつれて，さまざまな形の論理能力と現実の正しい認識が出現し始める。たとえば，子どもはふりをしているものと，現実と信じられているものとを区別し始め，葛藤をよりたやすく扱うことができる。この水準はまた，衝動と気分を調節すること，そして学習し相互交流するために注意を焦点づけて集中する能力のような，重大なパーソナリティ機能への基盤を提供する。

この第6水準の象徴化能力は，単に着想を生み出すことをはるかに超えて，着想を生み出し，それを他の人にコミュニケートし，そしてそれからその人の反応に基づいてさらに作り上げていく。この水準の子どもの能力を評価する臨床家は，子どもが自分自身の考えだけをコミュニケートし，他者の反応に基づいてさらに作り上げることが決してないとき，制約のある領域が生じる可能性に気づくべきである。子どもは話をするが，誰か他の人の着想とコメントを簡単に理解したり反応したりしない。

以下の例を考えてみよう。4歳のルーシーが毎日幼稚園から帰ってきたときに，母親に想像上の白貂毛皮のガウンをもたせ，彼女はお姫様になる場面

を次から次へと演じたが，その一方，「お姫様は次に私に何をしてほしいのかな？」とか「今日は誰と遊んだの？」というような母親の因果関係のある質問は無視された。自分自身の気持ちと誰か他の人の気持ちを含めて，さまざまな気持ちの状態の間に橋を架ける能力を持っていなかったので，ルーシーはもっと広い範囲の気持ちを探索することができなかった。この領域に制約のある他の子どもは，正反対である。すなわちそのような子どもは，一生懸命に指示に従い，一言ももらさずに聞いているが，出来事についての自分自身の気持ちやそれについての自分の理解を，巧みに表現することはめったにない。

　さまざまな象徴的なあるいは表象的な着想または思考の島状の部分の間に，論理的な橋をつくり出すという水準でうまく操作している子どもは，ごっこ遊びのドラマの中だけで交渉する以上のことをする。彼らはまた，より現実に基づいたやり方で，臨床家との関係性の条件について交渉し始める。「これをしていい？」あるいは「それをしていい？」と子どもは言うだろう。「もし僕が壁に向かってボールを蹴ったら，どうする？」と子どもは，限界と境界を探りながら，聞くかもしれない。子どもは，面接が終わった後にも臨床家と遊べるか知りたいとも思うかもしれない。なぜなら，子どもはプレールームをとても楽しんでいるから（そして，他人とのほんの少し余分な接触を切望しているように見えるから）。親をプレールームに連れてくること，面接を続けたいあるいは早く終わりたいこと，あるいは臨床家がどこに住んでいるかそして臨床家にどんな家族がいるのかに興味をもつことについて，子どもが交渉するのは，明らかに象徴または言葉を論理的相互作用的やり方で使うことを示している。1つの思考と別の思考との間のこれらの論理的な橋は，このより進んだ水準である交渉できる関係性が，すでにマスターされたことを示唆する。

　子どもが自分のコミュニケーションの内容をまとめあげるやり方と，不安を扱うやり方を調べることによって，臨床家は，象徴的及び表象的着想とコミュニケーションという第5，第6水準の両方を観察し，さらにアセスメントすることができる。テーマの発達（すなわち，コミュニケーションの内容）もまた，臨床家が子どもの表象の水準をアセスメントするのを助ける。同様に，臨床

家は年長の子どもがより進んだ水準で交渉する程度を観察することができる。それは第5, 第6水準の上に築かれる。これらには, 複数の原因を考えること, 分化した灰色領域を考えること, そして内的標準から考えることが含まれる（第1, 2章参照。また *Playground Politics: Understanding the Emotional Life of Your School-Age Child* [Greenspan and Salmon 1993] および *The Secure Child: Helping Our Children Feel Safe and Confident in an Insecure World* [Greenspan 2002] も参照）。

　DIRモデルにしたがって, 臨床家は最初に, テーマの要素を連結する論理的なつながりがあるかないかという観点から, 子どもの表象能力の全体的なまとまりを見る。子どもにおいて, この水準でマスターすることを期待される程度は, 子どもの年齢によって異なり, そしてテーマのまとまりは, その年齢相当の標準と比べられなければならない。テーマは依存から攻撃性まで, 広範囲の人間のドラマを扱う。われわれはまた, 性と喜びのさまざまな側面への興味とともに, 新たに出現するより統合された性別の感覚も見るかもしれない。しばしば, この段階から出てくるのは, 権力, 賞賛されること, そして尊敬されることというテーマである。恥, 屈辱, 愛情の喪失, そして自己と他者が傷つくことへの恐れについてのいくらかの心配も, また予期される。

　これらのより高度な発達機能水準に困難な問題があるとき, 象徴的な身体的表現（自分自身の身体機能への没頭）, 内省よりはむしろ行動のために使われた象徴, 現実と空想の間の境界を享受するよりはむしろ非現実的あるいは魔術的な思考の継続, そして／あるいは統合されるよりはむしろ両極化したテーマ（物事がすべて悪かすべて善かに没頭）を, 臨床家は見るだろう。これらの水準に困難な問題のある子どもにはまた, 順序, コントロール, あるいは限られた種類の喜びまたは性へのかなりの没頭もあるだろう。これらの水準にマスターすることの制約や欠如があるもっと極端な例では, 恥, 恥辱, 愛情の喪失, そして自分や他者の損傷や傷つきに対して, 麻痺するような没頭のある子どもを, 臨床家は見るだろう。

　示されたように, 6番目の機能の発達能力は, 発達が続く間成長を続け, 最終的には子どもの継続する成長を反映した洗練さまで含むようになる。た

とえば，子どもが発達するにつれて，臨床家は知覚と推理能力の拡大を見ることを予期する。それには，三者関係の複数の原因のある思考，分化した灰色領域の思考，自己と内的標準の感覚からの思考，そして最終的には青年期と成人期に伴う論理的内省的過程が含まれる。子どもは，増大する自己感を内在化し続け，安定した現実感の中で，その自己感を参照する基点として使い始める。年長の子どもでは，現実感覚を，過去，現在，そして未来が統合された1枚の絵に広げる能力を彼らが獲得しているとき，表象分化における洗練が続いている。彼らは，拡大しつつある対人，家族，そして集団の体験というコンテクストから，可能性を見つけ始める。

年長の子どもを，そして大人の場合でも，臨床家が観察しアセスメントするときには，これらの洗練あるいは下位段階が，その個人が達成した高度な自我発達の水準を定義するのを助けることができる。しかし，もし表象が分化し，そして着想の間に論理的な橋を築き伝達するという基本的な第6段階が安定して幅広くなければ，これらのより高度な水準にも必ず困難な問題があるだろう。早期の，そして発達的にもっと進んだ自我発達の水準の一部の展望は，抽象的思考，内省的思考，そして論理的思考の水準を含め，表A-1（p. 322～324参照）に示される。

精神療法過程において，機能的-情緒的発達能力を動員すること

今まで議論してきたように，精神療法過程への発達的生物心理社会的アプローチ（たとえば，DIRモデル）は，すべての重大で基本的な機能的-情緒的発達水準を，到達した最高水準にいたるまで，同時に理解することと，それを扱う能力に基づいて進める。いくつかの原則が，この臨床的な作業の枠組みとして役立つ。

第1原則

（年齢相当の水準の中で）すべての中核の発達過程を同時に利用するために，患者の自然の傾向と興味に基づいて進めよう。もし臨床家が子どもの自然な興味についていくなら（たとえば，子どもがおもちゃの車に没頭するのや，子どもが窓から外を見ることに興味をもつのを観察すること），臨床家

はその興味を，臨床家との治療的作業に子どもが参加することへの動機を創り出すために，利用できる。相互交流的なやりとりを創り出すための機会は，どの興味の中にも——たとえ子どもがただ目的なく部屋をうろつくことだけにしか興味をもたないときでさえも——存在する。子どもが特定の水準にまだ到達していないとき，臨床家は子どもがすでにマスターした水準で子どもに関わることができ，診察室の設定で子どもの先導についていくことによって，新しい水準を促進する体験に向かう治療的作業の過程を始めることができる。

多くの精神療法において，早期の体験と葛藤を知覚し，解釈し，徹底操作するために，大部分の患者は高度に分化した表象システムを使うことができると，誤って考えられている。しかし，しばしば子どもは（特に幼い子どもは）自分たちの生活パターンを記述したり，あるいはそれらの意味について内省したりすることはできない。いくつかの単語を話すことさえ，困難な課題になりうる子どももいる。喜び，満足，またはその他の陽性の情緒を子どもにもたらす活動や興味を観察し，それからそれに参加することによって，臨床家は，より高い水準である抽象的で内省的な思考に関わるよりも，もっと基本的な水準で治療的作業をすることができ，子ども自身の行動と情緒を，さまざまな水準の達成に向かう作業に使うことができる。たとえば，臨床家は，子どもと関わり，子どもを身ぶりのやりとりに誘い，そして子どもが遊びの中で，そして可能ならば対話の中で，どのくらい巧みに表現できるかを理解する。

第2原則

いつも子どものその時点の機能水準で，子どもと出会うようにしよう。子どもが達成した機能的－情緒的発達水準に関して，不適切に抽象的すぎるあるいは基本的すぎるやり方で子どもとコミュニケーションするという誤りを犯さないことが，重要である。たとえば，自分の情緒を言語的に表現することをまだマスターしていない子どもたちもいる。それらの子どもたちは，感情が即座に行動にあふれ出るという，より基本的でより早期の水準で動いているだろう。彼らは，怒っているときには足を踏み鳴らし，わめき，金切り

声をあげる。そして甘えたいときにはしがみつく。このような子どもを扱うとき，臨床家は，「あなたは，パパとママが弟に注目するのがうらやましいから，ばたばたしたり叫んだりしているのかな？ あなたは，パパとママは弟が一番好きなんだって考えてるの？」というような言葉を口にするのを避けようと思うだろう。しばしば子どもは示唆された概念を完全に理解はできないだろう。しかし「安易な解決策」を選んで，単に同意だけするかもしれない。子どもは，このやり方では救われない。

　その代わり，子どもは，複雑な問題解決の相互交流というもっと早期の前言語的な水準で動いていることを，臨床家は実感しなければならない。そして治療的作業を始めるためには，臨床家は身ぶりと単語を一緒に組み合わせて使うことによって子どもと関わるべきである。一般的に，最初臨床家は，子どものその時点の機能的－情緒的発達水準で，子どもが扱うことのできる体験の幅を広げようと試みる。たとえば，もし子どもが他者の近くにいるのを避ける，あるいは攻撃的であることだけに集中しているとき，治療者の目標はその子どものその時点の水準において，あらゆる範囲の気持ちを感じられるように促進することである。自分の現在の水準で関わりをもたれた子どもは，次の水準をマスターする作業を始めるために，より容易に臨床家と治療的作業をするだろう。

第3原則

子どもの個人的な知覚処理や調節の差異のコンテクストで患者と関わろう[原注2]。たとえば，知覚が過敏な子どもはなだめる必要があるが，反応性が低くて自分の考えに夢中になっている子どもには生き生きしたダイナミックな相互交流が必要である。聴覚処理と言語に障害のある子どもは，言葉についての特別な練習ばかりでなく，よりたくさんの視覚情報も必要だろう。子どもはその知覚処理の問題というコンテクストにおいて，機能的－情緒的発達水準をマスターしているだろう。臨床家は，その子どもが面接に持ち込む困難な問題あるいは才能に働きかけるために，子どものユニークな知覚処理プロフィー

原注2) 処理と調整の差異についてのもっと十分な説明に関しては，前述の機能的－情緒的発達の第1水準を参照。

ルを理解する必要がある。

第4原則

すでにマスターしたのではない，あるいはほんの一部だけマスターしている機能的−情緒的発達水準を達成するように子どもを助けることによって，効果は変わる。そして子どもが脆弱なあるいは限界のある知覚処理能力を強化できるように助けよう。この第4原則は，DIRアプローチの中核的な目的を達成する。その目的とは，年齢相当のやり方で，機能的−情緒的発達水準を十分にマスターすることである。これらの水準の中には，もっと幼い時期に飛び越されてしまったり，ほんの一部しかマスターされなかったりしたものもあるだろう。そして制約があるように見える，あるいは存在しないものまであるだろう。コメントする人あるいは洞察を与える人としての臨床家の伝統的役割は，このような内省や洞察に必要な表象水準をまだ達成していないだろう幼い子どもとの治療には，必ずしも常に適切ではない。その代わり，臨床家は**体験の構築における共同作業者**になる。この体験は，次に，失った水準のマスターのための，そして制約のある水準の「穴を埋める」ための基礎を形成する。

次の臨床例を示す。

5歳のチャーリーは明るく笑いながら診察室に入ってきて，素早くプレールーム全体を頭に入れた。治療者を尋ねるような表情で見て，治療者からの肯定的なうなずきを理解して，彼はおもちゃに向かった。彼が，次から次へとおもちゃをしばらくの間いじくっては横に置くのを繰り返している間，臨床家は，彼の強さと困難な問題をわかることができるように，行ったり来たりやりとりのある相互交流で彼と関わろうとした。チャーリーは大部分の質問に答えることができたが，臨床家を見ること，あるいは彼がしているおもちゃの点検に彼女を入れることは，ほとんどなかった。しかし治療者がうまくチャーリーを自分の方を見るように仕向けられたとき，彼の温かい微笑みで治療者の顔が赤くなった。そして彼は両親と関わりはしていたが，欲求不満なときには引きこもる傾向があった。治療者がチャー

リーにとって難しすぎる質問をしたとき，彼はただ立ち上がって，ふらふら歩いて部屋の中の別の場所に行き，そしてそこにある何かをいじくるものだった。彼は面接の間中，立ったり，座ったり，部屋全体をうろうろしたりしていた。

　この症例を提示する目的のために，われわれはチャーリーのプロフィール全体から，ほんの少しの困難な問題を分離する。それにはまた，彼の困難さに関わっているかもしれない調節の問題のアセスメントも含まれているだろう。臨床家は，彼の困難な問題の中で，チャーリーには注意の共有，調節，そして関わりという最も早期の水準のマスターに相対的な欠如があることに気づき，この領域を扱う必要があることを実感した。最初の3つの原則にしたがって，チャーリーが一見興味がありそうなおもちゃ，自動車に集中し，そして5秒以上それに止まっているのを，臨床家はしばらく見ていた。彼女は，彼の興味のまわりで彼と関わるように，そして彼が注意を彼女と共有するのを助けるように，治療的作業をした。最初に彼女は，「あー，車の前に大きな壁があるよ。車さんはどうしたらいいのかな？」と言いながら，手を彼のレーシングカーの通り道に置くことによって，彼の遊びに割って入った。チャーリーの車が選んだレーンを車が進み続けるためには，彼は彼女と相互交流しなければならなかった。「僕は魔法の壁壊し機を使うよ！」と彼が言った。いまや，彼らはほんの少し多く相互交流し，関わり合い，そして注意を共有していた。

　チャーリーの興味のまわりで彼と関わり合い続けること，遊びごころをもちながら妨害的であること，そして自分自身遊びに割って入ることによって，彼がもっともっと長い時間，ゲームと彼女に集中し注意を向け続けるように，臨床家は彼を助けることができた——これは，彼がこれらの早期の段階でマスターできている水準を上げるように助ける第一歩である。

　治療者は，チャーリーのすべての機能的－情緒的発達水準を評価してアセスメントするために，そして彼女の治療セッション（と親への指導）を，制約のある領域とマスターしていない領域の周辺で，発達的に適切な相互交流に合わせてあつらえるために，DIRモデルを使った。より早期の段階を通り

過ぎるにつれて，これらの相互交流は，チャーリーがまだ達成していないもっと高い水準をマスターするための基礎と基盤を形成するのを助けた。たとえば，臨床家はチャーリーが攻撃性にまつわるテーマではごっこ遊びに関わることができたが，依存や親密さにまつわるテーマではできないことに，気づいた。彼女は，彼の遊びの中でこの無視されていたテーマを探索する気にさせるように，彼を仕向けることによって，チャーリーの表象能力を広げることができた。重要なことに，前象徴水準での「親密さ」をマスターした後にだけ，彼はこれをすることができた。そして，彼が先に進むにつれて，臨床家の戦略は，チャーリーが進歩し続けるのに必要な体験を彼に与えるのを助けるように展開した。

第5原則
常に子どもの自給自足と自己主張を促進させよう。人生の中で，そして特に精神療法過程の中で，学習が生じるのは，その人が築く関係性のコンテクストの中で，その人自身の積極的な発見という径路を通してである。実際，子どもと治療的作業をするうえで，この原則を守ることは不可欠である。どの特定の水準をマスターするにも，子どもはその水準の問題を扱う中で，たくさんの体験を蓄積しているに違いない。子どもは，ただ何をしなければいけないと言われただけでは，深い理解を得ることはできない。子どもは実際にその水準を体験しなければならない。子どもを扱う臨床家は，この作業の中での単なる共同作業者にすぎない。臨床家は，子どもと臨床家との間にある関連した状況を探索する中で，子どもが自分自身でその特定の水準をマスターできるように，自己主張的になり主導権をとるように子どもを助けているだけである。創造的で空想力のある治療者にとって，子どもと関わりをもつために「袋に一杯の魔法」を取り出し，子どもがおとなしく，そして／あるいは受動的につぎつぎと課題をこなすように導くことは，とてもやさしい。しかし，ひとたび魔法が消えると，しばしば子どもは自分自身でその課題を繰り返すことができない。その代わり，臨床家（そして自分の親や援助者）との相互交流を通して，探索して，自己主張的で興味をもって，そしてその探索の主導権を握りながら，子どもは——それを自分の物にするために

――内側から課題を学ばねばならない。

第6原則

表象システムは，無意識の象徴も含めて，機能的－情緒的発達水準の1つにすぎないことを理解しよう。表象システムは，ほとんどの力動的治療のまさに中心ではあるが，自我機能の最も表面的な側面しか扱っていないことを理解することが，特に重要である。体験を表象しそれを詳細に表現する能力，そして表象と表象の間を分化させる能力は，より年長になってからの自我発達段階（すなわち，子どもがすでに言語と象徴を使える段階）で獲得する2つの自我機能水準である。われわれが議論してきたように，前表象的に体験がまとめあげられるやり方を扱う，4つのより早期の水準もまたマスターされなければならない。これらには，以下のものが含まれる。どのように調節（知覚の反応性と処理）が起きるか。早期の関わり合いと関係性が形成され詳細に表現されるやり方。そしてどのように早期の単純なそして複雑な，意図的な，身ぶりによるコミュニケーションが，こころの組織の前表象的なパターンの一部となるのか。

これらの早期の自我発達段階に気づいていることによって，臨床家は，単に共感する以上に，新しい自我発達において実際に促進させる人に，そして協同作業する人になるという，より大きな範囲をもつことができる。直観的な治療者ならば，いつも早期の感情状態に共感することができていただろうが，大部分の臨床家には，知覚の，調節の，身ぶりの，行動の，そして感情の，どの道路標識に注意すべきかを指示している理論的な道路地図が助けになるだろう。

第7原則

感情と相互交流は，自我発達と知性の両者の基礎である。DIRアプローチは，発達は感情の相互交流を通して生じるという決定的な概念に基づいている。この洞察は，われわれがさまざまな年齢と発達段階の何百人もの子どもたちを臨床的に観察した中から生まれた。しかしわれわれは，情緒の成長だけでなく知的な成長も感情的な相互交流に依存していること，そしてこれら

の相互交流はさまざまなコンテクストに結びついていること，そしてこころそれ自体がまとまりをつくり機能する過程に，感情の相互交流が不可欠であることを，見つけた。

　子どもと他者との間のそれぞれの相互交流は，喜び，迷惑，驚き，寂しさ，怒りそして興味のような感情を生み出す。これらの，そしてその他の感情の質と強さにおける変動は，感情パターンのほとんど限りない多様性を生み出す。相互交流に由来する感情は，自我の成長と分化の両者の基礎となり，そしてさらに広く知性の基礎となる（Greenspan 1979, 1997a）。

　自我の成長は感情の相互交流の結果と言っても驚かれないとはいえ，大部分の人は認知あるいは知的能力をこれらの同じ相互交流と感情のパターンに由来するものとは考えていない。それらがなぜそうなるのかを理解するには，以下の例を考えてみよう。ある少女が「こんにちは」と挨拶することを学んでいる。その子の親はこの単純に見える認知的課題を教えるときに，親しい友達，親戚，そして家の400メートル以内に住んでいる人たちだけに「こんにちは」と挨拶するようにと言うだろうか？　その少女は新しい人と出会うたびに，「この人は家からどのくらいのところに住んでいるのかな？」とひそかに考える必要があるだろうか。あるいは，こんにちはと挨拶するかどうかを決定するのは，彼女が親しい，優しい顔を見るときに体に起こる温かい気持ちのような，感情の合図によって，仲介されているのだろうか。もしこれがうまくいくやり方で，われわれもそうだと思うならば，われわれは，その子がこのやり方で，彼女の感情，思考と行動をつなげることができる相互交流の機会を創り出すことによって，それを発達させるだろう。

　その一方，知的な活動は２つの構成要素を必要とする。それらは，感情を通して創り出される個人的な体験の世界（体験に付着した情緒）と，これらの体験の論理的分析（認知的な気づき）である。この過程は，発達の早期に，子どもの最早期の体験が子どもの身体的特性と感情的特性の両方に応じて二重にコードされるときに，始まる。たとえば，ボールは丸く，ぐしゃっと押しつぶせて，赤い。しかしそれを見ると，気持ちよく，怖くておもしろいとも感じる。食べ物は，黄色くかたくて，そして同時に楽しいあるいは不快でもある。子どもが大きさ，形，そして量について学ぶとき，これらの体験は

また，情緒的かつ認知的な性質をもつ。たとえば，「たくさん」は，子どもが期待するより多いことである。「長い時間」は，小さい子どもには死ぬまでの時間に思えるらしい。したがって，これらの量を数えたり，形式化したりする能力は，単に子どもがすでに感情的に知っていることの論理的な分類である。

　因果関係と自我の分化の最早期の感覚は，ピアジェ Piaget (1962) が考えたような感覚運動的な探索から出現するのではなく，より早期の感情の相互交流（たとえば，微笑むと相手も微笑み返してくれる）から出現する (Greenspan 1981, 1997a)。どの認知の段階でも，感情が道を拓く。複雑で抽象的な概念，たとえば愛，名誉，そして正義もまた，これらの感情過程の産物である。たとえば「愛」は，喜びと興奮であるが，それはまた献身と忠誠でもあり，また怒りを許しそれから回復する能力でもある。ひとまとめにして考えると，言葉に伴った感情体験は，言葉に十分に抽象的な意味を与え，そしてこれらの体験は子どもに言葉の真の意味をより十分に理解させる。その真の意味は，たいていは辞書の定義をはるかに超えている。われわれはまた，具体的な段階にとどまっている子どもと大人が，しばしば多くの感情的な体験を言葉や概念に統合することが困難なことも，観察してきた。

　さらに，防衛あるいは対処戦略の選択は，しばしば感情を通して媒介される。子どもが怒りのある出会いを避けて従順でかわいらしくなるとき，しばしば恐怖がこの変化を媒介する感情である。底にある感情に自我が対処するやり方には，階層構造がある。これらには，以下のものが含まれる。解体された行動パターン，自己陶酔の状態，意図的な衝動的パターン，身体的に体験された感情，分極した全般的な情緒と信念，そして表象された，象徴化された気持ちと体験（断片化したものから，凝集して統合された形態まで）。

　DIRモデルでは，したがって，相互交流とそれに伴った感情が，——情緒的および認知的——発達のすべての側面を動員する。賢い人は，知的にも情緒的にも賢い。その2つは分割できない。もちろん，（おそらく，科学，数学，あるいは芸術において）孤立した認知スキルの領域をもつ人もいるし，高度に分化した自我構造をもつがこれらの認知スキルの領域を欠いている人もいるかもしれない。しかしながら，全体的な知能，知恵，そして情緒的な

成熟は，1つの同じ過程の一部である。

すべてのまとめ：潜伏期の子どもの臨床例

われわれは，発達的生物心理社会的モデル（DIRモデル）のさまざまな構成要素を探索し，子どもをアセスメントし，子どもとともに作業するときのガイドとなるいくつかの原則を提案してきた。潜伏期の子どもであるザカリーとの臨床的な作業のいくつかの要素を記述することが，役に立つだろう。

ザカリーは，興奮と落ち込みの間を揺れ動いていた。彼の精神療法のゴールは，より高い機能的－情緒的発達水準への進歩を促進することによって，彼の症状が緩和するように助けることである。特に，目的の1つは，他者との調節された，行ったり来たりの感情のやりとりのもっと長いつながりに，彼が関われるようにさせることである（発達の第3水準）。

治療者がザカリーを励まして，どんどん長くなるやりとりに参加するようにしむけるにつれて，彼の行動あるいは言葉への特定の前言語的および言語的反応を通して，彼が自分の感情表現と行動の表現をよりうまく調節できるように，彼を援助する方法を治療者は見つけた。ザカリーが声と身体の動きにより多くの興奮を見せ始めたとき，治療者は彼の感情の強さを下方調節する試みとして，意図的によりなだめるような，安心させるような声の調子をつくり出したものだった。同様に，ザカリーがもっと落ち込んで，無気力で，そして自分だけに集中にしているとき，治療者は彼女自身の感情の幅を増やし，前言語的および言語的やりとりの中でより元気づけるリズムをとったものだった。彼女は彼の感情を上方調節し，彼を引き戻すために，より生き生きした表情をつくり，声の調子により速いテンポをとったものだった。

臨床家がザカリーの前言語的水準を扱っているとき，彼女は定期的にこれらの感情のリズムと強度がシフトしている間彼がどのように感じていたかを探索した。彼女は，興奮している最中に，あるいは落ち込んでいる最中にザカリーが体験した捉えがたい感情状態を，彼が象徴化し，それについて考えるのを助けようと試みた（第5，第6水準）。

6カ月を過ぎて，ザカリーは治療者との（そして両親とも）どんどん長くなる感情の相互的なやりとりに参加すること，そして発達の階段をのぼることの両方で，進歩することができた。たとえば，彼の父親が不公平だとか，学校の子どもたちが彼をからかうと話しているときに，より調節を保っている（興奮がより少ない）ことによって，彼は徐々に治療者のなだめる，安心させる声のトーンと相互作用的なリズムに反応した。彼はまた，身体的なことを述べたりこれからしようとしている行動を述べたりすることから，彼の内的な気持ちを真に述べたり考えたりすることにシフトして，より抽象的な気持ちの状態を言語化し始めた。

興味深い発達的な進歩の中で，ザカリーが彼の気持ちについてもっと話すことができるようになるにつれて，彼は自分の感情を無意識的にも意識的にも次の段階を予測するシグナルとしても使い始めた。たとえば，彼の弟が招かれないのに部屋に入ってきたとき，彼は怒りの気持ちに気づき，それから叩くことに代わる行動を考えることができただろう。

自分の感情を自分へのシグナルとして使うザカリーの能力は，最初に彼が他の人物との相互的な感情のやりとりを調節するのを学んだことに，そして次に自分の感情状態を象徴的に述べられることに基づいていた。両方の段階ともに，彼の進歩の中で非常に重要に見える。ザカリーが感情の相互交流を調節する能力によって，象徴化，すなわち捉えがたい感情状態へのより大きな気づきとそれらを描写する能力へと，彼がシフトできるようになった。今度は，気持ちを象徴化できる彼の能力によって，これらの感情は，彼が自分の行動を調節するのを助ける精神内界のシグナルとして，役立てることができるようになった。治療者はザカリーの両親にも，これらの同じ原則を使った家庭でのプログラムに参加するように励まし，導いた。（成長促進的な家族と家庭環境をつくるように親を援助することについての議論は，以下を参照。*Playground Politics: Understanding the Emotional Life of Your School-Age Child* [Greenspan and Salmon 1993], *The Challenging Child: Understanding, Raising, and Enjoying the Five "Difficult" Types of Children* [Greenspan and Salmon 1995], および*The Secure Child: Helping*

Our Children Feel Safe and Confident in an Insecure World [Greenspan 2002])。

　治療的な相互交流は，感情を生み出すものであり，発達に基づく精神療法の基礎にある。それぞれの自我発達の構成要素には，特定の型の相互交流と感情の体験が必要である。治療過程の困難な課題は，これらを治療的な関係性の一部として利用する方法を解明することである。しかし，治療的な関係性は，子どもの関係性全体のほんの一要素にすぎないことを，治療者は常に忘れてはならない。その意味で，子どもの生活の他の部分で，相互交流的な感情体験をする機会をつくるように，治療者は子どもとその養育者に援助する必要がある。子ども自身で自分の家族，友達，学校の体験，などとの，このような生活の体験を統合できるように子どもを助けるのではなく，むしろ子どもの生活の中で決定的な体験を与えようと試みる治療的関係性は，必要で健康な年齢層等の発達的成長を制限するかもしれない。

　まとめとして，この章では，われわれは精神療法過程の発達的生物心理社会的モデルのための，子どもの臨床面接への発達的アプローチを簡単に議論した。子どもとその親には，非常に複雑な彼らの世界を扱うために，このような発達モデルとアプローチが必要である。

表A-1　概観：論理的思考とコミュニケーション（表象の分化）の基本的および進んだ水準

機能的表象そして 論理的思考の水準	情緒的および社会的スキル
	基本的水準
行動の水準	着想を行動に表出するが、言葉も行動を表すために使われる（たとえば、「僕は彼を殴る」）。
信号／ 言語の水準	信号として（「僕は頭に来た」あるいは「お腹がすいた」「抱きしめて」）よりもむしろ気持ちのものとして（「僕は頭に来たと感じる」あるいは「僕はお腹がすいたと感じる」「私は抱きしめてほしいように感じる」）気持ちを伝える。最初の場合では気持ちの状態は行動を要求し非常に依存的な行動に近い。二度目の場合、それは多くの可能な考え、そして／あるいは行動を考慮することにつながる信号以上のものであるる。
身体的水準	肉体的なあるいは気持ちの状態を伝えるために身体的な単語が気持ちの状態を伝えるために使う（「おなか〔頭〕が痛い」）。
全般的水準	全般的な気持ちの状態を記述する着想を使う（「気分がいい」あるいは「気分が悪い」、「私は大丈夫」）。
二極化水準	たった1つか2つの感情状態を表現するためにまとまりのある行動パターンを使う（たとえば、まとまりのある攻撃性と衝動性のパターン、あるいはまとまりのある、しがみついて困って依存的な行動）。気持ちはすべて良いか悪いかすべて特徴づけられる傾向がある。
表象（または着想） を創造する	特定の感情を記述するために着想を巧みに表現し、そしてそれらを論理的に考える。さまざまな情緒パターン──依存、自己主張、喜びなど──が、統合された問題解決の情緒的相互交流にまとめられる。誘って、親密さを求め、そしてそれから欲しい品物を見つけるための助けを求めるというように。
着想の間に橋をつく る：論理的思考	1. 分化した気持ちがある（徐々にますます微妙な気持ちの状態の記述がある──たとえば、孤独、悲しみ、困惑、怒り、歓喜、幸福）。 2. 分化した気持ちの状態の間につながりを創り出す（「あなたが私に腹を立てると、私は怒りを感じる」）。

付　録　アセスメントと治療のための発達的生物心理社会モデル　323

進んだ水準

	進んだ水準
複数の原因と三者関係を考えること	なぜ物事がそうなのかについて複数の理由をあげることができる。気持ちの状態の中での三者関係が生じる（「スージーが私よりジャネットのほうが好きだと感じるとき、私は仲間はずれにされているように感じる」）。
灰色領域の、相対的思考	分化した気持ちの状態の中に影とグラデーションを経験できる（怒り、愛情、興奮、失望にまつわる気持ちの程度を記述する能力――「私はほんの少し困った」）。
内的な標準――自己感――を伴う内省的思考	内在化された自己感との関連で気持ちをじっくり考えるあるいは「私はこんなに嫉妬を感じるべきではない」）。
思春期にかけての広範な内省的思考	1. 新しい領域へと内省的な気持ちの記述が広がる。その領域には、性 sexuality、恋愛、より近くて親密な友達関係、学校、コミュニティ、文化、そして芽生え始めた自我同一性が含まれる（「それはばかげたことだとわかっているけど、私はあの新しい男の子に夢中なの。その子が誰かも知らないのに」）。 2. 現在と過去の経験に照らして将来の可能性を予測し判断する（確率論的思考を含む）ために、気持ちを使う（「私は実のところ彼と恋愛関係になれるとは思わない、というのは彼はみんなと付き合うのが好きで、それで私はいつも無視されて寂しくなるから」）。
成人期にかけての広範な内省的思考	気持ちの状態は、以下のような成人期に伴う新しい水準とタイプに関しての内省と予測的判断を含むまでに拡張される。 ・親密さ（真剣な長期にわたる関係性） ・その人の核家族から独立して機能し、しかしまだその近くにとどまり、多くの家族の肯定的な特徴を内在化する能力 ・子どもと過剰に同一化することなしに、子どもを育み共感する能力 ・育み共感する能力を、家族を超えてより広いコミュニティに関係に広げる能力 ・中年期と老年期の家族、職業、そして対人関係の変化に伴う、達成感、誇り、競争、失望、および喪失という新しい感情を経験し、じっくり考える能力

注：これらの段階に関したより詳しい議論と研究の展望については、The Evolution of Intelligence: How Language, Consciousness, and Social Groups Come About (Greenspan and Shanker 2003), Developmentally Based Psychotherapy (Grenspan 1997a), The Growth of the Mind and the Endangered Origins of Intelligence [Greenspan 1997b], The Development of the Ego: Implications for Personality Theory, Psychopathology, and the Psychotherapeutic Process (Greenspan 1989) を参照。

参考文献

American Psychiatric Association: Diagnostic and Statistical Manual of Mental Disorders, 4th Edition, Text Revision. Washington, DC, American Psychiatric Association, 2000

Brazelton TB: Neonatal Behavioral Assessment. National Spastic Society Monographs, Clinics in Developmental Medicine 50. London, William Heinemann & Sons, 1973 (Distributed in the United States by JB Lippincott, Philadelphia, PA)

DeGangi G, Greenspan SI: The development of sensory functioning in infants. Journal of Physical and Occupational Therapy in Pediatrics 8: 21–33, 1988a

DeGangi G, Greenspan SI: The measurement of sensory functioning in infants. Journal of Physical and Occupational Therapy in Pediatrics 8: 1–21, 1988b

DeGangi G, Greenspan SI: Test of Sensory Functions in Infants. Los Angeles, CA, Western Psychology Services, 1989

Erikson EH: Childhood and Society. New York, WW Norton, 1950

Freud A: Normality and Pathology in Childhood: Assessments of Development, in The Writings of Anna Freud, Vol 6. New York, International Universities Press, 1965

Greenspan SI: A Consideration of Some Learning Variables in the Context of Psychoanalytic Theory: Toward a Psychoanalytic Learning Perspective (Psychological Issues Monograph 33). New York, International Universities Press, 1975

Greenspan SI: Intelligence and Adaptation: An Integration of Psychoanalytic and Piagetian Developmental Psychology (Psychological Issues Monograph 47/48). New York, International Universities Press, 1979

Greenspan SI: Psychopathology and Adaptation in Infancy and Early Childhood: Principles of Clinical Diagnosis and Preventive Intervention. New York, International Universities Press, 1981

Greenspan SI: The Development of the Ego: Implications for Personality Theory, Psychopathology, and the Psychotherapeutic Process. Madison, CT, International Universities Press, 1989

Greenspan SI: Infancy and Early Childhood: The Practice of Clinical Assessment and Intervention With Emotional and Developmental Challenges. Madison, CT, International Universities Press, 1992

Greenspan SI: Developmentally Based Psychotherapy. Madison, CT, International Universities Press, 1997a

Greenspan SI: The Growth of the Mind and the Endangered Origins of Intelligence. Reading, MA, Perseus Books, 1997b

Greenspan SI: The affect diathesis hypothesis: the role of emotions in the core deficit in autism and the development of intelligence and social skills. Journal of Developmental and Learning Disorders 5: 1-45, 2001

Greenspan SI: The Secure Child: Helping Our Children Feel Safe and Confident in an Insecure World. Cambridge, MA, Perseus Publishing, 2002

Greenspan SI, Lourie RS: Developmental structuralist approach to the classification of adaptive and pathologic personality organizations: infancy and early childhood. Am J Psychiatry 138: 725-735, 1981

Greenspan SI, Salmon J: Playground Politics: Understanding the Emotional Life of Your School-Age Child. Reading, MA, Addison Wesley, 1993

Greenspan SI: Salmon J: The Challenging Child: Understanding, Raising, and Enjoying the Five "Difficult" Types of Children. Reading,

MA, Addison Wesley, 1995

Greenspan SI, Shanker S: The Evolution of Intelligence: How Language, Consciousness, and Social Groups Come About. Reading, MA, Perseus Books, 2003

Greenspan SI, Wieder S: Developmental patterns and outcomes in infants and children with disorders in relating and communicating: a chart review of 200 cases of children with autistic spectrum diagnoses. Journal of Developmental and Learning Disorders 1: 87–141, 1997

Greenspan SI, Wieder S: The Child With Special Needs: Encouraging Intellectual and Emotional Growth. Reading, MA, Perseus Books, 1998

Mahler MS, Pine F, Bergman A: The Psychological Birth of the Human Infant, Symbiosis and Individuation. New York, Basic Books, 1998

Nagera H: Early Childhood Disturbances, The Infantile Neurosis and the Adult Disturbances. New York, International Universities Press, 1966

Piaget J: The stages of intellectual development of the child, in Childhood Psychopathology. Edited by Harrison S, McDermott J. New York, International Universities Press, 1962, pp157–166

Piaget J: The Psychology of the Child. New York, Basic Books, 1969

訳者あとがき

　本書は The Clinical Interview of the Child, Third Edition（American Psychiatric Publishing, 2003）の全7章のうち，1から6章と付録を訳出したものである。著者である Stanley I. Greenspan 博士は，著者紹介にもあるとおり，米国 George Washington 大学医学部の精神医学と小児科学の臨床教授で，児童分析家である。彼は ZERO TO THREE 国立乳幼児家族センターの創立時の会長で，乳幼児精神保健の分野で幅広い活躍をしている，世界的なリーダーの一人である。Greenspan 博士を中心にまとめられた，0歳から3歳までの乳幼児のための精神保健と発達障害の診断分類 DC: 0-3 は，DSM や ICD を補完する診断システムとして，日本語を含む多くの言語に翻訳され，使われている。

　本書は，「第1章　概念の基礎：展望」「第2章　子どもの系統的な観察のための枠組み」「第3章　それぞれの観察カテゴリーの具体的説明」「第4章　子どもの面接の臨床例」「第5章　面接の実施法」「第6章　発達的アプローチに基づく定式化の組み立て」「付録　アセスメントと治療のための発達的生物心理社会モデル」から構成され，最初に子どもと臨床で出会う場であるアセスメントを目的とした面接を取り上げ，面接での観察の枠組み，観察の整理の仕方，そして観察からの定式化 formulation など，子どもの臨床アセスメントに必要な事項が豊富な実例と共に詳細に記述されている。本書の原題は"The Clinical Interview of the Child"であるが，面接全般ではなくアセスメント面接だけに焦点付けているため，邦題を「子どもの臨床アセスメント」とした。本書は初学者の児童面接への入門書として，そしてある程度経験をつんだ臨床家には，自分の面接法をさらに洗練させるガイドとして，役に立つものと考える。初学者にはやや強迫的とも思える細かい記述が続くために，第2章を読み進むのが苦痛かもしれないが，そのような場合は，

ぜひ最初に第4章の臨床例とそれに対応した第6章の定式化を読むことをお勧めする。わずか1回の面接から，これだけ豊富な情報が得られることに，驚くと思う。本書の中では，しばしば「舞台」とそこで演じられる「ドラマ」のたとえが使われている。「ドラマ」に目を奪われて重要な情報を見過ごしてしまいがちな初学者にとって，本書の観察カテゴリーは「舞台」も「ドラマ」も漏れなく観察するための適切なガイドとなるだろう。

　本書は1981年に初版が出版されて以来，米国では児童精神医学，心理学などの領域で働く人々の標準的テキストとして広く使われている。私が本書（第2版）に出会ったのも1992年から1994年にかけて，アメリカのPhiladelphia Child Guidance Centerを訪問していた時だった。帰国後に小此木啓吾先生に勧められ，本書の翻訳にとりかかったものの，なかなか進まずにいるうちに第3版に改版された。この第3版には，最新の乳幼児発達の理論（Development 発達：まとまり方の水準，Individual-difference 個人差：知覚，情報処理の生物学的な差異と，Relationship-based 関係性：主な養育者とのかかわりあいの観点からの，DIR アプローチ）が大幅に加筆されている。著者はDC: 0-3にMSDD: Multisystem Developmental Disorderを提唱しており，養育者との関係性に影響を与え後の発達障害につながる，乳児期早期の乳児の持つ知覚や情報処理の問題に注目し，乳児の特性に合わせた養育を援助する重要性を強調している。最早期の関係性のアセスメントは乳幼児精神保健の重要なテーマである。訳出が遅れ，各方面にご迷惑をかけたが，来年2008年8月に横浜で世界乳幼児精神保健学会第11回世界大会が開催予定のこの時期に，第3版を訳出することができ，いくらかでもこの分野に貢献できれば幸いである。

　最後に，訳語の選択について，少し触れたい。多くの発達論の翻訳者が悩んできたように，私もorganize, organizationという単語の適切な訳語について，悩んできた。発達とは，神経科学的に見れば，乳児の幼い神経細胞がシナプスを増やしていき複雑さを増していくプロセス，バラバラだった物にまとまりや秩序ができていくプロセスと考え，ややあいまいな言葉ではあるが「まとめあげる」，「まとまり方」と訳すことにした。重要な用語の初出時には原語を併記するようにし，なるべく読みやすい文章に訳すことをここ

ろがけた。まだまだ不十分なところも多々あると思うので，お気づきの点はご指摘いただければ幸いである。

　先にも書いたように本書の訳出は，恩師である故小此木啓吾先生に強く背中を押されて，実現した。研修医時代から，クルズス，セミナー，研究会などを通して，身近に先生から精神分析について話をうかがってきて，本書の基底にある自我心理学的な発達観を自然に身につけられたことを，心から感謝している。また叱咤激励していただいた岩崎学術出版社の歴代の編集者の皆様，この翻訳を応援していただき，研究会での発表の機会と貴重な意見をいただいた，慶應義塾大学医学部精神神経科心理研究室の皆様，中でも木曜研究会の皆様に深く感謝したい。

　平成19年10月

濱田　庸子

索　引

あ行

アセスメント　26, 201
アリス（症例）　153～159, 272
一過性の発達葛藤とストレス　248
一般的な展望と原則　201
ウォレン（症例）　143～148, 269
運動
　──企画（motor planning）　9, 27
　──協調　9
　──の企画と配列　297
エディ（症例）　176～181, 276
エリクソン，E.（Erik Erikson）　4
エリザベス（症例）　196～199, 282

か行

快感志向の変更と制限　244
快志向のカプセル化された変化　248
開始段階　206
葛藤の発達水準　79
カプセル
　──化された自尊心の制御不全　248
　──化された障害　241, 246
　──化された症状の障害　247
　──化された性格の制限　247
　──化された制限　241
　──化された内的葛藤の外在化　248
　──に包まれた障害（encapsulated disorder）　23
壁で囲っている　236
環境の使用　64
関係
　──をつくること　9
　──をもっていること（relatedness）　44

関係性
　──の形成　300
　──の能力　44
患者の自然の傾向と興味　310
感情
　──と不安　54
　──のシークエンス　54
　──の制限あるいは変化　247
　──の相互交流　316
　──の範囲と程度　55
　──のまとまり，深さ，種類，および（優勢な）形式　93
　──の豊かさと深さ　56
感情信号発信の傷付き　13
記述的水準　39
機能的－情緒的発達水準　26
機能の前象徴的水準　288
気分　43, 93
基本原則　204
基本的自我機能の水準　231
キャシー（症例）　127～134, 226, 262
恐怖症　241
共有された
　──意味　14
　──注意　9
筋緊張　9
筋肉の緊張度　297
経験主義　25
欠損（deficit）　288
欠損（defects）　22
　パーソナリティの──　22
構造化した質問　222
構造化面接　201
　非──　202
行動学習的アプローチ　24

行動的アプローチ　24
行動のまとまりと複雑な自己感　303
子ども
　――のコミュニケーションについていく　205
　――の特定の心配事　250
　――の話が展開するのを促進する　216
コミュニケーション
　意図的な，二方向性の，前言語的――　301
　意図的な，非言語的な――　9
　二方向性の身ぶりによる――　94
　目的をもった――　9
　――の輪をつなぐ　27, 50, 190
コメント　213
　治療についての――　252

さ行

ザカリー（症例）　159～164, 272
サム（症例）　188～192, 280
ジェーン（症例）　181～188, 277
自我機能
　――の器質的あるいは神経生理学的構成要素　231
　――の機能的あるいは心理学的側面　231
自我心理学　24
自我
　――に関係づけた明確化　219
　――の硬直性　235
自己調節，注意，および世界への興味の出現　296
自己と対象の分化に不安定性がある　245
シゾイド型のパーソナリティ　244
自閉症スペクトラム障害　28
柔軟性　235

――の欠如（制約）　243
主観的気持ち　44
準拠枠　18
情緒
　体験に付着した――　317
　――的に分化した（灰色領域の）思考　17
　――のトーン　43
象徴の巧みな表現　306
ジョーイ（症例）　140～143, 266
ジョーン（症例）　122～127, 224, 261
処理（processing）　9, 27
　感覚の――　40
神経学的発達　40
神経症を起こす能力　242
身体的発達　40
診断面接の目的　201
スティーブ（症例）　134～136, 263
性格の障害　248
制限
　気持ちあるいは思考のカプセル化された――　248
　気持ちそして／あるいは思考の体験の――　244
　思考の――　247
　自尊心を維持するのに――　245
　衝動，感情および思考の制御に必要な内在化の――　245
精神病理　11
精神分析的アプローチ　23
精神力動的アプローチ　23
精神療法
　――過程　310
　――的アプローチ　255
制約（constrictions）　289
　重大な――　243
　中程度の性格あるいはパーソナリティの――　246

パーソナリティの柔軟性の—— 22
世界への興味 9
設定 201
前言語的感情信号発信 11
繊細に調律された感情相互交流システム 12
相互交流的関係性 28

た行

体験
　　——のまとまり方 6, 7
　　——の論理的分析 317
　　——の構築における共同作業者 313
対象関係論 24
ダグ（症例） 111～116, 223, 258
達成 288
ダニー（症例） 148～153, 270
知覚
　　——情動反応性と処理 297
　　——処理 27, 296
　　——処理プロフィール 312
　　——の反応性 296
知覚－感情処理 27
着想の間に橋を架ける 27
着想または感情の間の結びつき 14
中間段階 216
抽出された定式化 21
中断 59
調整（modulate） 11
　　知覚の—— 27
　　——障害（regulatory disorder） 299
調節（regulate） 9, 11
　　下方——（downregulate） 11
　　上方——（upregulate） 12
治療的な相互交流 321
DIRモデル 26, 28
　　——の利用 295

DSM-IV-TR 29, 253
テーマ 66
　　——のシークエンス 75, 89
　　——の年齢相当の適切さ 89
　　——の発達（発展） 66, 88
　　——の（発展の）豊かさと深さ 69, 89
　　——のまとまり方 89
　　——のまとまり方，豊かさ，深さ，そしてシークエンス 94
デビッド（症例） 136～139, 265
倒錯症 244
ドラマ 7, 21

な行

内的な出来事の広範囲にわたる外在化 244
内的標準と自己感から考えること 18
ナハラ，H.（Humberto Nagera） 242
人間の関係性の発達 20
年齢相当
　　——の水準 39
　　——の適切さ 88
能力 288
　　象徴化するあるいは表象する—— 94
　　情緒的に関係をもつ—— 93

は行

発達構造論的
　　——アプローチ 6, 25
　　——モデル 21
発達上の閉塞 70
発達診断の定式化のための観察カテゴリー 251
発達的診断 29
発達的生物心理社会
　　——的アプローチ 26
　　——モデル（developmental biopsy-

chosocial model) 287
発達的で，個人差と，関係性に基づく（developmental, individual-difference, relationship-based: DIR）アプローチ 26, 287
発達のまとまり方の4つの水準 8
発達ライン 19
ハロルド（症例） 116〜122, 259
反応(性)
　過剰── 9, 27, 40
　　主観的な── 89
　低── 9, 27, 40
ピアジェ，J.（Jean Piaget） 4, 67, 318
病因的要素 29
表象
　──の巧みな表現（elaboration） 13
　──の分化（differentiation） 13
不安 59
　──を見分ける 63
風船の比喩 239
不快感に耐える 203
複雑
　──な自己感 9
　──な（灰色領域の）テーマ 94
複数
　──の原因を考えること 16
　──の行動決定因 5
　──の発達ライン 3
舞台 8
　──とドラマの比喩 22
プレールームの規則 210
フロイト，A.（Anna Freud） 4
分化した気持ち 94
ベンダー・ゲシュタルト・テスト 282

ま行

マーク（症例） 164〜169, 273

マーラー，M.（Margaret Mahler） 4
まとまりの崩壊 59
まとめ上げられる体験のタイプ 7
身ぶり 9, 301
面接
　乳幼児，そしてその親の── 176
　──の間のあなたの空想 89
　──の終了 221
モーリー（症例） 169〜176, 274
　最初の面接 169, 170
　最初の面接のコメント 170〜172
　2回目の面接 172〜174
　2回目の面接のコメント 174〜176

や行

予期された分離 221
より高水準の自省と思考 16

ら行

リーア（症例） 192〜196, 281
ロールシャッハ・テスト 282
論理的
　──内省的思考 307
　──なつながり 66

訳者略歴

濱田　庸子（はまだ　ようこ）
1981年　慶應義塾大学医学部卒業
1988年　慶應義塾大学医学部精神・神経科学教室助手
1991年　聖徳大学保健センター助教授
1996年　慶應義塾大学環境情報学部助教授
現　職　慶應義塾大学環境情報学部教授 兼 政策・メディア研究科委員
　　　　医学部精神神経科兼担
　　　　医学博士，精神保健指定医，日本精神分析学会認定精神療法医
著　書　必携精神医学ハンドブック（創元社　分担執筆），乳幼児精神医学の方法論（岩崎学術出版社　分担執筆），早期関係性障害（岩崎学術出版社　共訳），〈次世代を育む心〉の危機（慶應義塾大学出版会　分担執筆），乳児研究から大人の精神療法へ（岩崎学術出版社，共訳）ほか

子どもの臨床アセスメント
―1回の面接からわかること―
ISBN978-4-7533-0800-2

訳　者
濱田　庸子

第1刷　2008年1月21日
第2刷　2011年9月7日

印刷　新協印刷㈱／製本　河上製本㈱
発行所　㈱岩崎学術出版社　〒112-0005　東京都文京区水道1-9-2
発行者　村上　学
電話　03-5805-6623　FAX　03-3816-5123
2008Ⓒ　岩崎学術出版社
乱丁・落丁本はおとりかえいたします。検印省略

■ウィニコット著作集＝全8巻＋別巻2　　○数字が概刊・タイトルは仮題
編集＝C. Winnicott, M. Davis & R. Shepherd

第①巻　赤ん坊と母親
Babies and their Mothers
成田善弘・根本真弓訳

第②巻　愛情剥奪と非行
Deprivation and Delinquency
西村良二監訳

第③巻　家庭から社会へ
Home is Where We Start From
牛島定信監修　井原成男他訳

第4巻　社会と子どもの発達
Society and the Growing Child
牛島定信監修　藤山・生地他訳

第⑤巻　両親に語る
Talking to Parents
井原成男・斉藤和恵訳

第⑥巻　精神分析的探究1──精神と身体
Psycho-analytic Explorations
館直彦他訳

第⑦巻　精神分析的探究2──狂気の心理学
Psycho-analytic Explorations
北山修監訳　若山隆良・小坂和子訳

第⑧巻　精神分析的探究3
Psycho-analytic Explorations
牛島定信監訳　倉ひろ子訳

別巻①　ウィニコット書簡集
The Spontaneous Gesture : Selected letters, by F. R. Rodman
北山修・妙木浩之監訳

別巻②　ウィニコット入門
The Work and Play of Winnicott, by S. Grolnick
野中猛・渡辺智英夫訳